HISTOIRE

D'ELBEUF

par H. SAINT-DENIS

—

TOME XI

(De 1866 à 1879)

ILLUSTRÉ DE 12 PLANCHES HORS TEXTE

PAR DÉLIBÉRATION DU CONSEIL MUNICIPAL D'ELBEUF,
EN DATE DU 9 MAI 1894

Elbeuf. — Imprimerie H. Saint-Denis

1904

HISTOIRE D'ELBEUF

—

TOME XI

Le nouvel Hôtel de Ville

HISTOIRE D'ELBEUF

par H. SAINT-DENIS

—

TOME XI

(De 1866 à 1879)

ILLUSTRÉ DE 12 PLANCHES HORS TEXTE

PAR DÉLIBÉRATION DU CONSEIL MUNICIPAL D'ELBEUF,
EN DATE DU 9 MAI 1894

ELBEUF. — IMPRIMERIE H. SAINT-DENIS

1904

HISTOIRE D'ELBEUF

Tome Onzième

CHAPITRE Ier
(1866)

Série d'incendies ; graves accidents de personnes. — La criée au poisson. — Procès industriels. — Les rues Félix-Gariel et du Sud. — Décès de MM. Augustin Poussin et Mathieu Sevaistre. — Travaux de voirie. — Statistique industrielle et commerciale. — Les conditions de vente sur la place d'Elbeuf.

Le 4 janvier 1866, pendant le travail des ouvriers, un violent incendie éclata dans l'établissement Ferté, rues de Paris et Ste-Sophie. Le sinistre s'étendit si rapidement que des ouvrières, cernées par le feu, durent s'enfuir par les toitures ; leur sauvetage fut opéré par des pompiers et de courageux citoyens.

M. Aubert, en voulant arracher une femme aux flammes, faillit lui même perdre la vie ; heureusement, M. Henri Gesbert, caporal de pompiers, put les sauver l'un et l'autre. Une souscription publique fut ouverte en faveur des sauveteurs, des ouvriers et ouvrières blessés pendant cet incendie; elle produisit une somme de 4 313 fr., sur laquelle on préleva une part pour remettre à M. Gesbert une montre et une chaîne, en or, qui lui furent solennellement offertes le 8 avril suivant. La plus grande partie du reste de la collecte fut remise à M. Aubert, dont les brûlures n'étaient pas encore cicatrisées plusieurs mois après.

Le 9, la commission administrative de l'hospice accepta une donation de 8.500 fr., faite à cet établissement, par Mme veuve Antoine Prieur, née Marie-Adélaïde Quesné.

A partir du 11 janvier, on exposa les plans parcellaires des terrains nécessaires pour l'ouverture de la rue Poussin. — Ceux pour l'élargissement de la rue Robert, entre celles de la Barrière et de la Porte-Rouge, furent soumis au public à dater du 24.

MM. Wallet et Lebourgeois furent installés le 12, dans les fonctions de juge au Tribunal de commerce, et MM. Eugène Bruyant, Aug.-Clovis Hue et Joseph Pierre Liorel dans celles de suppléant ; tous avaient été nommés par décret du 20 décembre précédent.

Le 29, on procéda aux essais du pont de la rue de Paris. Sous un poids de 400 kilog. au mètre carré, le pont ne fléchit que de un à deux centimètres.

Le 31, la Chambre de commerce installa deux de ses membres, réélus, MM. Lecerf et Prieur, et M. Achille Cavrel, nouveau.

Dans cette même séance, elle nomma son président en la personne de M. Ch. Flavigny, puis M. E. Turgis fut élu vice-président ; M. Aubé, secrétaire, et M. Prieur, trésorier.

Dans cette séance encore, M. A. Poussin déclara que la circulaire publiée sous la signature de M. Léon Collas n'avait pas eu l'assentiment de la Société industrielle ; qu'il était autorisé, par le conseil d'administration de cette société, à exprimer le regret qu'il éprouvait de cette publication, et qu'il espérait que l'incident n'altérerait en rien les bons rapports existant entre la Chambre de commerce et la Société industrielle.

Dans sa séance du 2 février, le Conseil municipal vota un crédit de 1.200 fr. pour élever M. Chauvin, commissaire central, de la 2e à la 1re classe.

Il repoussa une proposition signée de MM. Edouard Guérot, F. Olivier, F. Vauquelin, M. Legrix, L. Fouchet, P. Cabourg, L Cosse, A. Beaudouin et Léon Quidet, dont nous reparlerons à propos des travaux de l'Hôtel de Ville.

Dans un incendie qui éclata à la Sécherie elbeuvienne, le dimanche 11, vers 4 heures du matin, le sapeur-pompier Baptiste Quenneville perdit la vie. Le mois suivant, le Conseil municipal décida qu'un monument serait élevé sur sa tombe aux frais de la ville. — Les pertes matérielles résultant de ce sinistre avaient été évaluées à plus de 150.000 fr.

La vente à la criée du poisson fut déclarée obligatoire, par délibération du conseil municipal en date du 24 mars.

M. Louis-François Gibon, commissaire de police, devint juge de paix du canton d'Ourville, par décret du 18 avril. M. Guillaume Redon, commissaire à Nogent-sur-Seine, le remplaça à Elbeuf.

Le 22, la Chambre de commerce nomma trois manufacturiers comme membres correspondants de cette Chambre, avec voix consultative seulement Ce furent MM. Prosper Cabourg, Frédéric Olivier et Pelletier aîné.

Le dimanche 29, nos concitoyens et une foule venue des communes voisines eurent le spectacle d'une nouvelle cavalcade, dont la composition était : clairon moyen âge, char de l'Imprimerie, Fra Diavolo, Figaro, personnages fantaisistes, char de l'Harmonie, mousquetaires, char de Jacquard, le Marié du Mardi Gras, cavaliers grotesques, char de la Bienfaisance, Don Quichotte et Sancho Pança, Mme Benoiton et sa fille, charlatan, personnages divers. — La quête et la loterie, organisée à cette occasion, rapportèrent aux pauvres une somme de 1.248 fr.

Un des derniers procès intentés par M. de Montagnac, de Sedan, ou ses représentants à des fabricants d'Elbeuf et à propos des draps velours, fut l'objet d'un arrêt rendu vers le commencement de mai, par la Cour impériale de Rouen, qui débouta M. Carbonnier, d'Elbeuf, porteur d'une cession de M. de Montagnac, de sa demande contre MM. Chevalier, veuve Beck et Léon Quidet, et Métot et Bourguignon.

Une commission avait été nommée par la Chambre de commerce à l'effet de rechercher si le fisc était en droit de faire payer une redevance aux industriels prenant de l'eau à la Seine — il y en avait huit à Elbeuf — pour les besoins de leur industrie.

Le 2 mai, cette commission déposa son rapport, concluant à l'affirmative, l'article 8 de la loi du 16 juillet 1840 ne pouvant laisser de doute à cet égard. Le rapporteur estima que, pour une prise d'eau de 600 mètres cubes par jour, la redevance ne s'élevait qu'à 61 fr. par an.

L'enquête concernant l'ouverture de la rue Clémentine (principale section de la rue Théodore Chennevière actuelle) commença le 24 mai.

Le 26 mai, le conseil municipal, s'appuyant sur des délibérations antérieures que nous avons rapportées, refusa de payer à la compagnie des chemins de fer de l'Ouest la somme de 200.000 fr. que la compagnie prétendait, à tort, lui être due, comme subvention dans la création de la ligne de Serquigny, par la ville d'Elbeuf, cette ligne ne passant pas sur le territoire de notre ville.

Le 2 juin, quarante-six négociants en draps et fabricants d'Elbeuf adressèrent cette demande à la Chambre de commerce :

« Les soussignés, pénétrés des graves inconvénients qui résultent, pour le commerce de la draperie, de l'abus des usages commerciaux sur cette place, prient la Chambre de commerce de vouloir bien faire une enquête à ce sujet, convaincus qu'il en sortira la nécessité d'une réforme, dont l'urgence devient indispensable ».

La Chambre décida qu'un registre serait ouvert à son secrétariat, et que les intéressés pourraient y inscrire leurs opinions et observations ; que le registre serait ensuite remis à une commission, laquelle ferait un rapport dont publication serait faite.

Un décret impérial de ce même jour érigea

en succursale l'église de l'Immaculée-Conception.

Le samedi 9, on inaugura le Grand-Hôtel.

Le 16, Mme Mary, marchande de merceries rue du Neubourg, âgée d'une trentaine d'années, mit au monde trois filles, qui moururent le surlendemain, presque au même instant.

Un arrêté du maire, placardé le 17 juin, réglementa les voitures de place que l'on se proposait de mettre en circulation.

Le 20, la Chambre de commerce donna un avis favorable au projet de création d'une succursale de la Banque de France à Elbeuf, la place, par cette création, devant être affranchie de toute perte au change.

Le préfet approuva, le 25, les alignements de la rue Clémentine, longue de 360 mètres et large de 11. m. 50, à ouvrir entre les rues de la ague et Romelot.

Le 26, la Chambre de commerce ouvrit son enquête au sujet des inconvénients résultant pour la vente de la draperie, de l'abus des escomptes et du manque de certitude dans les conditions de vente.

C'est vers cette époque qu'eut lieu le procès Sabran et Jessé, fort intéressant pour l'industrie des draperies nouveautés. Il s'agissait de la valeur que pouvait avoir un brevet d'invention pris par les deux associés, le 17 janvier 1865, pour la production de fils mouchetés, dit fils écrevisses, fils à boutons, etc. Le Tribunal civil de Rouen décida que ces fils de fantaisie étaient du domaine public.

Le 9 août, le conseil municipal accepta la proposition de M. Gariel père d'ouvrir dans sa propriété deux voies, qui porteraient les noms de rue Félix et rue du Sud.

Dans la nuit du 29 au 30, le feu prit chez M. Leblond, marchand de déchets, route de Rouen, et s'étendit à des bâtiments voisins, notamment à ceux occupés par M. L. Beer, teinturier Les pertes furent estimées à plus de 62.000 fr

Le dénombrement de la population, qui venait d'être terminé, donna les chiffres qui suivent :

Garçons, 5.087 ; hommes mariés, 4.649 ; veufs, 478 ; total : 10.214.

Filles, 5.451 ; femmes mariées, 4.728 ; veuves, 1.151 ; total 11.330.

Total général : 21 544. En 1861, le chiffre de la population était de 19.988 habitants.

La population totale du canton était de 42 683 habitants, desquels sur : Caudebec, 9.184 ; Cléon, 566 ; Freneuse, 587 ; la Londe, 1.781 ; Orival, 1.992 ; Saint-Aubin, 1.945 ; Saint-Pierre, 3.701 ; Sotteville-sous-le Val, 283 ; Tourville, 860.

M. Augustin Poussin, manufacturier, mourut le 11 septembre, à l'âge de 43 ans. Il avait été successivement membre du Tribunal de commerce et membre de la Chambre de commerce. Il était membre du Conseil municipal, membre du Bureau de bienfaisance et président de la Société industrielle ; quelques semaines avant sa mort, il avait reçu les palmes académiques.

Le 14, un tremblement de terre se fit sentir dans l'Ouest de la France entre Périgueux et Rouen ; il s'étendit à l'Est jusqu'à Clermont et Paris. Le mouvement fut marqué, mais presque insensiblement, dans le canton d'Elbeuf.

Le 18, mourut, au château de Bec-Thomas,

M. Mathieu François Sevaistre, maire de cette commune. Le défunt, âgé de 67 ans, avait été chef de bataillon de la garde nationale de notre ville après la révolution de juillet 1830, et décoré en 1831. Quand, en 1848, notre garde nationale eût deux bataillons, M. Sevaistre fut nommé colonel et conserva ce grade jusqu'à la dissolution de janvier 1852. On lui avait donné le surnom de « le Changarnier du Bec-Thomas ». Il avait, en outre, rempli les fonctions de membre du Conseil municipal et de juge au Tribunal de commerce.

Le 11 octobre, on mit en adjudication les travaux de pavage de la rue de Paris, sur un devis de 52.176 fr.

En ce même mois, la commission administrative de l'Hospice accepta une donation de 8.500 fr. faite à cet établissement par Mme veuve Molet et Mme Tassel, née Molet.

Vers une heure du matin, le samedi 13, le feu se déclara chez M. Hersent, épicier, en face le Théâtre, et s'étendit chez plusieurs de ses voisins. On estima les pertes à près de 80.000 fr. Au début de ce sinistre, M. Lécuyer, maître serrurier, caporal pompier, fut brûlé aux mains et au visage, par suite d'une explosion de gaz.

Vers cette époque, on s'émut de la présence de loups dans la presqu'île de Saint-Aubin, d'où 33 moutons furent emportés en quelques jours, par ces animaux malfaisants, qui, depuis, disparurent complètement de notre région.

Les travaux de contruction du nouvel Hôtel de Ville furent mis en adjudication le 29 octobre, sur les devis suivants : terrasse 11.049 francs, maçonnerie et carrelage 421.416 fr., charpente 36.834 fr., couverture et plomberie 47.451 fr., menuiserie 77.452 fr., serrurerie et quincaillerie 91.884 fr., peinture et vitrerie 52.148 fr.

Le 8 novembre, on mit en adjudication les travaux de pavage de la rue du Glayeul, sur un devis de 20.940 fr.

En novembre, le Conseil municipal se joignit à la Chambre de commerce pour demander la création d'une succursale de la Banque de France à Elbeuf.

Un nouvel incendie éclata, à une heure du matin, le vendredi 30, dans les ateliers de décatissage de M. Mesnil, rue Lefort. On estima les pertes matérielles à plus de 170.000 fr. En outre, M. Philippon, inspecteur de police, se fractura l'épaule en tombant ; la ville lui donna une gratification de 300 fr.

M. Louis-François-Emile Delaunay, ancien chef de bataillon de la garde nationale, mourut subitement, le 2 décembre, à l'âge de 66 ans.

Le 6 décembre on adjugea les travaux pour la mise en état de viabilité de la rue de Marignan, estimés à 2.630 fr. — Quelques jours après, il en fut de même de la section de la rue Bourdon prolongée (aujourd'hui rue Thiers) comprise entre les rues de Paris et de Solférino ; le devis s'élevait à 4.433 fr.

Dans la nuit du 8 au dimanche 9, le feu prit au café du Palais-Royal, rue Louvet, à l'angle de la rue de la Barrière. Les pertes furent estimées à 29.000 fr.

Disons tout de suite que, pendant l'année 1866, le nombre des incendies, grands et moyens, s'éleva à vingt-neuf ; nous laissons de côté les petits feux. Ces sinistres répétés firent adopter aux Compagnies d'assurances un tarif d'exception pour la ville d'Elbeuf ; plusieurs d'entre elles refusèrent même d'y accepter des polices.

Cette situation grave appela l'attention des pouvoirs locaux.

Notons également l'incendie du 14 au 15 décembre, qui détruisit en partie l'ancienne fabrique de M. Pelletier, rue de Louviers, à Caudebec, et entièrement celle de M. Talon. Les pertes se chiffrèrent par plus de 62.000 fr.

Le 12, le conseil municipal, par une délibération, invita le préfet à demander que le rachat du péage du pont suspendu fût déclaré d'utilité publique et à en poursuivre l'expropriation. A cet effet, le Conseil s'engagea à participer pour 60.000 fr. dans le règlement de l'indemnité à offrir à M. Ch. Levavasseur, propriétaire de ce pont

Le même jour, il vota l'établissement de nouvelles horloges aux clochers de Saint-Jean et de Saint-Etienne, avec cadrans transparents.

Quelques semaines après, une autre enquête fut ouverte sur le projet de construction d'un cinquième gazomètre par la Compagnie du gaz.

Dans la séance municipale du 29, M. Buée, maire, donna connaissance à l'assemblée d'une lettre préfectorale concernant la remise aux communes d'Elbeuf et de Saint-Aubin du chemin d'accès à la gare de la ligne de Serquigny.

Le Conseil prit cette délibération :

« Il y a lieu, pour la ville d'Elbeuf, d'admettre à sa charge, sous les réserves ci-après, les frais d'entretien et d'éclairage du chemin d'accès dont il s'agit : 1° Depuis le croisement de la rue Bourdon avec la rue de Paris jusqu'à l'entrée du pont, sur une longueur d

133 mètres ; et 2° Depuis la naissance du pont, sur le bras principal de la Seine, jusqu'à la limite d'Elbeuf, soit 99 mètres 48 centimètres.

« Au delà, les frais d'entretien et d'éclairage lui restent étrangers, le sol n'appartenant plus à son territoire ; ils doivent être mis à la charge soit de la commune de Saint-Aubin, soit, en cas d'insuffisance de ses ressources, à celle de la compagnie, comme conséquence du tarif productif dont ce chemin est l'instrument pour la dite compagnie.

« Faisant d'ailleurs, le conseil municipal, toutes réserves au sujet des vices de construction, tant des murs de soutènement de la rampe que de la culée du pont établis sur le territoire d'Elbeuf, où des tassements se manifestent déjà ».

Voici le tableau des établissements industriels lainiers de la région d'Elbeuf en 1866 :

Etablissements	Elbeuf	Caudebec et St-Pierre
Fabricants de drap	202	68
Teinturiers	16	»
Filateurs de laine	10	4
Apprêteurs	48	3
Loueurs de force motrice	16	2
Batteurs de laine	11	2
Retordeurs de fils	39	8
Colleurs de chaînes	5	20
Lamiers-rôtiers	11	5
Fabriques de savon	3	»
Foulonniers à la mécanique	1	»
Etablissements de séchage	5	»
Marchands de déchets	12	21
Monteurs de métiers	1	1
Dessinateurs pour fabriques	3	1
Fabricant de cardes	»	1
Débarreurs	11	11

14.700 ouvriers étaient occupés dans l'intérieur de la ville, 4.400 venaient de l'extérieur chaque jour pour y travailler, 3.000 autres étaient occupés chez eux pour le compte des fabriques d'Elbeuf ; soit, au total, 22.100 ouvriers, nombre auquel il fallait ajouter les 1.200 occupés par les fabricants de Caudebec et de Saint-Pierre.

Il fut assez difficile, pour la Chambre de commerce, d'établir le chiffre de la production, d'abord parce que l'on avait écoulé pendant les premiers mois une partie des stocks provenant de la mévente de 1865, ensuite parce qu'Elbeuf, étant devenu un marché pour la draperie, on y introduisait des produits étrangers à la fabrication locale. Cependant, l'ensemble des faits certains permit de fixer le chiffre des ventes à 85 millions de francs, pour une production légèrement supérieure à celle de 1865.

Il était entré 14.268.543 kil. de laines en balles, de toute provenance, et 1.740.000 kil. de laines en suint, de France. Les premières avaient donné un rendement moyen en blanc, dégraissé à fond, de 38 %, soit   5.422.046 kg.

Les secondes environ 27 %,
soit......................   487.200 —

    TOTAL............   5.909.246 kg

La moyenne des prix étant de 7 fr. 25 le kilog., la valeur de ces diverses laines s'élevait à 42.842.033 fr. 50. Mais on nota que l'approvisionnement était plus fort au 31 décembre 1866 qu'à pareille date de l'année précédente. D'autre part, la soie et d'autres matières entraient dans la fabrication, et il était impossible d'en connaître la quantité et la valeur.

L'entrée des laines ne pouvait donc servir de base exacte pour déterminer la production.

Dans le périmètre de l'octroi d'Elbeuf, il était entré 50.085 tonnes de charbon de terre, dont 6.600 t. français, 24.131 t. anglais, 2.916 t. de Mons et 16.438 t. de Charleroi. Les entrées pendant les années précédentes avaient été de 43.586 t. en 1865, de 47.173 t. en 1864, et de 42.087 en 1863. La consommation du charbon anglais était en progression.

Le prix moyen, au kilog., des tissus d'Elbeuf pour l'exportation était de 30 fr. 32 pour le drap ; édredon, 22 fr 24 ; billard, 22 fr. 03 ; satin, 20 fr. 04 ; nouveauté d'été 20 fr. 89 ; nouveauté d'hiver, 16 fr. 42

Suivent quelques chiffres comparatifs s'appliquant aux années 1866 et 1858 :

	1858	1866
Fabricants de la ville et du canton..................	282	202
Force nominale des machines à vapeur utilisées dans la ville et le canton...chevaux	749	1.000
Production du gaz d'éclairage........mètres cubes.	400.000	976.000

En 1866, M. Alcan publia le tableau suivant du personnel nécessaire pour transformer, par jour en drap lisse, 12 balles de laine de 125 kg. chacune, soit 1.500 kilog. de laine lavée, en 1785 et 1866 ;

	Nombre de personnes	
	En 1785	En 1866
Dégraissage et lavage pour 12 balles................	30	21
Séchage et battage........	30	9
	60	29

	Nombre de personnes	
	En 1785	En 1866
Repokt	60	29
Plusage et triage	366	60
Droussage et cardage	1.076	80
Filage	4.719	184
Dévidage	292	42
Bobinage	124	40
Ourdissage	29	18
Collage de chaînes	24	6
Filage des lisières	268	6
Sepoulage de la trame	357	325
Epincetage en gras et en maigre	235	250
Dégraissage et foulage	60	12
Montage des chardons, lainage et curage des chardons	295	70
Tondage ramage, brossage	440	55
Teinture en pièce	40	12
Epoutillage et rentrayage	105	30
Catissage pressage et emballage	42	10
Commis et contre-maîtres	58	8
Totaux	10.016	1.897

Les conditions de la place étaient :

Escomptes : nouveautés pour pantalons et jaquettes, 15 % ; draps unis, satins, castors, édredons, draps pour paletots hommes et femmes, 6 % étoffes non décaties et 4 % décaties.

Paiement : 60 jours de la fin du mois de vente, règlement immédiat en valeurs à satisfaction.

Mode de livraison : Etoffes livrées avec la toilette ou bonification de 1 % au choix de l'acheteur, qui, en outre, avait droit à une réfaction pour les tares ou défauts ; cette réfaction se réglait à l'amiable pour le drap lisse et par 1 % pour les nouveautés.

Les laines se vendaient à six mois avec 2 % d'escompte, ou à trente jours de la fin du mois de vente avec 6 % d'escompte.

Toutes les laines se pesaient « entre fers » par fraction de demi-kilogramme, avec 1 % de trait.

Le prix de la teinture en laine se calculait au kilog. ou au drap.

Le drap de laine dégraissée, teinte, nettoyée et prête à être envoyée à la filature, était de 40 kilog.

La teinture en pièce se réglait au drap de 60 mètres environ. Le dégraissage en blanc se réglait au drap de 40 kilog.

La teinture était payée avec un escompte de 10 %, à soixante jours de la fin du mois de la date de la facture.

La filature à façon se payait, avec 15 % d'escompte, à soixante jours de la fin du mois de la date de la facture. L'usage était de facturer au kilog. pour le cardage et à la longueur de 3.600 mètres ou livre de compte pour la filature.

Durant l'année, huitième de son existence, la Société industrielle avait mis à l'étude :

Les machines à échardonner ; la création d'une succursale de la Banque de France, à Elbeuf ; les usages commerciaux de la place ; le titrage métrique des filés ; les chaudières semi-tubulaires ; de nouveaux métiers mécaniques à tisser ; les appareils chirurgicaux, au point de vue des accidents de fabrique.

Il y eût, en 1866, 771 naissances, 201 mariages et 770 décès.

CHAPITRE II
(1867)

L'incendie du 3 février ; les compagnies suspendent les assurances contre le feu — Construction de l'Hôtel de Ville ; premier mécompte — Attentat contre l'empereur de Russie ; adresse. — L'Exposition Universelle de Paris ; note sur l'industrie elbeuvienne ; les récompenses ; Elbeuf sacrifié. — Pose de la première pierre de l'Hôtel de Ville. -- Lettre des fabricants au ministre du Commerce.

Le budget municipal pour l'année 1867 portait en prévision de dépenses une somme de 1.505.226 fr. — Les dépenses de l'Hospice étaient prévues par 72.768 fr. — Celles du Bureau de bienfaisance par 47.500 fr.

Le 11 janvier, à la suite d'élections et d'un décret impérial daté du 27 décembre précédent, il fut procédé à l'installation de M. Antoine-Achille Cavrel, comme président du Tribunal de commerce ; de MM. Adolphe Mary et Clovis Hue, juges, et de MM. Lucien Cosse, Louis-Charles Bouché et Emile Martin, juges suppléants.

M. Lecerf, président sortant, dans le discours qu'il prononça, dit que les affaires inscrites pendant l'année 1865 se chiffraient par 828, et par 933 pour l'année 1866 — Il avait été déclaré 27 faillites en 1865 et 20 en 1866; au total 49 faillites, dont 16 de marchands de spiritueux, 4 de fabricants de draps et 3 de négociants en draperie. — En 1865, il s'était formé 27 sociétés en nom collectif et 2 en commandite; en 1866, on avait compté 19 sociétés nouvelles en nom collectif et 5 en commandite.

La brigade de gendarmerie à pied, nouvellement créée à Elbeuf, s'installa, en janvier, dans une maison de la rue des Traites.

Un incendie considérable vint encore une fois jeter la consternation dans notre ville. Le dimanche 3 février, vers cinq heures et demie du matin, le feu se déclara. rue de l'Hospice, dans l'établissement Etienne Martin, à usage de sécherie, et se communiqua bientôt à la fabrique de M. Léon Sevaistre fils, faisant l'angle nord de la rue Saint-Louis et de la rue de l'Hospice, puis à la propriété Petitgrand, rue Royale. A dix heures, ce quartier n'était qu'un immense brasier. Dix-sept locataires perdirent tout ou partie de ce qu'ils possédaient. On estima les dégâts à 1.314.000 fr. Trois personnes furent blessées.

Deux sapeurs-pompiers, MM. Augustin Fiquet, sergent-major, et Aimé Augustin, sergent, se distinguèrent par leur courage. Le maire demanda une récompense pour eux.

Dans la séance municipale du 20 février. M. Guérot prit la parole et s'exprima en ces termes :

« Messieurs ; les nombreux incendies qui affligent notre cité doivent, à notre avis, éveiller l'attention municipale, lui en faire rechercher la cause et les moyens d'en atténuer les chances.

« Le danger est très grand : non seulement la vie de nos braves pompiers et des citoyens dévoués y est souvent en danger, ce qui est le plus grand mal, mais encore le crédit public, la sécurité de notre industrie sont ébranlés en ce moment par l'inquiétude qu'ont suggéré aux Compagnies d'assurance des sinistres aussi répétés et aussi importants, lesquelles hésitent *(sic)* à supprimer la ville d'Elbeuf du cadre de leurs opérations.

« Nous avons eu sous les yeux tout récemment, à propos de l'incendie du 3 février, une lettre écrite au nom de quatre grandes Compagnies de Paris, qui donnent l'ordre formel à leur agent de suspendre toute opération nouvelle jusqu'à la réunion du comité des assurances, réunion qui aura pour effet, sinon de ne plus assurer Elbeuf, espérons-le, au moins d'augmenter les primes, ce qui sera un nouvel impôt pour notre industrie, déjà si surchargée de frais.

« On ne peut dissimuler que toute la sécurité du crédit si largement accordé à Elbeuf repose sur la garantie des assurances. En quelle industrie, en quel négociant aurait-on confiance, si on ne le savait bien et dûment assuré ? Eh bien, si cette garantie venait à nous manquer, si les assurances à primes fixes nous abandonnaient, que nous n'ayons plus à notre secours que les assurances mutuelles, qui garantissent quand même, mais n'ont aucun capital que le produit de leur mutualité, nous craignons que ce grand crédit, qui a permis à notre industrie de prendre autant de développement, ne soit sérieusement ébranlé.

C'est ce qui arriverait infailliblement si un nouveau sinistre venait nous affliger ».

M. Guérot conclut en proposant un projet de règlement, que l'assemblée renvoya à une commission spéciale.

Le même jour, le Conseil accepta une proposition de M. Bourdon ayant pour objet de demander qu'un délai plus long fût accordé pour l'enlèvement des houilles arrivant par chemin de fer.

A partir du 1er mars, le service des incendies redevint obligatoire pour la garde nationale. A chaque sinistre, une compagnie devait se présenter sur le lieu, armée du sabre seulement.

Dans la séance municipale du 29 mars, M. Buée, maire, exposa que, par suite de la crue extraordinaire des eaux, une surélévation des fondations du nouvel Hôtel de Ville était nécessaire.

M. Edouard Guérot rappela que, dans une proposition signée de neuf membres du Conseil, qu'il avait présentée le 2 février 1866, il avait prévu des erreurs et des mécomptes ; qu'en vue de les éviter, il avait demandé la nomination d'une sous-commission pour examiner de nouveau tous les projets votés, mais que sa proposition avait été repoussée par la majorité du Conseil.

« Mais, ajouta-t-il, lorsqu'au début du travail le plus important, une erreur grave se manifeste, il est de mon devoir d'insister de nouveau pour obtenir que tous les travaux soient suspendus jusqu'à ce qu'il y ait un examen plus approfondi Je demande donc l'ajournement des travaux de l'Hôtel de Ville et qu'une sous-commission soit nommée pour examiner de nouveau tous les plans des grands travaux en général... »

M. Tabouelle observa que la proposition de M. Guérot, n'étant que la reproduction de la première, devait être repoussée. « La crue des eaux, dit-il, s'est élevée cette année à une hauteur imprévue, et l'on doit se féliciter qu'elle ait eu lieu au commencement des travaux, puisqu'il sera facile d'y remédier avec une dépense relativement peu considérable.

En fin de discussion, le Conseil nomma une commission de cinq membres, composée de MM. Papavoine, Cavrel, Guérot, Tabouelle et Olivier, pour examiner la question de l'Hôtel de Ville.

Dans la séance qui suivit, la commission présenta un rapport concluant à une surélévation de 1 m. 40 des fondations de cet édifice ; puis M. Guérot prit la parole :

« Comme membre de la commission, nous avons voté cette surélévation, quoique nous la trouvions insuffisante, contraint et forcé par les circonstances. Pouvait-on laisser construire dans les conditions déplorables où il avait été fixé par le projet primitif, qui exposait l'Hôtel de Ville à une submersion annuelle ? Non.

« Mais ce système de revision partielle dans la voie duquel nous voilà entrés malgré nous, et que nous craignons de voir se renouveler plusieurs fois dans l'exécution des 22 projets auxquels est affecté l'emprunt de 2.500.000 fr. a des dangers ».

M. Bourdon se déclara partisan de la surélévation de 1 m. 40, dont la dépense devait être d'environ 28.000 fr.

M. Beaudouin manifesta aussi ses regrets

de ce que le Conseil avait repoussé la proposition du 2 février 1866 ; il déclara que les 28.000 fr. ne suffiraient pas et critiqua vivement l'architecte et la majorité du Conseil. Il termina en souhaitant à n'avoir pas plus tard à déplorer des désagréments occasionnés par le peu de solidité du terrain, dont on ne s'était pas assez préoccupé, à en juger par les précautions prises par les ingénieurs qui avaient conduit les travaux de la culée du pont de fer.

M. Papavoine trouva ces observations sans importance.

Après la discussion, l'assemblée vota la surélévation, suivant les devis de M. Anger, architecte.

Une revue locale fut jouée au théâtre le 31 mars ; elle avait pour titre l'*Abeille elbeuvienne* et pour auteur M. Lomon, artiste dramatique faisant partie de la troupe.

Le 12 avril, on installa M. Nicolas-Amable Beaudouin, comme juge au Tribunal de commerce, où il avait été nommé par décret impérial du 23 mars précédent.

Le service des voyageurs, sur la ligne de Rouen à Amiens, commença le jeudi 18 avril. — Le lundi 22, on inaugura la ligne de Saint-Pierre-lès-Elbeuf à Louviers.

Une cavalcade de bienfaisance parcourut les rues de notre ville le dimanche 5 mai. Au programme figuraient : Un char des Astres, le Soleil, la Lune, les Etoiles ; le charlatan Camphrinus ; un char de la Bienfaisance ; un char de l'Harmonie ; le géant Krodo dévorant des milliers d'hommes et d'enfants ; le temple de Bacchus, des mousquetaires, seigneurs, pages, écuyers, groupes grotesques, etc.

A la séance municipale du 21 mai, six membres du Conseil, MM. Guérot, Cosse, Beaudouin, Quidet, Fouchet et Legrix, tinrent à dégager leur responsabilité dans la question des grands travaux et notamment la construction de l'Hôtel de Ville ; en conséquence ils réclamèrent la transcription sur le registre des procès-verbaux d'une proposition faite le 2 février 1866, concluant ainsi :

« En conséquence, nous demandons au Conseil de bien vouloir renvoyer à des sous commissions la revision de tous les projets auxquels est affecté l'emprunt de 2.500.000 fr., lesquelles auront à statuer sur la somme approximative que devra coûter chaque projet et feront leur rapport à une commission. Cette dernière, qui prendra le titre de grande commission, présentera au Conseil un rapport résumant les travaux de chaque sous-commission et établira le total approximatif de ce que devront coûter tous les projets réunis. — Signé : Edouard Guérot, F. Olivier, F. Vauquelin, M. Legrix, L. Fouchet, P. Cabourg, L. Cosse, A. Beaudouin et Léon Quidet ».

Non seulement cette proposition avait été repoussée, mais il n'en avait pas été fait mention au procès-verbal, malgré l'affirmation du secrétaire. — L'assemblée fit droit à cette réclamation.

Le 3 juin, on mit en adjudication des travaux assez importants dans les rues de Caudebec, du Neubourg, Henry, du Cours, du Havre et du Maurepas ; le devis s'élevait à 139.290 fr.

Cette même année, on dépensa 8.318 fr. à la viabilité des rues Deshayes et Constantine

Tout le monde sait qu'un attentat fut commis à Paris, le 6 du mois de juin, sur l'em pereur de Russie : le surlendemain, le conseil municipal se réunit et signa cette adresse à Napoléon III :

« Sire ; au moment où, au nom de la France, vous exercez avec tant de splendeur une hospitalité dont elle s'honore, une main criminelle s'est livrée au plus odieux des attentats.

« Dieu, qui protège toujours notre belle patrie, a détourné le bras de l'assassin.

« Sire, le corps municipal d'Elbeuf, organe de la cité tout entière, éprouve l'impérieux besoin de témoigner hautement toute l'indignation, toute l'horreur qu'il a ressentie à la nouvelle de cet exécrable forfait, et surtout de remercier du fond du cœur la Providence, qui a protégé à la fois les jours si précieux de Votre Majesté et ceux de vos augustes hôtes.

« Daignez, Sire, agréer l'expression de ces sentiments.

« Nous avons l'honneur d'être, avec le plus profond respect, Sire, de Votre Majesté les très humbles et très obéissants serviteurs et sujets »

La Chambre de commerce rédigea et envoya également une adresse à l'empereur.

Le dimanche 9, vers 4 heures du soir, le feu éclata dans l'établissement Pierre Bruyant, rue Saint Etienne. Les pertes s'élevèrent à 200 000 fr.

Trois membres du conseil municipal, MM. Beaudouin, Guérot et Olivier, qui déjà n'avaient pas signé l'adresse à l'empereur, refusèrent d'accepter une responsabilité quelconque dans les grands travaux communaux, particulièrement dans la construction de l'Hôtel de Ville, et donnèrent leur démission, ce dont le maire fit part à l'assemblée municipale le

18 juin. — M. Vauquelin démissionna également quelque temps après.

Le 1er juillet, on adjugea les travaux de construction d'aqueducs rues aux Bœufs, de la Bague et La Fayette, sur une mise à prix de 24.529 fr.

L'ouverture d'une rue, dans la propriété et aux frais de M. Philippe Decaux, entre les rues des Champs et des Traites, fut adoptée par le conseil municipal, le 19 juillet.

L'Exposition Universelle du Champ-de-Mars à Paris battait alors son plein. Presque chaque dimanche, des trains de plaisir furent organisés pour le transport des voyageurs.

M. Louis Flavigny publia, au nom du Comité départemental de l'Exposition, une intéressante notice sur la fabrication de notre ville ; nous en détachons les passages suivants :

« Sauf Romorantin, qui lutte encore à cause du bon marché de sa main-d'œuvre, c'est Elbeuf seul qui accapare la fabrication des satins bleus et garance pour officiers, des draps forts pour administration, des draps clairs pour voitures et chemins de fer, ainsi que des draps pour billards. Plus de six expositions ne contiennent que des produits de ce genre, et nous pouvons dire que dans toutes on admire la solidité des nuances, la résistance des tissus et la beauté de l'apprêt ; au taux actuel de la main-d'œuvre, on s'étonne même du prix auquel ils sont cotés.

« C'est surtout à l'inspection de ses nouveautés que la place qu'a prise Elbeuf dans tous les concours s'affirme de plus en plus. Le choix des dessins, l'harmonie des couleurs, un goût auquel tout le monde rend hommage, lui conservent plus que jamais le rang qu'elle a déjà occupé. Les articles pour pantalons se distinguent par un cachet exceptionnel de nouveauté, une fraîcheur de nuances, une variété dans les armures, une délicatesse dans le fond des tissus et dans les accessoires destinés à faire valoir le reste de l'étoffe. Nul ne s'entend mieux que le fabricant d'Elbeuf à mélanger, avec une rare habileté, le coton, la laine et la soie, à façonner le tissu de mille manières, à l'enrichir de filets vifs et de bandes larges ou étroites, à modifier les apprêts, qui sont tantôt rasés, tantôt drapés, tantôt duveteux ; à calculer enfin quels effets disparaîtront ou viendront à la surface de l'étoffe après l'opération capricieuse du foulage.

« Tout ce que la mode fait surgir est immédiatement appliqué aux nouveautés d'Elbeuf, car notre fabrique vit de créations nouvelles ou renouvelées, et c'est Paris qui nous donne le ton ; mais s'il est vrai que cette proximité nous fournit de précieux matériaux, il n'en faut pas moins beaucoup de tact et de discernement pour ne pas faire fausse route. Dans l'article fantaisie, le succès de la saison tient aussi bien au dessin qu'on adopte qu'au moment choisi pour le faire connaître : il faut toujours prendre l'avance, c'est le meilleur moyen d'empêcher que le secret du dessin ne parvienne à la connaissance des faiseurs de bon marché avant que la campagne soit ouverte.

« Nous tirons de notre métier à la main, pourvu, comme il l'est aujourd'hui, d'accessoires précieux, tels qu'une mécanique Jacquard, un grand nombre de lames et de navettes, des facilités surprenantes pour le tissage. C'est pourquoi nos nouveautés, ainsi qu'on peut s'en convaincre à l'Exposition, revêtent les formes les plus hardies et les plus ingénieuses, tandis que nous voyons la simplicité et l'uniformité dominer dans les productions étrangères.

« Quant aux nouveautés à bon marché, dont l'Exposition offre aussi une intéressante collection, c'est de l'imitation des articles fins qu'elles tirent leur vogue, et c'est par ce moyen qu'elles se répandent abondamment dans la consommation ; fabriquer des étoffes de goût à des prix modérés n'est pas une mince difficulté.

« La fabrication des jaquettes et des vêtements complets a pris dans ces derniers temps une grande extension : les effets produits par le mélange de la laine avec l'organsin, le coton ou la laine peignée présentent un tissu flatteur à l'œil, léger et solide, agréable au porter en ce qu'il est moins salissant que le noir. Aussi avons-nous rencontré dans beaucoup de vitrines l'article jaquette, depuis les plus belles qualités jusqu'aux plus communes.

« Le pardessus d'hiver est représenté à l'Exposition par quelques édredons, quelques castorines, à l'apprêt glacé et soyeux, mais surtout par un assortiment très complet de tissus veloutés, ondulés et frisés. Ce sont aujourd'hui des articles de quantité qui conviennent à tous les consommateurs, et ce sont pourtant des articles de mode. Il faut chaque année en varier les nuances, en modifier l'apprêt, donner à l'endroit ou à l'envers un aspect particulier. Le principal mérite de ces étoffes est d'avoir une grande épaisseur, sans avoir beaucoup de poids. Les résultats obtenus à Elbeuf, en ce qui concerne le frisage, le moelleux et le prix de vente des paletots chinchillas, ne sont pas dépassés à l'étranger : à qualité égale, les types que nous avons vus ne me semblent pas nous laisser en arrière. Au reste, des articles nouveautés venant du dehors, c'est le seul qui ne soit pas venu nous faire concurrence sur notre marché français.

« Le tissu de laine foulé pour dames a été abordé franchement par notre ville, qui ne veut négliger aucun genre. En s'en emparant, Elbeuf lui a imprimé le cachet de fantaisie et de nouveauté qui caractérise ses autres articles. Les spécimens exposés par sept ou huit fabricants brillent par leur éclat, la fraîcheur des nuances, la richesse des matières mélangées. Il y en a qui imitent la fourrure d'une manière parfaite ; d'autres, plus légers, qui paraissent destinés à des sorties de bal. C'est un article de plus qui prend racine dans notre fabrication, et qui a contribué aussi à grossir la fabrication d'Elbeuf ».

Les machines qui furent les plus remarquées à cette exposition par les fabricants de draperies et autres lainages furent celles à laver la laine, supprimant le lavage à la main ; les hydro-extracteurs ; les échardonneuses de laine. On remarqua aussi beaucoup des améliorations dans les appareils de cardage et de filature : à partir de cette époque, on délaissa le métier mull-jenny pour le métier renvideur self-acting ou le métier continu. C'est également de l'Exposition de 1867 que l'on peut dater l'extension des métiers mécaniques à tisser les draps, dont de nombreux spécimens figurèrent à Paris.

Voici la liste des exposants de la circonscription d'Elbeuf qui prirent part à l'Exposition universelle de Paris, en 1867, et les recompenses obtenues :

Ch. Bucaille, fils pour nouveautés ;

E. Bellest, Benoist et Cie, draps fins pour civils et militaires, pour paletots et billards, satins ; médaille d'argent.

F. Vauquelin, nouveautés pour paletots et vêtements complets ; hors concours, membre du jury.

E. Beer et Viot, draps pour paletots et vêtements complets ; médaille de bronze.

Flavigny frères, nouveautés pour pantalons et vêtements complets, nouveautés pour vêtements de dames ; médaille d'argent.

L. Démar, nouveautés pour pantalons et vêtements complets, nouveautés pour vêtements de dames ; médaille d'argent.

L. Cosse, nouveautés pour paletots, jaquettes et vêtements complets ; médaille d'argent.

C. Philippe, nouveautés pour pantalons et vêtements complets ; médaille de bronze.

J. Lécallier fils et H. Quidet, draps unis pour uniformes et billards ; méd. de bronze.

Jules Thillard, draps et nouveautés ; méd. d'argent.

J. Lermuzeaux, nouveautés pour pantalons et paletots, nouveautés pour vêtements de dames ; mention honorable.

Legrix et Maurel, draps et nouveautés ; médaille d'argent.

Gasse frères, nouveautés pour pantalons, paletots et pour vêtements complets ; médaille de bronze.

Osmont et Lermuzeaux, nouveautés pour pantalons et paletots ; médaille de bronze.

Olivier et Brunel, draps ; mention honorable.

Talamon et Limel, nouveautés pour pantalons, paletots et vêtements complets, et nouveautés pour vêtements de dames ; médaille de bronze.

Ch. Imhaus, draps et nouveautés pour paletots et pantalons ; médaille d'argent.

Paul Desbois, draps unis ; méd. de bronze.

Faupoint-Jourdain, de Saint-Pierre-lès-Elbeuf, draperies et nouveautés pour vêtements.

Olivier, draps, castors et satins noirs ;

Legrand, draperies et nouveautés.

Hébert, étoffes pour pantalons et paletots.

Fleury-Desmares, draps pour paletots, médaille de bronze.

Maze et Coquerel, nouveautés pour pantalons et paletots ; mention honorable.

A. Touzé, draps et satins noirs, draps pour uniformes, nouveautés pour pantalons et paletots ; médaille de bronze.

Lavoisey et Thévenin, draps cuirs-laine, satins pour l'armée ; médaille de bronze.

E. Nivert, nouveautés pour pantalons, paletots et vêtements complets ; méd. de bronze.

J Devaux, nouveautés pour vêtements complets ; médaille de bronze.

Gérin-Roze, nouveautés pour pantalons, paletots et vêtements complets ; méd. de bronze.

S.-J. Simon et fils aîné, draps et nouveautés ; médaille de bronze.

Th. Chennevière fils, draps et nouveautés pour vêtements d'hommes et de femmes ; couvertures ; médaille d'argent.

Fouchet père, fils et Hulme, nouveautés pour pantalons et pour paletots, draps pour lycées et voitures ; médaille d'argent.

Morel-Beer fils aîné et Cie, nouveautés pour

pantalons et paletots, étoffes noires façonnées ; médaille de bronze.

Goujon et Ferrand, nouveautés pour pantalons et vêtements complets ;

Simon et Bernard, nouveautés pour pantalons, paletots et vêtements complets, nouveautés pour vêtements de dames, tartans ; médaille de bronze.

Ph. Decaux père, fils et gendre, draps pour uniformes et administrations ; méd. d'argent.

Harel et Delarue, nouveautés pour pantalons et vêtements complets, mention honorable.

Lemaire-Védie et Patallier, draps et nouveautés pour vêtements ; mention honorable.

Gariel-Chennevière, nouveautés pour pantalons, paletots et vêtements complets, nouveautés pour vêtements de dames ; médaille de bronze.

Lesage-Maille, nouveautés pour pantalons, paletots et vêtements complets; méd. d'argent.

P. Sevaistre fils, nouveautés pour pantalons, paletots et vêtements complets, nouveautés pour vêtements de dames; méd. de bronze.

Clovis Hue, nouveautés pour pantalons, paletots et vêtements complets ; méd. de bronze.

Bruyant-Desplanques, nouveautés pour pantalons, paletots et vêtements complets, nouveautés pour vêtements de dames, draps pour billards ; médaille de bronze.

Lecorneur, Olivier et Cie, cuirs laines et satins pour uniformes, draps pour billards ; médaille de bronze.

Bruyant et Vidcoq, nouveautés pour pantalons, paletots et vêtements complets, méd. de bronze.

Eugène Hennebert, draps lisses, cuirs, castors, satins pour civils et militaires, lainages toutes couleurs pour l'exportation; draps pour tapis de table et ameublement, pour voitures et chemins de fer ; nouveautés pour pantalons et paletots ; médaille de bronze.

H. Leclerc, tissus de laine, nouveautés ;

Bourel, de Caudebec, draps dits blanchets pour imprimerie ; mention honorable.

Ch. Delarue, draps pour billards, tissus nouveautés; mention honorable.

Veuve Plantefol, filés de laine ; mention honorable.

En outre, il y avait une exposition collective sous le patronage de la Chambre de commerce, dans la classe 91, sous la rubrique « Meubles, vêtements et aliments de toutes espèces, distingués par les qualités utiles unies au bon marché », à laquelle participèrent, comme fabricants de tissus de laines, MM. A. Grenier, A Touzé, Métot fils aîné, Lemaire jeune et Debroche, Picard et Darré, Olivier et Brunel, René jeune et Cie, Gérin-Roze frères, Olivier frères. Cette exposition obtint une médaille d'or.

Des récompenses furent aussi décernées aux ouvriers ou employés, coopérateurs de la fabrique elbeuvienne, suivants :

MM. Désiré Delamare, directeur ; Ambroise Alavoine, monteur ; médailles d'argent.

Henri Pottier, contremaître ; Gustave Lorette, contremaître ; Eléonor-Michel Ragault, monteur, médailles de bronze.

Pierre-Stanislas Chevalier, contremaître ; mention honorable.

Le jury de la classe 30, dans laquelle figuraient nos manufacturiers, avait décidé de ne pas décerner de médailles d'or individuelles, et que ces médailles seraient réservées pour les grands centres industriels.

Les autres exposants des diverses classes ayant obtenu des récompenses furent MM.

P. M. Maubec, savons, médaille de bronze.

A. Malteau, échardonneuse. méd. de bronze.

L. Brié, garnitures de cardes, mention honorable.

A. Béranger, lainerie à va-et-vient, médaille de bronze.

Soret, traité sur les draps, méd. de bronze

Ambroise Alavoine, métier à tisser mécanique, médaille de bronze.

M. Félix Vauquelin, rapporteur de la classe 30, et M. Edouard Bellest, tous deux manufacturiers, furent nommés chevaliers de la Légion d'honneur.

La Chambre de commerce, au nom des exposants elbeuviens, protesta contre la faible part faite à l'industrie locale dans les récompenses de la classe 30. M. Charles Flavigny, désigné par ses collègues, se rendit, le 25 juillet, auprès de M. Leplay, commissaire général à l'Exposition, et lui tint un discours dont voici à peu près les termes :

« A l'Exposition universelle de 1855, une grande médaille d'honneur a été décernée à la ville d'Elbeuf, pour la supériorité de sa draperie et de ses articles de nouveauté.

« Depuis 1855, l'industrie s'est développée sur une grande échelle dans notre ville ; des établissements importants ont été construits ou considérablement augmentés ; dans un grand nombre, l'outillage a été renouvelé suivant les procédés les plus perfectionnés ; la production s'est accrue de plus d'un quart, en même temps que le prix moyen des divers produits s'abaissait dans une proportion à peu près égale.

« Toute la fabrique d'Elbeuf, plus grandement représentée dans la classe 30 de l'Exposition de 1867 qu'elle ne l'était en 1855 et en 1862 à Londres, a concouru à ce mouvement progressif, qui lui a permis de suppléer à l'insuffisance de quelques tissus de coton pendant les guerres d'Amérique et, surtout, de soutenir avantageusement la lutte engagée avec l'Angleterre et la Belgique par les traités de commerce.

« Loin de se laisser abattre, nos industriels ont compris qu'après avoir défendu la position, il fallait loyalement accepter la conséquence de ces traités, et redoubler d'énergie pour prouver au gouvernement de S. M. l'Empereur que la ville d'Elbeuf tient à marcher de pair avec les plus progressives de l'Empire.

« Dans ces conditions, la Chambre de commerce d'Elbeuf pense que l'industrie de la circonscription est loin d'avoir démérité, ce qui semblerait pourtant, selon elle, résulter des attributions faites dans la classe 30.

« En effet, les grandes récompenses individuelles décernées aux exposants sont proportionnellement moins nombreuses qu'en 1885 et en 1862.

« La Chambre voit, de plus, en ce qui s'applique à la collectivité, un amoindrissement regrettable dans le partage d'une médaille d'or avec la ville de Louviers ; elle croit mériter une médaille sans partage... »

Il ne fut tenu aucun compte de cette réclamation, pourtant bien fondée. On en conclut que notre ville avait été sacrifiée pour favoriser les Anglais et flatter leur gouvernement, dont l'empereur recherchait l'alliance dans un but dynastique.

Le dimanche 18, on posa solennellement la première pierre du nouvel hôtel de ville, sous la présidence du préfet. A cette occasion, la ville entière fut pavoisée dès le matin, la garde nationale prit les armes, le clergé des trois paroisses se rendit processionnellement sur l'emplacement du futur édifice, où une vaste tente, très décorée, avait été montée.

Dans un discours que fit M. Buée, maire, il rappela que l'ancienne mairie avait formée de deux propriétés : la première, acquise de M. Robert Quesné, le 25 juin 1779, et la seconde de M. Adam, le 12 novembre 1830 ; il termina par ces paroles, que l'avenir devait malheureusement démentir :

« Permettez-nous de dire que nous avons foi dans le succès de l'entreprise. Avec l'aide de l'habile architecte chargé de la direction des travaux, et le concours de l'entrepreneur intelligent et consciencieux chargé de les exécuter, nous avons la confiance que notre hôtel de ville ne laissera rien à désirer et donnera satisfaction à tous les services. »

Le préfet-sénateur Le Roy, dans le discours qu'il prononça ensuite, félicita la ville d'Elbeuf du développement et de la prospérité de son industrie, qui la plaçait au premier rang des cités manufacturières.

M. Buisson, curé doyen de Saint-Jean, fit aussi un discours ; puis M. Léon Buquet lut une pièce de vers de circonstance.

Après la cérémonie religieuse, on donna lecture du procès verbal, écrit sur parchemin, qui fut ensuite signé, puis déposé dans une boîte avec des monnaies ayant cours, en or, en argent et en bronze, et une tablette en cuivre sur laquelle était gravée cette inscription :

« L'an MDCCCLXVII, le XVIII août, a été posée la première pierre de cet édifice, par M. le baron Ernest Le Roy, sénateur, préfet du département de la Seine-Inférieure, G. O. ✳. — Maire : M Buée, O. ✳. — Adjoints, MM. Martel, Rivière. — Conseillers municipaux : MM. Cavrel (président du Tribunal de commerce), Grandin (Alfred), Osmont, Cabourg, Aubé ✳, Pion ✳, Bourdon ✳, Lecerf ✳, Fouchet, Lizé ✳, Papavoine ✳ (chef de bataillon de la garde nationale), Lanseigne, Tabouelle (juge de paix), Vauquelin O. ✳, Cosse, Chennevière, Houllier, Quidet, Fillolet ✳, Legrix ✳ — Architecte : Emile Anger. — Entrepreneur principal : M. Liorel. — Cette pierre a été bénite par M. l'abbé Buisson, curé doyen de paroisse Saint Jean d'Elbeuf. »

La boîte ainsi remplie fut déposée dans une cavité ménagée dans cette première pierre ; puis le préfet scella le bloc, sur lequel on fit descendre une seconde pierre, jusque-là restée suspendue, sur la première.

Après la cérémonie, le préfet se rendit au barrage de Martot.

A trois heures, commencèrent des régates sur la Seine et des jeux sur le Champ de-Foire.

Le soir, un grand banquet, au Grand-Hôtel, fut offert au préfet, M. Massot, premier président de la Cour impériale de Rouen, y assista, ainsi que MM. Quesné, député ; Genty, secrétaire de la préfecture ; Vanier, président du Tribunal de première instance ; Thiriet, procureur impérial ; Krantz, ingénieur en chef des ponts et chaussées, constructeur du palais de l'Exposition universelle de 1867 ; de Seaulieu, ingénieur en chef ; les curés des trois paroisses d'Elbeuf, et autres notabilités. La musique du 96e de ligne joua pendant le banquet, à la fin duquel quantité de discours furent prononcés.

Le soir, il y eut des illuminations générales et un feu d'artifice. — Le Conseil municipal avait voté 4.000 fr. pour cette fête.

Le 19 octobre, on soumit à l'enquête l'ouverture de la section de la rue de Solférino comprise entre les rues des Champs et des Traites.

Le 28 novembre, le conseil municipal vota un crédit provisoire de 7.500 fr. à joindre à une souscription des propriétaires riverains, pour prolonger le quai au-delà du Champ-de-Foire

Ce même jour, il décida de défendre contre la Compagnie de l'Ouest, qui intentait une action à la ville, pour se faire délivrer la subvention de 200.000 fr., votée conditionnellement pour l'exécution du chemin de fer de Serquigny.

Il donna un avis favorable à un projet de construction, à l'Hospice, d'une annexe pour les vieillards ; le devis s'élevait à la somme de 62.000 fr.

Il adopta le tracé d'une rue entre celles Saint-Jean et de Seine, sur l'emplacement du passage Padelle.

Fin décembre, la lettre suivante fut signée par 223 fabricants d'Elbeuf, pour être ensuite adressée au ministre du Commerce :

« Monsieur le ministre, après avoir lu dans

la Situation générale de l'Empire, publiée au *Moniteur* :

« A Elbeuf, la vente des tissus d'hiver s'est
« opérée dans des conditions assez bonnes ;
« on a même pu occuper un certain nombre
« d'ouvriers cotonniers. »

« Nous soussignés, fabricants et commerçants, venons respectueusement exposer à Votre Excellence, dans sa triste réalité, la situation de notre industrie et rendre aux faits leur véritable signification :

« La classe ouvrière est occupée, mais c'est aux dépens de la fabrique, qui, tentée par les bas prix de la matière première, a travaillé plus qu'il n'aurait fallu dans les circonstances difficiles où elles se trouve placée.

« La fabrication pour la saison d'hiver s'était faite dans des proportions normales. Le premier tiers s'est vendu à peu près convenablement ; le second tiers s'est péniblement écoulé et à de mauvais prix, et au troisième, ce qu'on a pu placer n'a trouvé preneurs qu'avec des pertes énormes ; ce qui reste ne rencontre plus d'acheteurs.

« La saison d'été est en cours de fabrication, et toujours à cause du bas prix des laines et de l'obligation incessante de donner de l'aliment aux machines, elle se fait dans la mesure des moyens dont Elbeuf dispose, et néanmoins, il est à craindre que la production ne soit encore supérieure aux besoins de la consommation.

« Si le maintien des salaires est un fait dont on doit se féliciter, il est nécessaire d'observer en même temps qu'il est le résultat d'une production rendue exubérante par la crise. Loin de prouver la prospérité de notre fabrique, il devient une cause de perte dans le présent et d'inquiétude dans l'avenir.

« Il en est de même pour l'exportation, forcée d'écouler les produits à la fin de chaque saison, elle ne le fait qu'au moyen d'énormes sacrifices.

« A Elbeuf, il y a un élan dans les affaires, une vitalité que les difficultés n'abattent jamais ; on lutte courageusement ; le crédit y est large et s'exerce d'une manière bienveillante. Des liquidations se font sans bruits et sans secousses, mais en jetant toujours sur le marché des produits dépréciés qui pèsent sur les cours.

« Dans le courant de l'année qui va finir et qui comptera parmi les plus mauvaises dans les annales de notre fabrique, on a vu souvent ce qui n'avait lieu que bien rarement autrefois : d'importantes ventes aux enchères de mobiliers industriels et de draperies, et les conditions désastreuses dans lesquelles ces ventes se sont accomplies suffiraient pour prouver la situation déplorable de la fabrique.

« Nous ne nous permettrons pas de soulever une question de principe et de rechercher les causes premières d'une pareille situation. Nous ne pouvons cependant pas nous empêcher de remarquer qu'à l'abri du système protecteur, notre industrie avait grandi en perfectionnant ses produits, et que, depuis les traités de commerce, au contraire, la production a diminué en valeur, sinon en métrage, et perdu, en général, les qualités qui la distinguaient ; que des pertes sérieuses ont frappé notre fabrique, et que nous sommes dans un état de crise dont les conséquences sont incalculables... »

La fabrication, comme métrage, avait été

pendant l'année un peu supérieure à celle de de 1866, mais le chiffre des affaires diminua d'environ 5 millions de francs, par suite de l'abaissement du prix des laines et de l'avilissement de celui des étoffes, causé par la concurrence des tissus anglais et belges.

La Société industrielle, dans le courant de l'année 1867, avait particulièrement étudié les sujets suivan's :

Fondation d'une bibliothèque populaire ;
Les usage de place ;
Les laines d'Algérie ;

Elle avait, en outre, ouvert un concours pour le chauffage des habitations ouvrières et créé des conférences périodiques.

Pendant l'année 1867, l'état civil d'Elbeuf enregistra 720 naissances, 179 mariages et 689 décès

A Caudebec, on compta 330 naissances, 61 mariages et 252 décès.

A Saint-Pierre, il y eut 94 naissances, 30 mariages et 66 décès.

CHAPITRE III
1868

FAITS DIVERS. — CONFÉRENCES ; MM. BACHELET, GUSTAVE LAMBERT. — NOUVEAUX INCENDIES ; MESURES PRÉVENTIVES. — LES ELBEUVIENS AU SALON. — LE CHEMIN DE FER D'ELBEUF A EVREUX ; M. POUYER-QUERTIER. — LA RUE JACQUARD. — QUESTION DE PRÉSÉANCE. — LES OUVRIERS ET LA CHAMBRE DE COMMERCE. — REPRISE DES AFFAIRES INDUSTRIELLES.

Un décret impérial du 25 décembre précédent rendu à la suite d'élections, portait nomination de MM. Théophile Wallet et Amable Beaudouin aux fonctions de juges au Tribunal de commerce, et de MM. Emile Martin et Jules Gence à celles de juges suppléants. Ils furent installés le 17 janvier 1868

Le nombre des membres de la Chambre de commerce ayant été porté à douze, il avait été procédé à une élection partielle, le 19 décembre précédent. Les réélus par suite de l'extinction de leur mandat et les nouveaux membres furent installés le 8 février 1868. Voici leurs noms : MM. Turgis, Démar, Pelletier aîné,

Mathieu Bourdon, Edouard Bellest, Prosper Cabourg.

L'Assemblée nomma ensuite M. Ch. Flavigny, président; Edmond Turgis, vice-président ; Isidore Lecerf, secrétaire ; Louis Prieur, trésorier.

M. Grégoire-Balthazar Pourtet, chevalier de la Légion d'honneur, capitaine en retraite, capitaine adjudant-major de la garde nationale d'Elbeuf, âgé de 67 ans, mourut le 14 du même mois. — M. Leseigneur, capitaine, lui succéda provisoirement dans la fonction d'adjudant-major.

En mars, M. Bachelet, professeur d'histoire, fit trois grandes conférences au Cirque, devant des salles pleines. Ces conférences avaient été organisées par la Société industrielle.

Le samedi 4 avril, vers onze heures du soir, le feu se déclara rue de la Barrière, près la rue Lafayette, dans un immeuble appartenant à MM Papavoine frères. Les pertes s'élevèrent à 70.000 francs.

Pendant la nuit du dimanche 12 au lundi 13 avril, un nouvel incendie détruisit totalement l'établissement de M. Carbonnier, apprêteur, rue des Champs. On estima les dégâts causés par le feu à plus de 200.000 francs.

Une Société anonyme pour l'emploi de déchets de la fabrique d'Elbeuf fut fondée dans le courant de ce mois, au capital de 120.000 francs.

Au Salon qui ouvrit le 1er mai à Paris, deux de nos concitoyens exposèrent : M. Emmanuel Massé, peintre, un *Saint Louis lavant les pieds aux apôtres*, et M Eugène-Ernest Chrétien, sculpteur, un *Suivant de Bacchus*, plâtre.

Par décret du 1er mai, une place de porteur probatoire fut créée à Elbeuf, pour notre ville, les environs et les communes de l'Eure.

Le président de la Chambre de commerce avait écrit à M. Tabouelle, juge de paix, pour attirer son attention sur les déclarations exagérées faites par les sinistrés par incendie Le juge de paix répondit, le 25 avril, qu'il avait fait la même remarque, mais qu'il était difficile de persuader aux intéressés qu'ils ne faisaient rien d'utile à leurs intérêts en exagérant les dommages par eux éprouvés.

Ce même jour, la Chambre décida de mettre à exécution immédiatement le projet qu'elle avait formé d'acheter une pompe aspirante et foulante, pour ensuite l'offrir à la ville. Séance tenante, elle nomma une commission d'achat.

A cette date, nous trouvons le tableau comparatif suivant du mouvement de la gare d'Elbeuf (Saint Aubin naturellement), avec celui de plusieurs villes de Normandie, dont trois chefs-lieux de département et trois chefs-lieux d'arrondissement. Ce tableau s'appliquait à l'année précédente.

Gares	Voyageurs	Marchandises	Recettes brutes
Louviers ...	36.688	3.520 tonnes	145.008 fr
Yvetot......	72.311	12.244 —	308.928 —
Bernay.....	65.511	10.063 —	393.380 —
Evreux.....	64.529	16.029 —	419.495 —
Saint-Lô ...	58.970	6.789 —	538.787 —
Saint-Brieuc	71.588	14.325 —	576.473 —
Elbeuf	273.429	14.807 —	691.495 —

Le samedi 9 mai, M. Gustave Lambert, ancien élève de l'Ecole polytechnique, hydrographe et navigateur, fit, au théâtre d'Elbeuf, une belle conférence sur le voyage qu'il se proposait d'entreprendre au pôle Nord. Un comité se fonda dans notre ville pour recueillir des fonds à l'effet de coopérer à l'entreprise, qui ne fût point exécutée, M. Lambert ayant été tué pendant la guerre de 1870-1871. La souscription ouverte à Elbeuf produisit environ 2.000 francs.

Vers ce temps, on plaça de nouvelles horloges aux églises Saint-Jean et Saint-Etienne.

Le 11 mai, on mit en adjudication les travaux de construction du presbytère de l'Immaculée-Conception.

Cette même année, on nivela la rue dite de grande jonction (Poussin) et on y établit des ruisseaux ; la dépense s'éleva à environ 34.000 francs.

En 1868 également, on employa une somme de 2.500 francs, offerte par une personne anonyme, à la restauration du calvaire placé dans le cimetière Saint-Jean.

Le Conseil municipal, qui ne s'était pas réuni depuis le 28 novembre de l'année précédente, s'assembla le 9 juin.

Par un virement de crédit, il affecta 37.800 fr. à des indemnités en raison de terrains expropriés pour la construction du presbytère de l'Immaculée Conception, précédemment votés pour l'élargissement de la rue Pavée.

Le Conseil vota 2.500 francs pour un réseau de sonneries électriques d'alarme, devant servir en cas d'incendie.

M. Benjamin Fillolet, médecin en chef de l'Hospice, mourut le 12 juin, à l'âge de 74 ans. Il était né à Honfleur, et avait fait les campagnes de 1814 ; plus tard, il fit un voyage aux colonies, comme médecin, à bord de l'*Auguste*, navire de commerce, puis vint se fixer à Elbeuf en 1822 ou 1823. Il était chevalier de la Légion d'honneur. Au moment de son décès, il était membre du Conseil municipal.

Le 21, le cardinal archevêque de Rouen assista à la procession de la Fête-Dieu de la paroisse Saint-Jean. La garnison fournit un piquet et la garde nationale une compagnie pour cette cérémonie, à laquelle la musique de la garde nationale donna aussi son concours.

Le détachement du 96ᵉ de ligne en garnison à Elbeuf quitta notre ville le 26, pour le camp de Châlons. Il fut remplacé, le 7 du mois suivant, par une compagnie du 41ᵉ de ligne.

Le 27, MM. Pouyer-Quertier, Guillaume Petit et le duc d'Albuféra, à la demande de plusieurs notables de notre ville, vinrent présider une réunion concernant le projet de chemin de fer de Rouen à Orléans, par Elbeuf, Evreux, Dreux et Chartres

Le Conseil municipal fut convoqué extraordinairement, au sujet du projet de chemin de fer d'Elbeuf à Evreux, qui préoccupait beaucoup l'opinion publique.

M. Tabouelle, rapporteur de la commission des chemins de fer, rappela d'abord les différentes phases de la question, puis annonça que, dans une conférence qui avait eu lieu la veille, entre M. Tarault, de la Compagnie Tenré et Tarault, et la commission municipale, on avait formellement déclaré que les trois projets mis en avant étaient abandonnés et remplacés par un quatrième projet consistant : à établir la gare à l'extrémité de la rue Henry, dans un terrain appartenant à M. Ch. Flavigny ; à raccorder cette gare avec celle de Saint-Aubin, en traversant la Seine vers la rue du Port, et en bifurquant de ce point vers le département de l'Eure. La Compagnie Tenré et Tarault ne demandait à la commune d'Elbeuf ni subvention, ni terrain pour l'exécution de ce nouveau projet, se contentant de l'indemnité que lui accorderait le département de la Seine Inférieure, enfin, ne réclamait de la ville d'Elbeuf que des actions complémentaires du capital social.

Le Conseil, après quelques observations, exprima le regret que la ligne d'Orléans à Rouen ne pût être exécutée et émit l'avis que le projet de chemin de fer dernier, présenté par la Société d'Albuféra, sur les déclarations de M. Tarault, satisferait aux intérêts d'Elbeuf, pourvu que la gare arrivât sans remblai au point indiqué, c'est-à-dire rues Magenta et adjacentes.

De son côté, la Chambre de commerce, réunie le 12 août, émit un avis en faveur de la ligne proposée par MM Tenré fils et Tarault, partant de la limite du département de l'Eure vers Dreux, passant par Evreux Louviers et Elbeuf, avec embranchement de Pacy à Vernon, et se reliant à la ligne de l'Ouest, avec gare dans Elbeuf, au point qui serait ultérieurement indiqué, se rapprochant le plus possible du centre de la ville, sans entourer le Champ-de foire.

Le 14 août, on commença une enquête sur l'ouverture d'une rue à laquelle on donna, plus tard, le nom de Jacquard ; cette rue emporta l'infecte cour Padelle, où vingt générations avaient vécu.

A la fête du 15 août, il se produisit un incident, qui serait resté inaperçu si le président de la Chambre de commerce ne l'eût fait remarquer : les membres de cette Chambre n'avaient été appelés qu'après ceux du Conseil des Prud'hommes, contrairement à l'article 16 du décret du 3 septembre 1851, établissant l'ordre des préséances et stipulant que, dans les cérémonies publiques, les Chambres de commerce devaient marcher après le Tribunal de commerce. Le président de la Chambre n'avait, pour le moment, fait aucune observation, et avait, avec ses collègues, pris le rang indiqué ; mais le lendemain il réclama, pour l'avenir, auprès de M. Buée. Le maire lui exprima ses regrets et lui assura que l'ordre réglé par le décret de 1851 serait désormais observé.

M. Monchâtre, pasteur protestant, fut installé à Elbeuf le 16 août.

Les débuts, au théâtre de la rue de la Barrière, furent rétablis par un arrêté municipal daté du 18 septembre.

Le 8 octobre, un peu avant minuit, un globe lumineux d'une dimension et d'un éclat extraordinaires, inonda notre ville d'une lueur bleuâtre très intense. Une détonation sourde fut ensuite entendue. Le même phénomène fut remarqué au Mans à Rouen, à Paris et sur divers autres points.

Le 5 novembre, il y avait foule dans plusieurs rues d'Elbeuf, pour voir passer un nommé Edmond Matard, que l'on conduisait à Rouen. La veille, à Caudebec, il avait assassiné sa belle-mère et tenté de tuer sa femme. Il fallut l'attitude ferme des agents de l'autorité pour l'empêcher d'être maltraité sur son passage.

Dans la séance municipale du 11, le Conseil décida d'envoyer une délégation vers le ministre pour soutenir, au nom de la ville, le refus des 200.000 francs réclamés par la Compagnie de l'Ouest.

Le Conseil repoussa une demande, faite par M. Emile Anger, de placer des paratonnerres sur le nouvel hôtel de ville, mais accepta de remplacer les marches, prévues en bois, des trois escaliers principaux, par des pierres d'Aubigny.

L'Assemblée fut informée par le maire que le Conseil général avait alloué une subvention de 25 000 francs pour le rachat du péage du pont suspendu. On apprit quelque temps après, que M. Levavasseur était en instance auprès du Conseil d'Etat, pour obtenir une indemnité du gouvernement, et qu'il ne voulait rien entendre avant que cette instance fût résolue.

Un décret du 12 nomma M. Redon commissaire de police à Limoges; il fut remplacé par M. Muller, venant de Nancy.

Le 24 mourut M. Emile Nivert, ancien associé de M Henri Quesné, député. Il n'était âgé que de 37 ans.

Dans le courant de novembre, la Chambre de commerce fit imprimer une brochure, dont chacun de ses membres reçut un exemplaire. Elle donna naissance à une protestation des ouvriers, dont cinq faisaient partie du Conseil des prud'hommes.

Au commencement de décembre, la Chambre de commerce adressa aux journaux la communication suivante :

« La Chambre de commerce a reçu une protestation qui lui a été adressée sous forme de brochure.

« Elle regrette que ses auteurs ne se soient pas bornés à réclamer contre une phrase qui aurait blessé leur juse susceptibilité, car alors elle n'aurait pas hésité à reconnaître qu'il avait été loin de sa pensée de donner un caractère de généralité à ses expressions ; elle n'a jamais cessé, en effet, de rendre pleine et entière justice à l'ensemble de la classe ouvrière.

« Quant aux salaires, elle croit devoir faire remarquer que son unique but a été d'établir la comparaison entre le premier semestre de 1867 à l'année précédente, où une tendance à la baisse avait été signalée. »

Le 10, M. Buée, maire adressa une circulaire aux chefs d'industrie

« Le Conseil municipal, se préoccupant, à juste titre, des moyens de prévenir les incendies, malheureusement si fréquents dans notre ville, ou d'en rendre du moins les effets moins désastreux, a émis les vœux suivants :

« 1° Que les propriétaires d'usines appliquent à la pompe à eau de leur machine à vapeur un système de récipient qui permette de transformer, à un moment donné, cette pompe en pompe à incendie, et pour le cas où cette transformation présenterait de trop grandes difficultés, qu'ils fassent monter une pompe spéciale pour les incendies ;

« 2° Que tous les réservoirs des fabriques soient munis d'orifices d'un accès facile, sur lesquels on visserait des tuyaux en toile appartenant à la ville, pour déverser l'eau directement dans la pompe à incendie au lieu de la laisser aller sur la voie publique. Cette disposition bien simple serait du plus grand secours dans tous les temps et surtout en hiver, où l'établissement des batardeaux présente, à cause des gelées, de grandes difficultés;

« 3° Que les planchers des fabriques soient

Année 1868

carrelés, et que les murs en galandage soient recouverts d'une couche de plâtre, pour empêcher la trop rapide extension du feu.... »

Un arrêté municipal, daté du 17, autorisa la vente de la viande de cheval dans notre ville.

Un décret du 31 décembre nomma M. Charles-Thomas-Waldémar Besson, lieutenant au 4e régiment de voltigeurs de la garde impériale, à l'emploi de commandant du 3e bataillon de garde nationale mobile de la Seine-Inférieure. Les deux compagnies du canton d'Elbeuf faisaient partie de ce bataillon.

Le bureau de l'état civil de notre ville enregistra, en 1868, 748 naissances, 169 mariages et 751 décès. C'était la première fois, depuis longtemps, que le chiffre des décès excédait celui des naissances.

A Caudebec, il y eut 384 naissances, 70 mariages et 309 décès.

Saint-Pierre-lès-Elbeuf, pendant cette même année, compta 100 naissances, 31 mariages et 96 décès.

En 1868, on abattit, aux abattoirs publics : 46 taureaux, 1.037 bœufs, 477 vaches, 6.245 moutons, 1.959 veaux et 1.658 porcs.

L'année 1868, dixième de l'existence de la Société industrielle, avait été marquée par de nombreux travaux de ses membres, concernant notamment :

Les dépôts faits au bureau des Prud'hommes ;

Les traités de commerce ;

Les machines de filature à l'Exposition de 1867 ;

Les laines d'Algérie, dont dix balles avaient été traitées par nos procédés de fabrication.

Pendant l'année 1868, après quatre ans de

souffrance, la situation de notre industrie lainière s'était améliorée. Voici, à ce sujet, quelques intéressantes observations que M. Ph. Aubé présenta à la Chambre de commerce :

« Cette amélioration n'est pas due seulement à l'esprit inventif et persévérant qui distingue notre fabrique, mais encore à diverses circonstances qu'il importe d'exposer.

« La fabrication, par suite de la lutte avec les produits étrangers, s'est transformée. Elbeuf ne fabrique presque plus de ces articles de haute nouveauté qui ont fait autrefois sa réputation. Les laines coloniales anglaises et surtout les laines de la Plata, dont le marché du Havre est, depuis trois ou quatre ans, abondamment pourvu, ont subi une forte dépréciation. Cette baisse a permis à nos fabriques de produire des articles à bas prix qui s'adressent à une consommation plus générale : il en est résulté un abaissement, peut-être regrettable, dans l'industrie, mais en même temps le moyen de produire à bon marché, et, par suite, des quantités plus fortes. La fabrication, plus considérable en métrage, pourrait avoir, en 1868, une valeur moindre ; mais cette grande production a tourné au profit de la classe ouvrière, qui a été constamment occupée et a touché des salaires rémunérateurs.

« Le fractionnement des opérations de fabrique qui, réparties dans des mains diverses, forment, pour ainsi dire, autant d'industries séparées, conduit par la concurrence à toute l'économie possible dans chacune de ces opérations et permet en outre au fabricant de réduire ou d'augmenter sa production, selon les circonstances.

« C'est ainsi que, dans l'année qui vient de finir, on a pu produire beaucoup à bon marché et écouler les produits ; mais il a fallu se contenter d'un très minime bénéfice.

« Cette organisation a aussi ses inconvénients, et elle n'enlève pas aux industries étrangères, notamment aux vastes établissements anglais, d'importants avantages qu'il serait trop long d'énumérer ici et qui ont été suffisamment exposés dans diverses circonstances ; il suffira de mentionner le prix du charbon

« Aussi, malgré la meilleure marche des affaires dans sa circonscription, la Chambre de commerce d'Elbeuf reste convaincue que la suppression, ou seulement la réduction des droits protecteurs, y ramènerait la souffrance et le chômage.

« Notre fabrique vient d'entrer, s'il est permis de parler ainsi, en convalescence, et il lui faut du temps pour rétablir ses forces et réparer ses pertes. De nouvelles épreuves lui seraient fatales.

« Une hausse sur les laines pourrait changer profondément les conditions dans lesquelles se fait la fabrication actuelle ; la douceur de l'hiver rendra sans doute difficile la vente de la fabrication qu'on va commencer bientôt pour l'hiver prochain ; celle de la saison actuelle reste dans les rayons des marchands de draps. Bien d'autres causes enfin peuvent contribuer à arrêter le mouvement qui s'est manifesté.

« Par ces considérations, la Chambre de commerce, non seulement insiste pour le maintien du droit de 10 pour 100, mais encore demande instamment que la perception en soit assurée par des mesures sévères. Il est certain, et la preuve s'en trouve dans une comparaison attentive entre les valeurs déclarées des draps à l'importation et à l'exportation, qu'il n'est perçu que de 6 à 7 pour 100.

« La Chambre a constaté enfin une certaine reprise dans les exportations à la fin de 1868 ; elle manque des éléments nécessaires pour en apprécier l'importance, une partie notable de cette exportation s'opérant par le commerce intermédiaire de Paris ; mais elle peut affirmer que les traités de commerce n'ont amené aucun débouché nouveau, que l'Angleterre ne consomme presque pas de produits d'Elbeuf, et que l'exportation qui se fait pour les ports anglais est, pour la presque totalité, expédiée en transit.

« Par son énergie, autant que par son industrie, la circonscription de la Chambre de commerce d'Elbeuf a droit à toutes les sympathies du Gouvernement, qui ne peut vouloir l'exposer à de nouvelles épreuves. Il lui assurera, au contraire, d'une manière effective, la protection qui lui est encore nécessaire et qui, après tout, ne pèse que d'une façon insensible sur la consommation. »

Ce rapport fut adressé au ministre du commerce, au commencement de l'année suivante.

Pendant le courant de l'année, il était parti d'Elbeuf 6.834.476 kil. de draperies, soit 296.359 kil. de plus qu'en 1867. Leur valeur était de 85 millions de francs, somme supérieure de 5 millions au chiffre de l'année précédente.

Dans cette fabrication, les draps unis entraient pour un cinquième ; les pantalons de printemps, les paletots de la demi-saison pour

Année 1868

deux cinquièmes ; les pantalons et paletots d'hiver pour les deux autres cinquièmes.

Le prix moyen au kilog. du drap uni avait été de 28 fr. 76 ; ceux de l'édredon 25.35 ; du billard, 23.35 ; du satin, 19.30 ; de la nouveauté d'été, 22.21 ; de la nouveauté d'hiver, 15.69.

Au poids moyen de 580 grammes, la longueur des tissus fabriqués s'était chiffrée par 8 303.172 mètres, au prix moyen de 10 fr. 236

Il était entré 18.410.241 kilog. de laines en balles, soit 1.749.260 kilog. de plus que l'année précédente ; mais les suints de France n'avaient atteint que 705.353 kilog. contre 1.192.378 kilog. en 1867. La valeur de la laine employée était de 37 995.000 fr., et celles de fils de soie, de coton, etc., de 2.300.000 fr.

La consommation du charbon, dans le périmètre de l'octroi, avait été de 46.000 tonnes.

CHAPITRE IV

(1869)

Le chemin de fer d'Orléans ; projet de raccordement a Saint Aubin ; opposition d'Elbeuf. — Projet de collège communal. Elections législatives ; MM. Quesné et Manchon. — Le pont suspendu ; offre d'achat par la ville. — Les fêtes de la Saussaye et de Caudebec. — L'exposition d'Altona. — Mort de M. Alex. Poussin ; ses libéralités.

Le Conseil général de l'Eure vota, le 11 janvier 1869, l'étude d'un chemin de fer d'intérêt local du Neubourg à la station projetée de Montaure, sur la ligne d'Orléans à Rouen.

Le 15, M. Achille Cavrel fut installé à la présidence du Tribunal de commerce, ainsi que MM. Prosper Cabourg et Lucien Cosse. juges, et MM. Jules Lécallier et Léon Quidet, suppléants, tous nommés, après élection, par décret impérial du 30 décembre précédent.

Pendant les deux années dernières, il avait été inscrit 1.484 affaires, dont 787 en 1867 et 698 en 1868. Il avait été déclaré 21 faillites en 1867 et 18 en 1868 ; au total 39, dont 2 de négociants en draperies, 7 de fabricants, et 11 de débitants et cafetiers. Il s'était formé 17 sociétés en nom collectif et 5 en commandite en 1867, et 37 sociétés en nom collectif et 3 en commandite par actions en 1868. Les dissolutions de sociétés avaient été au nombre de 20 en 1867 et en 1868, au total 40.

Le 22, mourut M. Pierre-Augustin Laurents, directeur d'assurances, maire d'Elbeuf de 1833 à 1835, membre du conseil municipal pendant vingt-sept ans, ancien commandant et ancien lieutenant-colonel de la garde nationale. Il était âgé de 68 ans.

Il était question à cette époque, tant à la Chambre de commerce qu'à la Société industrielle, de créer un établissement public de tissage mécanique, au moyen d'actions, suivant un projet soumis par M. Alavoine, inventeur d'un métier mécanique.

Le 5 février, M. Charles Flavigny présenta à la Chambre de commerce un rapport sur le déchet que subit la laine dans la production du drap.

Le 16, le maire informa le Conseil municipal qu'il avait trouvé un emplacement pour le dépôt des armes de la garde nationale mobile, récemment créée dans toute la France.

Il fut donné lecture à l'assemblée d'une communication de M. l'abbé Pion, au sujet de la construction, au cimetière Saint Jean, d'un chapelle et d'une maison d'habitation, pour la dépense de laquelle construction une personne offrait de contribuer pour 4 ou 5.000 francs. Un prêtre habiterait cette maison et recevrait dans la chapelle tous les corps de défunts pour, de là, les confier à la terre. La même personne offrait, en outre, une rente perpétuelle de 400 fr. pour être employée à une autre destination. — Le Conseil repoussa cette proposition.

La Commission administrative de l'hospice accepta, le 1er mars, une donation de 8 500 francs faite par M. Louis-Jules Lanseigne à cet établissement.

Par arrêté du préfet de l'Eure, daté du 9, une enquête fut ouverte sur les avant-projets de chemin de fer d'Evreux à Elbeuf et de Dreux à Acquigny.

Le mercredi 7 avril, la Chambre de commerce remit à la Ville t à la Compagnie de sapeurs-pompiers la pompe à incendie qu'elle avait fait construire à ses frais.

A partir du 15, on commença à croire, dans notre ville, à un futur chemin de fer d'Orléans à Rouen par Elbeuf.

Ce jour-là, M. Buée s'en entretint avec divers notables et, le soir, il exposa au conseil municipal que la question s'était ravivée ; qu'un comité avait provoqué une souscription pour démontrer l'utilité de cette ligne, sous tous les rapports

Il communiqua ensuite au Conseil une lettre de M. Bischoffschein, banquier à Paris, l'informant que M. le colonel Poggi avait déposé le 9 avril, entre les mains du ministre, une demande de concession, sur les bases des avant-projets, rectifiés par les enquêtes de 1864 et 1865, avec subvention totale de 15.000.000 fr.

M. Bichoffschein ajoutait qu'à cette demande était jointe une lettre par laquelle un groupe financier, dont il faisait partie, s'engageait à donner son concours pour l'organisation de la compagnie exécutante.

Après cette communication, le conseil prit la délibération qui suit :

« Considérant qu'en 1864, un avant-projet de chemin de fer d'Orléans à Rouen fut soumis aux enquêtes légales ;

« Que la ligne devait d'abord s'arrêter à Louviers, pour se relier de là à la ligne de l'Ouest, le Conseil municipal qui, dans cet état de la question ne pouvait faire plus, dut se borner à demander au moins le prolongement de la ligne jusqu'à Elbeuf ; ce qu'il fit par délibération du 29 novembre 1864 ;

« Mais que, dès le 28 décembre suivant, informé que, dans le sein de la Commission départementale de l'enquête, le projet avait changé d'aspect, et qu'une Compagnie proposait, complétant le projet primitif, de prolonger le rail-way de Louviers à Rouen, en passant par Elbeuf, le Conseil s'empressa, par une nouvelle délibération, d'appuyer ce nouveau projet et de demander que la ligne d'Orléans à Rouen, eût son *terminus* spécial dans cette ville ;

« Que le 6 septembre 1865, le Conseil prenait encore une délibération pour demander instamment l'exécution du prolongement direct de Louviers à Rouen, par Elbeuf, du chemin de fer d'Orléans à Rouen ;

« Que si, après trois années, pendant lesquelles la question paraît avoir sommeillé, le Conseil a cru devoir, le 31 juillet 1868, émettre un avis favorable sur un projet de chemin de fer d'Evreux à Elbeuf, il ne l'a fait qu'en exprimant le regret que la grande ligne d'Orléans à Rouen ne put être exécutée ;

« Qu'enfin, le 18 août 1868, apprenant que l'on s'occupait de nouveau d'études relatives à un tracé entre Elbeuf et Rouen, par Couronne et Quevilly, le Conseil renvoya à la commission par lui nommée pour la question du chemin de fer d'Orléans à Rouen, l'examen de toutes communications qui pourraient être faites à ce sujet :

« Considérant que, de tout ce qui précède, il résulte incontestablement que le conseil municipal a toujours été pénétré de cette pensée que l'exécution de la ligne d'Orléans à Rouen pouvait seule donner satisfaction complète aux intérêts de la ville d'Elbeuf, ce que ne peuvent évidemment faire des lignes tronçonnées :

« Considérant, en effet, ainsi que l'a fait ressortir le Conseil dans sa délibération du 28 décembre 1864, que cette ligne, réparant l'oubli et l'injustice dont la ville d'Elbeuf a été victime, lui assurerait les avantages suivant :

« Facilités pour les rapports incessants avec Rouen, qu'Elbeuf ne trouve pas dans l'embranchement de Serquigny, dont la station est distante de plus de deux kilomètres et se trouve établie sur la rive droite de la Seine, tandis qu'Elbeuf est sur la rive opposée ;

« Parcours plus court et plus rapide dans les relations avec Paris, en évitant aux voyageurs et aux marchandises l'inconvénient de rétrograder jusqu'à la gare d'Oissel, où il faut aller attendre les trains directs ;

« Communications avec l'Orléanais, le Midi et le Centre de la France, etc., abrégées de tout le détour que nécessite le passage par Paris, avantage de la plus haute importance pour une cité industrielle comme Elbeuf, au point de vue des relations commerciales ;

« Considérant qu'il est donc incontestable que la ville d'Elbeuf a le plus grand intérêt à l'exécution de la ligne directe d'Orléans à Rouen par Elbeuf, sans aucun emprunt à la ligne de l'Ouest, et que c'est ainsi à bon droit qu'elle se prononce énergiquement en faveur de cette ligne directe ;

« Par ces motifs, le Conseil municipal déclare appuyer de toutes ses forces la demande de concession d'un chemin de fer direct d'Orléans à Rouen, passant par Elbeuf et se dirigeant de là, par Couronne et Quevilly, sur le chef-lieu du département, où il aura son *terminus* spécial.

« La présente délibération sera adressée à M. Henri Quesné, député au Corps législatif, avec prière de la transmettre d'urgence à LL. EE. les ministres de l'Agriculture, du Commerce et des Travaux publics, et de l'Intérieur. Elle sera également adressée à M. le sénateur préfet de la Seine-Inférieure. »

M. Alfred Grandin dit que, subsidiairement, il y aurait lieu d'appuyer la demande Philippart.

Le même jour, M. Buée donna connaissance d'une lettre par laquelle M. Henri Quesné, député, l'informait qu'il avait entretenu le ministre de l'Instruction publique du projet de création d'un collège à Elbeuf ; que le ministre avait accueilli cette ouverture avec la plus grande bienveillance, et qu'il avait annoncé son intention de se rendre à Elbeuf à l'effet d'aviser, de concert avec l'administration, à l'organisation de ce collège.

Le Conseil adopta en principe cette création, réclamée par de nombreuses familles.

Le 1er mai, M. de Chaumont, inspecteur

général de l'Université, délégué par le ministre, vint à Elbeuf pour conférer avec l'administration et la commission du conseil municipal chargée d'étudier la base de l'organisation d'un collège communal.

Le même jour, un décret déclara d'utilité publique un chemin de fer d'Evreux à la limite de la Seine-Inférieure, près Montaure.

Les électeurs de la circonscription électorale, comprenant les cantons d'Elbeuf, Duclair, Grand Couronne, Maromme, Pavilly et Caudebec-en-Caux, furent convoqués pour les 23 et 24 mai, à l'effet de nommer un député au Corps législatif.

Dans cette prévision, les listes électorales avaient été revues, et l'on avait supprimé un assez grand nombre d'électeurs, la plupart connus pour être hostiles au gouvernement impérial.

Ces radiations scandaleuses avaient même été l'objet d'une interpellation en séance du conseil municipal, par M. Bourdon à M. Buée. Le maire ne put nier les faits ; mais, pour les excuser, il prétendit que ces omissions, regrettables, dit il, avaient eu pour cause une surcharge de travail aux employés des bureaux de la mairie.

M. Henri Quesné, adressa cette circulaire au corps électoral :

« Messieurs les électeurs,

« Depuis bientôt dix-huit ans, j'ai l'honneur de représenter au Corps législatif la deuxième circonscription électorale de la Seine-Inférieure. Nous avez donc pu juger, par mes votes, mes paroles et mes actes, si j'ai tenu l'engagement que j'avais pris envers vous, celui de me montrer dévoué à l'Empereur, tout en conservant ma complète indépendance.

« J'ai, avec regret, mais sans hésitation, parlé et voté contre plusieurs des propositions du gouvernement, notamment lorsqu'il s'est agi de la protection, insuffisante suivant moi, du travail national, et dans certaines questions financières, religieuses ou politiques. Le gouvernement m'a néanmoins conservé sa sympathie. Il sait, en effet, que je suis de ceux qui observent religieusement leur serment et qui sont profondément reconnaissants envers l'Empereur de tout le bien qu'il a fait à notre pays.

« Ami sincère de la liberté et du progrès, je crois qu'il ne peuvent se développer parmi nous que sous l'égide de la modération. Je suis, à cause de cela, l'adversaire déclaré des idées révolutionnaires, qui enfantent ces luttes fratricides au milieu desquelles, déjà plusieurs fois en France, ont sombré la liberté et le progrès.

« Il ne m'appartient pas de vous dire si j'ai montré du zèle pour vos intérêts agricoles et industriels, pour les besoins de l'instruction primaire et secondaire ; si le malheur et la souffrance ont trouvé chez moi l'aide que je leur devais. C'est à vous de prononcer.

« Deux fois déjà, Messieurs les électeurs, vous avez ratifié mes actes. Tel j'ai été, tel je serai. J'ai la conviction que vos suffrages, dont je suis fier, approuveront encore mon passé et m'encourageront pour l'avenir. — H. QUESNÉ. »

Le groupe libéral avait d'abord songé à poser la candidature de M. Lucien Dautresme, ancien élève de l'Ecole polytechnique ;

mais celui-ci n'accepta pas les avances qui lui furent faites ; par suite, les libéraux se rallièrent sur le nom de M. Manchon, avocat à Rouen, originaire de la Feuillie (Seine-Inférieure), qui organisa une réunion publique au Cirque de la rue Lefort qui fut très mouvementée et dans laquelle parlèrent plusieurs orateurs

Le parti bonapartiste et clérical soutint M. Quesné, député sortant, candidat officiel et très fortement appuyé par les agents de l'administration.

Le scrutin donna les résultat suivants dans les communes de notre canton :

	M. Quesné cand. off.	M Manchon libéral	M. Aubry ouvrier
Elbeuf............	1.279	1.360	86
Caudebec-lès-E..	462	897	39
St-Pierre-lès-E..	449	369	»
St Aubin J. B...	265	133	»
La Londe	180	275	»
Orival...........	98	217	9
Tourville	70	20	»
Freneuse........	79	52	»
Cléon...........	79	10	»
Sotteville-s.-le-V.	70	20	»

La circonscription entière donna 13.387 voix à M. Quesné, 11.657 à M. Manchon et 207 à M. Aubry.

Dans les autres circonscriptions de la Seine-Inférieure furent élus : MM. Desseaux, radical, par 11.936 voix, contre 11.450 à M. Pouyer Quertier ; M. Corneille, par 22.450 voix, sans concurrent ; M. Estancelin, par 14.486 voix, contre 11.727 à M. Lédier, candidat officiel, député sortant ; M. Buisson, par 13.925 voix, contre 12.836 à M. Barbet, candidat officiel, député sortant, et M. Lecesne, par 15.775 voix, contre 11.926 à M. Ancel, candidat officiel, député sortant.

Le 24 mai, on donna au théâtre la premièere représentation d'*Elbeuf et ses faubourgs*, revue locale.

Le 9 juin, le préfet de la Seine-Inférieure mit à l'enquête l'avant-projet d'un chemin de fer entre le département de l'Eure et la ligne de Serquigny à Rouen, à la station de St-Aubin-jouxte-Boulleng, devant former une section du chemin de fer d'Orléans à Rouen.

Le 18, on termina le nouvel armement des sapeurs-pompiers et des huit compagnies de la garde nationale ; des fusils à percussion furent délivrés à tous les hommes, dont l'instruction pour le maniement de ces armes commença quelques jours après.

Le 21 juin, le conseil municipal vota un crédit de 33.201 fr., destiné en grande partie au nivellement de la place de l'Hôtel-de-Ville.

Il vota un autre crédit de 700 fr. à ajouter à un précédent de 2.000 fr. pour la création d'un jardin au presbytère de l'Immaculée-Conception.

Par arrêté du 30, le préfet autorisa la création, à Elbeuf, d'une société de gymnastique.

On reparla du projet Tenré et Tarault dans la séance municipale du 9 juillet, à propos d'une proposition de dire à l'enquête ouverte sur le projet de chemin de fer d'intérêt local d'Evreux à Elbeuf.

M. Philippe Aubé expliqua pourquoi MM. Tenré et Tarault avaient pu, dans l'origine, ne pas demander de subvention à la ville d'Elbeuf, pour établir la gare aux environs de la rue Magenta : « C'est qu'alors, dit-il, ils pensaient obtenir du département de la Seine-

Inférieure une subvention de 2.400.000 francs et, dans Elbeuf, une souscription de 3.000 actions.

« La subvention n'a été que d'un million et peu d'actions ont été souscrites à Elbeuf. Dans l'Eure, la Compagnie a tous les moyens possibles pour venir jusqu'à Elbeuf, mais cette dernière ville n'a à peu près rien fait pour mener l'opération à bonne fin sur son territoire. On comprend pourquoi le projet soumis à l'enquête se trouve incomplet.

« Si le chemin direct est possible, la compgnie Tenré et Tarault pourra le faire ; mais comme vraisemblablement il sera plus coûteux que l'autre, il en résultera que l'on devra demander une plus forte subvention. »

M. Aubé désapprouva une protestation qui avait était faite, parce que, suivant lui, elle jetait indirectement un blâme sur le Conseil général et sur le préfet. Puis il présenta à l'assemblée le projet suivant de dire à l'enquête :

« Le Conseil exprime l'avis que le projet de chemin de fer dernier émis par la Société d'Albuféra et relaté au rapport sur les déclarations de M. Tarault, satisfait aux intérêts d'Elbeuf, moyennant que la gare arrive au point indiqué rue Magenta..... confirme la délibération du 12 août.....

« Mais attendu que les plans déposés à l'enquête par la compagnie d'Albuféra présentent des lacunes et laissent planer une grande incertitude sur les effets du service qu'elle devra établir ; que la gare dans Elbeuf est désignée comme hypothétique et qu'il semble résulter de la direction de la ligne qu'elle ne se souderait pas à celle de l'Ouest de manière à ce que les trains continuassent vers Rouen, ou vinssent vers Elbeuf sans rompre charge.

« Que, dans un plan précédent, le raccordement à Saint-Aubin s'opérait au moyen de deux courbes, l'une allant à gauche vers la station, l'autre infléchissant à droite vers Tourville.

« Il est du devoir du conseil municipal de protester énergiquement contre les plans tels qu'ils sont présentés à l'enquête, et de demander :

« 1° Qu'il soit établi dans Elbeuf, le plus près possible du centre de la ville, une gare en rapport avec son importance et son mouvement tout exceptionnel de voyageurs et de marchandises ;

« 2° Que le tracé soit tel que des trains directs de voyageurs puissent être établis d'Elbeuf à Rouen et de Rouen à Elbeuf ;

« 3° Que les marchandises venant des ports de la Manche, du Nord et de Rouen, arrivent sans rompre charge jusque dans la gare d'Elbeuf. »

M. Tabouelle combattit la proposition de M. Aubé, « qui est en contradiction, dit-il, avec celle du Conseil », le tracé direct lui paraissant préférable au raccordement avec la ligne de l'Ouest.

M. Alfred Grandin dit que, suivant la loi, les conseillers municipaux ne pouvaient prendre part aux délibérations dans lesquelles ils avaient un intérêt. Or, dit-il, M. Aubé est actionnaire de la Compagnie Tenré ; il a par conséquent un intérêt dans le projet dont il s'agit.

M. Aubé reeconnut que la maison Sallambier, Aubé et C¹ᵉ avait souscrit conditionnellement pour 50 actions dans la Société Tenré et Tarault ; mais si cette société n'exécutait pas son projet suivant les conventions, la souscription serait nulle. Il protesta contre l'interprétation de la loi donnée par M. Grandin et soutint avoir le droit de prendre part à la délibération.

M. Lizé, actionnaire aussi dans les mêmes conditions, appuya les dires de M. Aubé : la loi invoquée ne pouvait avoir dans le cas présent aucune application.

M. Tabouelle émit l'opinion que l'abstention était une question de conscience et proposa de voter, par appel nominal, sur le projet de délibération proposé par la commission, dont les conclusions étaient ainsi conçues :

« Le Conseil municipal d'Elbeuf déclare former opposition au projet de chemin de fer d'intérêt local entre la limite de l'Eure et la gare de Saint-Aubin-lès-Elbeuf, tel qu'il est proposé ; proteste contre ce projet, qui serait sans utilité pour la ville d'Elbeuf et aggraverait même la situation, déjà si défavorable en ce qui concerne les voies ferrées, et exprime le vœu qu'un chemin direct d'Orléans à Rouen par Elbeuf puisse être exécuté ».

Votèrent pour : MM. Cavrel, Alfred Grandin, Rivière, Cabourg, L. Pion, Bourdon, Lecerf, Fouchet, Lanseigne, Tabouelle, Cosse, Houllier et Quidet, au total 13 voix.

Votèrent contre : MM. Aubé, Chennevière, Lizé, Legrix et Osmont, soit 5 voix

M. Alfred Grandin déclara protester contre la part prise dans le vote par M. Aubé et par MM. Chennevière et Lizé, qui se trouvaient dans les mêmes conditions.

Ce même jour, le Conseil donna un avis favorable sur une donation de 8.500 fr. faite à l'Hospice d'Elbeuf par M. Louis-Firmin Rouvin et Mme Félicité-Eulalie Bouvet, sa femme, domiciliés à Caudebec-lès-Elbeuf.

A la Chambre de commerce, on avait discuté sur un projet de résolution présenté par M. Bourdon, et sur un dire à l'enquête, proposé par M. Aubé ; la Chambre se rallia à la proposition de celui-ci.

M. Bourdon concluait ainsi : « La Chambre, profondément convaincue que le projet soumis à l'enquête ne répond pas au but pour lequel il a été conçu et que, dès lors, il est indispensable de procéder à des études plus appropriées à sa destination, est d'avis qu'il n'y a pas lieu d'y donner suite. »

Les conclusions de M. Aubé, acceptées, étaient celles-ci : « Attendu que la gare dans Elbeuf est désignée comme « hypothétique » et qu'il semble résulter de la direction de la ligne qu'elle ne se souderait pas à celle de l'Ouest, de manière que les trains continuassent vers Rouen ou vinssent vers Elbeuf sans rompre charge ; que dans un plan précédent le raccordement à Saint-Aubin s'opérait au moyen de deux courbes, l'une allant vers la station, l'autre s'infléchissant à droite vers Tourville ; il est du devoir de la Chambre de protester énergiquement contre les plans tels qu'ils sont présentés à l'enquête et de demander :

« 1° Qu'il soit établi dans Elbeuf, le plus près possible de son centre, une gare en rapport avec son importance.. .. ; 2° Que le tracé soit tel que des trains directs de voyageurs puissent être établis entre Elbeuf et Rouen ;

3° Que les marchandises venant des ports de la Manche, du Nord et de Rouen arrivent sans rompre charge jusque dans la gare d'Elbeuf. »

A partir du 11 juillet, M. le docteur Galopin, de Rouen, élève du docteur Auzoux, de Saint-Aubin-d'Ecrosville, fit des conférences sur l'anatomie et la physiologie animales et végétales

Le jeudi 8 août, la musique de la garde nationale et la Société chorale donnèrent un concert sur la Seine, à bord du *Cygne*, qui stationna entre les deux ponts. — Quelques jours après, la Société musicale de Saint-Aubin donna un concert nautique devant le nouvel hôtel de ville.

Par délibération municipale du 10 août, un marché fut créé sur la place Lécallier les mardi, jeudi, samedi et dimanche de chaque semaine, à partir du 1er septembre suivant, de trois heures du matin en été, cinq heures en hiver, et fermé en tous temps à onze heures du matin.

Le même jour, il vota un crédit de 500 fr. pour 2.000 bains, dans l'établissement Durup de Baleine, en faveur d'indigents.

A cette époque, M. Charles Levavasseur paraissait disposer à céder le pont supendu à la ville d'Elbeuf moyennant 210.000 fr. Déduction faite des frais d'entretien et de perception, ce pont rapportait à son propriétaire 16.000 fr. par an.

La ville d'Elbeuf avait fait à M. Levavasseur, par ministère d'huissier, une offre de 150.000 fr. ; de son côté, le Conseil général avait voté 25.000 fr. et l'administration départementale laissait prévoir que le Conseil général voterait une seconde somme de 25.000 fr. à la prochaine session.

Mais M. Levavasseur élevait une autre prétention.

Le cahier des charges de la concession du pont suspendu ne contenait aucune réserve pour le cas où un autre pont viendrait à être construit, à une distance quelconque, pendant la concession ; néanmoins M. Levavasseur ne demandait pas moins une indemnité pour le préjudice que lui avait causé et causait encore le pont de la rue de Paris, et il avait assigné l'Etat devant le Conseil de préfecture, afin d'obtenir un million de francs à titre de dommages-intérêts

Après la décision du Conseil de préfecture, il y aurait, disait on, certainement appel au Conseil d'Etat, et l'on estimait qu'il s'écoulerait bien deux ans avant que ce procès fût terminé.

Cette question du pont suspendu était encore autrement compliquée :

L'Etat était fondé, par la nature de ses conventions avec la Compagnie de l'Ouest, à exercer contre elle une action récursoire et à la mettre en cause. Dans cette situation, l'autorité préfectorale crut devoir consulter le ministre et lui demander s'il interviendrait ou n'interviendrait pas au nom de l'Etat.

Le programme de la dernière fête de l'empereur comportait un *Te Deum* à Saint-Jean, où la garde nationale fut représentée, des jeux dans le Champ de Foire, des danses publiques et des illuminations. On vit encore briller en lettres de feu sur la façade de l'hôtel de ville de la place du Coq, les mots « Vive l'empereur! » qui, d'ailleurs, n'attiraient plus la foule. Pour la dernière fois également, on illumina les ifs placés sur le trottoir nord de la rue de la Barrière, vis-à-vis de la Mairie.

Ce même jour, qui était un dimanche, on posa le coq sur le clocher de l'église de l'Immaculée-Conception ; ce clocher, disons-le en passant, a une hauteur de 60 mètres au-dessus du pavage.

La fête Saint-Louis, à la Saussaye, attirait tant de monde dans cette commune que le maire d'Elbeuf, afin de prévenir des accidents, prenait chaque année un arrêté pour la circulation des voitures partant de ou revenant sur Elbeuf. — La commune de Caudebec entra en concurrence contre celle de la Saussaye, pour les fêtes. Longtemps la lutte demeura indécise, mais la Saussaye, malgré les promenades qu'elle offrait aux étrangers, finit par être vaincue.

A l'exposition d'Altona, qui eut lieu en 1869, les récompenses suivantes furent décernées à des exposants de notre ville :

Industrie collective d'Elbeuf : diplôme d'honneur ; Th. Chennevière fils, Flavigny frères : rappels de médaille d'or ; Jules Legrand, C. Philippe, Olivier et Delaunay : médailles d'argent ; Bunel, Canivet, Devaux, Vallès : médailles de bronze ; Lequeu, C. Bernard et Cie : mentions honorables.

A dater du 1er septembre 1869, les boutiques que l'on établissait chaque année, sur la place Lécaliier, pendant la foire Saint-Gilles, furent transférées sur le côté Ouest du Champ-de-Foire. — Le lendemain, on inaugura le marché aux fruits et denrées maraichères, créé sur la place Lécallier.

Le détachement du 41e de ligne en garnison

La Saussaye, vue de la Pelouse

à Elbeuf partit le 20 de ce mois. Un autre, du 94e, le remplaça le même jour.

Le 30, une grande réunion, tenue à l'hôtel de ville, eut pour but de protester contre le projet de jonction, à Saint-Aubin, de la ligne d'Orléans.

A cette époque, une polémique s'engagea entre M. Léon Sauvage, teinturier, économiste à ses heures, et les ouvriers fileurs d'Elbeuf, représentés par M. Emile Aubry, ouvrier lithographe, à Rouen, qui avait été candidat à la dernière élection législative.

La Chambre de commerce fut appelée, le 9 octobre, à émettre un nouveau dire sur le projet de chemin de fer; après discussion, la majorité adopta une délibération largement motivée et dont voici les conclusions :

« La Chambre de commerce d'Elbeuf est d'avis que la gare indiquée rue Magenta aux plans soumis à l'enquête, satisfait aux besoins de sa circonscription, et reconnaît l'utilité publique du chemin de fer projeté..... »

On passa au scrutin par appel nominal. Votèrent pour MM. Aubé, Démar, Lizé, Pelletier et Prieur. Votèrent contre MM. Bourdon, Bellest, Cabourg et Lecerf. M. Flavigny, président, s'abstint. MM. Turgis et Cavrel étaient absents.

Ce dire, qui devait être déposé à l'enquête, souleva des réclamations de tous côtés.

Trois jours après, la protestation suivante fut déposée au nom du Comité d'Elbeuf, à l'enquête ouverte sur ce projet :

« Les soussignés demandent énergiquement que le projet à tracé rouge présentement soumis à l'enquête soit rejeté, attendu :

« Qu'il est complètement contraire aux intérêts de la ville d'Elbeuf et qu'il n'est appelé à lui rendre aucun service.

« Que le raccordement à Saint-Aubin-jouxte-Boulleng ne permettra nullement, comme on le prétend, d'apporter la moindre amélioration dans les communications entre Elbeuf et cette gare ; que les marchandises prises par la compagnie de l'Ouest sur tout son réseau, livrables dans Elbeuf, continueraient à être camionnées pour son compte ; que, trop soucieuse de ses intérêts, elle ne sacrifiera pas la moindre parcelle de son trafic au profit d'une autre compagnie ; et que les voyageurs auront plus d'avantages à franchir les deux kilomètres qui les séparent du centre d'Elbeuf, à l'aide des omnibus et des voitures particulières que de prendre la ligne de l'Eure et descendre rue Magenta.

« Que, conséquemment, cette gare n'affranchira nullement les marchandises du camionnage, ou les voyageurs de l'omnibus, qui seront toujours l'un et l'autre indispensables.

« Que la ligne mise à l'enquête étant d'un caractère exclusivement local et soumise à la législation spéciale des chemins de fer d'intérêt local, les communes avoisinant son parcours doivent être, seules, juges du mérite de son tracé.

« Que c'est donc à tort et sans droit que les villes du Havre, de Fécamp et de Dieppe prétendent s'immiscer dans la direction de ce tracé et prendre part à la présente enquête ; que, de plus, les motifs mis en avant par elles pour justifier leurs prétentions ne sont pas fondés, puisque la ligne d'Orléans à Rouen, dont le tracé rouge formerait une section, n'enlève aucun transit à ces villes maritimes ;

qu'elle se raccorde à l'Ouest à Vernon et à Louviers, qu'elle communique ainsi sans interruption avec ces trois ports et que le trafic auquel ils peuvent légitimement prétendre ne saurait leur échapper.

« Que déjà, dans une précédente enquête, plus de 13.000 personnes se sont énergiquement opposées à tout raccordement à Saint-Aubin, comme devant annihiler les avantages qu'elles espèrent recueillir de la ligne mise à l'enquête à l'aide d'un tracé plus rationnel et mieux compris ; que cette fois encore, un plus grand nombre de signataires protestent, de nouveau, contre ce raccordement, comme contraire à l'intérêt général de toute la circonscription et comme devant produire un résultat entièrement opposé à celui que l'on se propose.

« Au nom du Comité d'Elbeuf, dont ils sont membres, et au nom de l'immense majorité de leurs concitoyens, qui leur ont donné mandat de déposer leurs protestations à l'enquête, les soussignés déclarent ne considérer leur mission comme terminée que lorsqu'ils auront obtenu la satisfaction que réclame si instamment leur importante et industrieuse circonscription. — Ed. Bellest, A. Beaudouin, P. Olivier, Alfred Grandin. »

Le 14 octobre, le conseil municipal vota un crédit de 48.908 fr. pour travaux supplémentaires à faire à l'hôtel de ville.

Il conféra ensuite sur un différend qui avait éclaté entre la Ville et la Compagnie du Gaz, à propos des fournitures de gaz faites dans la commune de Caudebec.

Puis il délibéra à l'occasion d'une nouvelle enquête ordonnée sur un projet de modification du tracé du chemin de fer d'Evreux à Elbeuf, et prit la résolution suivante :

« Vu le nouveau plan..... Considérant que si en reportant de la rue Lesage Maille, territoire de Caudebec, à la rue Magenta la gare d'Elbeuf, ce plan donne dans une certaine mesure satisfaction aux justes réclamations du Conseil, il n'en reste pas moins défectueux, en ce sens qu'au lieu de diriger vers Rouen les voyageurs de et d'au-delà d'Elbeuf, il les reverse à la gare de Saint-Aubin, avec perte pour eux de temps et d'argent.

« Déclare protester contre le tracé et dit qu'il n'y a pas lieu à déclaration d'utilité publique. »

Le scrutin eut lieu par appel nominal ; MM. Osmont, Lizé, Aubé, L. Chennevière et Legrix — surnommés « Les Cinq » — votèrent seuls contre cette proposition.

M. Alexandre Poussin, manufacturier, chevalier de la Légion d'honneur, mourut le 30 octobre, à l'âge de 71 ans. Le défunt avait fait longtemps partie du Conseil municipal, du Tribunal de commerce et de la Chambre consultative ; il était, de plus, le fondateur de la Société industrielle et le créateur de prix d'encouragement au bien, auxquels son nom reste attaché. Comme industriel, M. Poussin avait grandement contribué à la bonne re nommée des draps d'Elbeuf, et sa marque était connue du monde entier. — A la séance de la Société industrielle qui suivit, il fut donné connaissance d'une partie du testament de M. Poussin, qui léguait une somme de 50.000 fr. à cette association.

Le 10 novembre, le conseil municipal donna un avis favorable à un projet de création, à

Elbeuf, d'une succursale du Mont-de-Piété de Rouen.

Vers ce temps, M. Bellest, en désaccord avec la majorité de ses collègues de la Chambre de commerce, sur la question des chemins de fer, remit sa démission, mais en donnant pour motif une surcharge de travail.

Le 17, la Chambre de commerce reconnut l'utilité qu'il y eût à Elbeuf trois imprimeurs et non un seul porteur de trois brevets. M. Lizé proposa et l'assemblée adopta qu'une demande fût faite pour avoir trois imprimeries effectives. La Chambre écrivit à ce sujet au ministre du Commerce et au préfet.

Le 29, la Chambre adressa au ministre une lettre par laquelle elle protestait contre l'enquête qui allait être faite par le gouvernement sur les traités de commerce, en vigueur depuis neuf ans, et déclarait refuser d'envoyer des délégués à cette enquête, dont les conclusions étaient prévue. Les signataires de cette lettre furent MM. Charles Flavigny, président; Ed. Turgis, vice-président; Isidore Lecerf, secrétaire; L. Prieur neveu, trésorier; Ph. Aubé, Ch. Lizé père, P. Pelletier, P. Cabourg. L. Demar et Ach. Cavrel, membres de la Chambre.

Le conseil municipal adopta, le 1er décembre, le projet de création d'un nouveau chemin d'Elbeuf au Neubourg, par Thuit-Anger, et vota les crédits nécessaires pour la rectification de la côte de Thuit-Anger.

Le même jour, il vota 257.20 fr. pour différents travaux à exécuter autour de l'église nouvelle, afin de la protéger contre les immondices et les dégradations.

Dans la séance suivante, il adopta le cahier

des charges pour la mise en adjudication de droit de stationnement des voitures de place.

Ce même jour, la rue de grande jonction reçut le nom de Poussin; la nouvelle rue remplaçant le passage Béranger fut nommée Sevaistre-Aîné; les trois tronçons du quai reçurent les noms de Rouen, de l'Hôtel de-Ville et du Nord. La nouvelle rue remplaçant le passage Padelle fut nommée Jacquard et la rue des Débardeurs prit le nom de Laurents, en mémoire des services rendus à la cité par cet ancien maire.

Le Conseil émit ensuite des avis favorables sur l'acceptation d'importantes donations faites par M. Alexandre Poussin : 100.000 fr. à l'église Saint-Jean, 360 fr. de rente à la fabrique de la même paroisse, 1.000 fr. à l'Hospice, 1.000 fr. au Bureau de bienfaisance. En outre, les héritiers de M. Poussin avaient donné 8.500 fr. à l'Hospice pour la fondation d'un lit.

Dans le courant de l'année, la Société industrielle avait étudié :

Un nouvel appareil à monter les chaînes ;
La loi sur les livrets d'ouvrier ;
Une machine à fouler les échantillons ;
Une nouvelle méthode d'analyse des couleurs ;
Le régulateur Dugdale, pour machine à vapeur.

Elle avait dû, à nouveau, s'occuper du projet de chemin de fer d'Orléans à Rouen. Plusieurs de ses membres s'étaient, à ce sujet, rendus en délégation vers le ministre des Travaux publics.

On enregistra pendant l'année 753 naissances, 177 mariages et 764 décès.

A Caudebec, l'état-civil nota 369 naissances, 92 mariages et 527 décès.

A Saint Pierre, on inscrivit 99 naissances, 31 mariages et 85 décès.

A cette époque, on comptait 45.810 broches de filature à Elbeuf, 11.901 à Caudebec et 2.880 à Saint-Pierre.

En 1869, les sorties de draperies, défalcation faite des entrées, se chiffrèrent par 6.558.602 kil. La production fut estimée à 91 millions de francs. La moyenne des prix au mètre était de 9 fr. 55, et au kilog. de 15 fr. 92

Les entrées de laines avaient accusé un poids de 23.419.462 kil.

Il avait été consommé 50.064 tonnes de charbon durant l'année.

CHAPITRE V
(Janvier-Juillet 1870)

Le chemin de fer d'Orléans a Rouen ; enfin !... — Nouvelles dépenses pour l'Hôtel de ville. — Le plébiscite ; un comité plébiscitaire elbeuvien. — L'incendie du 8 mai ; trois millions de pertes. — « L'Industriel Elbeuvien » — Elections aux Conseils général et d'arrondissement. — — L'enquête sur le régime économique. — Déclaration de guerre a la Prusse.— Course de taureaux a Elbeuf.

Le matin du 3 janvier 1870, on apprit qu'un nouveau ministère venait d'être formé et que M. Emile Olivier, un ancien *cinq*, en faisait partie. — Le soir, une aurore boréale éclaira de si vives lueurs le nord de notre horizon, que l'on crut à un immense incendie et que plusieurs pompiers accoururent à l'hôtel de ville. — Vers le milieu de l'été et surtout à la fin de l'année, certaines personnes rappelèrent ce phénomène, qui, pour elles, avait été l'annonce des désastres que notre pays subissait.

L'installation de MM. Jules Gence et Emile

Martin comme juges au tribunal de commerce eut li u le 14, de même que celle de MM. Victor-Etienne Patallier fils et Pierre-Joseph Délaisse, comme suppléants, tous nommés par décret du 25 décembre précédent.

Le 19, il fut procédé à l'installation de MM. Louis Flavigny, Ph. Aubé, Adolphe Mary, Epiphane Delamare et Henri Lebourgeois, élus membres de la Chambre de commerce le 9 décembre précédent. Le bureau fut ainsi composé : MM. Aubé, président ; Turgis, vice-président ; Lecerf, secrétaire ; Prieur, trésorier.

La question du chemin de Rouen à Orléans fut enfin résolue et suivant les désirs des villes de Rouen et d'Elbeuf. Ce résultat était la conséquence d'un traité passé, le 24 janvier, entre la Société provisoire du chemin de fer d'Orléans à Rouen, section de la Seine-Inférieure, et une grande Compagnie qui, pour garantie de l'exécution du contrat, déposa au Comptoir d'Escompte la somme de 1.000.000 francs.

Cette Compagnie s'engageait à construire et à exploiter la section de Rouen (Saint-Sever-Docks) à Saint-Pierre-lès-Elbeuf, par Quevilly, Couronne, Elbeuf et Caudebec, avec gare à Elbeuf entre les rues du Neubourg et de la Justice

La Compagnie, qui se présentait et se substituait à celle dont M. E. Bellest était président, s'engageait à raccorder la ligne à celle de l'Ouest, au moyen d'un tronçon spécial, qui pourrait être établi entre Quevilly et Sotteville-lès-Rouen.

Cette nouvelle Compagnie avait pour président le comte de Damremont, ancien ministre plénipotentiaire, grand'croix de la Légion d'honneur ; pour vice-président M. Wulfran-Mollet, président de la Chambre de commerce d'Amiens, et pour administrateur délégué, le vicomte Louis de Villermont.

Un bal de bienfaisance, donné à l'Hôtel de ville, le 29 janvier, produisit un bénéfice net de 4.040 francs.

Dans sa séance du 16 février, le Conseil municipal nomma une commission pour arrêter le programme de la cérémonie d'inauguration du nouvel hôtel de ville.

Il décida que la place bordant l'église de l'Immaculée-Conception prendrait le nom de Sainte-Marie.

Le 1er mai, M. B. Fournier, ancien architecte de la ville de Poitiers, puis inspecteur-architecte de la ville de Paris, entra en fonctions comme architecte de la ville d'Elbeuf, aux appointements de 8.000 fr. par an, plus 3 pour cent sur les travaux communaux qu'il préparerait et dirigerait. Il succédait à M. Darré, démissionnaire.

Depuis sept ans déjà, on avait mis à l'étude divers travaux autour de l'église St-Etienne et la construction d'un presbytère. Plusieurs plans avaient été dressés tant par l'architecte de la ville que par le conseil de fabrique, mais on n'était point parvenu à se mettre d'accord, à cause de diverses difficultés matérielle provenant de la situation de l'église, dont le portail se trouve en contre-haut de 5 m. 50 de la rue Saint-Etienne, sans autre moyen d'accès que par cette voie.

M. Fournier étudia de nouveau cette affaire et dressa des devis.

Le projet de construction d'un chemin d'accès et de murs pour clore l'ancien cimetière prévoyait une dépense de 17.000 fr , et celui de construction d'un presbytère une somme de 40.000 fr ; tous deux furent déposés en mai 1870, mais les évènements graves qui suivirent en firent ajourner l'exécution.

Le 9, les fabricants de draps, teinturiers, filateurs, négociants en draperie, apprêteurs, etc., furent convoqués pour nommer quatre délégués à l'enquête sur le régime économique. L'assemblée désigna MM. Edouard Bellest, Lesage-Maille, Adolphe Chennevière et Edouard Blay.

Le 16, le Conseil municipal vota 82.493 fr. pour l'ameublement et l'éclairage de l'Hôtel de ville. — Il vota également un crédit de 3 000 fr. pour l'apport de terre végétale dans le jardin entourant cet édifice.

Le vendredi 15 avril, vers quatre heures du matin, le feu se déclara rue de Paris, dans la propriété Rougeron, occupée par M. Courtin, sécheur de laines. La pertes s'élevèrent à 160.000 fr.

A l'approche du fameux plébiscite de mai 1870, il se forma, à Elbeuf, un Comité plébiscitaire nombreux, dont le bureau fut composé de MM. Henri Quesné, député, président ; Ph. Aubé, Ch. Bazin, Edouard Blay, P. Cabourg, L. Démar, Dumanoir, Louis Flavigny, Gosselin, filateur ; H. Lebourgeois, J. Lecerf, Legrix, Métot, V. Papavoine, L. Pion et H. Tabouelle. Ce comité rédigea une proclamation aux électeurs, dont voici la conclusion :

« ... Electeurs, croyez-nous ; croyez vos véritables amis ; votez OUI, c'est-à-dire pour l'ordre public, pour la prospérité de la France, pour la liberté, dont le plébiscite est la consécration.

« — Encouragez aussi l'Empereur dans la voie des sages réformes.

« Pas de votes NON, pas d'abstentions, pas de bulletins blancs ; ce serait voter pour la révolution qui prélude, en ce moment, à ses desseins sinistres par des complots dont le but est l'assassinat ; pour la révolution, dans les flots sanglants de laquelle la liberté de notre pays a déjà sombré deux fois ; pour la révolution, enfin qui, après quelques mois, peut-être une année de désastres, de chômages, de misères, nous ramenerait son inévitable dénouement : la dictature et le despotisme ! »

Le dimanche 1er mai, eut lieu une grande réunion publique, dans l'établissement de M. Roze, à Saint-Aubin. M. Tolain, ouvrier de Paris, plus tard député et sénateur, y combattit les doctrines de l'Empire. M. Ch. Bazin lui répondit. Pendant cette réunion, un des assistants tomba en syncope et ne put être rappelé à la vie.

La journée du 8 mai 1870 fut marquée, à Elbeuf, par deux graves évènements.

Un décret impérial du 23 avril précédent avait, on le sait, convoqué les électeurs pour se prononcer sur le plébiscite suivant : « Le peuple approuve les réformes libérales opérées dans la Constitution depuis 1860, par l'Empereur avec le concours des grands corps de l'Etat, et ratifie le senatus consulte du 20 avril 1870 ».

On connaît aussi les motifs qui poussèrent Napoléon à demander l'approbation du corps électoral, et beaucoup se souviennent encore des manœuvres employées pour obtenir un vote suivant le désir du gouvernement. Les républicains de notre canton firent une active campagne pour faire voter *non* ; mais leurs efforts ne furent couronnés de succès que dans trois communes seulement. — Voici le résultat du plébiscite dans le canton d'Elbeuf :

Communes	Inscrits	Votants	OUI	NON
Elbeuf	6.325	3.941	1.975	1.918
Caudebec	2.906	1.845	671	1.139
St-Pierre-l-Elbeuf	1.072	933	489	432
La Londe	547	602	239	251
Saint-Aubin	508	470	355	107
Orival	437	390	184	205
Freneuse	174	164	132	32
Cléon	147	147	132	4
Tourville	?	?	?	?
Sotteville	?	?	?	?

Vers six heures du soir de ce même jour, 8 mai, au moment où l'on commençait le dépouillement du scrutin, le feu se déclara, rue de la Bague, au second étage de l'établissement Gérin-Roze. Longtemps contenu dans les locaux où il avait pris naissance, il finit par prendre une grande extension, faute d'une organisation rapide de secours. En outre, deux pompes furent mises hors de service, presque au début, par la chute de balles de laines lancées des étages supérieurs dans la cour.

Le feu ayant gagné le grenier, où un millier de balles de chardon étaient emmagasinées, il prit immédiatement une allure effrayante et fit irruption de divers côtés, embrassant l'établissement à quatre étages de M. Théodore Chennevière, distant de six mètres cependant, et les ateliers principaux de la fabrique de M. Gérin-Roze, puis il gagna la fabrique de M. Fleury-Desmares et les constructions voisines, se développant ainsi sur une surface de plus de 6.000 mètres carrés.

Des secours étaient arrivés de Caudebec, de Saint-Pierre et l'on avait demandé des pompes à Rouen. Tous les efforts, déployés sur une grande quantité de points à la fois, n'eurent de résultat appréciable que vers six heures du matin.

Pendant ce sinistre mémorable, les pompes manquèrent d'eau assez souvent et plusieurs personnes furent blessées. Huit jours après, le feu n'était pas encore complètement éteint dans les caves à charbon. Les pertes se chiffrèrent par environ 3.000.000 fr.

A la séance municipale qui suivit, M. Mathieu Bourdon proposa de nommer une commission pour rechercher les moyens propres à conjurer le développement des incendies.

« On se demande aujourd'hui de toutes parts, dit-il, si la ville d'Elbeuf possède en réalité, soit en personnel, soit en matériel, tous les moyens d'action qu'il peut y avoir lieu d'opposer à l'action dévorante du feu, toutes les fois qu'il se produit et progresse dans les proportions effrayantes du dernier sinistre. On s'inquiète surtout des exigences que peuvent y rattacher les compagnies d'assurance, fatiguées d'être en perte avec la ville d'Elbeuf, jusqu'au point de renoncer à y contracter de nouvelles polices. »

La commission réclamée se composa de MM. Bourdon, Alfred Grandin, Papavoine, Aubé et Lanseigne.

Ce même jour, le Conseil vota l'établissement d'un paratonnerre sur l'hôtel de ville.

Le mercredi 25 mai, M. Lebailly, apprêteur,

sapeur-pompier, fut assez grièvement blessé dans un nouvel incendie, qui s'était déclaré place du Calvaire, à l'angle des rues de Caudebec et du Neubourg.

Les pertes furent estimées à 54 000 fr.

C'était le quatrième incendie depuis quatre jours.

Le premier numéro de l'*Industriel Elbenvien* actuel parut le samedi 4 juin. Le directeur-propriétaire du nouveau journal était M. Ernest Bouchet, banquier, qui signa d'abord ses articles du pseudonyme L. Normand ; le secrétaire de la rédaction était M. E. Laurent, jeune employé de la banque Ernest Bouchet et Cie. M. Jules Buquet et M. Th. Fréret, ce dernier sous le nom de Lefranc, furent les principaux collaborateurs de l'*Industriel*, dans lequel écrivirent aussi M. Charrier, employé de commerce, et M. Léon Sauvage, teinturier. — Ce journal était imprimé chez M. Giroux, à Rouen, M. Levasseur, imprimeur et propriétaire du *Journal d'Elbeuf*, détenant, sous des noms d'emprunt, deux des trois brevets d'imprimeurs délivrés dans notre ville.

A l'approche des élections cantonales, qui devaient avoir lieu les 11 et 12 juin, M. Deschamps déclara qu'il n'accepterait pas un nouveau mandat.

Les républicains posèrent alors la candidature de M. Eugène Manchon, avocat à la Cour d'appel de Paris, compétiteur malheureux de M Henri Quesné l'année précédente. Les modérés et les gouvernementaux lui opposèrent M. Buée, maire d'Elbeuf.

Les mêmes jours, en vota également pour un conseiller d'arrondissement. Les deux candidats étaient M. Victor Papavoine, négociant en draperie, commandant de la garde nationale, soutenu par les gouvernementaux et les royalistes, et M. Joannès Moreau-Turgis, filateur, appuyé des modérés et des républicains.

Ainsi qu'on va le voir par le tableau suivant, MM. Buée et Moreau furent élus.

CONSEIL GÉNÉRAL

	Inscrits	Buée	Manchon	Nuls
Elbeuf............	6.334	1.869	921	131
Caudebec........	2.906	479	704	80
Cléon	147	78	22	1
Freneuse	174	83	32	3
La Londe........	549	154	204	22
Orival...........	455	121	174	16
Saint-Aubin......	508	220	65	24
Saint-Pierre	1.069	391	271	44
Sotteville........	107	50	24	2
Tourville........	265	105	16	1
Totaux	12.514	3.550	2.436	325

CONSEIL D'ARRONDISSEMENT

	Inscrits	Papavoine	Moreau	Nuls
Elbeuf............	6.334	553	1.878	441
Caudebec........	2.906	158	684	410
Cléon............	147	30	66	5
Freneuse.........	174	73	15	30
La Londe........	549	72	119	187
Orival...........	455	65	96	154
Saint-Aubin	508	110	168	30
Saint-Pierre......	1.069	220	248	226
Sotteville........	107	54	5	18
Tourville	265	105	10	7
Totaux.......	12.514	1.440	3.289	1.508

La séance du 14 juin de la Commission d'enquête sur le régime économique, fut consacrée à l'industrie drapière. Ce jour-là, déposèrent MM. Aubé, Louis Flavigny, Jules May, Adolphe Chennevière, et MM. Henri Poitevin, Paul Jeuffrain et Charles Poitevin, de Louviers. Les comités des deux villes réclamèrent surtout le maintien d'une protection de 10 % et la transformation du droit *ad valorem* en droit spécifique.

Voici quelques points des dépositions faites par les industriels de nos deux villes :

M. Jules May, teinturier et filateur : La teinture et la filature notifient absolument les réclamations de la fabrique d'Elbeuf, en ce qui concerne le programme de 1860. La teinture d'Elbeuf paye 32 % plus cher sa main-d'œuvre que l'industrie similaire en Prusse et en Autriche. La construction en Angleterre coûte un tiers moins cher qu'en Normandie ; les produits tinctoriaux reviennent à un sixième en moins ; les charbons rendus à Elbeuf pour la teinture coûtent 30 fr. la tonne ; ces mêmes houilles reviennent à 15 fr. à l'industriel anglais. La teinture et la filature elbeuviennes ont été obligées de transformer complètement leur outillage, avant le traité de commerce et par le fait de la concurrence intérieure. Les établissements qui filent la laine cardée, dans la Seine-Inférieure et dans l'Eure, sont au nombre de 81, et comptent 2 000 broches seulement. Le coût de l'assortiment de 400 broches est d'environ 30.000 fr., soit 75 fr. la broche, outillage et bâtiments compris. Le charbon pour la filature coûte 25 fr. la tonne, au lieu de 30 pour la teinture.

M. Louis Flavigny, fabricant de draps : La concurrence intérieure avait réduit, en 1859, le nombre des fabricants d'Elbeuf de 286 à 234. L'élévation du prix du coton et l'abondance des laines étrangères ont heureusement développé la production des lainages, malgré les effets des traités de commerce. Le développement de l'industrie drapière étrangère est beaucoup plus considérable que celui de l'industrie similaire française. Elbeuf fait très peu d'exportation direct. Les conditions de vente sont défectueuses à Elbeuf. Les exportations décroissent et les importations augmentent du côté de l'Angleterre, de la Suisse, de la Saxe. Le déposant repousse le rétablissement du droit sur les laines. Il y a insuffisance d'ateliers de construction mécanique dans le centre elbeuvien. En Moravie, les salaires sont à 37 % au-dessous de ceux payés à Elbeuf ; les Anglais remplacent le travail des hommes par celui des femmes, dans un grand nombre de cas. Le tissage mécanique, généralisé en Angleterre, permet cette substitution ; mais le tissage mécanique se propage difficilement en Normandie, par suite de causes multiples. Les impôts ne pèsent pas aussi lourdement sur l'industrie en Angleterre, en Allemagne et en Belgique qu'en France. Les assurances sont excessives à Elbeuf. Nos moyens de transport sont insuffisants. Le déposant demande l'abolition de la loi sur les coalitions et le maintien du livret des ouvriers.

M. Philippe Aubé, négociant en laines, président de la Chambre de commerce : Elbeuf emploie surtout des laines étrangères ; un droit sur ces laines serait donc fatal à l'industrie elbeuvienne. Il y a une tendance à restreindre la production de laines exotiques, qui ne donnent plus de bénéfices suffisants. La laine de France se trouve naturellement protégée par les difficultés de l'élevage et les frais de transport. La laine indigène a perdu une valeur de 20 % sous le rapport de la finesse et ne peut prétendre aux mêmes prix qu'à l'époque où cette laine avait des qualités, amoindries aujourd'hui.

Dans l'ensemble, les délégués de Louviers déposèrent dans le même sens que ceux d'Elbeuf.

Le mardi 21, dans l'après-midi, le feu détruisit une partie de l'établissement de M. Jules Doublet, rue de Caudebec. Les pertes s'élevèrent à 107.000 fr.

On sait que la Compagnie des chemins de fer de l'Ouest réclamait à la ville d'Elbeuf une somme de 200.000 fr., comme subvention pour la construction du chemin de fer de Serquigny. L'affaire fut portée devant le Conseil de préfecture qui, le 1er juillet, rejeta la demande de la Compagnie.

Dans le courant du premier trimestre de l'année 1870, la Société industrielle avait fait de nouvelles démarches auprès du ministre du commerce, pour obtenir le titrage métrique des filés, et avait nommé trois délégués à l'enquête parlementaire.

En ce même temps, la Société étudia les machines à vapeur horizontales, qui commençaient à se répandre dans l'industrie.

Le 4 juillet, M. Emile-Louis-Marie Lecorney, avocat à Paris, fut provisoirement admis comme agréé au Tribunal de commerce d'Elbeuf. Son admission définitive eut lieu neuf jours après. Il remplaçait M. Closset.

M. Levavasseur, concessionnaire du pont suspendu d'Elbeuf, avait actionné l'Etat et la Compagnie de l'Ouest devant le Conseil de préfecture de la Seine-Inférieure pour obtenir une indemnité de 500.000 fr., demande fondée sur l'établissement, par ladite Compagnie de l'Ouest, d'un nouveau pont sans péage, qui, livré sans réserve à la circulation, avait fait diminué notablement les recettes de l'ancien pont.

L'Etat contestait le principe de l'indemnité, mais il concluait éventuellement à un vœu contre la Compagnie de l'Ouest, laquelle prenait des conclusions contre l'Etat, pour le cas où il interviendrait contre elle des condamnations.

Le Conseil de préfecture rejeta les requêtes de M Levavasseur.

Vers ce même temps, l'église de l'Immaculée-Conception reçut quatre cloches : un bourdon de 3.114 kilog., une tonique de 4.777 kil., une deuxième majeure de 1.230 kil., et une troisième majeure de 833 kil.; cette dernière était offerte par la famille Cosse.

Le 7 juillet, on mit en adjudication les travaux de construction de murs pour l'agrandissement du cimetière Saint-Jean, sur un devis de 10 980 fr.

Chacun connaît dans quelles conditions, le 15 de ce même mois, la déclaration de guerre de la France à la Prusse fut notifiée. Deux jours après, une proclamation de l'empereur annonçait qu'il allait se mettre à la tête de l'armée avec son fils.

Les Elbeuviens sensés, quelle que fut leur opinion, virent avec une peine profonde cette déclaration de guerre, dont disaient-ils, les conséquences seront de faire tuer beaucoup d'hommes, de suspendre les affaires et probablement de faire augmenter les impôts ; mais **personne** ne doutait ou ne paraissait douter que les armées françaises sortiraient victorieuses de la lutte.

Les soldats de la deuxième portion des contingents des classes de 1863 à 1868 s'assemblèrent à Rouen le 18 ; le surlendemain, on les dirigea sur leurs corps respectifs.

Le soir de ce jour 18 juillet, qui était un lundi, 300 ou 400 jeunes gens, appartenant pour la plupart à la garde nationale mobile, parcoururent les rues d'Elbeuf, précédés d'un drapeau, en chantant la *Marseillaise*, redevenue permise, les *Girondins*, le *Chant du Départ*, entrecoupés des cris de : « Vive la guerre ! Vive l'Empereur ! Vive l'armée ! A bas la Prusse ! A bas Bismarck ! » Pour varier, ces jeunes gens criaient de temps à autre, sur l'air des *Lampions* : A Berlin ! A Berlin ! Ces manifestations, encouragées par le parti bonapartiste, se renouvelèrent le lendemain.

Le 21, le maire proposa, en séance municipales, d'ouvrir une souscription en faveur des armées de terre et de mer et de la garde nationale mobile, ce qui fut accepté. Cette souscription produisit 2.757 fr. 50.

Le 22, le détachement du 94e de ligne en garnison à Elbeuf, partit pour le théâtre de la guerre. Le poste de l'hôtel de ville fut, par suite, occupé par la garde nationale.

Ce même jour, le maire reçut une lettre proposant, au moyen d'une souscription ouverte parmi les commerçants, la construction « d'une mitrailleuse lançant 4.000 balles et plus à la minute », que l'on offrirait « à Sa Majesté l'Empereur ».

Cette proposition fut la première d'une série qui se prolongea jusqu'à l'armistice. Nous citerons quelques-unes des idées ayant pris naissance, pendant la malheureuse guerre qui commençait, dans les cerveaux de plusieurs Elbeuviens.

Le dimanche 31 juillet, dans un vaste hippodrome construit sur le Champ de Foire, commencèrent des courses de taureaux espagnols 1.400 personnes environ assistèrent à ce spectacle, qui avait été précédemment donné au Havre. D'autres représentations furent annoncées pour les 14 et 15 août, mais n'eurent pas lieu.

Dans le courant de ce même mois, M. Léon Pion donna sa démission de capitaine de sapeurs-pompiers et fut nommé capitaine honoraire. Il faisait partie de la compagnie depuis 1823 et en était le capitaine commandant depuis 1834. — Il eut pour successeur, par voie d'élection, M. Léon Quidet, constructeur mécanicien, entré dans la compagnie en 1859, sergent-major en 1860 et sous-lieutenant en 1861.

M. Léon Pion, alors âgé de 74 ans, écrivit au maire, en lui remettant l'inventaire du matériel de secours contre l'incendie :

« Je viens d'écrire à M. le commandant pour le prier de me remplacer le plus tôt possible comme capitaine des sapeurs-pompiers et accepter ma démission.

« Je laisse un matériel dans le meilleur état possible, une compagnie composée d'hommes zélés et bien disciplinés.

« 45 ans de grade dans la compagnie n'ont pu me mettre à l'abri de la malveillance de quelques personnes injustement prévenues contre les pompiers : je laisse aux innovateurs le soin de faire mieux que ce qui existe..... »

Cinq jours après, M. A. Lechêne, lieutenant de la même compagnie, remit également sa démission ; il comptait 27 ans de services.

A partir de fin juillet, la fabrication se ralentit, par suite de la diminution des commandes ; mais les ouvriers furent occupés pendant quelque temps encore.

CHAPITRE VI
(Du 1er Aout au 4 Septembre 1870)

Un Concert patriotique. — Élections municipales. — La garde mobile; le bataillon d'Elbeuf. — Création d'ambulances. — Les désastres de l'armée française. — Sedan; reddition de l'empereur et de l'armée. — A Paris; déchéance de Napoléon; proclamation de la République. — Le Gouvernement de la Défense nationale. — Formation de compagnies de volontaires elbeuviens; les « Souliers crottés » et les « Bottes vernies ».

La nouvelle de la prise de Sarrebrück, par une armée française, parvint à Elbeuf le mercredi 3 août au matin. En un instant, la ville se trouva pavoisée. La joie fut de courte durée, car on apprit bientôt la défaite de nos troupes à Wissembourg, la mort du général Abel Douay, puis la déroute de Reichshoffen, la retraite de Mac Mahon et la mort de plusieurs autres généraux.

Dans la séance de ce même jour, 3 août, la Chambre de commerce résolut de demander à l'administration municipale la création d'une

Année 1870

compagnie de sapeurs pompiers salariés, afin d'assurer avec plus de certitude et d'efficacité les secours contre l'incendie. Cette compagnie, composée de vingt hommes, serait ainsi rétribuée : le capitaine 2.600 fr. par an, le lieutenant 1.800 fr., le sergent 1.350 fr., quatre caporaux à 1.150 fr chacun, le clairon 1.000 fr., les douze sapeurs-pompiers chacun 1.000 fr.; soit au total 23.350 fr. par an.

Le 4, la musique de la garde nationale, la Société chorale et la Fanfare de Criquebeuf-sur Seine donnèrent un Concert patriotique, au profit des victimes de la guerre, dans le jardin de l'ancien Cercle, rue de Seine. On y applaudit le *Rhin allemand*, la *Marche du Nord*, les *Enfants de Paris* et le chœur des soldats, de *Faust*.

« La *Marseillaise*, dit le *Journal d'Elbeuf* dans son compte-rendu, chantée d'abord par la Société chorale, puis exécutée par la musique militaire, a été couverte d'applaudissements. A la fin du concert, ce chœur, si patriotique et si entraînant, a été répété par un grand nombre de voix ».

Ce concert produisit 2.000 fr.

Le 5, l'hospice d'Elbeuf mit 43 lits à la disposition des blessés militaires. Le Cercle des commerçants souscrivit pour cent lits.

Les électeurs furent convoqués pour les samedi 6 et dimanche 7 août, afin de renouveler le Conseil municipal. Il y avait quatre listes, dont trois formées dans le dessein de créer une confusion et de favoriser certains candidats, dont les noms se répétaient sur chacune d'elles.

Sept candidats seulement furent élus au premier tour : MM. Buée par 2.057 voix,

Grandin par 1.991, Ed. Bellest 1.711, Quidet 1.684, Ad. Chennevière 1.633, Wallet 1.620, Edouard Blay 1.585.

Venaient ensuite MM. Cavrel 1.519 voix, Lécallier 1.514, Béranger 1.466, Pelletier 1.448, Frédéric Martin 1.442, Deslandes 1.439, Bourdon 1.394, Beaudouin 1.337, Justin 1.307, Démar 1.293 Houllier 1.284, Potteau 1.284, Lecerf 1.218, Cabourg 1 216. Alex. Rivière 1.197, Thézard 1.193, Lebourgeois 1.149, Lechêne 1.139, Emile Martin 1.062, Louis Flavigny 1.035, Joubert 999, Patallier 984, Picard 969, Lesage-Maille 967, Guérot 872, Cornu-Lesage 865, Laquerrière 864, Hennebert 664, Fouchet 624, Coquerel 621, Régnier 617 Rastier 601, Fossard 589, Sulpice 568. Piéton 553, Depernay 533, Hareng 521, Gallien 521, Lainé 518, Mangeot 507, Tiran 505, Dif 493, H. Rivière 491, Leroy 482, Cosse 363, etc.

Le second tour de scrutin eut lieu, avec indifférence, les samedi et dimanche suivants. Furent élus : MM. Léon Sevestre par 1.531 voix, Thézard 1.370, Bérenger 1.272, Bourdon 1.268, Pelletier 1.172, Lecerf 1.158. Cavrel 1.150, Houllier 1.138, Deslandes 1.121, Démar 1.105, Justin 1 073, Frédéric Martin 992, Alex. Rivière 930, Désiré Picard 853, Louis Flavigny 825, Edouard Guér t 781, Lebourgeois, 735, Cabourg 724.

Le 12, le préfet pria le colonel directeur d'artillerie, à Paris, de faire délivrer, contre remboursement, des munitions de guerre par le service d'artillerie du Havre, demandées par des jeunes gens d'Elbeuf, désireux de s'exercer au tir.

M. Besson, commandant du 3º bataillon de

Année 1870

la garde mobile, qui comprenait celle d'Elbeuf, reçut du préfet un mandat de 5.000 fr.

Le lendemain, on fit prévenir les docteurs Nicole et Mathorel qu'ils étaient désignés pour assister la commission militaire chargée de prononcer sur l'aptitude des gardes mobiles, devant se réunir dans notre ville le samedi 20 du même mois.

Le jeudi 18, arrivèrent à Elbeuf les gardes nationaux mobiles des cantons d'Argueil, Forges, Gournay, Boos, Buchy, Clères et Darnétal, qui se réunirent à ceux de notre ville. Partie furent logée à la caserne et partie chez les habitants. Ces gardes mobiles, qui formaient le 3e bataillon de la Seine-Inférieure, étaient au nombre de 1.500 ; ils furent vêtus d'un pantalon et d'une blouse de toile bleue. On ouvrit une souscription afin de leur donner en plus une chemise de laine et un tricot. Ces recrues furent exercées, à la caserne, au maniement des armes pendant les jours qui suivirent.

Un décret du 22 nomma les officiers suivants au 3e bataillon de gardes mobiles réuni à Elbeuf

Capitaine 8e compagnie, M. Jean-François-Edme Bréard ;

Lieutenants aux huit compagnies : MM. André-Eugène Pelcat, Maximilien Poisson, Alexandre-François-Robert de Merval, Marie-Christophe Lanne, Paul-René Hurtrel d'Arboval, Louis-Alexandre Marie Bayle, Félix Chardine, Léon Marie-Edouard Bellest.

Sous-lieutenants aux mêmes compagnies, MM. Pierre-Ursin Pellerin, Pierre Amédée-Ernest Gaillard, Pierre François Isidore Mongars, Georges Lemaître, Edmond Auguste Papillon, Pierre-Victor Hébert, Auguste-Gustave Léon Delafosse, Raymond Tourret.

A la suite d'un accord entre le général commandant la division militaire et le préfet, le maire d'Elbeuf fut informé, le 19, que des ordres étaient déjà donnés pour la distribution d'armes aux gardes mobiles. Il importait peu, disait le préfet, que les mobiles fussent habillés ; il y avait urgence à les exercer et comcer leur instruction militaire, aussitôt après leur arrivée dans les centres de réunion. Le commandant Besson fut donc invité à commencer les exercices de ses troupes.

A cette date, le 3ᵉ bataillon de mobiles d'Elbeuf ne comprenait plus que 25 officiers, 49 sous-officiers, 1.093 caporaux et soldats.

Les exercices eurent lieu chaque jour, de 6 à 9 heures du matin, et de midi et demie à 3 heures du soir. En outre, un adjudant était chargé de faire, pendant l'après-midi, au moins une heure de théorie pratique aux caporaux et sous officiers.

Le 20, le bataillon de mobiles commença l'exercice du soldat. Il n'était pas équipé, et son armement se composait de 400 fusils de rebut du modèle de 1822, avec lesquels, suivant les dires du commandant Besson, il était impossible d'apprendre à charger et à tirer, et comme les mobiles n'avaient point de graisse, ni les moyens d'en acheter, dès ce premier jour « les armes furent rouillées et mises hors d'état ».

Les mobiles provenant des communes voisines étaient, en général, assez tranquilles ; mais il était impossible d'obtenir de l'ordre et de la discipline avec ceux qui logeaient chez eux ou chez les habitants, Aux appels, il manquait toujours de 50 à 60 hommes, presque tous d'Elbeuf, « bien que la solde ne se fit jamais qu'après l'exercice ».

Le commandant exposa aux autorités compétentes que, pour tenir les soldats dans la discipline, il fallait les changer de garnison, les caserner et les revêtir d'un uniforme, afin qu'on pût les surveiller.

M. Henri Quesné, député, écrivit au maire d'Elbeuf, le 21 :

« Je reçois une pétition ayant pour but l'appel sous les drapeaux des séminaristes et des frères de la Doctrine chrétienne, non brevetés.

« Ne considérant pas cette mesure comme convenable, ni opportune, je vous prie d'en faire prévenir MM. Joseph Duval, Ed. Moisy, Hervieu, Alfred Vaillant et Henri Chennevière, qui figurent les premiers parmi les signataires, et dont je ne connais pas l'adresse, afin qu'ils veuillent bien me dire ce que je dois faire de cette pétition, que je tiens à leur disposition... »

Le même jour, le maire d'Elbeuf fut avisé qu'il allait être envoyé 200 fusils pour continuer l'armement du 3e bataillon de mobiles ; mais ils ne furent expédiés que le 24.

Le mardi 23, on afficha l'avis de convocation des hommes de la deuxième portion des contingents qui n'avaient pas été appelés à l'activité jusque-là, âgés de 25 à 35 ans. — Ils se rendirent à Rouen trois jours après.

Un emprunt national de 750 millions avait été fait par le gouvernement. Les souscriptions à Elbeuf atteignirent plus de 1.200.000 fr.

Le soir du 24, le préfet fit envoyer 1.000 blouses, ceinturons, cartouchières, fourreaux de baïonnettes et 597 képis, pour la mobile d'Elbeuf.

Le 25, M. Thony Sallambier, de la maison Sallambier, Aubé et Cⁱᵉ, mourut à Louviers. Ancien lieutenant-commandant de la garde nationale à cheval, il avait été nommé chevalier de la Légion d'honneur.

Le nouveau Conseil municipal fut installé ce même jour, après prestation de serment d'obéissance à la Constitution et de fidélité à l'empereur. Il était composé de MM. Buée, Alfred Grandin, Edouard Bellest, Léon Quidet, Adolphe Chennevière, Wallet, Edouard Blay, Léon Sevaistre, Lucien Cosse, A. Beaudouin, Thézard, Béranger, Mathieu Bourdon, Pelletier, Désiré Picard, Louis Flavigny, Edouard Guérot, Lebourgeois, Prosper Cabourg, Isidore Lecerf, Cavrel, Houllier, Laurent Démar, Martin, Alexandre Rivière, Deslandes, Justin.

M. Grandin proposa qu'un compte-rendu sommaire des séances fût rendu public. Le Conseil accepta et nomma un comité de rédaction, composé de MM. Alfred Grandin, Désiré Picard et Adolphe Chennevière.

Le Conseil nomma également une commission pour l'organisation de lits à fournir aux blessés militaires.

Des armes destinées à la garde mobile durent arriver ce jour-là, car nous trouvons, aux archives municipales, à cette date, sur un compte de dépenses, une somme de 78 fr. 50 payée pour le transport de 41 caisses de fusils, de Rouen à Elbeuf.

Divers habitants d'Elbeuf offrirent des armes, des vêtements et autres objets pouvant servir à la défense du sol français. La première offrande que nous rencontrons est celle d'un fusil à percussion, donné par M. Tabouelle, juge de paix.

Le 28, M. Roze, de Boscroger, ancien manufacturier, offrit gratuitement au maire de notre ville de disposer de son vaste établissement de Saint-Aubin jouxte-Boulleng pour y établir une ambulance. Cette offre fut acceptée.

A la séance municipale tenue le 29 du même mois, M. Démar fit cette proposition :

« Considérant que des réjouissances publiques ne sauraient exister tant que l'étranger foule le sol de la Patrie ; que des saltimbanques établissent des baraques et des théâtres sur la place du Champ de Foire ; que ces nomades, appartenant pour la plupart à des nations étrangères, cherchent au moyen de manifestations bruyantes à attirer le public à leurs représentations ; que des communes limitrophes ont donné l'exemple du respect que l'on doit à nos braves soldats tombés sur le champ de bataille et aux familles en deuil qui pleurent leurs enfants.

« Le Conseil municipal invite M. le maire à donner des ordres pour que l'espace de temps réservé à la tenue de la foire ne soit en aucun cas dépassé. Ce délai est de huit jours, non compris le déballage et l'emballage, pour lesquels ils est accordé trois jours ».

Le Conseil adopta cette proposition.

Ce même jour. M. Léon Sevestre, au nom de la commission nommée dans la précédente séance, lut un rapport sur l'organisation des secours aux blessés militaires.

La Ville pouvait disposer d'abord de 141 lits, tant à l'hospice que dans des maisons particulières.

En outre, M. Roze, ainsi que nous l'avons dit, avait mis gratuitement à la disposition des personnes qui ne pourraient recevoir chez elles des blessés, son vaste établissement de Saint-Aubin, « où un grand nombre de lits pourraient être installés. Les frais d'appropriation se montaient à environ 8.532 fr., somme qui serait payée par la ville. Les frais de literie et de séjour de chaque blessé seraient supportés par les personnes ayant souscrit à cette œuvre patriotique »

Le Conseil vota la somme demandée et des remerciements à toutes les personnes qui apporteraient leur concours dans l'établissement de cette ambulance.

L'assemblée vota ensuite 800 fr. pour la création de fourneaux économiques dans la maison du Bureau de bienfaisance.

On vota également un crédit supplémentaire de 1.500 fr. pour la garde nationale, et un autre crédit supplémentaire de 20.647 fr. pour le Bureau de bienfaisance.

Le Conseil vota enfin un crédit de 2.000 fr., à laquelle somme se joindrait celle recueillie par souscription, pour l'habillement de la garde mobile.

Ce fut la dernière séance que tint le conseil municipal sous le gouvernement de Napoléon III.

Le 30 août, 4.000 cartouches, destinées à la mobile, arrivèrent dans notre ville, par chemin de fer.

Nous ne ferons qu'un rapport sommaire des malheureux événements qui avaient eu lieu pendant le mois.

La défaite de l'armée française à Wissembourg avait ouvert aux Allemands l'Alsace et les routes de Strasbourg et de Metz. On devait mener nos troupes à Berlin, et nous subissions déjà l'invasion.

Le 6, Mac-Mahon était vaincu à Reischoffen et Frossard à Forbach, conséquence de l'incapacité de Napoléon, qui avait exposé nos corps d'armée, séparés les uns des autres et ne pouvant se prêter un mutuel appui, à la masse formidable des troupes ennemies, « résultats plus triste encore de la basse jalousie de quelques-uns de nos généraux, qui voyaient avec un secret plaisir la débâcle d'un général bien en cour, lorsqu'il leur eût été possible peut-être de l'empêcher ». On a rapporté ces paroles de Bazaine, alors qu'il entendait le canon de Forbach : « Que Frossard gagne son bâton de maréchal tout seul ! »

Après cette double défaite, l'empereur avait ordonné une retraite générale sous les murs de Metz, où toutes nos troupes s'étaient trouvées réunies le 11, moins les corps de Mac-Mahon et de Failly, qui s'étaient rabattus sur Châlons, en abandonnant le défilés des Vosges, où l'ennemi aurait pu être arrêté longtemps, et même refoulé, comme il l'avait été pendant la Révolution.

Le 10, des Badois et des Wurtemburgeois, détachés de l'armée du prince royal de Prusse, se présentèrent devant Strasbourg et en commencèrent le siège. De leur côté, Frédéric-Charles et Steinmetz avaient opéré leur jonction à Sarrebruck. Le plan de l'ennemi, facile à deviner, était de couper la retraite à l'armée française pour l'empêcher d'aller couvrir Paris. On s'était battu à Borny le 14, et le 16 à Gravelotte. Puis l'empereur avait quitté l'armée, et, laissant le commandement à

Bazaine était arrivé au camp de Châlons, le 17.

Nous passerons sur les événements qui se déroulèrent sous Metz, où Bazaine se trouvait avec le gros de l'armée française. Le 23, Mac Mahon reçut l'ordre d'aller le secourir. Il commença donc ce mouvement fatal, au lieu de défendre le passage de la Marne, avec les 120.000 hommes, les 400 canons et les 70 mitrailleuses dont il disposait. On estima même qu'il aurait pu, avant le 30 août, réunir 200.000 hommes de bonnes troupes, qui fort probablement auraient arrêté l'ennemi dans sa marche sur Paris.

Les désastres subis par l'armée française avaient remué les cœurs. De presque partout surgirent spontanément des compagnies de volontaires, calquées sur celles des Vosges et de Garibaldi. Leur but était de harceler sans cesse l'ennemi sur ses flancs en organisant des guérillas.

Elbeuf ne resta pas en arrière. Une liste d'inscription pour la formation d'un corps franc fut ouverte vers la fin d'août, par les soins de M. Gustave Grandin ; elle fut bientôt couverte de nombreuses signatures.

Cette compagnie prit le titre d'Eclaireurs de la garde nationale ; par ses statuts, elle se proposait seulement de s'opposer aux incursions de l'ennemi et d'éclairer la ville d'Elbeuf sur la position et la marche des Allemands ; mais les circonstances la firent bientôt sortir de ce programme.

L'équipement était aux frais des éclaireurs ; leur armement était facultatif.

Mais à la première réunion de la compagnie, composée de plus de cent membres, une question de préséance entre M. Grandin et M. Georges Beer amena une scission, qui se termina par la formation de deux compagnies au lieu d'une.

Il faut dire aussi que les uns voulaient admettre tous ceux qui se présentaient, à condition seulement que chacun fût d'une honorabilité reconnue, et que les autres prétendaient opérer des éliminations, en retranchant les volontaires n'ayant pas de ressources personnelles suffisantes, et une tenue assez distinguée.

Par la suite, les éclaireurs reçurent du public la dénomination de « compagnie des Souliers crottés » et l'autre, celle des tirailleurs, le surnom de « compagnie des Bottes vernies ».

Le corps des éclaireurs (compagnie Grandin) fut définitivement constitué le 31 août, et celui des tirailleurs (compagnie Beer) le 2 septembre.

Le soir de ce dernier jour, à six heures, les mobiles de la garnison d'Elbeuf se réunirent pour une revue qui fut passée par un conseiller d'Etat en mission dans la Seine-Inférieure.

L'idée générale, avons-nous dit, était que l'on ramenât l'armée de Châlons vers Paris ; mais l'influence de l'impératrice la fit diriger vers Sedan. Notre armée, qui à son départ de Châlons comptait environ 145.000 hommes, était réduite à 70.000 quand elle arriva à Sedan. La différence provenait de la débandade qui s'était mise dans les troupes et des pertes éprouvées à la bataille de Beaumont.

Le 1er septembre, avant le jour, une sanglante bataille s'engagea ; tous nos lecteurs en connaissent l'issue. Napoléon se rendit aux Allemands, alors qu'il eût pu mourir en soldat, et, le 2, fit constituer prisonnière l'armée de Sedan. Le 3, il quitta la France pour Wilhelmshohe.

Dans cette journée du 3, l'immense désastre de Sedan fut connu à Paris, où l'indignation contre le gouvernement fut générale. A la Chambre, Jules Favre proposa la déchéance de l'empereur ; pas un ministre ne protesta.

Le dimanche 4 septembre, dès le matin, les cris de : « Vive la France ! La déchéance ! Vive la République ! » retentirent dans tout Paris. A onze heures, on apprit que la République avait été proclamée à Lyon.

A la séance du Corps législatif, Gambetta déclara que Napoléon Bonaparte et sa famille avaient à jamais cessé de régner. Un gouvernement provisoire fut réclamé, et la République proclamée à l'Hôtel de ville.

Le 4 septembre, vers 8 heures du matin, ce télégramme était arrivé à Elbeuf :

« Paris, 3 septembre, 10 h. 50 du soir.

« Le ministre de l'Intérieur à MM. les préfets, etc.

« Un grand malheur frappe la patrie !

« Après trois jours de luttes héroïques contre 300.000 ennemis, 40.000 hommes ont été fait prisonniers.

« Le général Wimpfen, qui avait pris le commandement de l'armée, en remplacement du maréchal Mac-Mahon, grièvement blessé, a signé une capitulation.

« Ce cruel revers n'ébranle pas notre courage. Paris est aujourd'hui en état de défense. Les forces militaires du pays s'organisent ; avant quelques jours, une armée nouvelle sera sous les murs de Paris. Une autre armée se forme sur les rives de la Loire. Votre patriotisme, votre union, votre énergie sauveront la France.

« L'empereur a été fait prisonnier dans la lutte.

« Le gouvernement, d'accord avec les pouvoirs publics, prend toute les mesures que comporte la gravité des évènements... »

Suivent la signature des ministres : général de Palikao, Henri Chevreau, amiral Rigault de Genouilly, Grandperret, Magne, baron Jérôme David, prince de La Tour d'Auvergne, Brame, Clément Duvernois, Billault.

Le soir, un nouveau télégramme apprit la formation d'un gouvernement provisoire de Défense nationale, composé d'Emmanuel Arago, Crémieux, Jules Favre, Jules Ferry, Gambetta, Garnier-Pagès, Glais-Bizoin, Pelletan, Picard, Rochefort et Jules Simon.

La déchéance de Bonaparte et la proclamation de la République furent un soulagement général pour le peuple. A Elbeuf, ces nouvelles furent accueillies aux acclamations de la foule, réunie aux abords de l'Hôtel de ville.

✳

CHAPITRE VII
(DU 5 AU 30 SEPTEMBRE 1870)

ADMINISTRATION MUNICIPALE PROVISOIRE. — DÉMISSION DU COMMANDANT PAPAVOINE. — DEMANDES D'ARMES ET DE MUNITIONS. — ARRIVÉE A ELBEUF DE MILITAIRES BLESSÉS. — SINGULIÈRES PROPOSITIONS DE DÉFENSE. — LE GÉNÉRAL ESTANCELIN. — SOUSCRIPTIONS ET VOTES DE FONDS. — UNE RÉUNION AU CIRQUE. — ELECTIONS GÉNÉRALES DANS LA GARDE NATIONALE ; M Leseigneur, NOMMÉ COMMANDANT. — PARIS EST INVESTI. — TRAVAUX PUBLICS. — LES FRANCS-TIREURS D'ELBEUF A VERNON. — ARRIVÉE DES MOBILES DES LANDES.

Peut-être par crainte de la République, un certain nombre d'Elbeuviens déposèrent, à la mairie, à partir du 5 septembre, des demandes de passeports pour l'Angleterre.

Par décret du gouvernement de la Défense nationale, M. Louis-Philippe Desseaux fut nommé administrateur supérieur du département de la Seine-Inférieure, pour organiser la défense nationale et représenter le gouvernement, en remplacement du baron Ernest Leroy.

En ce même temps, le ministre de la guerre invita les fabricants de notre ville à prendre part à une fourniture de draps de diverses couleurs pour l'habillement de l'armée.

Le 5 également, les gardes nationaux réunis place du Calvaire, en attendant l'appel, détachèrent l'aigle de leur schako, et beaucoup retournèrent en dedans la plaque de leur ceinturon qui portait aussi l'emblème impérial.

Le même jour, les officiers, sous officiers et caporaux du bataillon de cette garde signèrent cet ordre du jour :

« Considérant, que dans les circonstances actuelles, il leur importe de rentrer dans le droit commun en demandant au suffrage des gardes nationaux la confirmation ou la révocation des grades qu'ils tiennent du gouvernement déchu.

« Réclament la convocation immédiate du bataillon, pour procéder à l'élection de ses chefs, s'obligent à continuer de remplir leurs fonctions jusqu'à ce qu'ils soient maintenus ou remplacés, suivant les résultats du vote ».

— Suivent 90 signatures.

Le Conseil municipal se réunit d'urgence le lendemain mardi 6 septembre. Tous les membres étaient présents, sauf M. Léon Sevaistre, absent pour cause de défense de la Patrie.

M. Buée proposa, vu la gravité des circonstances, que le Conseil se tint en permanence, tous les jours à 5 heures du soir, sans convocation. Cette proposition fut adoptée.

M. Buée proposa ensuite de nommer un maire et deux adjoints provisoires. M. Buée fut élu, par acclamation, maire provisoire d'Elbeuf. M. Alfred Grandin et M. Edouard

Bellest furent ensuite élus adjoints provisoires, le premier par 25 voix, le second par 15.

Le maire annonça que M. Victor Papavoine, commandant de la garde nationale, lui avait adressé sa démission. — On décida qu'une démarche serait faite auprès de lui pour l'engager à rester à la tête du bataillon.

M. Papavoine répondit qu'il resterait à ce poste jusqu'aux élections, qui devaient avoir lieu incessamment, mais qu'il refuserait toute candidature, et que la garde nationale devrait pourvoir à son remplacement.

Le 7, on proposa au Conseil municipal de demander au préfet 900 fusils, indépendamment de 300 autres déjà réclamés, pour l'armement de la garde nationale, qui allait recevoir une grande extension, mais cette proposition ne fut pas adoptée.

Ce même jour une délégation du Conseil se rendit à Rouen pour informer le préfet de l'élection de MM. Buée, Grandin et Bellest. Elle lui parla aussi de l'expulsion des Prussiens résidant à Elbeuf. Le préfet répondit que l'on n'avait rien fait à Rouen à cet égard, et qu'il convenait d'agir avec prudence. La députation se rendit ensuite à l'hôtel de ville de Rouen, dans l'intention de demander à la municipalité de cette ville l'autorisation de conserver, à Elbeuf, 600 fusils que la mairie de Rouen avait prêtés pour l'instruction de la garde mobile; mais le maire du chef-lieu ne put se rendre à ce désir, les fusils appartenant à sa garde nationale, qui les réclamait.

Un premier convoi de 18 blessés militaires, venant de Douai, arriva à Elbeuf le jeudi 8 ; le lendemain, il en arriva 15 autres, venant de Valenciennes ; tous furent transportés à l'hospice. Les noms de ces soldats furent publiés dans le *Journal d'Elbeuf* du 11.

Le même jour, le 3ᵉ bataillon de garde nationale mobile, réuni dans notre ville, partit pour Paris. La garde nationale sédentaire prit les armes pour l'accompagner jusqu'à la gare de Saint-Aubin. Ce bataillon comptait environ 1.300 hommes.

Ce même jour encore, il fut procédé au tirage au sort et aux opérations de la révision des jeunes gens du canton appartenant à la classe 1870.

Le Conseil municipal décida d'étudier un second emprunt, pour le cas où celui de 180.000 fr., projeté, ne serait pas suffisant.

Le 9, le Conseil accorda un délai de quelques jours, jusqu'au lundi 12, que le préfet prolongea jusqu'au 15, aux marchands établis à la foire Saint-Gilles, et décida de régler, pour l'avenir, la durée des foires.

Le même jour, M. Buée délégua M. Klérian, lieutenant, à l'effet d'aller prendre à l'arsenal du Havre 10.000 cartouches destinées à la garde nationale, et dont le prix, 550 francs, avait été versé à la caisse du trésorier général du département.

Dès cette époque, l'arrivée des Prussiens à Rouen était prévue. Une lettre imprimée, signée de M. Nétien, maire de Rouen, datée du 9 septembre, et adressée au maire d'Elbeuf, ne peut laisser aucun doute à ce sujet. Nous y lisons :

« A partir de l'arrivée des Prussiens sous Paris ou près de la Normandie, dans chaque commune, un homme et un cheval tout sellé seront, nuit et jour, à la disposition du maire, afin qu'au premier besoin un avertissement, écrit et revêtu du sceau de la mairie, soit rapidement porté à l'hôtel de ville de Rouen... »

Il va sans dire que chacun avait son moyen pour arrêter la marche des armées envahissantes ou pour les écraser. Les archives municipales conservent quelques-uns des mémoires remis à l'administration de notre ville. Nous parlerons de deux ou trois :

M. Dumoutier, mécanicien à Elbeuf, proposa que l'on fît sauter les roches bordant les routes du Neubourg, du Bourgtheroulde, de Rouen par Couronne et de Rouen par Oissel, afin d'obstruer ces passages. Il proposait également la construction de barricades et de profondes tranchées de 4 mètres de largeur sur les routes de Louviers et de Pont-de-l'Arche.

A deux cents mètres en avant, on enterrerait des tuyaux en tôle mince remplis de poudre et recouverts de cailloux Ces machines infernales seraient allumées au moyen d'une étincelle électrique. « Après ces installations faites, disait M. Dumoutier, je ne conseillerais pas aux Prussiens de venir étudier nos dernières nouveautés. »

Il réclamait aussi des lampes électriques « pour fasciner et brouiller pendant la nuit la vue de l'ennemi. Le jeu et le contact des pôles nous permettrait d'éteindre et de rallumer la lumière de seconde en seconde, ce qui deviendrait insupportable à la vue de l'ennemi »

M. Dumoutier donnait ensuite la recette pour faire de la poudre blanche au moyen de prussiate de potasse et de sucre, et de la poudre ordinaire par l'emploi de salpêtre, de charbon et de soufre.

Le marquis Lort-Serignan préconisait la création d'une compagnie de francs-tireurs composée de 300 hommes déterminés, que l'on payerait 3 fr. par jour, et qui traqueraient les Prussiens comme des bêtes féroces.

Un troisième, en conservant l'anonymat — ce qui est fort regrettable pour l'histoire — demandait que l'on envoyât, au devant des Prussiens, des pompiers avec des pompes chargées de poivre, de tabac et de sable, afin d'aveugler l'ennemi. Alors, on tomberait sur lui et on l'exterminerait. L'auteur de cette belle idée terminait sa lettre en recommandant au maire et au conseil municipal : « Prudence et discrétion. »

Le 10, M. Desseaux, préfet, prit un arrêté pour organiser un comité de défense départemental et seconder l'énergie patriotique de la population de Paris.

Un décret du même jour nomma M. L. Estancelin, ancien député, commandant général des gardes nationales de la Seine-Inférieure du Calvados et de la Manche. M. Hirmel, chef d'escadron d'état-major de la garde nationale de Paris, fut nommé chef d'état-major des mêmes trois départements.

Quelques jours après, M. Estancelin adressa un appel aux gardes nationales sous ses ordres.

Le 12, conformément à la loi du 10 août précédent et à une circulaire du nouveau préfet, le maire d'Elbeuf prévint tous les jeunes gens de la ville âgés de 25 à 35 ans, même ceux exempts pour défaut de taille ou faiblesse de constitution, qu'ils devaient se faire inscrire, sans aucun délai, au bureau militaire de la mairie.

Le même jour, le Conseil municipal vota

un emprunt de 180.000 fr. destiné à donner des secours aux malheureux ou à assurer du travail aux ouvriers sans ouvrage.

Une souscription ouverte dans notre ville, à l'effet d'habiller des gardes nationaux mobiles d'Elbeuf, avait déjà fourni, au 13 septembre, une somme d'environ 4.300 fr.

Le 14, le Conseil municipal vota l'établissement immédiat d'un grand fourneau économique à l'asile de la rue Tournante et l'appropriation des fourneaux existant à la caserne, alors vide de soldats ; on fixa le prix des portions à 10 centimes. Une souscription fut ouverte pour aider la ville dans cette entreprise. M. Léon Sevaistre s'inscrivit en tête pour 500 fr.

La Chambre de commerce, prenant en considération les difficultés qui commençaient à se produire pour le paiement de la main-d'œuvre des ouvriers, convoqua pour le jeudi 15 les industriels de la région à une assemblée générale.

Dans cette réunion, il fut décidé que douze citoyens seraient adjoints aux douze membres de la Chambre, en vue d'étudier la question. Séance tenante, on nomma MM. Fouchet père, Lesage-Maille, fabricants ; Champin, membre du Conseil des prud'hommes ; Messier, boulanger ; J. May, filateur ; C. Bernard, fabricant ; Hébert-Legouy, épicier ; Edouard Guérot, apprêteur ; L. Maurel, E. Hennebert, fabricants ; Langlois, boucher, et Gerin-Roze, fabricant.

Le soir de ce même jour, salle du Théâtre, se tint une réunion publique, organisée par le Comité démocratique, dont M. Régnier était le président.

Année 1870 115

L'assemblée décida qu'il serait demandé des armes à l'administration préfectorale, pour les remettre à tous les citoyens valides, sans exception, qui voudraient défendre la patrie. Elle décida également de demander à l'administration municipale le désarmement des gardes nationaux possesseurs d'armes de chasse, afin de donner leurs fusils à des citoyens n'en ayant pas. Elle nomma ensuite un comité de défense composé de douze membres.

Après les journées de Sedan, l'ennemi avait marché sur Paris. Le 16, une délégation du gouvernement, composée de MM. Crémieux, Glais-Bizoin et Fourichon, alla s'installer à Tours.

A partir du 17, les communications télégraphiques furent interrompues en Normandie et dans tout l'Ouest jusqu'à la Loire.

Le préfet prit un arrêté ordonnant à tous Allemands de sortir de France ; il y en avait quelques uns à Elbeuf.

Le même jour encore, le général Estancelin créa, dans chaque canton, une compagnie de marche, formée de gardes nationaux.

Les deux compagnies de francs-tireurs d'Elbeuf étaient alors armées de vieux fusils à piston, absolument impropres au service qu'elles se proposaient de faire, aussi réclamèrent-elles d'autres armes. Le 17, M. Le Barbier, secrétaire du Comité central de défense, prévint le maire de notre ville qu'il existait à Rouen une réserve de 200 carabines Minié, et l'invita à réclamer avec la plus vive instance le nombre de ces armes nécessaire aux volontaires elbeuviens.

La ville d'Elbeuf avait fait à la Préfecture

également une demande d'armes pour sa garde nationale. Le 17, M. Leplieux fit connaître à M Buée que, dans l'impossibilité de pouvoir armer tous les hommes, il lui adressait le comte de Bordeneuve. qui était allé faire des offres à la ville de Rouen pour des fournitures d'armes, que celle d'Elbeuf serait peut-être heureuse d'agréer, suivant les ressources de son budget

M. de Bordeneuve offrit des fusils Chassepot à raison de 121 fr. l'un et des fusils américains de 111 à 115 fr. Ses offres ne furent pas acceptées : quelques gardes nationaux seulement se rendirent acquéreurs de chassepots.

Dans une réunion publique tenue, le 18, au Cirque de la rue Lefort, à laquelle assistaient 1.500 citoyens, il fut décidé que l'on demanderait, au Conseil municipal, le vote d'un emprunt de 500.000 fr. pour armer la population elbeuvienne et acheter des munitions. Ce qui resterait de cette somme serait employé à donner du travail aux ouvriers qui en manquaient et à distribuer des secours aux familles dont les chefs étaient sous les drapeaux. A cet effet, l'assemblée nomma une commission chargée de s'entretenir de ce projet avec l'administration municipale. Cette commission fut composée des citoyens Dautresme, Regnier, Sulpice, Anthime Coquerel et Blactot.

Le lendemain, cette députation alla trouver le maire, au nom des ouvriers de la ville, à l'effet de demander que le conseil municipal votât cette somme de 500.000 fr

M. Buée répondit à la délégation que le Conseil venait de voter un emprunt de 180.000 francs, destiné en partie aux mesures proposées par les ouvriers; que la demande d'armement, quoique basée sur des sentiments patriotiques, offrait des difficultés ; que l'on avait demandé au préfet 900 fusils, mais qu'on en n'avait obtenu qu'une petite quantité.

Le maire informa également la délégation que le Conseil avait pris des mesures pour l'assistance publique; que des travaux étaient projetés, et enfin que la Chambre de commerce étudiait, de son côté, un projet de création d'une monnaie fiduciaire, afin de remédier au manque d'espèces dans le paiement de la main-d'œuvre.

Le Conseil fut informé de cette démarche, dans sa séance du 19, après quoi, M. Chennevière présenta le rapport suivant, au nom de Comité de défense nationale :

« Messieurs, le Comité de défense vous propose d'adopter les conclusions suivantes :

« 1° Voter 1 000 fr. pour l'équipement des corps francs d'Elbeuf : Tirailleurs volontaires et Eclaireurs. Cette somme sera mise à la disposition des chefs des deux compagnies, au prorata de la quantité d'hommes ;

« 2° Obtenir par tous les moyens possibles 150 fusils Chassepot, de la préfecture de Rouen. Votre commission sait qu'un achat d'armes a été voté à Rouen et que le département y entre pour une part ; nous avons donc toute qualité pour demander l'armement des corps francs, qui seront les premiers exposés au feu. Il faut un armement uniforme, pour faciliter le service des munitions. Plusieurs jeunes gens de la compagnie des Tirailleurs volontaires ont déjà acheté des chassepots à leurs frais ; les autres engagés ne possèdent pas les ressources pour le faire ;

« 3° Garantie et distribution par la Ville d'une solde de 1 fr. 50 par jour et par homme, chaque fois que l'autorité compétente mettra en marche les corps francs d'Elbeuf. — La Ville gardera, bien entendu, son recours sur l'Etat ;

« 4° Voter 30.000 fr. pour achat d'armes pour la garde nationale. — Si, comme il y a lieu de l'espérer, l'Etat ou le Département en fournit tout ou partie, le reste de la somme disponible sur les 30.000 fr. sera appliqué à des travaux pour la classe ouvrière ou à des secours aux indigents. ». — Le Conseil vota ces conclusions.

A cette date, l'investissement de Paris était complet. Les Prussiens firent dès lors des incursions du côté de la Normandie et prirent des dispositions pour empêcher la formation d'une armée sur la Loire.

Le mardi 20, le 1re compagnie des francs-tireurs d'Elbeuf, dite des Tirailleurs, capitaine Aubé, se rendit à la préfecture pour recevoir des fusils ; on l'arma de carabines Minié.

Le même jour, 550 gardes nationaux mobiles du 1er bataillon de l'Eure, venant de Louviers, arrivèrent dans notre ville et en repartirent le lendemain,

A cette époque, deux fourneaux économiques, l'un à la Maison de bienfaisance, rue Saint-Jean, l'autre à la caserne, rue de la Justice, étaient en fonctionnement.

Il était alors question de nommer une Constituante. Le nom de M. Lucien Dautresme fut mis en avant pour représenter le canton d'Elbeuf dans cette assemblée.

Un incident se produisit, en séance du Conseil municipal, le 21 du même mois.

M. Buée informa l'assemblée qu'il avait adressé une lettre à M. Papavoine, pour l'inviter à continuer son commandement et à organiser de fréquents exercices dans la garde nationale.

M. Papavoine lui avait répondu par cette autre lettre :

« Elbeuf, 21 septembre 1870.

« Monsieur le maire,

« Je trouve, ce matin, glissée sous ma porte, votre lettre d'hier. Depuis quinze jours, c'est la première communication écrite que j'ai l'honneur de recevoir de vous.

« Bien que j'eusse consenti, sur vos instances et sur celles d'une délégation du Conseil municipal, à conserver jusqu'à mon remplacement le commandement nominal du bataillon, je vous ai cependant prévenu qu'il m'était impossible de l'exercer ostensiblement, à cause de la transformation déjà effectuée de mon uniforme et de l'état précaire de ma santé.

« C'est sans doute à cette réserve que je dois attribuer votre silence et l'écart dans lequel j'ai été tenu. N'ayant été consulté sur rien, vous trouverez naturel, je pense, que je n'accepte pas la responsabilité de ce qui s'est fait et de ce qui ne s'est pas fait.

« N'insistant pas davantage sur ce point, je viens vous déclarer que si, samedi prochain, je n'ai pas de successeur reconnu, je vous confirme dans des termes absolus ma démission du 3 septembre.

« Il n'y a pas d'article 49 de la loi qui puisse obliger un citoyen à subir les conséquences de lenteurs et de mesures qu'il considère comme dangereuses pour l'ordre public.

« Veuillez, agréer, etc. — Victor Papavoine, chef de bataillon, commandant la garde nationale. »

Après cette lecture, M. Picard émit l'avis que l'on devait accepter la démission de M. Papavoine, et il rédigea la proposition suivante, qui fut adoptée :

« Le Conseil municipal, considérant la manière dont M. Papavoine a fait son service dans les circonstances actuelles ; considérant la lettre de ce jour, adressée à M. le maire et communiquée au Conseil,

« Est d'avis qu'il y a lieu d'accepter sa démission et de pourvoir sans retard à la nomination d'un nouveau chef de bataillon »

Ce même jour, le Conseil émit le vœu que le Conseil accordât de suite la concession du chemin de fer de Rouen à Orléans (section de la Seine Inférieure) à M. Philippart et que le préfet réclamât d'urgence au gouvernement le décret d'utilité publique.

Le mercredi 21, les pompiers et les huit compagnies de la garde nationale d'Elbeuf procédèrent à l'élection de leurs officiers, jusqu'au grade de capitaine inclusivement, de leurs sous-officiers et caporaux. Un arrêté du maire avait fixé la circonscription de chaque compagnie.

La compagnie de pompiers eut pour capitaine M. Léon Quidet ; pour lieutenant, M. Joinnel, et pour sous-lieutenant, M. Aimé Augustin.

Garde nationale, 1re Compagnie. — Rues de la Justice, Poulain, de la Barrière (de la place du Coq à la rue Louvet et au passage Ribot), Lafayette, Percière, de la Bague, Céleste, du Vallot, Robert, de Seine (de la rue de la Porte-Rouge jusqu'à la rue Henry, passage Dubuc. — Capitaines, Leseigneur, Greffin ; lieutenants, Joseph Roussel, Léon Barbier ; sous-lieutenants, Grandhomme, Decaux.

2e Compagnie. — Rues Royale, de l'Hospice, du Bourgtheroulde, du Thuit-Anger, Bertaut, Petou, Saint-Laurent, Hervieux, des Echelettes, du Marché, Sevaistre-Aîné, du Centre, Saint-Louis et place Saint-Louis. — Capitaines, Rivière, Dron ; lieutenants, Décambos, Cardon ; sous-lieutenants, Legras, Tallon.

3e Compagnie. — Rues de Caudebec, du Cours, Saint-Amand, Mazagran, Dautresme, Cousin-Corblin, Desmonts, Dévé, du Neubourg (de la place du Neubourg aux rues Pavée et Dévé). — Capitaines, Poulain, Stévenin ; lieutenants, Collandière, Sarraute ; sous-lieutenants, Houel, Evrard.

4e Compagnie. — Rues Saint-Jean, du Moulin, de la Halle, des Débardeurs, de la Prairie, Bourdon, Berthelot, Grémont, du Havre, de Seine (de la rue Henry au Quai), le Quai, place du Port, cour Padelle. — Capitaines, Chauvin, Deboos fils ; lieutenants, Klerian, Hervieux ; sous-lieutenants, Petit, Beillard.

5e Compagnie. — Rues Saint-Jacques, de l'Union, des Marchands, Sainte-Cécile, Pavée, de la Forêt, des Trois-Cornets, Guérot, du Tapis-Vert, Suzanne, de la Barrière (entre la place du Calvaire et la rue Patallier), du Neubourg (au-dessus des rues Pavée et Dévé).— Pas de résultat, à cause du nombre insuffisant des votants. — Le lendemain furent nommés : capitaines, Lécallier, A. Aubé ; lieutenants, Moïse Demare, Viard ; sous-lieutenants, Orville, Moisy.

6ᵉ Compagnie. —Rues Louvet, Colvée, Curmer, du Maurepas, Patallier, Tournante, Poussin, Saint-Jacques prolongée, de la Barrière (de la rue Louvet au passage Lemercier et du passage Ribot à la rue Patallier), de la Bague (de la rue Clémentine au carrefour des Trois-Cornets), de la Porte-Rouge (entre les rue Robert et du Maurepas), impasses Oursel et Léveillé. — Capitaines, Legrand, Follin ; lieutenants, Vallès, Paris ; sous-lieutenants, Tavant, Legendre.

7ᵉ Compagnie. — Rues de Paris, Lefort, des Champs, Magenta, Deshayes, des Traites, Solférino, Constantine, Henry (de la rue de Paris au Champ de Foire, de la Porte-Rouge (entre la rue du Havre et de Paris), Bourdon prolongée (de la rue de Paris au Champ de Foire), place Lemercier. — Capitaines, Flambard, Gruchet ; lieutenants, Aubert, Daubichon ; sous-lieutenants, Leroy, Breteau.

8ᵉ Compagnie. — Rues St-Etienne, St-Auct, de Rouen, des Rouvalets, du Bassin, du Nord, Victor-Grandin, Notre-Dame, du Pré-Bazile, de la Rigole, du Glayeul, des Bains, de la Rochelle, place du Bassin.—Capitaines, Picard, Bibet ; lieutenant Trevet, Jules Hébert ; sous-lieutenants, Rouet, Ach. Dubost.

Le surlendemain. M. Jules Leseigneur fut élu chef de bataillon, et M. Ibert, porte-drapeau. Le jour suivant on procéda à la reconnaissance du commandant et des officiers, au Champ de manœuvre.

Le 23, les officiers et soldats de la compagnie de Tirailleurs de la garde nationale demandèrent, par pétition signée de 85 noms, un sac, une couverture de campement, une gamelle, un bidon et un nécessaire d'armes.

Année 1870   123

Il fut entendu, le même jour, entre les maires des villes d'Elbeuf et de Louviers qu'ils se communiqueraient les nouvelles pouvant les intéresser.

Le 21, le conseil municipal de Saint-Pierre-lès-Elbeuf avait pris une délibération par laquelle il déclarait ne pas s'opposer, pour le moment, aux exercices des francs-tireurs d'Elbeuf sur un point quelconque de la commune, mais en faisant des réserves « à l'égard de la résistance à faire si son territoire était menacé par l'ennemi ».

Des explications furent demandées au maire de Saint-Pierre, lequel assembla de nouveau son Conseil, le 26 ; cette assemblée prit la résolution suivante :

« ... Attendu que les travaux faits dans le but de retarder la marche de l'ennemi pourraient le porter à des excès tels qu'il en sait commettre envers les populations qui cherchent à entraver ses moyens d'invasion ; les réserves faites par le Conseil consistent à savoir :

« 1º Si la défense sera faite par le département tout entier sur le point qui sera le plus menacé par l'ennemi ; 2º Si le territoire de Saint-Pierre, frontière du département, est menacé, le Comité de défense agira énergiquement en envoyant une armée de secours et donnera aux habitants des armes avec lesquelles ils pourront se défendre (ce qui n'existe pas dans la commune). Alors, la résistance sera unanime, et la commune se montrera à la hauteur des circonstances.

« Sans quoi, l'administration se trouverait obligée de protester énergiquement et d'empêcher par tous les moyens en son pouvoir que quelques francs tireurs, agissant isolément, aient la prétention d'opposer une résistance qui pourrait être vaine en raison du nombre des ennemis et qui causerait inévitablement la ruine du pays tout entier... »

Le corps électoral de notre ville fut convoqué pour le dimanche 25, afin de renouveler le Conseil municipal ; mais par suite des douloureux événements qui frappèrent la France, cette élection n'eut pas lieu. Les maire, adjoints et conseillers municipaux en exercice continuèrent donc leurs fonctions.

Le 26, M. Jules Leseigneur, qui avait été nommé commandant de la garde nationale en remplacement de M. Papavoine, adressa une proclamation à ses troupes, terminée par le programme des exercices à faire pour chaque compagnie.

Le 27, le Conseil municipal, pour occuper les ouvriers sans travail, adopta un projet de travaux de terrassement au cimetière Saint-Jean, et de remblais au nouvel hôtel de ville. A cet effet, il vota un crédit de 30.314 fr., qui fut entamé tout de suite.

Ce même jour, M. Quidet donna au Conseil des renseignements sur ce qu'avait fait jusque-là la commission municipale de défense ; après quoi, M. Beaudouin fit cette proposition :

« Les malheureux événements qui se rapprochent de nous, puisque l'ennemi est à quelques lieues d'Elbeuf, ayant suggéré des mesures de résistance, nous devons nous préoccuper de la situation faite à notre garde nationale qui, d'un moment à l'autre, peut être mobilisée... Dans ces conditions, ne doit-on point se préoccuper de savoir si elle est suffisamment armée pour se défendre contre une surprise ?

« A mon avis, elle n'est pas dans ce cas ; car admettant pour un moment que 5 ou 600 gardes nationaux recevant l'ordre de se rendre à telle ou telle destination, rencontrent un corps de cavalerie ennemie de 5 ou 600 hommes également, seront-ils en mesure, seulement armés de fusils, de tenir tête ? Je ne le pense pas, s'il n'y avait à leur suite un peu d'artillerie. »

M. Beaudoin conclut à l'achat de plusieurs mitrailleuses. — Sa proposition fut renvoyée à l'examen de la commission d'armement.

Le 28, le Conseil municipal vota 2.000 fr. pour l'équipement des francs-tireurs d'Elbeuf.

Il décida de demander l'autorisation de prélever, sur les fonds déposés au nom de la ville d'Elbeuf au Trésor public, la somme de 280.658 fr. et à en faire emploi en travaux d'assistance publique ou en secours.

Le Conseil, après avoir pris connaissance d'une nouvelle lettre de M. Papavoine, décida de ne pas s'y arrêter et de passer à l'ordre du jour.

Sur un ordre du général Estancelin, les deux compagnies de francs-tireurs d'Elbeuf partirent à Rouen le 28 au matin. Cinq compagnies de la garde nationale les accompagnèrent jusqu'à la gare, où M. Leseigneur, chef de bataillon de la garde nationale, leur fit une allocution patriotique et leur remit un drapeau. Au départ du convoi, les gardes nationaux, rangés le long de la voie, portèrent les armes, pendant que les tambours battaient aux champs et que d'enthousiastes vivats étaient échangés.

Les deux compagnies des volontaires elbeuviens quittèrent Rouen pour Vernon, où elles arrivèrent le même jour, par voie ferrée. A neuf heures du soir, les Eclaireurs furent envoyés à dix kilomètres en avant de la ville, sur le bord de la forêt de Rosny, où ils passèrent la nuit en observation. Le lendemain, les Tirailleurs se dirigèrent vers Mantes, avec un bataillon de garde nationale rouennaise.

Vers ce temps, la ville d'Elbeuf fit un projet de traité avec le colonel Claxton, de Paris. Celui-ci devait fournir, provenant de Liège :

2 mitrailleuses à canon de 25 millim. à 6.000 fr. l'une.

2 mitrailleuses à canon double de 11 mill. à 4.000 fr. l'une.

1 mitrailleuse simple, de 11 mill. à 3.500 fr.

20.000 douilles à cartouche de 25 mill. à 200 fr. le mille.

50.000 douilles à cartouche de 11 mill. à 75 fr. le mille

Le total de cette fourniture devait se monter à 31.250 fr.

Le 29, arriva un bataillon de mobiles du département des Landes ; il fut logé chez les habitants d'Elbeuf et de Caudebec. Beaucoup de ces jeunes soldats servaient à contre-cœur : « Notre pays est loin d'ici, disaient-ils : jamais les Allemands ne viendront chez nous! » Par contre, d'autres se montraient fort belliqueux et criaient dans les rues: « A Berlin ! »

L'ingénieur en chef de la 4e section de la Seine, répondant à une lettre du maire d'Elbeuf, le même jour, dit que les pontons des teinturiers pouvaient rester provisoirement en place, mais que lorsque l'ennemi serait signalé, on ferait couler ces bateaux, et qu'en conséquence, on devait prendre des dispositions à cet effet.

Le 30 au matin, on vit collé sur les murs d'Elbeuf ce singulier ordre du jour :

« BATAILLON D'OUVRIERS FRANCS-TIREURS
« *Ordre*

« J'ordonne le silence. — Vous avez juré de m'obéir. — Je souffre et je me recueille.

« Le capitaine commandant : Marquis DE LORT-SERIGNAN. »

M. de Lort-Serignan, dont nous avons déjà parlé, était un original qui avait recruté un certain nombre d'ouvriers des quais pour composer une compagnie franche.

CHAPITRE VIII
(octobre 1870)

Création d'une monnaie fiduciaire ; le Comptoir de la main-d'œuvre. — Progrès des armées ennemies ; mobilisation générale. — Faits de guerre. — Elbeuf achète des canons. — Les compagnies de francs-tireurs elbeuviennes ; deux embuscades près d'Ecouis. — La garde nationale en campagne. — Les mobilisés. — Affaires municipales. — La reddition de Metz. — Proclamation de Gambetta.

La Chambre de commerce et les douze délégués qui y avaient été adjoints décidèrent de créer une monnaie fiduciaire, pour le paiement des ouvriers. Cette monnaie devait être garantie par des marchandises, des titres ou des effets de commerce à deux signatures, déposés par les industriels emprunteurs, et par un fonds de garantie de plus d'un million, souscrit par des adhérents, sans versement.

La société qui se forma, pour mettre le projet en pratique, prit le nom de *Comptoir de la main d'œuvre*. Les premiers billets émis furent de 1 fr., 5 fr., 10 fr., 20 fr., 50 fr.,

300 fr., 500 fr, payables 180 jours après la mois de la signature de la paix. Les billets de 300 et de 500 fr. portaient seuls intérêt, fixé à 6 % par an. Les statuts du Comptoir furent publiés dans les journaux de notre ville, au commencement d'octobre.

Le Conseil d'administration du Comptoir se composait de MM Cavrel, président ; Mary et Jules May, vice-présidents ; Eugène Hennebert, secrétaire ; Bucaille, caissier ; Fouchet père, Lesage-Maille, Lebourgeois et Constant Flavigny, membres.

A la séance municipale du 1er octobre, M. Bourdon donna lecture du rapport sur la demande de garantie de la Ville dans la Société anonyme de la main-d'œuvre.

M. Buée dit que la Ville, en donnant une garantie de 100.000 fr., avait en vue de favoriser le paiement des salaires ouvriers. En faisant réussir l'œuvre, elle développait l'assistance par le travail. La ville n'entendait donner qu'une simple garantie, qui lui permît un droit de regard dans les opérations du Comptoir de la main-d'œuvre. — Le Conseil adopta les conclusions du rapport.

Le maire donna ensuite lecture d'un arrêté préfectoral, en date du 29 septembre, qui nommait M. Buée maire d'Elbeuf, et MM. Alfred Grandin et Edouard Bellest adjoints.

Ce même jour, dans l'après-midi, le général Estancelin, 1.200 gardes nationaux et mobiles de Rouen, accompagnés de 60 chevaux, étaient arrivés à Elbeuf. Les deux compagnies de francs-tireurs elbeuviens faisaient partie de cette troupe, revenant de leur marche vers Mantes.

Le dimanche 2, M. Estancelin passa en

revue, au Champ de Foire, qui alors portait le nom de Champ de manœuvre, le bataillon de la garde nationale de notre ville, auquel il adressa une allocution. Les troupes étrangères à Elbeuf repartirent le jour même.

La visite du général Estancelin coûta à notre ville 318 fr. 65, somme dépensée pour la nourriture des chevaux de son escorte et transport de ses bagages.

Ce fut le 2 octobre que les Prussiens firent, pour la première fois, une incursion dans la Seine Inférieure, par Ferrières, près Gournay.

Vers ce même temps, le préfet adjoignit au Comité de défense du département, MM. Régnier, membre de l'Internationale et de la Fédération rouennaise, président du Comité démocratique d'Elbeuf ; Lucien Dautresme, ancien élève de l'Ecole polytechnique, et François Sulpice, ex sous-officier du génie, membre du Comité démocratique d'Elbeuf.

Une partie des mobiles des Landes quitta Elbeuf le 3 au matin et se dirigea vers les Andelys ; les autres compagnies de ce bataillon furent détachées à Caudebec.

Ce même jour et le lendemain, la garde nationale de notre ville s'exerça au tir, 20 pour 100 des balles, en moyenne, atteignirent la cible.

A la séance municipale du 4, M. Lebourgeois informa le Conseil que le chiffre des parts souscrites jusque-là par les adhérents au Comptoir de la main-d'œuvre s'élevait à 1.239.000 fr., y compris la garantie donnée par e la ville.

M. Buée prit ensuite la parole et s'exprima en ces termes :

« Messieurs ; le Gouvernement de la République donne un grand exemple de patriotisme et de dévouement au pays.

« Au milieu de toutes les difficultés créées par une situation des plus douloureuses, il lutte avec une inébranlable fermeté et une ardente énergie contre l'invasion qui souille le sol de la Patrie.

« Chacun de nous, après avoir vu l'éloquent récit de la démarche faite par M. le ministre des Affaires étrangères en vue d'arriver à une paix honorable et à mettre ainsi un terme aux calamités de la guerre, n'a-t-il pas frémi d'indignation à la réponse qu'ont reçu ses propositions ?

« Vous tiendrez à honneur, Messieurs, de donner une complète adhésion au manifeste si noble et si remarquable de M. le ministre des Affaires étrangères, et d'assurer le gouvernement de la République de votre concours loyal et désintéressé. »

Le Conseil, s'associant à ses paroles, adopta la proposition de M. Buée à l'unanimité.

Le Conseil vota un crédit de 10.000 fr. pour la solde des francs-tireurs d'Elbeuf jusqu'à la fin du mois, et le surlendemain 4.000 fr. pour leur équipement.

Le 5, conformément à une dépêche du ministre de l'Intérieur, pour l'exécution du décret du 29 septembre, le maire d'Elbeuf invita tous les Français âgés de 21 à 40 ans, non mariés ou veufs sans enfants, qui devaient être mobilisés à se présenter à la mairie, dans les vingt-quatre heures, pour se faire inscrire, sous peine d'être considérés comme réfractaires et poursuivis comme tels.

Gambetta était parti en ballon, de Paris, le vendredi 7 octobre, en compagnie de M.

Spuller et d'un aéronaute. Il descendit près de Montdidier (Somme). Les voyageurs arrivèrent à Rouen le lendemain, où il leur fut fait un très chaleureux accueil.

Le samedi 8, Gambetta quitta Rouen, par la gare Saint Sever, afin de se rendre à Tours, siège du gouvernement en province. M. Desseaux, préfet, l'accompagna jusqu'à Oissel. Vers cinq heures et demie du soir, Gambetta passa devant la gare de Saint-Aubin jouxte-Boulleng.

Le capitaine Julien, commandant des Eclaireurs de la garde nationale, étant à Alizay, délégua ce même jour M. Petitcuénot à Tours, afin d'obtenir un armement plus convenable pour sa compagnie, qui, le surlendemain, quitta Pont-de-l'Arche pour se rendre à Gaillon, où elle ne resta qu'un jour. Elle revint à Pont-de l'Arche, puis se rendit à Fleury-sous-Andelle.

Tous les services municipaux étaient encore dans l'ancien hôtel de ville de la place du Coq ; le 10, le conseil municipal pria l maire de faire terminer au plus tôt l'ameublement du nouveau, afin que l'on pût s'y installer, mais sans toutefois considérer cette installation comme une acceptation tacite des travaux.

Ce même jour, il vota 2.000 fr. pour permettre à une ambulance de suivre les deux compagnies de francs-tireurs elbeuviens, et un crédit de 30.000 fr. pour l'équipement de la garde nationale mobilisée.

Le 12, vers quatre heures du soir, le Comité départemental de défense télégraphia à la d'Elbeuf :

« Ce matin à six heures, deux bataillons de

la garde nationale de Rouen sont partis pour le champ de bataille, mobilisables ou non mobilisables. Tous les hommes valides ont voulu partir. Nous sommes convaincus que vous ne resterez pas en arrière et que vous défendrez avec nous notre première enceinte, qui est celle de votre département. » Signé : « Le secrétaire : Edouard LE BARBIER »

Un Comité de dames, affiliées à la « Société de Secours aux blessés de terre et de mer » était alors formé à Elbeuf. Les personnes en faisant partie étaient :

MM^{mes} Leblond-Lesseré, présidente; de Boissieu, Delandemare vive-présidentes ; Jules Aubé Charles Lizé, secrétaires ; Bertrand, Edouard Blay, Cabourg, Cavrel, Charles Flavigny Edouard Guérot, Guesnet, Gérin-Roze, Emile Imhaus Justin, Emile Lenoble, Jules Leseigneur, Léon Maurel, Philogène Olivier, Pelletier aîné, membres.

Ce même jour, M. Mocquart, chef des francs-tireurs de Paris, accompagné du commandant de Faby et du capitaine adjudant-major Lamy, vint à Elbeuf. M. Leseigneur réunit immédiatement le corps d'officiers de la garde nationale, qui lui fut présenté.

La compagnie Mocquart, qui s'était fait une certaine réputation de bravoure depuis le commencement de la guerre, était alors campée à Pont-de-l'Arche, où, pendant plusieurs jours, un grand nombre d'Elbeuviens se rendirent.

Au 12 octobre, les deux compagnies de francs tireurs elbeuviens étaient à Fleury-sous-Andelle; l'après-midi, elles quittèrent cette localité pour Houville et le plateau de Brémule.

Le 12 également, M. Pouyer-Quertier télégraphia, de Londres, qu'il partirait, le samedi ou le dimanche suivant, de cette ville. Il demandait l'ouverture d'un crédit de 50.000 fr. à Londres, si la municipalité d'Elbeuf désirait qu'il s'occupât de l'achat de mitrailleuses pour son compte.

Pendant la nuit du mercredi 12 au jeudi 13, le bataillon de mobiles des Landes, qui avait quitté notre ville, y fit sa rentrée. Il repartit le dimanche suivant, pour Déville, Maromme, etc.

Le Comité de défense de la Seine-Inférieure informa le maire d'Elbeuf qu'il avait une assez grande quantité de canons de campagne. « De votre côté, ajouta-t-il, vous avez une vingtaine de canonniers qui ont servi dans l'armée, pouvons-nous compter sur leur concours ? »

La réponse fut affirmative ; mais au moment où les canonniers elbeuviens allaient partir pour Rouen, le Comité de défense fit savoir qu'il n'avait plus besoin d'eux.

Le numéraire manquait à Elbeuf, depuis plusieurs jours, au point de rendre les transactions extrêmement difficiles. Le Conseil municipal, dans sa séance du 13, autorisa l'administration à faire toutes conventions utiles avec le Comptoir de la main-d'œuvre, afin de suppléer à l'absence de monnaie divisionnaire. — Quelque temps après, l'administration fut autorisée à payer 2 pour 100 de commission pour de la monnaie en échange de billets de banque.

Ce même jour 13 octobre, il fut donné lecture au Conseil de cette lettre de MM. Bessand et Bucaille :

« Messieurs ; vous avez dû être frappés comme nous de l'état de délabrement de plusieurs des bataillons de garde mobile qui, depuis quelque temps, sont passés dans notre ville.

« Nous avons pensé qu'il y avait un moyen prompt et pratique de remédier à cet état de choses, que les approches de l'hiver ne feront qu'aggraver :

« Il existe à Elbeuf beaucoup d'étoffes à paletot, en bleu et en noir, et de plus, malheureusement, un grand nombre d'ouvriers sans travail.

« Ne serait-il pas possible d'utiliser ces étoffes pour en faire des vareuses, soit pour la mobile, soit pour les hommes de 21 à 40 ans qui vont être appelés à former des compagnies de marche ?

« Ces étoffes sont souples et chaudes, deux avantages incalculables pour le soldat. Quant aux voies et moyens, le Conseil municipal pourrait faire un appel à la Fabrique, en la priant de lui adresser des types, avec prix. »

Le Conseil nomma une commission pour examiner cette proposition ; elle se composa de MM. Lebourgeois, Flavigny, Wallet et Démar.

L'ambulance volante formée par les soins de M. Edouard Simon partit d'Elbeuf le vendredi 14. Elle se composait de MM. E. Simon, chef comptable ; le docteur Meunuet, chirurgien-major ; Hébert, aide-major ; Paul Leblois, Couture, Dubourg, Vallé, Trouvé, infirmiers volontaires. Le comité des Dames de Secours aux blessés affilié à l'ambulance fixe établie chez M. Roze, à Saint-Aubin, lui avait fourni tous les objets nécessaires : charpie, linge, chemises, etc. M. Jules Aubé avait mis deux chevaux à sa disposition. Cette ambulance était particulièrement affectée aux corps de francs-tireurs et aux gardes nationaux mobilisés.

A peine celle-ci partie, on s'occupa de la création d'une seconde, sous la direction du docteur Mathorel, d'Elbeuf.

Nos deux compagnies de francs-tireurs, alors en campagne à l'est de Fleury-sur-Andelle, avaient pris, avec une compagnie havraise et un peloton de chasseurs à cheval, des dispositions pour surprendre un parti d'Allemands qui rançonnait Ecouis. L'ennemi ne se remontra que le 14 à midi ; il laissa cinq morts et eut autant de blessés. Ses pertes eussent été plus considérables si les Havrais, comme nous embusqués, ne s'étaient pas tant pressés de tirer.

Nos volontaires avaient, ce jour-là, pour la première fois vu des Prussiens. Effet de l'émotion, peut-être : la compagnie de Tirailleurs, mal commandée, oublia une partie de son effectif quand la retraite fut ordonnée. Retraite n'est pas le mot propre, car les Havrais et les Elbeuviens se dirigèrent sur les Andelys, d'où les Allemands venaient de sortir, et où nos troupes comptaient traverser la Seine, mais quand elles arrivèrent sur le bord du fleuve, elles virent le pont détruit : le tablier flottait sur les eaux et brûlait par le bout fixé à la rive gauche. Le génie français avait ordonné la destruction de ce pont et de celui de Courcelles-Gaillon.

Cependant, le maire de Gaillon, qui se trouvait aux Andelys, ayant assuré à nos troupes que le pont de Courcelles resterait debout quelques heures encore, la colonne d'Elbeuviens et de Havrais se dirigea sur ce point, où elle arriva presque à temps... pour voir ce second pont sauter.

On chercha le moyen de traverser le fleuve ; on découvrit une norvégienne dans laquelle dix hommes pouvaient prendre place à la fois. Nos trois compagnies avaient un effectif total de 350 hommes : on peut juger de la longueur du temps que dura la traversée, qui sembla d'autant plus dure que chacun était exténué de fatigue. Une heure s'était déjà écoulée, et il n'y avait encore que la compagnie havraise de passée sur l'autre rive. Enfin, vers neuf heures et demie du soir, un second bateau, plus grand que le premier, acheva le passage des deux compagnies elbeuviennes, qui, arrivées à Gaillon, couchèrent dans une ancienne fabrique.

Le lendemain 15, la 1re compagnie des Tirailleurs d'Elbeuf se réunit à la mairie de Gaillon en séance générale. Une vive discussion s'engagea.

Le capitaine Aubé était un ivrogne, infatué de sa personne cependant, grossier dans ses paroles, et sans grande autorité.

Certains de ses hommes s'étaient engagés dans sa compagnie avec l'espoir de se soustraire au service dans l'armée active. Mais quand quelques-uns eurent reconnu que ce n'était pas seulement pour leur donner le moyen de parader en costume de franc-tireur que la compagnie avait été autorisée, et qu'ils étaient susceptibles de recevoir les balles prussiennes, certains prétextèrent de la conduite et de l'incapacité du capitaine Aubé pour démissionner.

Alors, la compagnie des « Bottes vernies » se disloqua en trois tronçons : 26 hommes partirent sous la conduite du sergent Pelestre. Un autre groupe demanda la confirmation des grades aux capitaines Aubé et Georges Beer ; ce dernier crut devoir ne pas accepter la continuation de ses fonctions de capitaine en second ; il partit, avec 12 autres dissidents, pour Pont-de-l'Arche et Fleury-sous-Andelle. Enfin, un groupe d'une douzaine s'engagea immédiatement dans la 2e compagnie de volontaires, dite des Eclaireurs, ou encore des « Souliers crottés », commandée par le capitaine Julien.

La nouvelle de l'embuscade d'Ecouis était parvenue à Elbeuf le soir même ; mais le courrier avait chargé considérablement les faits, en les présentant comme un combat dans lequel les volontaires d'Elbeuf avaient subi des pertes. De bouches en bouches, l'affaire grossissait encore, et l'on ne parlait rien moins que d'un désastre pour notre petite troupe, qui, disait-on, avait été massacrée par les Prussiens.

Ce même jour 14, à dix heures du soir, le chef de bataillon de la garde nationale d'Elbeuf reçut l'ordre du général Estancelin de partir le matin suivant pour une destination qui devait être tenue secrète.

Le lendemain matin, à quatre heures, on battit le rappel dans nos rues. La garde nationale s'assembla et se mit en marche à cinq heures, son commandant en tête, pour Alizay, près Pont-de-l'Arche.

Le soir, le chef de bataillon fit demander des bâches destinées à faire des tentes-abris, des couvertures de laine, des vivres et de l'argent pour la solde des gardes nationaux pendant deux jours.

Le maire réunit le Conseil municipal, auquel il exposa la situation. Un crédit de 10.000 fr. fut immédiatement voté.

On vo'a également 1.000 fr. pour habiller des anciens militaires incorporés dans la garde nationale sédentaire.

M. Nétien, maire de Rouen, avait écrit à M. Buée, maire d'Elbeuf, le 14, que c'était par erreur que l'on supposait que M. Pouyer-Quertier était parti en Angleterre pour acheter des mitrailleuses. Celles de Rouen, disait-il, sont fabriquées en Belgique ; le vendeur est M. Claxton ; mais il ne pourra rien nous livrer avant un mois d'ici.

Sur cette lettre, on décida d'envoyer M. Limet vers M. Pouyer-Quertier. Il s'embarqua à Dieppe dans la nuit suivante et arriva à Londres le dimanche 16.

Là, M. Pouyer-Quertier et un capitaine d'artillerie de Lyon, venus pour acheter des armes et qui avaient à peu près terminé leurs opérations, conseillèrent à M. Limet de renoncer aux mitrailleuses, qui, du reste, n'existaient que peu ou point. Cependant, il en vit une pouvant tirer 120 balles, et dont le prix était de 15.000 fr. Le délégué de la ville d'Elbeuf se trouva assez perplexe.

Du conseil des envoyés de Rouen et de Lyon, M. Limet proposa au maire d'Elbeuf, par lettre datée du 17 octobre, d'acheter des canons en acier dits de montagne, construits chez le premier spécialiste de l'Angleterre, M. Withworth. Ces pièces se chargeaient par la gueule, mais aussi vite que celles à chargement par la culasse. M. Pouyer et le Lyonnais, du reste, en avaient acheté quelques-unes.

Ces canons, chargés à mitraille, remplaceraient des mitrailleuses, et l'on pourrait acheter huit canons, un pour chaque compagnie elbeuvienne. Chaque pièce pesait 67 kil ; elles portaient à 4.000 mètres. Il fallait les payer comptant et surveiller l'expédition, afin de ne pas les laisser enlever par d'autres.

Leur prix, avec les accessoires, était d'environ 2.000 fr.

Le 16, le préfet donna l'ordre au maire d'Elbeuf d'acheter dans les bazars de notre ville toutes les boîtes d'amorces qu'il pourrait trouver, au prix ordinaire de 10 centimes, et de les expédier au commandant de Keffye, à Nantes On en recueillit 3.456, contenant chacune 50 amorces.

Ce même jour, la compagnie des Eclaireurs de la garde nationale d'Elbeuf quitta Gaillon pour retourner à Pont-de-l'Arche, d'où elle était partie six jours auparavant.

Deux gardes nationaux d'Elbeuf se plaignirent, par lettre, au citoyen Gambetta, ministre de la Guerre et de l'Intérieur, de ce que s'étant présentés au moins douze fois à la mairie d'Elbeuf, afin d'obtenir leur habillement, armement et équipement, pour ensuite marcher à l'ennemi, le capitaine d'armement « ancien soldat de Bonaparte, ennemi acharné de la République » les avait fort mal reçus, sans leur donner satisfaction. Ce fait, disaient-ils, n'est pas isolé. Gambetta fit prendre des informations par la préfecture.

Le 17, M. Buée annonça au Conseil municipal qu'il avait reçu la veille les contrôles de la garde nationale mobilisée, et que l'on allait organiser les compagnies de marche. Il ajouta que le bataillon comprenait les gardes nationaux sédentaires et ceux qui devaient faire partie de la garde nationale mobilisée. En vue de faire cesser cet état de choses, il allait écrire au commandant général pour l'inviter à renvoyer dans leurs foyers une partie du bataillon d'Elbeuf, en activant le contrôle des compagnies de marche

Le Conseil autorisa l'administration à fournir une solde de 1 fr. 50 par jour aux gardes nationaux.

Le général Estancelin lança, ce même jour, une nouvelle proclamation aux gardes nationales de la Seine-Inférieure, du Calvados et de la Manche.

Le matin de ce jour, les Eclaireurs de la garde nationale s'étaient rendus de Pont-de-l'Arche à Boos, d'où ils repartirent le lendemain pour Fleury-sous-Andelle et Gaillarbois Cressenville.

Par suite d'une décision du Conseil municipal en date du 12 septembre, le maire informa ses concitoyens, le 17 également, qu'un emprunt de 60.000 fr., par la ville d'Elbeuf, était ouvert, à l'effet de créer des travaux d'assistance publique et de procurer des secours aux indigents.

A partir d'octobre, beaucoup d'ouvriers sans travail et même des personnes aisées se rendirent dans les forêts avoisinant Elbeuf, Orival et Saint-Pierre-lès-Elbeuf et y abattirent une multitude d'arbres qui, débités sur place, pour la plus grande partie, étaient ensuite transportés à leur domicile au moyen de voitures. Ces déprédations ne firent qu'augmenter les mois suivants.

Le 18, un corps de 65 francs tireurs, dit « Compagnie des contre-réquisitionnaires de l'Orne », arriva à Elbeuf.

Le lendemain, M. Limet écrivit à M. Bessand, à Elbeuf, que M. Pouyer-Quertier retournait à Rouen, où le maire d'Elbeuf pourrait le voir, et lui causer au sujet des canons.

Le 19, M. Limet demanda aussi l'autorisation d'acheter une quarantaine de revolvers pour armer les canonniers. Quelques jours se passèrent sans solution.

Le 25, le Conseil municipal vota 30.000 fr. pour l'achat de pièces d'artillerie et de munitions, destinées à la garde nationale sédentaire ou mobilisée, et décida de se servir des bons offices de M. Limet en lui déférant les pouvoirs nécessaires.

Cette journée fut marquée par un petit fait d'armes des Eclaireurs de la garde nationale d'Elbeuf.

Etant en reconnaissance à Ecouis, ils apprirent que les Prussiens se proposaient de revenir dans ce bourg. Une sentinelle fut placée dans une des tours de l'église, pendant que nos hommes déjeunaient.

L'ennemi ayant été signalé, les Eclaireurs, au nombre de vingt-huit, allèrent se poster dans un jardin sur le chemin de Mesnil-Verclives, par où, en effet, les Prussiens arrivèrent, précédés d'éclaireurs à cheval. Les Elbeuviens laissèrent passer ceux-ci ; mais quand le gros de la troupe ennemie, également à cheval, fut à portée de fusil, on l'accueillit par une décharge qui fit beaucoup de mal dans ses rangs. Les Prussiens ripostèrent, sans atteindre aucun des nôtres : l'ennemi s'enfuit laissant des morts et des blessés.

Nos vingt-huit Eclaireurs retraversèrent Ecouis et rentrèrent à Cressenville, d'où ils étaient partis ; mais quelques jours après, on rappela la compagnie à Pont-de-l'Arche, où elle arriva le 26.

Notre ville fut en grand émoi le vendredi 21, par suite d'un télégramme alarmant du sous-préfet de Louviers, annonçant que les Prussiens venaient de passer la Seine par les ponts de Courcelles et des Andelys On savait cependant que ces ponts n'existaient plus depuis plusieurs jours ; néanmoins, on battit la générale dans nos rues. Cette mesure fut blâmée par l'administration municipale et par le commandant Leseigneur, alors au quartier général d'Igoville.

Le commandant Leseigneur manda de Pont-de-l'Arche, par télégramme, au maire d'Elbeuf :

« Tous les permissionnaires étant rentrés, veillez faire envoyer demain matin les rations de vivres pour les effectifs de chaque compagnie. Mon bataillon est en bataille dans chaque camp, en attendant les ordres des généraux, auxquels j'ai télégraphié... »

Ce même jour, le maire d'Elbeuf télégraphia à M. Limet qu'il pouvait traiter pour les canons.

Le jour même, ce dernier manda par dépêche au constructeur, à Manchester, que l'affaire était conclue. La livraison devait se faire avant la fin du mois, à la condition que le matériel serait payé comptant.

M. Limet écrivait au maire : « Il faut maintenant que je trouve un bâtiment allant au Havre ou à Dieppe... J'attends votre réponse pour les revolvers... J'espère recevoir demain matin les 30.000 fr. pour signer mon contrat d'achat ; sans cela rien !

Le 22, nouvelle lettre de M. Limet au maire d'Elbeuf : « ... J'ai conclu marché définitif et versé 15.000 fr. » Cette somme avait été demandée à un M. Joachim, de Londres, chez lequel la ville d'Elbeuf avait fait ouvrir un crédit à son député, par l'entremise de MM. Salambier, Aubé et Cie, négociants en laines à Elbeuf.

La compagnie des Tirailleurs d'Elbeuf ayant été dissoute par les autorités militaires, après la séance de Gaillon, 34 d'entre eux se réunirent à Elbeuf, le 21, pour chercher à se reformer.

Une alerte étant survenue, tous se portèrent à Pont-de-l'Arche, afin de se mettre à la disposition du commandant Leseigneur. Là, le commandant, consulté sur la reformation de la compagnie, répondit : « Rentrez à Elbeuf et tenez-vous à ma disposition. Je prendrai parmi vous les célibataires de 21 à 40 ans qui tombent sous le coup de la loi, et les autres seront reversés dans leurs compagnies respectives ».

Cette réponse ne satisfit pas les solliciteurs, car c'était la confirmation de la dissolution de la compagnie. Le lendemain 22, quatre d'entre eux allèrent trouver, à Rouen, le général Briand, qui les renvoya au commandant Leseigneur, pour obtenir l'autorisation de rester constitués. Le commandant, en présence du général, qui s'était rendu à Pont-de-l'Arche, intima aux récalcitrants l'ordre de retourner à Elbeuf. Là, ils s'adressèrent à la municipalité pour obtenir leur maintien en compagnie.

La 2e compagnie de francs-tireurs d'Elbeuf, commandée par le capitaine Julien était cantonnée à Gaillardbois Cressenville, entre Fleury et Ecouis. Le 22, le sieur Chéron, cultivateur, habitant cette commune, se plaignit au maire d'Elbeuf de ces volontaires, dont la conduite, suivant lui, était intolérable : « à coup sûr, ce ne sont pas des Français.. », dit-il.

Nous étions au nombre des volontaires cantonnés chez le sieur Chéron, et nous pouvons déclarer que son odieuse lettre ne reposait sur rien ; la discipline était rigoureusement observée dans la compagnie et aucun d'entre nous ne se livrait à des actes répréhensibles. Seulement, il déplaisait à Chéron d'avoir chez lui des francs tireurs, car il craignait que les Allemands incendiassent sa ferme pour se venger de nous avoir abrités. Tel fut le vrai motif qu'il eut pour se plaindre de cette compagnie au maire de notre ville.

Le commandant Leseigneur écrivit d'Ygoville, au maire d'Elbeuf, qu'il avait reçu le canon que celui-ci avait envoyé. Le commandant avait la conviction que deux petites pièces semblables par compagnie seraient d'une grande utilité, et il engagea M. Buée à en faire la demande au Comité de défense.

Le samedi 22 également, M. Buée donna quelques détails sur les achats confiés à M. Limet, dont le mandat fut confirmé par le Conseil municipal.

Le dimanche 23, les 1re et 2e compagnies de la garde nationale mobilisée procédèrent à l'élection de leurs chefs. Furent nommés :

1re Compagnie. — Capitaine, Emile Decaux ; lieutenant, Jules Enoult ; sous-lieutenant,

Minet ; sergent major, Rolland ; sergent-fourrier, Mermat ; sergents Védie, Barbier, Hamel, Mélion ; caporaux, Lejard, Delaître, Bocage, Labbé, Monnot, Joseph Laurent, Lechevalier, Josset.

2e Compagnie. — Capitaine, Pierre-Paul Delaplace ; lieutenant, Paul-François Guillemine ; sous lieutenant, Grenier ; sergent-major, Henri Cantelou ; sergent-fourrier, Alphonse Perrier ; sergents, Edmond Gibert, Alexandre Tassel, Emile Breton, Hannoy dit Deschamps ; caporaux, Dubuc Lalande, Martin, Lecable, Mulot, Monnier, Petel, Aubert.

Ces deux compagnies furent armées les mardi et mercredi suivants et, sur l'ordre du général commandant la division militaire, dirigées le jeudi 27 sur le camp d'Igoville.

Le lundi 24, le Conseil municipal vota un second crédit de 10.000 fr. pour les gardes nationaux en campagne.

M. Léon Quidet au nom de la compagnie de pompiers, exposa que ses hommes avaient le vif désir de prendre leur part de fatigue et de dangers auxquels la garde nationale se trouvait exposée.

Le Conseil remercia la Compagnie, en déclarant toutefois qu'il serait imprudent qu'elle quittât la ville, où des incendies pourraient se déclarer en son absence.

Le 26, les trois premières compagnies de notre garde nationale furent relevées, à Alizay-Igoville par les trois premières compagnies de mobilisés. Les rentrants furent félicités de l'endurance dont ils avaient fait preuve, par le maire d'Elbeuf.

Le jeudi 27, le Conseil municipal vota la solde des deux compagnies de garde nationale mobilisée, parties pour le camp d'Igoville et d'Alizay.

Il autorisa le receveur municipal à recevoir en paiement des bons du Comptoir de la main d'œuvre.

L'assemblée vota ensuite un crédit de 40.000 fr pour le Bureau de bienfaisance, dont les fonds étaient épuisés.

A des questions posées, le 27, au maire dElbeuf, par M. Desseaux, préfet, il fut répondu que 400 mobiles de notre ville étaient habillés et équipés ; qu'en outre, la ville avait habillé et équipé une compagnie de tirailleurs composée de 100 hommes ; que les mobiles d'Elbeuf partis avec le 3e bataillon du département avaient été habillés par la ville, et enfin que celle-ci avait encore à habiller et équiper une batterie d'artillerie, en voie de formation, devant se composer de 100 hommes environ.

Des difficultés s'élevèrent pour la solde des deux compagnies de francs-tireurs de notre ville. M. Buée réclama à la Préfecture. Le préfet lui répondit que ces deux compagnies n'ayant pas été commandées par l'autorité militaire, ni par le commandant général des gardes nationales, c'était à la ville d'Elbeuf de les payer.

A cette date, les canons anglais étaient terminés ; mais il fallait les faire venir de Manchester à Londres et ensuite les embarquer pour le Havre.

Le 28, M. Pouyer-Quertier adressa une lettre à M. Buée, maire d'Elbeuf, disant entre autres choses que si Elbeuf n'avait pas pris ces huit pièces, il en aurait acheté quatre ou six pour la ville de Rouen, tellement il leur trouvait des avantages : « Ces canons sont si légers, dit-il, qu'on peut les faire passer partout, et excellents pour appuyer la cavalerie et même l'infanterie. Ils tirent très juste... Un cheval peut traîner la pièce montée sur son affût et à grande vitesse... Si l'on démonte la pièce pour traverser les bois un mulet la porte, un autre le train et l'affut un autre les munitions... »

Le même jour, le conseil municipal autorisa le maire à faire le complément de l'emprunt de 180.000 fr. à 6 pour 100 d'intérêt.

Le préfet du département prit un arrêté, le 28 également, portant ce qui suit :

« Les gardes nationaux mobilisés du canton d'Elbeuf seront réunis en dix compagnies, formées :

« Les sept premières à Elbeuf ;

« La huitième, des gardes nationaux mobilisés de la commune de Caudebec-lès-Elbeuf ;

« La neuvième, des gardes nationaux mobilisés des communes de Saint Pierre-les-Elbeuf, qui sera le chef-lieu de circonscription, Orival et la Londe ;

« Et la dixième, des gardes nationaux mobilisés des communes de Cléon, Freneuse, Saint-Aubin, Sotteville-sous-le-Val, Tourville, avec Freneuse pour chef-lieu de circonscription.

« Ces dix circonscriptions formeront ensemble un bataillon qui prendra le nom de bataillon des mobilisés d'Elbeuf, et dont le point de ralliement est fixé à Elbeuf.

« Après l'élection des officiers, sous officiers, caporaux et délégués dans les diverses communes du canton, il sera procédé à l'élection du chef de bataillon et du porte-drapeau. »

Dans la soirée du 28 notre population fut très douloureusement impressionnée par la nouvelle, à laquelle chacun se refusait à croire, de la reddition de Metz, où Bazaine commandait une armée de 200 000 hommes le nos meilleures troupes, qu'il avait laissées dans l'inaction depuis plusieurs semaines. L'ennemi, dans cette capitulation honteuse, nous avait fait 137.000 prisonniers et s'était emparé de l'énorme matériel de guerre dont Bazaine disposait.

Le samedi 29 M. Bourdon, au nom de la commission des finances, proposa au Conseil municipal de contracter un emprunt de 500.000 fr. avec intérêts à 6 pour 100.

M. Guérot dit que l'emprunt de 60.000 fr. n'ayant pu être réalisé à 5 1/2 pour 100, ce ne serait pas le 1/2 pour 100 de plus qui ferait réussir celui de 600 000 fr. proposé par la commission.

Après discussion, M. Chennevière demanda le vote pour appel nominal. - M Quidet, arrivé au cours de la séance, annonça qu'il s'abstiendrait; son opinion n'étant point fixée par les débats, qui avaient eu lieu en son absence.

Votèrent pour les conclusions de la commission : MM. Bellest, Béranger, Bourdon, Lecerf, Houllier, Deslandes, Démar, Martin, Flavigny, Lebourgeois et Cabourg ; au total : 12 voix.

Votèrent contre : MM. Buée, Grandin, Chennevière, Wallet, Cosse, Beaudouin, Thézard, Pelletier, Cavrel, Justin, Picard et Guérot, soit également 12 voix.

On reprit la discussion ; M. Buée dit que le principal motif de son vote était basé sur la crainte que l'emprunt ne se réalisât pas immédiatement.

M. Quidet déclara alors qu'après avoir pesé les motifs pour et contre les conclusions du rapport il voterait contre ses conclusions

Un second vote donna 12 voix pour l'adoption et 13 contre. Les conclusions de la commission furent donc repoussées.

Le Conseil adopta ensuite, par 13 voix contre 12, une proposition de M. Guérot, consistant dans l'imposition de 20 centimes additionnels, sur les cotes de 1870 Les votants dans chaque sens furent les mêmes qu'au vote précédent.

Une lettre adressée, le 30, par le Comité central de Défense de la Seine-Inférieure, engageant le maire de notre ville à faire ouvrir une souscription patriotique en faveur de l'armée se terminait ainsi

« ... Nous sommes prêts, vous le savez à courir à la défense d'Elbeuf et des dix communes de votre canton. Nos Armstrong, qui portent beaucoup plus loin que les canons prussiens, sont attelés. D'autres arrivent encore. Que la ville d'Elbeuf et les dix communes de votre canton secondent énergiquement nos efforts ! »

Ce même jour, M. Leseigneur rentra à Elbeuf avec ses cinq compagnies du bataillon de la garde nationale sédentaire, qui furent remplacées à Alizay et à Igoville par les 3ᵉ et 4º compagnies de la garde nationale mobilisée.

Le lendemain 31, il se trouvait, à Alizay et à Igoville, quatre compagnies de la garde nationale mobilisée. Le commandant Leseigneur remit le commandement de la garde nationale sédentaire à M. Lécallier, capitaine de la 5ᵉ compagnie, et retourna à Alizay, pour se mettre à la tête de la mobilisée.

Le commandant Leseigneur adressa cette proclamation aux Elbeuviens qui avaient été placés sous les ordres :

« Gardes nationaux.

« Dans un moment difficile alors que l'ennemi menaçait la seconde ligne de défense de la Normandie, sur un ordre émanant de l'autorité militaire, au premier signal, vous êtes accourus vous ranger sous mon commandement.

« Je vous remercie de cette preuve de confiance : ce sera le souvenir durable de ma vie.

« Pendant quinze jours, vous avez supporté avec énergie le service pénible du campement, malgré l'intempérie de la saison et les privations inévitables que doit subir le soldat en campagne. Vous tous, pères de famille, industriels, commerçants, employés, ouvriers, guidés par le sentiment du devoir, vous avez tout quitté pour apporter votre concours au grand œuvre de la Défense nationale, et prouver ainsi à nos ennemis que la France n'a pas laissé péricliter son ardeur patriotique.

« La brave compagnie de pompiers, sur l'abnégation de laquelle on est toujours sûr de pouvoir compter, a spontanément doublé son service.

« Garde nationaux,

« Les circonstances sont graves ; la Patrie est en deuil : néanmoins, ne désespérons pas du salut Laissons de côté les défaillances et les lâchetés ; que chacun suive l'impulsion de son cœur, sans regarder derrière lui le petit nombre de ceux que la peur et l'égoïsme éloignent de nos rangs au moment du danger.

« J'en ai la ferme conviction : s'il vous faut de nouveau mettre au service du pays votre courage et votre dévouement, je vous retrouverai toujours aussi nombreux répondant au premier appel, et, fier de vous commander, nous partirons ensemble où le devoir nous appellera.

« Encore une fois, gardes nationaux, ne désespérons point : malgré ses revers, malgré ses malheurs, la France ne périra pas.

« Vive la France ! »

Par décret de ce même jour 31, la nouvelle 1re compagnie de tirailleurs d'Elbeuf fut constituée et mise à la disposition du ministre de la guerre. Elle était commandée par M. Stévenin.

A cette date, la Chambre de commerce avait fait transporter ses archives dans son local du nouvel hôtel de ville ; elle avait dépensé environ 7.500 fr. pour son mobilier et son installation.

Vers ce temps, M. Métot, fabricant de draps à Elbeuf-Caudebec, demanda au général Estancelin l'autorisation de créer, instruire et commander une compagnie de gardes nationaux mobilisés. Le général fit prendre des renseignements à la mairie de notre ville. M. Chauvin, commissaire central, remit au maire une note dans laquelle il disait que M. Métot n'avait jamais été militaire, et qu'il lui serait difficile d'instruire et commander une compagnie. Elle fut formée néanmoins ; car vers la fête de Noël, des factionnaires de la 2e compagnie de francs-tireurs d'Elbeuf arrêtèrent, à Gonfreville-l'Orcher, le capitaine Métot, qui s'était mis à la poursuite de sa cantinière, laquelle avait déserté sa compagnie.

Depuis le 20 octobre, la moitié du bataillon des mobiles d'Elbeuf occupait la Folie Bobigny en face de l'ennemi, et faisait le service des avant-postes de jour et de nuit, service auquel les hommes etaient exercés depuis leur arrivée à Paris. Le bataillon, qui n'avait pas encore vu le feu, se concentra le 30 octobre et fut placé à l'extrémité ouest de Drancy, face au Bourget, dont les Prussiens, très en force, s'emparaient à ce moment.

L'artillerie prussienne, qui avait pris comme objectif le clocher de Drancy, utilisé comme observatoire par le capitaine de vaisseau Salmon, dirigea son feu de notre côté. Nos hommes reçurent l'ordre de se coucher à terre, et, pendant deux heures, furent exposés aux obus prussiens qui tombaient autour d'eux. Ils firent très bonne contenance et pas un ne se troubla, malgré l'impression que produit toujours le feu de l'artillerie auquel on ne peut répondre.

Quelques survivants de la 4e compagnie se rappelleront certainement avoir vu un des leurs se précipiter sur un obus qui venait de tomber sans éclater à trois ou quatre mètres des rangs, puis le déterrer avec ses mains, malgré les observations du capitaine, et le montrer encore chaud à ses camarades.

Lorsque l'ordre de la retraite fut donné, la 7e compagnie, placée en avant des autres, fut couverte d'obus en traversant les rues de Drancy pour rejoindre le reste du bataillon. Elle ne perdit personne, grâce à la précaution prise de défiler un à un.

Plusieurs des hommes du bataillon furent plus ou moins bousculés, mais aucun ne fut réellement blessé. Moins heureuse que nous, l'infanterie de marine, placée immédiatement sur notre droite, perdit plusieurs hommes, que l'on fit transporter aux ambulances.

Dans son ordre du jour du 31 octobre 1870, le capitaine de vaisseau Salmon, qui commandait les troupes dont nous venons de parler, félicita le bataillon de sa bonne tenue au feu.

Le 31 octobre, nos mobiles se reconcentrèrent à Bobigny et à la Folie, où on les habitua à monter la faction pendant la nuit.

La proclamation au Peuple Français, dont le texte suit, datée de Tours, le 30 octobre, fut affichée et distribuée à Elbeuf quelques jours après :

« Français !

« Elevez vos âmes et vos résolutions à la hauteur des effroyables périls qui fondent sur la Patrie. Il dépend encore de vous de lasser la mauvaise fortune et de montrer à l'Univers ce qu'est un grand peuple qui ne veut pas périr, et dont le courage s'exalte au sein même des catastrophes.

« Metz a capitulé !!! Un général, sur qui la France comptait, même après le Mexique, vient d'enlever à la Patrie en danger plus de 100.000 de ses défenseurs.

« Le maréchal Bazaine a trahi. Il s'est fait l'agent de l'homme de Sedan, le complice de l'envahisseur, et, au mépris de l'honneur de l'armée dont il avait la garde, il a livré, sans même essayer un suprême effort, 120.000 combattants, 20.000 blessés, ses fusils, ses canons, ses drapeaux et la plus forte citadelle de la France, Metz, vierge jusqu'à lui de souillures de l'étranger. Un tel crime est au-dessus même des châtiments de la Justice. Et maintenant, Français, mesurez la profondeur de l'abîme où vous a précipités l'Empire.

« Vingt ans la France a subi ce pouvoir corrupteur, qui tarissait en elle toutes les sources de la grandeur et de la vie.

« L'armée de la France, dépouillée de son caractère national, devenue, sans le savoir, un instrument de règne et de servitude, est engloutie, malgré l'héroïsme des soldats, par la trahison des chefs, dans les désastres de la Patrie.

« En moins de deux mois 220.000 hommes ont été livrés à l'ennemi, sinistre épilogue du coup de main militaire de Décembre !!

« Il est temps de nous ressaisir, Citoyens, et sous l'égide de la République, que nous sommes bien décidés à ne laisser capituler ni au dedans, ni au dehors, de puiser dans l'extrémité même de nos malheurs, le rajeunissement de notre moralité et de notre virilité politique et sociale.

« Oui, quelle que soit l'étendue du désastre, il ne nous trouve ni consternés ni hésitants. Nous sommes prêts aux derniers sacrifices et, en face d'ennemis que tout favorise, nous jurons de ne jamais nous rendre ; tant qu'il restera un pouce du sol sacré sous nos semelles, nous tiendrons ferme le glorieux drapeau de la Révolution française.

« Notre cause est celle de la justice et du droit ; l'Europe le voit, l'Europe le sent devant tant de malheurs immérités. Spontanément, sans avoir reçu de nous ni invitation, ni adhésion, elle s'est émue, elle s'agite. Pas d'illusion ! ne nous laissons ni a languir, ni énerver, et prouvons par des actes que nous voulons, que nous pouvons tenir de nous-mêmes l'honneur, l'indépendance l'intégrité, tout ce qui fait la Patrie libre et fière.

« Vive la France ! Vive la République une et indivisible !

« Les Membres du Gouvernement : CRÉMIEUX, GLAIS-BIZOIN, GAMBETTA. »

CHAPITRE IX

(NOVEMBRE 1870)

Offrande de quatre canons a la ville d'Elbeuf. — Election des gradés dans la garde mobilisée. — La batterie d'artillerie d'Elbeuf ; tir d'essai a St-Etienne-de Rouvray. — Les préparatifs de résistance continuent. — Fourniture de draps pour les troupes. — Mouvements en avant des francs-tireurs, de la garde nationale et des mobilisés. — Affaires diverses.

Le colonel d'artillerie du Havre avait télégraphié « à sous-préfet, Elbeuf : 1000 étoupilles fulminantes expédiées aujourd'hui a l'adresse sous-préfet ». Ces étoupilles étaient destinées aux huit pièces d'artillerie, qui n'arrivèrent que cinq ou six jours après.

Le lendemain 1er novembre, nouvelle dépêche ainsi conçue du colonel d'artillerie du Havre, en réponse à une demande d'Elbeuf : « Nous n'avons pas de mousquetons ; la place n'a d'autres armes que quelques fusils de dragons, d'un médiocre service. Demandez par intermédiaire autorité militaire à Rennes, ou Bourges, ou Brest, qui sont bien pourvus. »

La dépense à payer par les communes de la Seine-Inférieure, conformément à un décret du 22 octobre, pour l'armement, l'habillement, l'équipement et la solde des gardes nationaux mobilisés fut provisoirement fixée, le 2 novembre, à 4.426.000 fr., sur laquelle somme la ville d'Elbeuf devait payer 181.282 fr., moitié le 30 novembre et le restant en décembre. Le chiffre de ce contingent fut soumis au Conseil municipal le lendemain.

Le 3, un détachement du régiment des francs-tireurs Mocquart, composé du major-commandant, d'un officier et de 18 hommes, arriva à Elbeuf pour y former le dépôt du régiment.

Ce même jour, la 9e compagnie des mobilisés du canton d'Elbeuf nomma ses chefs. Ce furent MM. Edouard Dautresme (St-Pierre), René Levoiturier (Orival), capitaines ; François Hellouin (St-Pierre), Isidore Cavelier (La Londe), lieutenants ; Adrien Yvelin, Edouard Védie (St-Pierre), sous lieutenants ; Doubet fils (St Pierre), sergent-major ; Léon Langlois (St-Pierre), sergent-fourrier ; Hédouin, Deshayes, Pierre Barré, Coquin (Saint-Pierre), Houillière, Gurliat, Tubeuf (Orival), Lebrasseur (La Londe), sergents ; Saint-Amand, Ricard, Emile Barré, Gressier, Chevalier, Crouillebois, Vital Houllant, Lemaire, Henri Delalande, Pascal Grimouin, Héquet (St-Pierre), Jules Huet, Louis Levoiturier, Vochelle (Orival), Guenouville, Lemieux (La Londe), capor.

L'effectif de cette 9e compagnie était de 164 hommes. dont 92 de Saint-Pierre, 46 d'Orival et 26 de La Londe.

La 10e compagnie de mobilisés eut pour chefs : capitaine, Auguste Gruel (St-Aubin) ;

lieutenant, Joseph Baugan (Tourville) ; sous-lieutenants, Hartel (Freneuse), Thomas Gilles (Tourville); sergent-major, Gustave Petit (Freneuse); sergent fourrier, Joseph Hazet (Saint-Aubin); sergents, Hédouin (Tourville), Charpentier, Berire (Saint-Aubin) ; caporaux, Robinet, Bénard, Passilly, Bonhours, Bosquer, Hédouin, Dubosc. Gilles, Bayeux, Renault, Delabarette, Lefrançois.

Depuis le 26 octobre, la compagnie des Eclaireurs de la garde nationale d'Elbeuf, qui était en cantonnement à Alizay, faisait des reconnaissances, elle en fit d'autres à Louviers au Vaudreuil et à Romilly, les 2, 3 et 4 novembre.

Le maire d'Elbeuf reçut cette lettre, datée du 4 :

« Nous vous prions de vouloir bien demander au Conseil municipal de la ville s'il veut accepter à titre de don patriotique, pour la défense nationale, quatre petits canons de montagne, semblables à ceux dont la ville a déjà fait l'acquisition, canons anglais, système et fabrication J. Whitworth et C°.

« Permettez-nous, M. le maire, de ne pas vous remettre la liste des noms des souscripteurs, plusieurs d'entre eux nous ayant exprimé le désir de conserver l'anonymat .. »
Signé : « L. LIMET, BESSAND. »

M. Buée, pendant la séance municipale du samedi 5 novembre, annonça au Conseil cette donation patriotique, qui fut acceptée.

Ce même jour, le Conseil affecta 75 uniformes de gardes nationaux mobilisés, non utilisés, à l'habillement des artilleurs de la garde nationale d'Elbeuf.

Il vota ensuite 100 fr. par mois à M. d'Abadie, capitaine de tir, jusqu'à la fin de l'année.

On procéda, à partir du 5, à l'élection des officiers, sous-officiers et caporaux des autres compagnies de la garde nationale mobilisée d'Elbeuf.

Les élus furent MM. :

3e Compagnie. — Anest, capitaine ; Viot, lieutenant ; E.-H. Hommais, sous-lieutenant ; Lebarc, sergent-major ; Emile Beer, sergent-fourrier, Leroux, Letellier, P. Hommais et Thierrey, sergents ; Samas, Dubray, Fouquet, Caminade, Delaporte, Cuisine, Beaudouin et Legris, caporaux.

4e Compagnie. — Patallier, capitaine ; St-Germain, lieutenant ; Berjonneau, sous-lieutenant ; E. Elie, sergent-major ; Lemaître, sergent-fourrier ; Dehors, Gilles, J. Elie, A. Gaillard, sergents ; Versal, Thuret, J. Gaillard, Duruflé, Dubuc, Houllier, Lair et Honneux, caporaux.

5e Compagnie. — Léon Barbier, capitaine ; Louis Maréchal, lieutenant ; Albert Voisard, sous-lieutenant ; Edmond Lechandelier, sergent-major ; Léon Petit, sergent-fourrier ; Buquet, Alexandre Lebaury, Bertin et Paquet, sergents ; Chartier, Davoust, Pauger, Guillois, Cabot, Percepied, Carbonnier et Lenfant, caporaux.

6e Compagnie. — Félix Ancelin, capitaine ; Frédéric Brisson, lieutenant ; Casimir Fromont, sous-lieutenant ; Honoré Ybert sergent-major ; Aristide Delamare, sergent-fourrier ; Fleury, Henri Duban, Périne, Philippe Langlais, sergents ; Dumay, Léon Boucher, Gustave Boucher, Alexandre Prevost, Lequesne, Camille Lemaître, Oswald Levavasseur, Savarot, caporaux.

7e Compagnie. — Alex. Pion, capitaine ;

Paul Leloup, lieutenant ; Elie Leloup, sous-lieutenant ; Fichet, sergent-major ; Charpenties, sergent-fourrier ; Harel, Buée, Alix, Laurer, sergents ; Duval, Hazet, Louis Lefebvre, Michel, Malassis, Voisin, Bonnaud, Bénard, caporaux.

8e Compagnie. — Lesage, capitaine ; Théophile Fréret, lieutenant ; Adolphe Descourtis, sous-lieutenant ; Alfred Amiot, sergent-major ; Gustave Hurel, François Tassel, Xavier Hermier, Louis Dorival, sergents ; Mary Haumet, Alphonse Duboc. Henri Marette, Fortuné Lainé, Anatole Hélouin, Arsène Raut, Edouard Damiens, Jules Etienne.

Il se forma deux compagnies dans chacune des 8e et 9e. Elles eurent pour chefs MM. :

8e Compagnie bis. — Joseph Drouet, capitaine ; Hardy, lieutenant ; Auguste Lécallier, sous-lieutenant ; Eugène Boutillier, sergent-major ; Jules Ernis, Napoléon Gontier, Auguste Pointel, Cavrel, sergents ; Paul Deboos, Mouchard, Emile Bréard, Edouard Moreau, Désiré Héland, Victor Harel, Jules Legouas, Mauduit, Levacher, caporaux.

9e Compagnie bis. — René Levoiturier, capitaine ; Isidore Cavelier, lieutenant ; Adrien Julien ; Léon Langlois, sergent fourrier ; François Houlière, Pierre Gurliat, Moïse Lebrasseur, Hippolyte Tubeuf, sergents ; Louis Levoiturier, Pierre Guenouville, Stanislas Lemieux, J.-B. Crouillebois, J.-L. Vochelle, J.-B. Dumont, Remy Lamiot, caporaux.

Le 6 novembre, un engagement ayant eu lieu dans la vallée d'Andelle entre les mobiles de l'Oise, surpris pendant leur sommeil, et les Prussiens, qui perdirent 34 hommes, le commandant Leseigneur reçut l'ordre de quitter

Alizay-Igoville et de se porter à Fleury-sur-Andelle, avec ses quatre compagnies de mobilisés.

Le départ se fit à midi. Les 22 kilomètres furent lestement franchis ; mais à l'arrivée à Fleury, le lieutenant-colonel commandant les forces de la vallée d'Andelle, après de chaleureux remerciements, dit à M. Leseigneur qu'il pourrait repartir le lendemain matin avec ses troupes, leur présence n'étant plus nécessaire. Les quatre compagnies regagnèrent le campement le 7 ; le départ de Fleury eut lieu à six heures et demie du matin.

Dans la séance municipale du lundi 7, M. Buée donna lecture d'un rapport du commandant de la garde nationale mobilisée, restée à Igoville et à Alizay : Des effets de campement, des marmites, des bidons, des gamelles étaient nécessaires. Les quatre compagnies se plaignaient vivement de n'avoir pas été suivies des trois autres, auxquelles on semblait créer une sorte de privilège ou de faveur en les laissant à Elbeuf. Les officiers réclamaient la solde pour leurs hommes.

M. Chennevière dit qu'il fallait s'adresser à l'autorité militaire. Il était nécessaire de dégager la responsabilité du Conseil municipal. Elbeuf avait quatre compagnies de garde nationale en activité, alors que Rouen n'avait encore fait qu'équiper ses compagnies de marche. Les compagnies d'Elbeuf ayant été appelées à marcher vers l'ennemi d'après les ordres de l'autorité militaire, celle ci devait pourvoir aux besoins des soldats.

M. Quidet observa qu'à Rouen on trouvait qu'Elbeuf allait trop vite ; la situation faite à nos quatre compagnies, ajouta-t-il, est anormale ; il est convenable qu'elles rentrent dans leurs foyers et y restent jusqu'à ce que les autres soient organisées. Les trois compagnies restées ici se plaignent de ne rien faire, tand's qu'on entraîne celles qui sont au camp.

Le Conseil vota l'envoi des objets demandés par M. Leseigneur, commandant de la garde nationale.

Le Conseil municipal vota ensuite un emprunt de 400.000 fr. à 6 pour 100, pour le paiement du contingent communal dans les dépenses d'armement et d'équipement, d'habillement et de solde des gardes nationaux mobilisés, et aussi pour la continuation des travaux d'assistance publique et de distribution de secours.

Le Conseil fit la réserve expresse que la ville d'Elbeuf entendait revendiquer le remboursement, suivant état, des avances qu'elle aurait faites en effets d'habillement et d'armement.

Ce même jour, le maire d'Elbeuf fut invité par M. de Coesne, ingénieur, à faire transporter à Rouen, les anciens fusils à pierre dont il disposait, afin de les transformer en fusils à tabatière, dont on disait grand bien.

Le Conseil municipal, dans 'a séance du 8, délibéra sur l'habillement et l'équipement des trois autres compagnies de garde nationale. Il pria le préfet de prendre des mesures d'urgence pour que ces compagnies pussent, comme les quatre autres, être appelées à la défense nationale. Le préfet promit que ce serait fait sous peu.

Le Conseil vota, à titre gracieux, une somme de 1.000 fr. pour la 1re compagnie de Tirailleurs, qui venait d'être réorganisée.

Ce même jour, la compagnie des Eclaireurs de la garde nationale d'Elbeuf quitta son campement d'Alizay pour se rendre, par voie ferrée, à Forges les-Eaux.

MM. Quesnel frères et Cie, du Havre, par une lettre datée du 9, annoncèrent l'arrivée du *Fairy-Queen*, avec cinq caisses d'affuts, quatre de roues, cinq de bombes, deux de balles, une de tubes, une de timons, une de fusées et dix barils de poudre venant de Londres. Une première expédition se composait de dix-sept colis et dix barils ; deux autres colis, égarés, avaient été retrouvés et expédiés. Il ne restait plus rien à livrer de la commande faite à Londres-Manchester, par la ville d'Elbeuf, à laquelle cet achat avait coûté 34.880 fr. plus le port et les intérêts de cette somme à 6 pour 100.

Ce même jour, les francs-tireurs d'Elbeuf, compagnie Stevenin, partirent de notre ville, par voie ferrée, pour se rendre à Fleury-sur-Andelle, où on les plaça sous les ordres du lieutenant colonel Laigneaux, du 12e chasseurs à cheval. Le lendemain, on les dirigea sur Lyons-la-Forêt.

Le 10, la Chambre de commerce informa les manufacturiers, négociants et confectionneurs de notre région, que des fournitures de vareuses et de pantalons pouvaient être obtenues à l'Intendance militaire à Rouen, mais qu'elle devraient être faites avant le 30 novembre. Les vareuses étaient demandées au prix de 14 fr. et les pantalons, avec bandes rouges, au prix de 12 fr.

Le 10 également, un éboulement se produisit aux travaux communaux en cours dans le cimetière Saint-Jean. Un sieur Louis Grenet fut tué ; son père eut un bras cassé à deux endroits et l'autre mutilé.

Le même jour, sous la présidence de M. Alfred Grandin, adjoint, il fut procédé à l'élection des officiers, sous officiers et brigadiers de la batterie d'artillerie. Le nombre de votants était de 65.

A un premier tour, pour l'élection du capitaine-commandant, MM. Richer et Limet obtinrent chacun 32 voix. M. Richer fut élu au ballottage par 58 suffrages.

M. Limet obtint 57 voix comme capitaine en second, et fut déclaré élu.

Les lieutenants furent MM. Cartier et Leblanc.

M Hervieux fut nommé adjudant-sous-officier ; M. Bessand, maréchal-des-logis-chef ; M. Morel, maréchal-des-logis-fourrier ; MM. Blanchard, Louis Bourdon, Gustave Bourdon, Détail, Leloup, Cauchois et Sibéry, maréchaux-des-logis ; MM. Pasquet, Cordier, Larcier, Dehors, Olivier, Bellouin et Moriaut, brigadiers.

Dix-sept jours après, on compléta les cadres, par la nomination de M. Olivier, maréchal-des logis ; Heudé, brigadier, et Lanne, brigadier-fourrier ; celui-ci ne dut sa nomination qu'au bénéfice de l'âge, M. Justin, son concurrent, ayant obtenu le même nombre de voix.

Les mobiles d'Elbeuf, depuis le 1er du mois, n'avaient fait que monter des gardes à Bobigny et à la Vannerie, et à travailler aux ouvrages de défense entrepris par le génie. Le 10, ils partirent pour Montreuil.

Le 11, la compagnie des Eclaireurs d'Elbeuf était à Gournay, où elle était arrivée la veille ;

elle fut placée sous les ordres du commandant Barrot. De là, elle se rendit à Villers-sur-Auchy, où elle composa les avant-postes. Pendant la nuit du 12 au 13, la compagnie partit pour Ferrières, dont elle occupa le château et une ferme.

Quant à la compagnie des francs-tireurs, commandée par M. Stevenin, elle séjourna, du 11 au 29 novembre, à Morgny, où étaient également des avant-postes de ligne. Le capitaine fit faire, durant ce séjour, des reconnaissances, notamment à Mainville et en avant de Neuve-Grange, où des caveliers ennemis étaient signalés, ainsi qu'à Longchamps.

Le samedi 12, en séance municipale, M. Guérot annonça que M. Prosper Cabourg partirait le soir même pour se rendre auprès du gouvernement à Tours, avec une mission de la Chambre de commerce.

M. Quidet proposa de charger M. Cabourg de demander au gouvernement 120 mousquetons pour les artilleurs d'Elbeuf, ce qui fut accepté.

Une dépêche de M. Pouyer-Quertier ayant annoncé que les expériences de tir par l'artillerie de la garde nationale de Rouen se feraient le dimanche 13 novembre, à St-Etienne-du-Rouvray, le maire d'Elbeuf autorisa M. Limet à réunir les pièces de notre ville à celles du chef-lieu, afin de procéder à des expériences générales.

L'artillerie de la garde nationale d'Elbeuf n'avait formé ses cadres que l'avant-veille de ces essais et les artilleurs n'avaient pas encore été réunis ; néanmoins M. Limet se rendit à Saint-Etienne avec MM. Richer, capitaine-commandant de l'artillerie d'Elbeuf;

Cartier et Leblanc, lieutenants; L. et G. Bourdon, maréchaux des logis, Regnier, ancien artilleur de Paris en 1848, et Goubert, conducteur, plus les membres du comité d'armement de Caudebec-lès-Elbeuf et un représentant de la maison J. Whitworth et C°.

Le tir fut aussi bon que l'on pouvait le souhaiter; les boulets portèrent bien et les obus éclatèrent au but.

La mendicité se multipliait par suite du défaut de travail pour les ouvriers. Dans le but de parer à une partie de la misère, alors très grande parmi les pauvres gens, une société se forma dans notre ville, afin de créer des refuges pour les enfants, dont M. Charles Flavigny fut nommé inspecteur.

Ce même jour 13, les officiers et délégués des compagnies formant le bataillon mobilisé du canton d'Elbeuf se réunirent au nombre de 69, à l'hôtel de ville et nommèrent, par 56 voix, chef de bataillon M Goujon, comptable chez MM. Lecorneur et Olivier M. Merma fut élu porte-drapeau, par 35 suffrages

Le nouvel emprunt, complément de celui de 180.000 fr., fut ouvert par la ville d'Elbeuf, à partir du 14 novembre, pour travaux d'assistance publique et secours aux indigents.

Parmi les objets que M. Pouyer-Quertier était allé acheter en Angleterre, se trouvaient des couvertures pour les troupes d'Elbeuf. Mais à leur arrivée dans notre ville, on reconnut qu'elles n'étaient pas conformes au type. M. Edouard Bellest, nommé par le maire pour en apprécier la valeur, estima, le 15, qu'il y avait lieu de réduire de moitié la facture présentée par M. Pouyer-Quertier.

Le préfet demanda par télégramme, le 16,

s'il existait à Elbeuf assez de drap de troupe disponible pour faire des capotes à 12.000 mobilisés, et à quel prix le mètre, en payant comptant.

Ce même jour, la compagnie des Eclaireurs fit une reconnaissance, de ses cantonnements de Ferrières, sur le village de Villers, autour duquel des Prussiens se montraient.

Le commandant Leseigneur télégraphia le 18, de Pont-de-l'Arche, au maire d'Elbeuf : « Les Havrais ne font qu'arriver. Depuis onze heures, nous sommes sous les armes ; il est trois heures et nous partons. »

Dans la séance du 18, le Conseil municipal fut informé que M Cabourg avait obtenu 120 mousquetons pour les artilleurs d'Elbeuf, et que l'intendance militaire avait accepté les offres de fourniture d'étoffes qui lui avaient été faites au nom de la Chambre de commerce. — Le Conseil vota des remerciements à M. Cabourg.

Le Conseil vota un crédit de 3.200 fr. pour l'achat de 400 paillasses pour la garde nationale mobilisée casernée à Elbeuf.

Il vota également 3.000 fr. pour l'attelage des huit pièces d'artillerie appartenant à la ville, sous réserve que l'Etat tiendrait compte à la ville de cette dépense, qui avait un caractère d'intérêt général. Quelques jours après, il vota un second crédit de 2.500 fr. pour l'attelage des quatre derniers canons, qui, avec les premiers, formaient deux batteries.

Les quatre compagnies de la garde nationale mobilisée qui étaient à Igoville-Alizay rentrèrent à Elbeuf le 19, et furent logées à la caserne, rue de la Justice.

Le soir de ce même jour, le feu prit chez M.

Gérin-Roze, rue de la Bague. Les pertes s'élevèrent à 27.000 fr.

Le maire d'Elbeuf ayant prévenu les Eclaireurs de la garde nationale toujours aux avant-postes de Ferrières, qu'il ne pouvait plus assurer leur solde, ils s'adressèrent au général Briand, lequel écrivit, le 20 novembre, à M. Buée, en l'invitant à prendre des mesures pour subvenir au besoins de cette troupe, qui n'était composée que de ses administrés.

Ce jour-là, les Eclaireurs échangèrent, à Ferrières, leurs carabines Minié contre des fusils Spencer, de fabrication américaine, qui, le surlendemain, par un très mauvais temps, furent essayés au champ de tir d'Elbeuf-en-Bray. Pendant l'absence des Eclaireurs, le château de Ferrières avait été occupé par une compagnie d'infanterie.

M. Desseaux, préfet, demanda au maire de notre ville, le 21, s'il était possible, dans la zône industrielle d'Elbeuf, d'établir des ateliers où se confectionneraient les souliers et les vêtements indispensables aux soldats de nos armées. L'Etat devait fournir les draps et les cuirs à mettre en œuvre. Le maire fut personnellement chargé de rechercher les conditions dans lesquelles ces travaux pourraient se faire : quantité de marchandises à fournir, prix de main-d'œuvre à payer et époques de livraison des objets confectionnés. Le préfet écrivit dans le même sens au président du conseil des prud'hommes.

La Chambre de commerce fit adresser cet avis aux fabricants, le 21 également

« Le Département de la Guerre à Tours est disposé à prendre immédiatement en étoffes d'Elbeuf pouvant être livrées promptement et suivant les types qui lui ont été soumis :

« 50.000 mètres drap bleu pour tuniques ou vareuses, de 7 à 9 fr. le mètre. — 70.000 mètres pour capotes, de 8 à 10 fr. — 30.000 mètres étoffes de 10,50 à 11 fr. — 100.000 mètres de drap gris, pour pantalon, de 6,50 à 9 fr.

« En conséquence, Messieurs les fabricants et négociants en draperies qui voudront prendre part à cette fourniture sont invités à remettre sans aucun retard des bandes des étoffes qui pourront y être appliquées

« Ces bandes d'échantillons devront être de 20 centimètres et être accompagnées de l'étiquette du déposant, attachée à l'étoffe et indiquant la quantité de mètres disponibles, le prix net, l'époque de la livraison.....

« Vu l'urgence, après 4 heures demain mardi 22 novembre, il ne sera plus admis aucun échantillon. Ce délai est de rigueur »

Beaucoup de draps — 300.000 mètres — furent commissionnés aux déposants d'échantillons, mais les événements empêchèrent en grande partie d'en faire les livraisons.

Le mercredi 23, le général de division Briand, commandant les forces militaires de la Seine-Inférieure, vint à Elbeuf. Il inspecta, à la caserne, le matériel d'artillerie et les hommes composant la batterie. Il se rendit ensuite à la mairie, où il donna des instructions aux commandants de la garde nationale mobilisée et de la garde nationale sédentaire.

Ce jour là, les Éclaireurs d'Elbeuf, entrèrent dans le département de l'Oise, précédant des troupes de ligne, des mobiles et deux pièces d'artillerie, formant un effectif de 2.500

hommes. La colonne se dirigea, par Gerberoy et Songeons, vers Beauvais ; mais elle reçut bientôt l'ordre de rejoindre ses cantonnements, bien que l'ennemi fut en très petit nombre à Beauvais.

Les mobiles d'Elbeuf, sous Paris, quittèrent Montreuil pour prendre le service d'avant-postes à Maisons Alfort et à Créteil ; ils partirent de ces postes cinq jours après.

Le jeudi 24 novembre, le Conseil municipal d'Elbeuf vota un crédit de 3.000 fr. pour la solde des Eclaireurs, compagnie Jullien, toujours avec réserve de recours sur le gouvernement.

Ce même jour, M. Cavé-Berrier fournit à la ville d'Elbeuf neuf pièces de drap « articulé noir » au prix total de 2.146 fr.

Le 24, les compagnies de garde nationale mobilisée, sous le commandement de M. Goujon, quittèrent notre ville, avec l'ambulance. Elles étaient à Louviers le vendredi 25.

Ce même vendredi, vers trois heures de l'après-midi, on battit la générale dans notre ville. La population entière fut bientôt dehors ; les fabriques, magasins et boutiques fermèrent et chacun était plongé dans la consternation. Il ne s'agissait cependant que d'une fausse nouvelle, répandue, dit-on ensuite, par un nommé Flokenhaus, sujet allemand, depuis un certain nombre d'années établi à Elbeuf, où il fabriquait et vendait du « cache époutil » et une très sale drogue pour la guérison du mal de dents. Au dire de certains, ce Flokenhaus devait être nommé maire d'Elbeuf par les autorités allemandes en cas d'occupation de notre ville. Cet individu disparut tout à coup.

Le racontar qui lui fut imputé était celui-ci : Le pont du Manoir venait de sauter, et nos gardes nationaux d'Alizay étaient cernés ou même déjà prisonniers M. Edmond Fauquet, de notre ville, courut à cheval à Pont-de-l'Arche, où il apprit que ce bruit était sans aucun fondement.

Le lendemain, les sept compagnies de la ville, les seules qui fussent à peu près équipées, partirent pour Vernon, où elles trouvèrent le 41e de marche, composé des mobiles de l'Ardèche, qui, en compagnie de francs tireurs, escarmouchaient journellement avec les avant-postes et éclaireurs prussiens.

Les mobilisés d'Elbeuf furent placés, à Vernon, sous le commandement du colonel Thomas, et prirent le service des avant-postes, avec les mobiles de l'Ardèche.

Les autres compagnies, restées à Louviers, étaient sous les ordres du capitaine Dautresme.

Le dimanche 27, au matin, les 8e, 9e et 10e compagnies de mobilisés d'Elbeuf quittèrent notre ville pour aller rejoindre les autres. Une section de la batterie d'artillerie partit également le même jour ; elle se composait de quatre pièces Withworth en acier, rayées, et d'un détachement de volontaires payés par la ville d'Elbeuf.

Le 28, la compagnie de francs-tireurs commandée par M. Stévenin, quitta Morgny pour Longchamps, où elle se réunit aux forces du colonel Mocquart.

Le mardi 29, la colonne se dirigea sur Gisors. Pendant la nuit suivante, à Saint-Denis-le Ferment, le capitaine Dazier, des Mocquarts, reçut deux balles qui lui brisèrent le bras droit.

La veille, les postes français placés en avant de Gournay avaient été attaqués par des Prussiens, partis de Beauvais apparemment. Les Eclaireurs d'Elbeuf, toujours à Ferrières, redoublèrent de vigilance.

Le 30 novembre, à 5 heures 42 du soir, le commandant Leseigneur annonça par télégramme, au maire d'Elbeuf, que depuis son arrivée à Louviers, il avait passé l'inspection du bataillon et fait faire l'exercice Ensuite il était allé reconnaître le poste avancé d'Acquigny. dont il n'approuvait pas la position.

Ce même jour, la division dont faisaient partie les mobiles d'Elbeuf, toujours sous Paris, se rendit à Neuilly-Plaisance, village situé sur la rive gauche de la Marne. Sur la fin de la journée, deux compagnies elbeuviennes furent envoyées en reconnaissance vers la Maison-Blanche. Trois jours après, les Elbeuviens se rabattirent sur Neuilly-sous-Bois, au pied du plateau d'Avron.

✷

CHAPITRE X

(DU 1er AU 8 DÉCEMBRE)

Les Elbeuviens en campagne. — La marche de l'ennemi. — Rouen veut capituler. — Les gardes nationaux a Clères. — Faits d'armes des francs-tireurs d'Elbeuf. — Le combat de Buchy. — Retraite en débandade sur Rouen, Bourg-Achard et Honfleur. — L'ennemi entre a Rouen. — Elbeuf décide sa soumission. — A la Chambre de commerce. — Arrivée d'une armée ennemie. — Les Allemands inaugurent le nouvel hôtel de ville.

Le jeudi 1er décembre, le Conseil municipal prit cette délibération :

« Considérant que des dépêches officielles concernant la guerre paraissent chaque jour à la préfecture ; qu'elles sont affichées à Rouen et communiquées aux journaux de cette ville, mais qu'elles ne sont connues à Elbeuf que le lendemain par ces journaux ; que la ville d'Elbeuf s'intéresse au plus haut degré aux événements qui se produisent et que l'absence de nouvelles cause à la population une continuelle anxiété ; s'associant, d'ailleurs, aux demandes réitérées déjà adressées à cet effet par M. le maire, le Conseil prie instamment M. le préfet de vouloir bien transmettre télégraphiquement, à Elbeuf, les dépêches officielles concernant les événements de la guerre. »

Un état portant la date de ce jour indique que le montant de la dépense pour l'habillement et l'équipement des hommes de la garde nationale mobilisée d'Elbeuf s'élevait déjà à 26 175 fr.

Bismarck et de Molke, craignant le voisinage des armées françaises pendant le siège de Paris, résolurent de débarrasser la province dans un rayon d'au moins trente lieues. Dans la nuit du 20 au 21 novembre, le général de Manteuffel avait reçu l'ordre de s'étendre jusqu'à Rouen, avec 43 bataillons d'infanterie, 31 escadrons de diverses armes de cavalerie et 168 pièces de canon, soit au total environ 20.000 hommes.

Il faut croire que cette décision d'occuper Rouen fut connue de diverses notabilités, militaires et autres, de la Seine-Inférieure, car peu de jours après, on vit des préparatifs de départ et, dès lors, on commença à parler, dans certains milieux, de la reddition volontaire de Rouen.

Les Eclaireurs de la garde nationale d'Elbeuf, toujours à Ferrières, sous le commandement du lieutenant Gesbert, avaient renouvelé leurs reconnaissances dans l'Oise. Dans la journée du 3, on eut vent que les officiers de la troupe de ligne, le colonel lui-même, disait on, avaient fait expédier leurs malles au Havre. Cela jeta un froid

A la nuit tombante, les sentinelles furent doublées et rapprochées ; en outre un cordon de factionnaires fut établi dans un chemin creux reliant le château avec la ferme, où le capitaine était resté avec une section de la compagnie. Tous les sacs furent disposés et l'on avertit les hommes de rallier au premier signal, pour marcher en arrière — jusqu'au Havre, suivant les loustics, sans se douter certainement qu'ils disaient vrai. — Le départ se fit à onze heures du soir.

Ce même jour, les francs-tireurs d'Elbeuf étant à quelques lieues de là, au château de Belleface, furent fort étonnés de voir quatre compagnies franches quitter leur cantonnement pour marcher également en arrière. Le capitaine ne pouvait s'expliquer ce mouvement : il le comprit bientôt.

Le samedi 3, le Conseil municipal vota un supplément de crédit de 5.000 fr., pour fournitures de subsistances à la garde nationale sédentaire et mobilisée.

Le commandant Leseigneur, étant à Louviers, annonça, le même jour, au maire d'Elbeuf, que le bataillon de garde nationale sédentaire de notre ville pouvait être appelé d'un moment à l'autre.

Le matin, le commandant Goujon, étant à Vernon, avait fait faire une reconnaissance avec ses mobilisés et une des pièces de la batterie d'Elbeuf. Ayant aperçu, à 900 mètres, un groupe de cavaliers ennemis, il fit tirer. Le premier coup de canon démonta un de ces cavaliers. Les mobiles de l'Ardèche, présents, applaudirent avec enthousiasme et baptisèrent la pièce du nom de « Elbeuf-Joyeuse », parce que ces mobiles étaient originaires du canton de Joyeuse.

Le samedi 3 décembre, dit plus tard l'*In-*

dustriel, des dépêches télégraphiques incohérentes et contradictoires commençaient à être lancées dans tous les sens. Elles révélaient l'absence d'unité dans le commandement et trahissaient, pour ceux qui observaient depuis quelque temps, l'attitude des différents personnages officiels de Rouen, dont l'intention était déjà bien arrêtée de n'opposer aux Prussiens qu'un simulacre de résistance.

« Chose extraordinaire, dans un péril aussi grand, ce n'était pas le général de division Briand qui donnait des ordres, c'était M. Estancelin, général de circonstance, sans aucune éducation militaire, et qui, jusqu'alors, ne paraissait avoir été chargé que de l'organisation et de l'armement des gardes nationaux de la Normandie.

« Le 3 novembre donc, l'ordre de nous tenir prêts à partir fut transmis à Louviers au commandant Leseigneur, qui s'empressa de revenir à Elbeuf. »

Le lendemain dimanche 4, à 7 heures du matin, on recevait du général Estancelin la dépêche suivante :

« Soyez à huit heures et demie avec votre
« bataillon, armes, bagages, munitions, vi-
« vres, à la gare Saint Sever ; demandez
« train spécial, si cela est nécessaire. »

Une heure et demie ne suffisaient pas pour convoquer la garde nationale, organiser un train à Saint Aubin et faire partir les hommes avec bagages munitions, vivres et le reste. Le chef de gare dut même demander à Rouen les wagons nécessaires pour former le train.

Il faisait un froid de 13° au-dessous de 0 ; néanmoins, la garde nationale d'Elbeuf se rendit à l'appel, et elle commençait à monter en wagon quand le commandant Leseigneur reçut l'ordre télégraphique du général Estancelin de se rendre directement à Clères, sans passer par Rouen.

L'avis suivant, adressé aux gardes nationaux, fut distribué à ceux d'Elbeuf le 4 décembre :

« Au moment où la résistance nationale doit se livrer à un immense et suprême effort sur toute l'étendue du territoire, le Gouvernement de la République invite les Gardes nationaux sédentaires de toutes les communes appelés à prendre part à des combats contre l'ennemi, de quelqu'importance qu'ils soient, à se considérer comme soldats et à s'inspirer de tous les devoirs de la vie militaire. Le premier service que les Gardes nationaux doivent rendre, c'est de se montrer prévoyants pour eux-mêmes ; ils ne devront quitter leurs foyers qu'avec leurs armes en bon état, leurs munitions soigneusement mises à l'abri, et pourvus de chaussures de chasse ou de route, susceptibles de résister à de longues marches, et d'un sac contenant des provisions de vivres.

« Ceux de nos concitoyens qui voudraient faire de leur fortune ou de leur aisance un noble et patriotique usage, penseront à leurs voisins plus pauvres en les aidant de leur bourse et de leurs conseils ; il s'établira ainsi, entre tous les habitants d'une même commune, une confraternité militaire qui contribuera puissamment à la bonne attitude des troupes ; et ces précautions, qui ne sauraient coûter à l'initiative individuelle aucun effort, seront pour l'administration de l'Intendance un concours et un soulagement précieux.

« Rouen, le 3 décembre 1870.
« *Le Préfet de la Seine-Inférieure,*
« Desseaux. »

Cette autre dépêche fut envoyée, également le 4, par le préfet aux maires d'Elbeuf et de Caudebec :

« L'ordre donné par le général Briand consistant à porter toutes les forces vers les lignes de Rouen a dû vous être donné Envoyez donc, sans délai, tous vos hommes armés à Rouen, place de l'Hôtel-de-Ville, d'où ils seront dirigés aux lieux utiles. »

Pendant ce temps, nos gardes nationaux faisaient le trajet d'Elbeuf à Rouen, par chemin de fer, et étaient arrivés à la gare de la rue Verte à midi trois quarts, sans avoir encore rien mangé depuis le matin, car leur départ précipité n'avait pas permis à la presque totalité de prendre des vivres. La cause de leur retard était tout entière imputable au service du chemin de fer, dont d'ailleurs le matériel était insuffisant pour transporter, à l'improviste, un si grand nombre d'hommes.

Trois officiers de notre garde nationale allèrent trouver le général Briand, à l'hôtel de la division militaire, où il conférait avec le Comité de défense. Le général fut surpris que notre bataillon fût en gare à Rouen et qu'il attendît des instructions avant d'aller à Clères.

Les trois officiers elbeuviens se rendirent à l'intendance militaire pour obtenir des vivres. Il virent là que l'on faisait des préparatifs pour partir au Havre et on les renvoya au maire de Rouen, pour en obtenir du biscuit.

Quand ces trois officiers voulurent rejoindre leur bataillon, ils apprirent que le train avait continué sa marche sur Clères, où, en effet, il arriva à deux heures de l'après-midi, mais sans trouver aucun chef supérieur ou général.

A trois heures, le commandant Leseigneur reçut l'avis des éclaireurs à cheval de Rouen, que les Allemands approchaient. Déjà le canon s'était fait entendre et un engagement avait lieu à peu de distance.

L'ordre de regagner immédiatement Rouen fut donné à la garde nationale d'Elbeuf par un officier de la garde nationale du chef-lieu. Nos gardes nationaux remontèrent donc en wagons à Clères après un séjour de deux heures; partis à quatre heures, ils n'arrivèrent à Rouen qu'à huit heures du soir.

Après avoir fait former les faisceaux, place de l'Hôtel-de-Ville, le commandant Leseigneur envoya le capitaine Lecomte prendre les ordres du général Briand, lequel répondit qu'il n'en pourrait donner qu'entre dix et onze heures du soir.

A deux heures du matin, malgré une démarche faite personnellement par le commandant Leseigneur, on n'avait pas encore d'instructions. A ce moment, les gardes nationaux d'Elbeuf étaient à la gare Saint-Sever, s'abritant du mieux qu'ils pouvaient contre un froid très vif. Alors M. Leseigneur se rendit de nouveau, avec deux de ses officiers, auprès du général Briand, discutant toujours avec le Comité de défense et, dit plus tard l'*Industriel*, n'ayant plus conscience de la situation.

« On ne put obtenir de lui rien de précis ni de net; il se contenta de renvoyer nos officiers au général Estancelin qui devait se trouver à la préfecture. Notre commandant, infatigable, voulant d'une manière ou d'une autre sortir de cet imbroglio, s'y rendit. Il trouva un officier de l'état-major des gardes nationales, qui ne put rien lui dire. En sortant, il rencontra un des officiers de l'état-major du général Briand, qui lui annonça que le général, débordé par les événements, avait perdu la présence d'esprit ; que toute résistance paraissait inutile et qu'il lui conseillait, en présence de la débâcle générale, de retourner à Elbeuf, menacé de deux côtés, ajouta-t-il, par la marche de l'ennemi sur Rouen et par un mouvement qu'il venait d'opérer dans la direction de Po t-de-l'Arche.

« Dans tous les cas, l'ordre était donné au chemin de fer de l'Ouest de faire replier tout son matériel avant quatre heures du matin, il fallait partir sans retard. En présence de ces déclarations, le commandant Leseigneur retourna à la gare Saint-Sever et donna l'ordre de départ pour Elbeuf. »

La compagnie de l'Ouest mit à la disposition de la garde nationale d'Elbeuf, vers une heure du matin, un train à bestiaux, dans lequel chacun s'installa du mieux qu'il put et attendit pendant plus de cinq heures, par un froid de 10°, que les wagons se missent en route. Il était sept heures et demie quand le train arriva à la gare de Saint-Aubin ; inutile d'ajouter que tous les hommes auraient préféré revenir à pied.

Ainsi se termina, pour la garde nationale de notre ville, et que l'on appela plus tard la campagne de Clères.

Pendant cette même nuit, le général Estancelin avait envoyé le télégramme suivant au maire et au commandant de la garde nationale d'Elbeuf :

« 4 décembre, 11 h. 15 m. du soir.
« Très urgent. — Rouen est très sérieusement menacé; la résistance à outrance est décidée. Envoyez ici le plus de troupes dont vous disposez. Je fais appel à votre patriotisme. — Estancelin. »

Et encore cet autre :

« 5 décembre 1 h. 10 matin.
« Capitaine d'état-major Saint-Hilaire-Dufour à maire d'Elbeuf
« Par ordre du commandement général, envoyez votre artillerie et v s artilleurs. Si vous n'avez pas d'artilleurs, avertissez ; nous comptons sur votre garde nationale, celle de de Rouen partant à quatre heures. — Saint-Hilaire-Dufour. »

On sait qu'à cette heure-là notre garde nationale était à Rouen.

Un troisième télégramme, sans date, expédié par le Comité central de défense, et remis au bureau de Rouen à une heure cinq du ..., à destination du maire de notre ville, est ainsi conçu : « Rouen n'abandonne pas Elbeuf. — Elbeuf, c'est Serquigny, c'est Tours. — Je prie artillerie d'Elbeuf de venir à Rouen, serons au moins deux pièces, bon effet. — A première alerte artilleurs de Rouen retourneront avec eux à Elbeuf. — Pensez au vallon d'Orival ; quelques mines par là pour faire sauter rochers et fermer passage. »

Il y en eut d'autres encore.

Les francs-tireurs d'Elbeuf, capitaine Stevenin, étaient restés à Morgny, oubliés, alors que toutes les troupes se repliaient sur Rouen. Ils reçurent enfin l'ordre de retourner à Lyons-la-Forêt, où le 4 décembre, un peu avant onze heures du matin, ils furent avisés de l'arrivée d'un escadron de dragons ennemis.

D'un groupe formé par les francs-tireurs de Rouen, qui se trouvaient également à Lyons, ce cri partit soudain : « A la baïonnette ! » Tous les hommes se précipitèrent en avant, alors que les cavaliers allemands étaient encore à 300 mètres au moins. Les Elbeuviens rompent leurs rangs et s'élancent en courant sur les dragons, qui, aussitôt, font volte-face. On tire sur eux, mais sans résultats, par suite de l'interposition d'un pli de terrain.

Le capitaine Stevenin rassemble sa compagnie, puis lui fait former une double ligne de tirailleurs, vers la plaine de Beauficel, où l'ennemi s'était aussi reformé, à environ 400 ou 500 mètres de nos tirailleurs. Le capitaine ordonna le feu ; des dragons furent tués ou blessés Un détachement de l'escadron se dirigea sur Beauficel, où nos hommes le poursuivirent, sans toutefois pouvoir l'approcher à moins de 300 mètres. Un nouveau feu fit tomber de nouveaux dragons

Les francs tireurs revenaient sur Lyons, lorsqu'ils apprirent qu'une petite reconnaissance allemande venait d'entrer dans ce bourg.

Le capitaine Stevenin prit des dispositions qui amenèrent la capture de sept uhlans du 1er régiment saxon, dont un lieutenant, le comte de Stieglitz, qui, le lendemain, envoya une lettre au général de Manteuffel l'informant du fait, en rendant hommage à la compagnie de francs-tireurs d'Elbeuf qui avait eu de bons procédés pour lui et ses cavaliers, et enfin, en priant Manteuffel d'user de réciprocité envers les Français qui seraient pris par les Allemands.

Sur un ordre des autorités supérieures, nos francs-tireurs quittèrent Lyons pour Fleury-sur-Andelle, où ils arrivèrent vers sept heures du soir. Ils apportaient avec eux les lettres de la poste de Lyons. On dirigea ensuite la compagnie sur Rouen ; il était trois heures et demie du matin quand elle arriva dans cette ville, avec ses prisonniers.

Quant à la compagnie des Eclaireurs de la garde nationale d'Elbeuf, capitaine Julien, elle était restée aux avant-postes de Ferrières, au-dessus de Gournay. On lui avait fait quitter cette position pendant la nuit du 2 au 3, et, sans vivres, par un froid extrême, elle avait été expédiée, par la forêt de Lyons, et La Feuillie, sur Buchy, où la compagnie, affamée, arriva le samedi 3 vers une heure du soir. Il lui fut impossible de trouver du pain.

C'est que Buchy et ses environs étaient alors occupés par plus de 20.000 hommes, venus de tous les points du département et d'ailleurs. On voulait faire là un semblant de résistance à l'invasion.

Plus de 18.000 Français, ce jour-là, restèrent l'arme au pied à Buchy et aux alentours, sans qu'aucun ordre leur fût donné.

Les quelques compagnies qui agirent le firent de leur propre initiative. Les Eclaireurs d'Elbeuf avaient été placés, par le commandant Barrot, dans un petit bois situé en plaine et en arrière des troupes aux prises avec l'ennemi.

Toute la matinée se passa ainsi, bien que le canon et la fusillade ne cessassent pas. Enfin, vers deux heures de l'après-midi, le commandant Lefort, c'est-à dire le duc de Chartres, aide de camp du général Briand, apporta l'ordre de battre en retraite. Nous le répétons, plus de 18.000 Français reculèrent sans avoir brûlé une cartouche, devant les quelques milliers d'Allemands qui voulaient entrer à Buchy. Nos troupes étaient cependant remplies de bonne volonté, mais il ne se trouva personne pour les commander. Le général Briand, leur chef, était resté à Rouen toute la journée. Sa conduite lui fut reprochée par la presse rouennaise et par tous ceux, officiers ou autres, qui suivirent les événements

Les Eclaireurs d'Elbeuf arrivèrent à Rouen, le soir à onze heures. Ne pouvant obtenir de billets de logement à une heure si tardive, ils se séparèrent pour aller passer la nuit où chacun d'eux put. Le lendemain, ils se réunirent à quatre heures du matin, pour marcher sur Isneauville, où, disait on, un combat allait être livré aux Allemands pour les empêcher de prendre Rouen.

Pendant la nuit du 4 au 5, la municipalité de notre ville s'était tenue en permanence, et quand elle eut reçu le télégramme du capitaine St-Hilaire-Dufour, elle avait fait battre la générale, afin de rallier tous les volontaires et les gardes nationaux qui n'avaient pu partir.

A deux heures du matin, la garde nationale de Caudebec, à peine équipée et mal armée, s'était bravement rendue au secours de ville Rouen.

Au moment où les gardes nationaux retardataires et les volontaires elbeuviens et caudebécais allaient partir aussi pour le chef-lieu, le commandant Leseigneur arrivait à Elbeuf à la tête de son bataillon, et rendait compte de la véritable situation et de l'inanité de la défense !

Le 5, le maire de notre ville reçut ce nouveau télégramme, parti de Rouen à 3 heures 20 du matin :

« Le bruit court qu'ennemi a passé Seine à Pont-de-l'Arche et est à Caudebec-lès-Elbeuf. Est-ce vrai ? — Général Estancelin. »

Cette dépêche fut suivie d'un autre, venue d'Evreux :

« Etablissez d'urgence un service d'estafette entre Rouen et Elbeuf. Renseignez-moi à tou prix et le plus souvent possible, et surtout ne me donnez que des renseignements certains. — Le commandant de la subdivision de l'Eure : Gaude ? »

La capitulation de Rouen, longuement préméditée, avait été définitivement décidée pendant la nuit du dimanche 4 au lundi 5, ce à quoi le fameux général Briand s'était employé, au lieu d'aller se mettre à la tête de l'armée considérable abandonnée à Buchy, bien que prête à combattre.

Les troupes qui avaient campé au nord de Rouen reçurent donc l'ordre de traverser cette ville, de passer sur la rive gauche et de prendre la route de Couronne Bourg-Achard. Tout aussitôt, ces troupes, alors composées de près de 22.000 hommes, se débandèrent et marchèrent pêle-mêle : le spectacle était poignant : ce n'était pas une retraite, mais une débâcle.

En repassant à Rouen, les Eclaireurs d'Elbeuf avaient pris deux pièces de canon, nouveau modèle, que l'on se disposait à jeter à la Seine ; ils les conduisirent jusqu'à Honfleur et le Havre.

La compagnie des francs-tireurs d'Elbeuf forma l'arrière-garde de la désastreuse retraite de Rouen sur Pont-Audemer et Honfleur ; elle emmenait avec elle les prisonniers qu'elle avait faits à Lyons. en les protégeant contre le public, qui leur était fort hostile.

L'ennemi entra à Rouen, à deux heures et demie du soir, avant même que nos troupes eussent complètement évacué la ville. Les Allemands faisaient partie du 8e corps, commandé par le général von Goeben.

Sur la rive gauche de la Seine, l'ennemi s'avançait également. Le lundi 5 décembre, le colonel Thomas, du 41e de marche, avait pris la résolution d'abandonner Vernon et de se replier sur Louviers. Le bataillon de mobilisés d'Elbeuf avait suivi le mouvement. La colonne arriva à Louviers le 6, à deux heures du matin. Le bataillon d'Elbeuf, au complet, partit de Louviers à huit heures du matin et arriva au Neubourg avant midi.

Les Prussiens étant sur le point d'envahir notre ville, M. Courtillet, chef armurier de notre batterie d'artillerie, demanda à la mairie d'Elbeuf, le 6 décembre, au matin, de faire expédier sur Pont-Audemer, et le Havre ensuite, une dizaine de caisses de munitions d'artillerie, obus, boulets pleins, boîtes à mitrailles, fusées et étoupilles ; cent mousquetons de gendarmerie, trente carabines Remington, des caisses de fusils de la garde nationale d'Elbeuf et plusieurs barils de poudre. Après bien des difficultés et des retards, M. Courtillet obtint l'embarquement, à la gare de Saint-Aubin, du matériel confié à sa garde et monta lui-même dans le train. Mais, arrivé à Serquigny, son étonnement fut grand quand il constata que le wagon contenant les armes et munitions susdits ne faisait plus partie du train et était resté à Saint-Aubin. Il supposa, depuis, que les barils de poudre, pris par les Allemands, servirent à faire sauter nos ponts. Qnant au matériel, il fut retrouvé à Cherbourg après la guerre.

A la séance municipale qui se tint ce même jour 6 décembre, dès le matin, M. Buée annonça au Conseil que la ville de Rouen était occupée par les Prussiens et que l'arrivée de l'ennemi à Elbeuf paraissait imminente.

Le Conseil décida de convoquer les officiers de la garde nationale pour connaître leur avis sur le parti à prendre. On décida également d'appeler MM. Lucien Dautresme, Sulpice et autres adjoints par le préfet au Comité départemental de défense.

A onze heures et demie, le Conseil entra en séance.

M. Guérot, chargé d'aller voir M. Dautresme, dit au Conseil que celui ci, considérant que le Comité départemental n'existait plus de fait, n'avait point qualité pour répondre à l'invitation de la municipalité.

Alors, M. Buée prit la parole et s'adressant aux officiers de la garde nationale présents, il s'exprima ainsi :

« Messieurs ; la ville d'Elbeuf, vous le savez, a pris toutes les mesures et fait tous les sacrifices nécessaires pour une défense sérieuse.

« Elle a organisé, habillé, équipé et soldé deux compagnies d'éclaireurs ; elle a habillé ses mobiles ; elle a habillé, équipé et soldé ses compagnies de marche ou de garde nationale mobilisée.

« Elle a également habillé et équipé une partie de la garde nationale sédentaire ;

« Elle a acheté huit pièces d'artillerie, avec tous les accessoires, toutes les munitions nécessaires.

« Enfin, elle a organisé, habillé, équipé et soldé un corps d'artillerie.

« De son côté, Messieurs, je me plais à le reconnaître, la garde nationale a fait son devoir et donné des preuves du dévouement le plus patriotique, en faisant campagne, pendant près de deux mois, à Alizay et Igoville, et tout ré emment en se rendant à Rouen et à Clè es.

« Malheureusement, le général Briand, qui commandait les forces militaires, ayant déclaré tou e défense impossible, la ville de Rouen vient d'être occupée par les Prussiens.

« Notre cité se trouve donc dans un moment suprême L'ennemi est à nos portes ; nous avons, vous comme nous, charge d'âmes. Il faut apprécier nettement la situation et prendre un parti décisif.

« Nous sommes, vous le savez privés de la majeure partie de nos forces vives. Ainsi, nos Eclaireurs, nos compagnies de marche nos batteries d'artillerie, ont été appelés, par ordre supérieur, à la défense du pays, soit à Vernon, soit ailleurs. La garde nationale sédentaire est aujourd'hui notre seule force.

« Dans cette situation douloureuse nous ve ons vous demander si une défense utile peut avoir lieu.

« Nous savons que nous pouvons compter

sur votre courage, sur votre énergie ; ainsi que je viens de le dire, vous en avez donné des preuves incontestables.

« Dites-nous donc, Messieurs, en votre âme et conscience, votre avis sur la possibilité de la défense de notre cité »

Les officiers se retirèrent pour délibérer. Peu de temps après, ils rentrèrent en séance et formulèrent ainsi leur réponse :

« Le corps des officiers de la garde nationale, ayant entendu les observations du Conseil municipal, consulté sur la proposition de défendre Elbeuf, est d'avis que cette défense est impossible. »

Puis les officiers se retirèrent. Après leur départ, une discussion s'engagea. M. Buée demanda ensuite au Conseil s'il adoptait l'avis du corps d'officiers. L'assemblée déclara qu'elle ne pouvait que se ranger à cet avis.

A cinq heures du soir, le conseil municipal se réunit pour la troisième fois.

M. Picard demanda si c'était par les ordres de l'Administration que s'était effectué le désarmement de la garde nationale.

M. Buée répondit qu'il n'avait donné aucun ordre ; que les gardes nationaux avaient fait spontanément la remise de leurs armes.

A la séance que tint, également le 6 décembre, la Chambre de Commerce, M. Aubé, président, exposa que notre ville était sur le point d'être envahie. M. Vassard, expert de l'Intendance militaire de la 2e division à Rouen, qui avait fait, pour le compte du département de la Guerre des achats considérables de draperie sur notre place, lui avait déclaré qu'il était impossible de continuer les livraisons, le chemin de fer ayant cessé ses expéditions sur le Havre depuis l'avant veille, et supprimé tout service depuis le matin du 6; qu'il avait dû autoriser des expéditions, par voie de terre, sur Bernay, Pont Audemer et Honfleur, destinées pour Tours et Angers mais que l'approche de l'ennemi lui imposait la loi, à partir du jour même, dans l'intérêt de l'Etat, de ne plus permettre de pareilles expéditions.

La Chambre donna acte à M. Vassard de sa déclaration.

M. Aubé ajouta qu'il était utile de constater que le sous-intendant à Rouen, M. de Montbéliard, lui avait écrit, à la date du 27 novembre, qu'il viendrait très prochainement à Elbeuf, pour passer des marchés réguliers avec les fabricants qui avaient vendu ; mais qu'en attendant, il donnait tout pouvoir à M. Vassard d'agir, en lui recommandant d'expédier en toute hâte ; qu'en conséquence de cette lettre et d'instructions ultérieures, M. Vassard avait poussé ses achats jusqu'à 300.000 mètres environ, mais que 164.000 mètres seulement, par suite des circonstances, avaient pu être expédiés.

M. Aubé observa que la Chambre avait poursuivi de tout son pouvoir le succès de l'opération et demanda qu'il fût voté des remercîments à MM. Flavigny, Mary et Cabourg, qui avaient prêté à M Vassard le plus utile concours, et notamment à M. Lebourgeois, qui, jusqu'au dernier moment et sans relâche, avait travaillé pour donner aux expéditions la régularité compatible avec les événements. Des remercîments furent votés à l'unanimité.

Le Président dit encore qu'il pensait que

les marchés faits tenaient état, bien que les formalités administratives n'eussent pas été remplies, et que si les livraisons pouvaient se poursuivre, le Département de la Guerre serait tenu d'accepter les étoffes achetées par M. Vassard.

Après échange de diverses observations, on prit cette délibération :

« La Chambre,

« Considérant que, bien que son rôle dans l'opération n'ait pu avoir qu'un caractère purement officieux, il est de son droit comme de son devoir d'émettre une opinion sur les faits qui l'ont accompagnée, reconnaît :

« 1° Que le cas de force majeure suffit pour justifier M. Vassard dans son refus de continuer ses livraisons ;

« 2° Que ses premiers achats ont été faits d'accord avec M. le sous-intendant de Montbéliard et en sa présence, et ont été continués avec son autorisation.

« Est d'avis que l'interruption des livraisons par force majeure ne peut à aucun titre infirmer la validité des marchés consentis par M. Vassard, bien qu'ils n'avaient pas été régularisés dans la forme administrative.

« Emet le vœu que, dans le plus bref délai possible, les vendeurs soient nantis d'une pièce constatant l'achat qui leur a été fait.

« Sur la demande de M. Vassard, certifie qu'il est d'usage sur la place que l'acheteur accorde à son intermédiaire 1 pour 100 pour commission d'achat et visite. »

Quelques jours après, la Chambre de commerce invita son président à écrire à M. Vassard pour le prier de vouloir bien faire tout son possible pour la régularisation des marchés passés avec les fabricants d'Elbeuf ; ce qui fut fait.

M. Vassard répondit qu'au premier jour chacun des vendeurs recevrait les pièces concernant sa livraison.

Ce fut le 6 décembre que les Prussiens se montrèrent pour la première fois dans notre ville. Le matin, on en avait vu en forêt de Rouvray, vers le val Saint-Aubin au-dessus du Château Fouet, venant sans doute reconnaître les abords du Nouveau-Monde et d'Orival.

Vers sept heures et demie du soir, quatre hussards prussiens arrivèrent par la route de Rouen et se dirigèrent de toute la vitesse de leurs chevaux vers le pont suspendu, qu'ils traversèrent. Au hameau des Fourneaux, une de leurs montures s'abattit, avec son cavalier, dans des terrassements qui avaient défoncé la rue. L'homme et le cheval se relevèrent et regagnèrent les autres, puis tous reprirent leur course jusqu'en face d'Oissel.

A partir de ce moment, les deux journaux de notre ville suspendirent leur publication. Le dernier numéro du *Journal d'Elbeuf* porte la date du 1er décembre et le dernier de l'*Industriel* celle du 3.

Pendant ces événements, les mobilisés d'Elbeuf, placés sous les ordres du lieutenant-colonel Thomas, du 41e de marche, quittèrent Vernon et se rabattirent sur Louviers, avec les mobiles de l'Ardèche. Cette retraite de huit lieues s'opéra pendant la nuit. A deux heures du matin, le mardi 6, la colonne arrivait à Louviers. A huit heures du matin, la troupe se dirigea sur le Neubourg.

Le mercredi 7, les mobilisés d'Elbeuf partirent du Neubourg pour se diriger vers Monfort-sur-Risle, par Brionne. Le même jour, le lieutenant-colonel Thomas quitta également le Neubourg, avec le 41e de marche, et gagna Serquigny, où il réquisitionna un train qui l'emporta à Pont-l'Evêque. Cet officier supérieur était considéré comme subordonnant bien des choses à son ventre, et l'on disait qu'il recherchait les grasses garnisons et le bon vin.

Le 7, les Allemands arrivèrent à Criquebeuf-sur Seine et établirent un poste dans celui qu'occupait précédemment la garde nationale de la commune.

Ce même jour, à dix heures du matin, à Elbeuf, le Conseil municipal s'étant assemblé, M. Buée exposa que, dans les tristes circonstances où la ville était placée, il y avait encore des dépenses indispensables, et demanda un crédit de 4.000 francs, qui fut immédiatement voté.

Dans la séance de l'après-midi, M. Chennevière proposa qu'un état en règle des réquisitions que pourrait faire l'ennemi fût dressé et payé par la ville.

La population de notre ville s'entretint, le soir de ce jour-là, des bruits les plus contradictoires. Les uns assuraient que nos armées étaient victorieuses sur la Loire et autour de de Paris, que le prince Charles de Prusse était prisonnier et que le roi Guillaume était sur le point d'être pris à Versailles. D'autres, au contraire, affirmaient que les Prussiens avaient repris Orléans et que le général Aurelle de Paladines était blessé.

Le jeudi 8, vers huit heures du matin, cinq cavaliers prussiens, dont deux officiers, vinrent prendre possession de la ville d'Elbeuf et annoncer l'arrivée de 2.000 fantassins.

Cette troupe fit, en effet, son entrée dans notre ville, par la route de Pont-l'Arche, en jouant la *Marseillaise !*

Le général commandant von Gœben s'installa au Grand-Hôtel, avec son état major, et le reste de la colonne fut logé chez les habitants.

Les Allemands se rendirent au nouvel hôtel de ville, qu'ils inaugurèrent en en faisant leur quartier général. Devant la porte d'entrée, ils placèrent deux pièces de canon, qui furent chargées devant le public que leur présence avaient attiré. Dans ce public, on remarqua des femmes de mauvaise vie, dont les provocations lancées envers l'ennemi soulevaient le cœur.

Le Conseil municipal s'était réuni à dix heures du matin ; il était plongé dans la consternation. L'invasion à Elbeuf, dit M. Buée est un fait accompli.

Il demanda l'autorisation de signer des bons de réquisitions de toute nature. Il ajouta : « Afin de favoriser les approvisionnements, il convient que la Ville garantisse aux fournisseurs les bestiaux et denrées qu'ils apporteront ». Cette proposition fut adoptée.

MM. Beaudouin, Picard, Courel, Deslandes, Guérot et Chennevière, aidés par l'architecte de la ville, furent chargés de s'occuper de l'organisation du logement des troupes allemandes, notamment en ce qui concernait les chevaux et leur nourriture, et tout ce qui se rattacherait aux réquisitions. Les chevaux des Prussiens étaient au nombre de 150 environ.

A la seconde séance municipale, qui eut lieu à cinq heures du soir, M. Buée rendit compte au Conseil de la visite qu'il venait de faire au général commandant le détachement prussien.

L'objet le plus important de l'entretien avait été l'approvisionnement de la ville. M. Buée espérait que les fournisseurs obtiendraient l'autorisation d'entrer à Elbeuf et d'en sortir.

Le maire annonça que le lendemain, à dix heures du matin, les propriétaire des chevaux devraient les faire conduire au Grand Hôtel, pour les réquisitions qui pourraient être faites.

Les magasins de la ville fermèrent à la fin du jour. Le temps s'étant radouci, la neige tombée la veille en abondance fondit et transforma nos rues en cloaques ; à la nuit, elles étaient à peu près désertes car, tristement, chacun s'était renfermé chez soi.

Les autorités allemandes firent publier la note suivante :

« Quartier général à Rouen,
ce 8 décembre 1870.

« Comme le préfet de la Somme, celui du département de la Seine-Inférieure a quitté son poste au moment de l'entrée de la première armée de Sa Majesté le roi de Prusse, dans la capitale du département.

« L'ordre de l'administration est l'intérêt de l'armée, mais plus encore celui de la population.

« Je charge M Cramer, conseiller de Sa Majesté le roi, des affaires de la préfecture du département de la Seine-Inférieure, en engageant tous les lieux d'administation de s'adresser à lui en cas de besoin, et de lui obéir en tout point.

« Le baron E. DE MANTEUFFEL,
« Général en chef, aide de camp général de Sa Majesté le roi de Prusse. »

Ce même jour, 27 cavaliers prussiens allèrent explorer Bourgtheroulde et ses environs. Après avoir saisi la correspondance à la poste, démonté les appareils télégraphiques, ils partirent pour Bourgachard, emportant, dans une voiture, les armes qu'ils avaient trouvées à Bourgtheroulde.

Ce même jour, également, les mobilisés d'Elbeuf et le commandant Goujon étaient partis de Montfort et gagnèrent péniblement, à cause d'un ouragan accompagné de pluie et neige, le bourg de Lieurey, à onze heures du matin.

Les mobilisés commencèrent à quitter Lieurey vers deux heures, mais à minuit il y restait encore des hommes. L'entrée à Thiberville, où la colonne se rendit, dura tout le jour et la nuit.

CHAPITRE XI

(DU 9 AU 24 DÉCEMBRE 1870)

L'ENNEMI QUITTE MOMENTANÉMENT ELBEUF. — FAITS DE GUERRE. — NOUVEAUX EXPLOITS DES FRANCS-TIREURS ELBEUVIENS. — RÉQUISITIONS ET VIOLENCES DES ALLEMANDS. — LA CIRCULATION EST INTERDITE ; ELBEUF MANQUE DE VIVRES. — DESTRUCTION DES DEUX PONTS DE SAINT AUBIN. — L'ENNEMI FORTIFIE LA PRESQU'ILE DE COURONNE. — LA COMPAGNIE STÉVENIN AU COMBAT DE BOLBEC.

A la séance municipale, tenue le 9 décembre à cinq heures du soir, M. Chennevière, au nom de la commission chargée du logement des troupes allemandes et des réquisitions, présenta le détail des nombreuses demandes qui lui étaient couramment adressées. Elle ne pouvait suffire à la pénible tâche dont elle était chargée et réclamait que tous les membres du Conseil, à tour de rôle, fussent désignés pour répondre à ces réquisitions.

Suivant ce qui avait été convenu avec l'autorité prussienne, tout ce qui serait demandé passerait par le contrôle de l'autorité centrale et du comité du conseil municipal.

Le Conseil, se rendant à la demande de la commission des réquisitions arrêta un roulement de ses membres, jour par jour, pour le service de ces réquisitions, Ce service serait fait par six membres et de façon qu'il y eût toujours trois membres de la veille et trois nouveaux.

Ce même jour les Allemands quittèrent notre ville et retournèrent vers Rouen.

Le 10, à dix heures du matin, le Conseil municipal vota des remerciements aux sapeurs-pompiers pour le dévouement et l'abnégation avec lesquels ils avaient rempli leur devoir jusqu'au moment de l'invasion allemande, et l'empressement qu'ils avaient mis à reprendre le service de garde après l'évacuation de la ville par l'ennemi.

Le Conseil décida ensuite d'envoyer des éclaireurs dans diverses directions, afin d'avoir des renseignements. Il en partit sur la Bouille, Louviers, Rouen et même jusqu'à Serquigny.

L'assemblée vota également des félicitations à M. Lagny, qui avait servi d'interprète avec les Allemands, et de même à M Beucken.

Ce même jour, dès cinq heures du matin, le bataillon de mobilisés d'Elbeuf, en retraite vers la basse Normandie, quitta Thiberville pour se rendre à Bernay, où étaient les mobiles de l'Eure, et où arrivèrent également les mobiles des Landes et le 41e régiment de marche. Bernay était devenu tête de ligne, et tous les fournisseurs de draps et de vêtements pour le gouvernement français y apportaient d'Elbeuf, à travers les lignes prussiennes, leurs ballots à destination de Bordeaux. Pendant leur séjour à Bernay, les mobilisés furent témoins d'une tentative d'assassinat sur le général Guilhermi, qu'un Elbeuvien, caporal dans la 4ᵉ compagnie, M. Henri Mècre, protégea contre ses assassins. Dans la lutte, notre concitoyen eut la cuisse traversée par une balle.

La compagnie de francs-tireurs d'Elbeuf, capitaine Stevenin, était arrivée au Havre le 7, presque sans souliers et mal vêtue ; cependant, sur sa demande, elle avait été immédiatement dirigée sur Sanvic, où elle avait campé pendant deux jours. Le 9, à Gainneville, où elle coucha, son avant garde avait essuyé le feu d'une reconnaissance de dragons allemands. Le lendemain, elle alla prendre son cantonnement au château Ancel, à Gonfreville-l'Orcher.

Le dimanche 11, M. Stevenin fut prévenu par ses sentinelles avancées qu'un poste de cavalerie était en vue. Le capitaine disposa sa compagnie et attaqua les cavaliers, dont huit furent tués et une vingtaine blessés ; du nombre de ces derniers était le commandant de l'escadron.

Quant à la compagnie des Eclaireurs de la garde nationale d'Elbeuf, elle était restée au Havre, d'où elle fit, les jours suivants, des reconnaissances à Harfleur, et vers les forts de Tourneville et de Sainte Adresse.

Le 12, le Conseil municipal d'Elbeuf s'assembla à deux heures du soir

M. Buée entretint ses collègues de deux soldats prussiens restés à l'hospice de notre ville ; il fut décidé qu'ils seraient gardés à la disposition de l'autorité de leur pays.

Le Conseil autorisa l'administration à donner une garantie de 50.000 fr., au nom de la ville d'Elbeuf, au Comptoir de la Main-d'œuvre pour pareille somme de bons, à l'effet de payer les ouvriers employés dans les divers chantiers de la ville.

Le 13, une compagnie d'infanterie saxonne arriva à Saint-Aubin et s'installa dans l'ambulance établie à la manufacture Roze. Cette compagnie fit apporter des masses de fumier et des barils que l'on remplit de sable et disposa en barricades à l'entrée de chacun des trois ponts, côté de Saint-Aubin. Cette compagnie repartit quatre jours après.

Au mercredi 14 décembre, les francs tireurs d'Elbeuf se trouvaient sur le plateau d'Orcher, au-dessus d'Harfleur, à la ferme et au château de M. Ancel.

Les Eclaireurs elbeuviens et la batterie d'artillerie d'Elbeuf étaient toujours au Havre, à la disposition du commandant de la place

Quant aux mobilisés d'Elbeuf, ils étaient restés à Bernay.

Les Allemands continuaient à faire des reconnaissances d'Oissel à Orival ; ils relevèrent le plan du plateau qui domine la Seine, et les chemins de la forêt de Rouvray vers le Val-Saint Aubin.

Des cavaliers explorèrent aussi une partie de la forêt de La Londe.

A Saint-Aubin, l'ennemi continuait à élever des barricades à l'entrée des ponts.

C'est de ce même jour 14 décembre que date la publication du premier numéro du *Moniteur officiel de Rouen*, redigé par l'administration allemande. Il vécut trois mois et quatre jours. Quant au *Journal de Rouen* et au *Nouvelliste de Rouen*, ils avaient arrêté leur publication le lendemain de l'arrivée de l'ennemi dans leur ville.

Depuis ce moment, on ne recevait, à Elbeuf, de nouvelles d'origines françaises que par les journaux du Havre, de l'Eure, du Calvados et accidentellement par quelques autres.

A l'assemblée du Conseil municipal, ouverte le 15, à 10 heures du matin, le maire annonça l'arrivée, dans cette même matinée, d'un général en chef allemand accompagné de quatre autres généraux, qui seraient logés au Grand-Hôtel. 170 chevaux et de l'infanprussienne étaient également en route pour Elbeuf.

En passant par Oissel, deux compagnies d'infanterie allemande se livrèrent à des violences dans la mairie de cette commune.

La Londe reçut la première visite de Prussiens ce jour-là. Ils étaient au nombre d'environ 600. Ils établirent plusieurs postes, notamment un au château du Pavillon d'Orival, d'où, les jours suivants, partirent des patrouilles pour surveiller les routes de la forêt et la voie du chemin de fer.

Dans la même journée, 3.000 Allemands, avec 300 chevaux, venant de Beaumont-le-Roger par le Neubourg, occupèrent Bourg theroulde, aux frais des habitants.

A une seconde séance municipale, tenue le même jour à deux heures du soir, M. Buée exposa que, par suite de la nouvelle occupations d'Elbeuf par les Prussiens, la ville avait été obligée de faire face à des nombreuses réquisitions de toute nature, atteignant et dépassant peut-être même 10.000 fr.

Pour couvrir ces dépenses, le Conseil vota

immédiatement un crédit de 10.000 francs; et attendu qu'en l'absence, au chef-lieu du département, de l'autorité supérieure, il autorisa le receveur municipal à payer d'urgence les mandats qui lui seraient présentés, jusqu'à concurrence de cette somme, qui fut promptement épuisée.

Dans cette même séance, le Conseil prit une délibération longuement motivée, dont voici les conclusions :

« Le Conseil municipal d'Elbeuf demande avec les plus vives instances que le plan déposé par la Compagnie d'Orléans à Rouen, représentée par MM. de Villermont et Cucheval-Clarigny, ses administrateurs délégués, soit adopté ; que la ligne soit concédée à cette Compagnie et que les travaux de terrassement soient commencés immédiatement, en y employant les ouvriers d'Elbeuf et de la circonscription, que la suspension des travaux industriels laissent sans travail. »

Le vendredi 16 « à quatre heures et demie du soir », M. Buée reçut du sieur Muller, lieutenant en second de la 6e compagnie du 43e régiment d'infanterie prussienne, un paquet de lettres et affiches de la préfecture allemande de Rouen.

Entre autres papiers, se trouvaient une proclamation du préfet Cramer et un avis de réquisitions à fournir par la ville d'Elbeuf « pour le jour-même à neuf heures du matin », portant sur 30 chevaux, 15 voitures et 15 cochers.

M. Buée informa le préfet Cramer de la réception tardive de sa lettre et lui adressa comme pièce justificative l'attestation du lieutenant Muller.

A la séance municipale qui se tint ensuite, on décida e n'éclairer les cadrans de l'horloge de Saint Jean que jusqu'à dix heures du soir.

Vers six heures du soir, une trentaine de Prussiens envahirent le domicile de M Ch. Billard. rue Henry, et y restèrent jusqu'au lendemain matin. Ils volèrent, dans cette maison, du linge, des effets d'habillement, une montre en or et 150 fr. en espèces. De plus, ils burent 80 bouteilles de vin, 15 litres d'eau de-vie, 6 litres de liqueurs, et s'emparèrent de sucre, de café, de pain, de beurre, de confiture, etc.

Chez une dame Decroix, des cavaliers allemands firent pour plus de 400 fr. de dégâts.

Ce même jour, un bataillon d'infanterie prussienne et une compagnie de pionniers s'établirent à Saint Aubin. Les pionniers prirent la garde auprès des ponts.

Dans la matinée, un corps de 15.000 Allemands, parti de Rouen et d'ailleurs, traversa Bourgtheroulde et marcha dans la direction de Brionne. Mais ayant essuyé quelques coups de feu à Boscherville, la colonne retourna à Bourgtheroulde. Le général allemand s'attendait à une attaque des Français, car il fit mettre plusieurs pièces d'artillerie dans la plaine et éleva des barricades autour du bourg, qui, pendant cinq jours, resta sans communication avec le dehors, et dont les habitants souffrirent horriblement des vexations de l'ennemi

Ce même jour également, le bataillon de mobiles d'Elbeuf, étant à Bernay, reçut de Brionne, du lieutenant-colonel Thomas, la nouvelle qu'une armée prussienne marchait sur cette dernière ville. L'état-major et le général Guilhermi s'émurent, à tort, car Thomas n'avait envoyé cet avis que pour justifier sa fuite de Brionne, sans même en prévenir son général. Par suite, d'autres corps de troupes partirent bientôt vers le Calvados, et l'armée de l'Eure ne fut bientôt guère représentée que par le bataillon des mobilisés d'Elbeuf, qui lui même partit pour Thiberville et Lisieux.

A la séance municipale du samedi 17 décembre il fut décidé que le maire écrirait au préfet Cramer pour le prier de favoriser l'arrivée des charbons nécessaires à l'industrie d'Elbeuf.

Le dimanche 18, la compagnie des francs-tireurs Stevenin d'Elbeuf, partit du plateau d'Orcher pour une reconnaissance sur Saint-Romain-de-Colbosc, et, de concert avec six hommes du 3e régiment français de hussards, attaqua une soixantaine de dragons prussiens. La fusillade dura une heure ; l'ennemi eut deux hommes tués et sept blessés, mais il reussit à faire prisonnier un de nos hussards.

Le lundi 19, le Conseil municipal se réunit trois fois.

A la séance de dix heures du matin, M. Buée informa ses collègues qu'un exprès, envoyé par le préfet allemand de Rouen, avait apporté la veille une affiche pour la réquisition temporaire de chevaux, de voitures et de conducteurs. Il fallait que les 15 voitures et les 30 chevaux demandés fussent rendus à Rouen le 20 à neuf heures du matin.

Le Conseil se sépara pour que chacun de ses membres pût prendre des renseignements à l'effet de satisfaire à cette réquisition.

A la séance tenue à une heure du soir, il

fut dit que 16 conducteurs avaient été embauchés à raison de 3 f. par jour ; le Conseil alloua, en outre, 10 fr. à chacun d'eux, pour leur mise en route.

Ensuite, cinq membres du Conseil furent chargés de réquisitionner les 30 chevaux et les 15 voitures.

A 4 heures, se tint la dernière réunion du Conseil.

La commission avait désigné 45 chevaux, pour en prendre 30, et 27 voitures dans lesquelles on en choisissait 15.

L'estimation des chevaux fut faite par M. Félizet, vétérinaire ; celle des voitures par M. Ledrel, charron ; celle des harnais par M. Groult, sellier. On ne put envoyer à Rouen que 13 voitures et 22 chevaux.

De soldats ennemis se livraient chaque jours à des déprédations et exerçaient des violences sur certains habitants qui ne répondaient pas à leurs désirs. C'est ainsi que chez M. Lalouel, tisserand au hameau de la Souche, les Allemands s'emparèrent, du 18 au 20 décembre, de la plus grande partie de ce qu'il possédait, et, en outre, cassèrent et brûlèrent ses chaises. Il estima ses pertes à 137 fr.

Vers la fin du mois, un officier vola un cheval dans l'écurie de M. Ernest Flavigny.

Au 20 décembre, on avait déjà des craintes pour les ponts ; à la séance municipale qui se tint ce jour là, il fut donné connaissance d'une lettre de la Compagnie du gaz, au sujet des mesures à prendre pour le cas où celui portant la canalisation serait coupé par les Allemands. M. Bellest proposa de s'entendre, à ce sujet, avec l'autorité prussienne, ce qui fut accepté.

Une discussion s'engagea ensuite sur les nombreuses réclamations qui se produisaient de la part de personnes se disant être dans l'impossibilité de loger ou nourrir les soldats allemands. Il fut décidé que tous les jours, de neuf à onze heures et de deux à quatre heures, deux membres du Conseil entendraient les réclamations du public.

Le même jour, deux compagnies de soldats allemands s'établirent au hameau du Nouveau Monde, à Orival, et, de là, surveillèrent les abords de la forêt.

Quant au bataillon d'infanterie prussienne qui avait occupé Saint-Aubin pendant trois ou quatre jours, il était parti dès le matin, avait traversé Elbeuf et gagné Bourgtheroulde, où il avait fait de grands dégâts. Il alla coucher à la Bouille, et retourna le lendemain à Saint-Aubin, par Grand Couronne, Orival et le pont du chemin de fer.

Le colonel prussien commandant à Elbeuf fit afficher ce placard :

« AVIS

« Le public est prévenu que, par ordre de l'autorité prussienne, toute circulation au-delà des limites de la ville est interdite de huit heures du soir à sept heures du matin.

« De sept heures du matin à huit heures du soir, les personnes voyageant pour les approvisionnements de la ville et les ouvriers, peuvent circuler sur les lignes de Rouen et de Louviers, et jusqu'au Neubourg, Pont-de-l'Arche et Bourgtheroulde *exclusivement*, sans pouvoir dépasser ces trois points.

« Les voitures qui apportent les approvisionnements venant d'au-delà du Neubourg, doivent être déchargées soit au Neubourg, soit

Amfreville, où elle pourront être rechargées à destination d'Elbeuf.

« La vente des journaux autres que ceux autorisés par l'autorité prussienne est interdite.

« Elbeuf, 20 décembre 1870. »

Le bataillon des mobilisés d'Elbeuf arriva à Beaumesnil ce même jour. Deux de ses compagnies furent détachées à Serquigny et une à Corneville-la-Fouquetière.

Le 20 et le lendemain, plusieurs officiers du génie et un général allemands visitèrent soigneusement le viaduc et le pont d'Oissel-Tourville, afin de s'assurer s'ils étaient ou n'étaient pas minés, et si leur construction permettrait le passage des chevaux et de l'artillerie. Deux jours après, soixante ouvriers furent requisitionnés pour la consolidation de ces ponts ; ils travaillèrent en présence de mille fantassins, de cavaliers et d'une batterie d'artillerie.

Le 20 décembre également, les mobiles d'Elbeuf arrivèrent à Noisy-le Sec. Le lendemain, ils prirent position dans la plaine, entre Bondy et le Drancy. Une action s'engagea vers le Bourget, après laquelle nos mobiles retournèrent à Noisy.

Le 21. M. Buée présenta quelques observations sur les mesures à prendre pour arrêter le passage du gaz vers Saint-Aubin, si la nécessité s'en présentait.

M. Bourdon répondit que l'on pouvait arrêter la circulation du gaz à l'entrée du pont, où des valves avaient été établies. Le public, ajouta t-il, ne circule plus d'ailleurs sur le pont après huit heures du soir ; on pourrait donc, dès à présent, supprimer l'éclairage à partir de l'entrée du pont.

Le maire exposa ensuite la fâcheuse situation de la ville au point de vue des approvisionnements en farines et viandes, alors presque épuisés.

M Bellest, adjoint, était allé, avec les bouchers, auprès du colonel prussien, afin d'obtenir de franchir les limites prescrites pour obtenir des subsistances. Le colonel ne pouvait donner d'ordres pour celles au-delà de Bourgtheroulde, de sorte que les achats à Routot étaient absolument interdits Les bouchers avaient fait une autre démarche, dans le même but, auprès du général de brigade prussien, qui n'avait pas non plus réussi.

Dans cet état, M. Buée proposa au Conseil d'adresser au préfet et au général prussiens, à Rouen, une note conçue en ces termes :

« L'administration municipale de la ville d'Elbeuf regarde comme le devoir le plus impérieux d'appeler l'attention de l'autorité prussienne sur la situation de la ville d'Elbeuf, au point de vue des subsistances.

« Cette situation est des plus graves, des plus inquiétantes. Elbeuf compte près de 22.000 habitants ; les trois cinquièmes au moins de cette population n'ont d'autres ressources que leur travail. Les travaux industriels sont depuis longtemps suspendus dans la plupart des ateliers. La Ville a ouvert des chantiers pour employer le plus grand nombre possible d'ouvriers. Elle distribue, dans toute la mesure que lui permettent ses ressources, des secours en aliments aux indigents hors d'état de travailler. Déjà l'absence de numéraire a été un grand obstacle pour le moyen d'assistance ; on l'a en partie surmonté au moyen de la création d'un papier fiduciaire.

« Mais aujourd'hui tous les efforts vont devenir vains, si la ville d'Elbeuf ne peut plus s'approvisionner, faute de facilités de circulations. Les approvisionnements, notamment en farines et en viandes, arrivent à Elbeuf presque uniquement par deux routes : celles du Neubourg et du Bourgtheroulde ; or, la circulation a été interdite sur ces deux routes.

« Hier, 20 décembre, les bouchers et charcutiers d'Elbeuf, après avoir inutilement essayé de s'approvionner à Rouen, où ils n'ont pas trouvé de marchandises, avaient pris leurs dispositions pour aller acheter des approvisionnements au marché de Routot : ils n'ont pu sortir, malgré leurs vives instances et celles de l'administration, tant auprès du colonel en ce moment à Elbeuf, qu'auprès du général commandant à Grand Couronne.

« Les boulangers ont rencontré les mêmes difficultés pour s'approvisionner par la voie du Neubourg. Ils avaient fait des achats dont ils attendaient la livraison, mais cette livraison ne peut s'opérer, la route n'étant pas libre.

« La conséquence vraiment effrayante de ces mesures, c'est que la boulangerie n'a plus d'approvisionnement que pour un jour ou deux ; que les bouchers, les charcutiers, sont complètement dégarnis aujourd'hui.

« Le poisson, qui apporte ordinairement à l'alimentation un contingent qui n'est pas sans importance, va aussi faire complètement défaut. Il abonde à Dieppe, paraît-il, à tel point qu'on est obligé de le saler ou même de le donner, mais il ne peut arriver à Elbeuf, les voies n'étant pas libres.

« Que va devenir la population d'Elbeuf,

si cette situation inquiétante se prolonge ? Comment pourvoira-t-elle à ses besoins ? Comment les établissements de bienfaisance pourront ils continuer d'assister les nombreux indigents ? Comment enfin les habitants pourront-ils nourrir les soldats prussiens logés chez eux ?

« Si les mesures de rigueur que l'on a cru devoir imposer au point de vue de la circulation se prolongent, c'est pour Elbeuf la famine avec toutes ses horreurs ; et n'aurait-on pas alors tout à redouter de l'effervescence d'une population affamée et réduite au désespoir ?

« Au nom de l'humanité, l'administration d'Elbeuf demande avec les plus vives instances à l'autorité prussienne d'envisager la question sous ses divers aspects et de permettre le rétablissement des communications nécessaires pour l'approvisionnement de la ville. »

Il fut convenu que M. Bellest partirait le lendemain matin à 7 heures et demie, accompagné de deux conseillers municipaux, MM. Beaudoin et Guérot, pour remettre cette lettre, écrite en double, au préfet et au général prussiens.

Ensuite, le Conseil vota un crédit de 10.000 francs en faveur des personnes logeant des soldats allemands, mais ne pouvant les recevoir faute de moyens.

Les Allemands, ce jour-là, évacuèrent Bourgtheroulde et se replièrent vers Grand-Couronne. Quarante d'entre eux se dirigèrent vers Orival, où ils occupèrent la voie ferrée. A partir de ce moment, des détachements allemands se succédèrent chaque jour sur ce point. Un poste prussien fut établi chez Mme Lemarchand, garde-barrière, qui tint un journal des événements dont elle fut témoin et auquel nous ferons quelques emprunts.

Le lieutenant-colonel de Beaumont avait, le 20, donné l'ordre aux francs-tireurs d'Elbeuf d'aller prendre les avant postes à St-Romain-de-Colbosc, où notre compagnie était appuyée de deux bataillons de mobiles de l'Aisne, placés en arrière, et de plusieurs milliers d'hommes.

Le mercredi 21, le capitaine Stevenin obtint du colonel de Beaumont la faveur de faire une reconnaissance sur Bolbec. Un poste, qu'il avait placé sous les ordres d'un sergent, attaqua cinq dragons prussiens, également en reconnaissance tua un de ces cavaliers, en blessa deux autres et tua un cheval

Pendant la nuit du 21 au 22, trois soldats prussiens se présentèrent à la porte de M. Crabit, rue Bourdon ; il leur remit 3 fr. pour aller coucher à l'hôtel. Ils revinrent moins d'une heure après, complètement ivres. M. Crabit refusa de leur ouvrir sa porte. Alors ils entrèrent chez M. Patureau, professeur, visitèrent son logement, occupé par sa femme malade, ses quatre petits enfants et une bonne. Ils offrirent de l'argent à cette fille pour assouvir leur passion. Une scène odieuse dura depuis 10 heures et demie jusqu'à 2 heures du matin, mais sans succès pour les misérables, qui plusieurs fois menacèrent M. Patureau de coups de sabre et cherchèrent à briser les portes. Des scènes de ce genre étaient fréquentes dans cette rue.

A la séance du 22, M. Buée informa le Conseil municipal qu'il s'était entretenu avec un capitaine du génie prussien, lequel lui avait donné l'assurance qu'il le préviendrait

avant de faire sauter la mine du pont, afin que l'on pût prendre des mesures nécessaires pour arrêter le gaz à l'entrée de ce pont.

Il annonça également qu'avis avait été donné, sur l'injonction de l'autorité prussienne, à ceux qui possèdaient de la poudre de la déposer à la mairie.

Le Conseil décida, ce même jour, que les négociants et industriels ayant leurs maisons d'habitation hors d'Elbeuf, ne seraient pas dispensés du logement militaire des troupes allemandes.

A son arrivée au Havre, M. Richer, capitaine commandant la batterie d'Elbeuf, fit des recherches, inutiles, pour retrouver ses munitions et armes, perdues ou restées à la gare de Saint-Aubin. Le 23 décembre, il en fit un nouvel état pour être communiqué aux autorités supérieures.

Avant le 24 décembre, le préfet prussien de Rouen écrivait au maire d'Elbeuf pour l'informer que la circulation des charbons d'industrie vers Dieppe n'était nullement entravée et qu'il était disposé à délivrer des laissez passer aller et retour entre cette ville et Rouen.

Les pionniers Allemands en station à Saint-Aubin reçurent l'ordre de détruire les trois ponts sur la Seine qui réunissent notre ville et Orival avec cette commune

Durant la nuit du 23 au 24, ils coupèrent les câbles du pont suspendu, et, à quatre heures du matin, la moitié du tablier de ce pont, celle du côté de Saint-Aubin à la pile centrale, tomba dans la Seine.

Pendant ce temps, d'autres pionniers allemands minaient le pont tubulaire de la rue de Paris. Vers six heures du matin, le vendredi 24, une épouvantable explosion réveilla beaucoup de personnes : l'ennemi venait de faire sauter ce deuxième pont : la travée du milieu était détruite, et celle du côté de St-Aubin fortement inclinée. Un charretier, nommé Louis-Désiré Lacaille, fut tué par un éclat du pont, ainsi que les deux chevaux de sa voiture.

Environ deux heures plus tard, c'est-à-dire au commencement du jour, une nouvelle explosion se fit entendre : les Allemands avaient tenté de faire également sauter le pont du chemin de fer, à Orival, mais n'y étaient pas parvenus ; ils n'avaient réussi qu'à lui donner une légère déviation. Presque aussitôt, les pionniers se remirent à leur œuvre de destruction, en creusant une nouvelle mine dans une des piles de ce pont.

A la séance du conseil municipal, qui eut lieu à deux heures et demie du soir, le maire exposa que, depuis la veille, de graves événements s'étaient produits. Par suite de la destruction des deux ponts, la ville était privée des approvisionnements venant de St-Aubin ; de plus, le service des bateaux d'Elbeuf à Rouen était interrompu.

M. Quidet demanda si, en présence de ces faits, le Conseil ne devait pas protester. L'administration prussienne avait promis au maire de ne détruire les ponts qu'à la dernière extrémité ; il n'y avait aucun danger imminent, on ne pouvait s'expliquer l'acte de destruction qui avait été accompli.

M. Buée partagea l'opinion de M. Quidet, ne fut-ce que pour servir de document à l'histoire de l'occupation prussienne à Elbeuf.

Le Pont tubulaire, après sa destruction

« Elle a été, dit-il, comme un acte de barbarie que rien ne justifie. »

Le Conseil, à l'unanimité, protesta contre cet acte de vandalisme.

Le maire fit connaître que d'après les mesures prises à Rouen, il ne fallait pas compter sur cette ville pour les approvisionnements en denrées alimentaires et en charbons, car elle en interdisait la sortie.

Ce jour-là, le bataillon des mobilisés d'Elbeuf quitta Beaumesnil pour Beaumont-le-Roger, qui avait été dévasté par les Allemands. Le surlendemain, on le dirigea sur Amfreville la-Campagne, en vue d'un mouvement général contre l'ennemi.

Le 24 également, les officiers supérieurs allemands qui faisaient travailler à la consolidation du pont d'Oissel, craignant une surprise, établirent un poste très nombreux, vers Elbeuf, au hameau de la Roquette, dans la propriété de M. Alfred Grandin, de notre ville. En outre, ils établirent une barricade au pied de la roche du Pignon et une deuxième environ 200 mètres en avant, c'est-à-dire vers Orival.

Ces barricades, qui se prolongeaient jusqu'au fleuve, étaient l'extrémité d'une ligne de défense qui prenait son origine à Grand-Couronne, sur le bord de la Seine, passait par les Essarts, où les Allemands avaient fait abattre des arbres et établi des postes, et fermait ainsi la presqu'île. A noter que ces travaux avaient été commencés par les Français, le 28 novembre, sur le territoire de Grand-Couronne.

Les habitants du quartier des Roches, à Orival, eurent beaucoup à souffrir des mauvais traitements des Prussiens. Leurs pauvres maisons furent pillées, et un vieillard de 76 ans, nommé J.-B. Morel, mourut à la suite d'une chute d'échelle d'où des soldats l'avaient fait tomber et des coups de crosse qu'il avait reçus, couché à terre, à cause d'une jambe qu'il s'était cassée en tombant.

Le lieutenant-colonel de Beaumont, qui avait la plus grande confiance dans les capacités de M. Stevenin, capitaine des francs-tireurs d'Elbeuf, et avait pu apprécier plusieurs fois la valeur de cette compagnie, lui envoya, le samedi 24, à huit heures du matin, deux compagnies de mobilisés, pour, avec la sienne, reconnaître le pays au-delà de Bolbec, vers la route de Rouen. Ce fut pour ce brave capitaine et les volontaires elbeuviens l'occasion d'un beau fait d'armes, que nous allons rapporter.

En traversant Bolbec, les deux compagnies de mobilisés laissèrent leurs sacs dans cette ville, pendant que nos francs-tireurs, gravissant la côte de Rouen, essuyaient le feu de quelques Prussiens.

Le lieutenant Lucien Beer, d'Elbeuf, fait ouvrir deux lignes de tirailleurs, en faisant un feu nourri sur un escadron de dragons allemands qu'ils approchent au pas de gymnastique ; mais l'escadron, s'ouvrant, démasque des tirailleurs ennemis, embusqués dans les fossés de la route et dans la plaine, à quelques centaines de mètres. L'action s'engage avec fureur.

Le commandant Stevenin, à la tête des mobilisés, gravit promptement la côte, stimulé par la fusillade. Il lance une partie de sa colonne en avant, afin de remplir les intervalles de la ligne des tirailleurs elbeuviens, et fait embusquer le reste.

Mais ce n'est plus à quelques tirailleurs et dragons que notre petite troupe doit répondre ; c'est à 12 ou 1.300 hommes d'infanterie, dont le feu, heureusement, est trop haut, tandis que nos troupes tirent avec précision et font, un instant, plier les Allemands, qui abandonnent des morts et des blessés couchés sur la neige.

De nouveaux renforts arrivent à l'ennemi ; alors ses colonnes reviennent sur nous en poussant des cris. L'action se continue cependant ; mais il faut songer à la retraite, car les munitions vont manquer à nos hommes. Il y a près de deux heures et demie que les premiers coups de feu ont été tirés, et aucun renfort ne nous arrive, tandis que le nombre des Allemands augmente sans cesse.

Pendant que les francs tireurs d'Elbeuf, embusqués avec les mobilisés, sur lesquels ils s'étaient repliés, soutenaient de petits sièges dans les fermes et dans les premières maisons de Bolbec, un cavalier du 3ᵉ hussards apporta au capitaine Stevenin l'ordre de gagner immédiatement les hauteurs de la Mare-Carel, sur la route du Havre, où la colonne était déjà formée par le lieutenant-colonel de Beaumont, qui avait reçu au moment d'appuyer nos francs tireurs, un avis du colonel Mocquart, l'informant qu'un corps de 5 à 6 000 Allemands, en dehors des forces engagées contre nous, tournait nos positions, et qu'en cette occurrence, nous devions battre en retraite sans perdre un instant.

Dans cette affaire, l'ennemi eut de 90 à 100 tués, de 180 à 200 blessés. De notre côté, nous ne comptions que cinq tués, dont M. Edmond Lesueur, de Caudebec-lès-Elbeuf, sept blessés et douze prisonniers. Dix-huit charriots furent réquisitionnés par l'ennemi, pour emporter ses morts et blessés.

Outre ce résultat, l'exploit des francs-tireurs d'Elbeuf avait complètement dérouté l'ennemi, qui se proposait de traverser Bolbec en silence pour, avec ses autres troupes, envelopper le régiment Mocquart, engagé vers Nointot.

A la suite de cette affaire, qui aurait pris l'importance d'une véritable bataille si nos francs-tireurs eussent été renforcés des troupes voisines, le colonel de Beaumont complimenta le capitaine Stevenin, et, prenant en considération la fatigue de ses hommes, les envoya pour deux jours au Havre.

Cette journée, veille de Noël, avait été extrêmement froide. Les éclaireurs d'Elbeuf, cantonnés au château Ancel, sur le plateau d'Orcher, avaient bâti à la hâte une douzaine de gourbis en planches et paille, afin de ne pas passer une nouvelle nuit sans abri, par une température de — 14°. Vers huit heures du soir, le feu prit à un de ces gourbis et se communiqua aux autres. La lueur de cet incendie fut aperçue du Havre.

Pendant ces événements la brigade dont les mobiles d'Elbeuf engagés vers Paris faisaient partie avait été envoyée à Bondy, où, trois jours après, elle fut exposée aux obus de l'ennemi. Le bataillon retourna à Noisy-le-Sec.

La Roche du Pignon

CHAPITRE XII

(DU 25 AU 31 DÉCEMBRE 1870)

Nouvelle tentative sur le pont d'Orival. — Deux coups de feu sur les Prussiens ; Elbeuf condamné a 20.000 fr d'amende. — L'armée française de l'Eure marche en avant ; le général Roy. — Les combats du Pavillons et d'Orival ; les mobilisés d'Elbeuf prennent part a l'action — Destruction du pont d'Orival. — Les combats du Chateau-Robert et de Moulineaux. — L'industrie et le commerce pendant l'année 1870.

Pendant la nuit du 24 au 25, un habitant de Caudebec, du nom de Lesueur, avait fait une barricade au bout des jardins Doucet, au moyen d'une voiture remplie de fumier, de pierres et autres matériaux, derrière laquelle il s'abrita et tira deux coups de fusil de chasse sur des officiers allemands qui se rendaient chez M. Hector Suchetet, maire de Caudebec.

Croyant que cette commune renfermait des francs-tireurs, l'ennemi établit une batterie au delà du Tivoli, sur la route de Pont-de-l'Arche, le 25 décembre, et vers huit heures du matin tira plusieurs cours de canon qui endommagèrent des propriétés.

M. Suchetet fut appelé à la mairie par un officier prussien A la suite des explications qui lui furent données, l'officier se retira et cette affaire, qui avait causé une certaine émotion à Elbeuf comme à Caudebec, n'eût pas d'autre suite.

Le soir du 25, des francs-tireurs, cachés derrière l'église de Bourgtheroulde, déchargèrent leurs armes contre cinq cavaliers allemands qui arrivaient à l'entrée du bourg et s'enfuirent aussitôt. Le bruit se répandit à Elbeuf, qu'un combat important avait eu lieu dans cette localité, où il ne s'était passé autre chose que l'incident que nous venons de rapporter.

A la séance municipale du dimanche 26 décembre, M. Buée exposa au Conseil la fâcheuse situation des habitants de St Aubin, par suite de la rupture des ponts, qui les privait de toute communication avec Elbeuf. Il proposa, pour le cas où la circulation serait rétablie entre Rouen et Elbeuf, que l'administration municipale, assistée de deux conseillers municipaux, fît une démarche auprès de l'autorité prussienne à Rouen, pour obtenir qu'une circulation puisse aussi être établie entre Elbeuf et Saint-Aubin. — Cette proposition fut acceptée.

Ce même jour, les Allemands renouvelèrent leur tentative sur le pont d'Orival; mais l'explosion, au lieu de le faire tomber, le redressa, contrairement à l'attente d'un nombreux état-major allemand qui était venu de Rouen, en compagnie d'un général, par le vapeur l'*Eclair*, pour jouir du spectacle de sa ment et vigoureusement conduite, dit-il, cette compagnie s'est toujours distinguée par sa vigueur au feu comme par sa tenue régulière chez l'habitant. Aussi l'ai je choisie toutes les fois qu'il s'est présenté pour elle une mission de confiance, comme celle de remonter la Seine sur nos navires pour en éclairer les rives. »

La lettre se terminait ainsi : « Je déclare, en résumé, n'avoir eu qu'à me louer de ses services, et j'adresse personnellement à son capitaine la part de félicitations qui lui revient. — L. RALLIER, capitaine de frégate, ex commandant supérieur au Havre. »

Le lieutenant-colonel de Beaumont donna, également par lettre, des témoignages de vive satisfaction à M. Stevenin et à sa compagnie.

Le baron de Pfuel reçut le 29, du général de Manteuffel, sa nomination de préfet à Rouen, en remplacement du baron Kramer.

Le lieutenant-colonel prussien de Massow, commandant le détachement des Anthieux-sur-le-Port-St Ouen, adressa cette lettre au maire d'Elbeuf, dans la matinée du 30 :

« Quoique de Dessler vous a fait annoncer qu'on répondrait à toutes les insultes de la part des habitants d'Elbeuf contre nos soldats avec le canon, des gens en civil ont tiré hier sur les dragons de Saint-Aubin.

« A cause de ce fait, j'ai l'ordre de punir la ville d'Elbeuf avec une amende de 20.000 francs (vingt mille), payable en deux heures à partir de ce moment. En cas de refus, je ferai diriger le feu de mes canons sur la ville.

« Saint Aubin, le 30 décembre 1870.

« DE MASSOW. »

destruction. Ce vapeur s'était tenu à distance, vers la limite de Saint Aubin et de Cléon.

L'ennemi s'acharna donc à nouveau sur le malheureux pont, mais ce travail devenait difficile et même fort dangereux, car des mobiles et des francs-tireurs du Neubourg, cachés sur le versant du bois du Pavillon, tiraient presque continuellement sur les pionniers allemands, dont plusieurs furent tués ou blessés. Le capitaine de ces pionniers, qui logeait chez Mme Fraenkel, fut mortellement atteint par un coup de feu de ces francs-tireurs ; le corps de cet officier fut transporté à Rouen.

Le 27, les francs-tireurs occupant Bourgtheroulde attaquèrent une patrouille prussienne, dont l'un des soldats tomba blessé.

A cette date, les troupes françaises du département de l'Eure étaient, depuis dix jours, sous les ordres du général Roy, ancien capitaine d'infanterie, retraité par suite de blessures en Crimée et en Italie.

Les 1er et 2e bataillons de l'Eure étaient à Berville-en-Roumois ; le 2e de l'Ardèche à Boissey-le-Châtel ; le 3e des Landes à Saint-Denis-des-Monts, et le bataillon de la Loire-Inférieure au Neubourg.

Les 26 et 27, les 1er et 2e de l'Ardèche se rendirent à Bourg-Achard ; le 3e de l'Eure à Bourgtheroulde ; le 3e des Landes à Thuit-Hébert ; le 3e de l'Ardèche se porta à Gros-Theil et le bataillon des mobiles d'Elbeuf à Amfreville-la-Campagne.

En arrière-garde, le général de Lauriston commandait les troupes du Calvados, qui occupaient toutes les positions de la Risle, que le général Roy avait quittées pour se porter en avant, vers Elbeuf.

Dans la matinée du 28, plusieurs coups de feu furent tirés, d'Elbeuf du bout du pont de la rue de Paris, sur des soldats allemands qui occupaient Saint Aubin.

Aussitôt, un commandant prussien adressa cette lettre à M. Buée, maire.

« Je vous avise que ce matin, à huit heures, on a tiré cinq coups de feu sur une patrouille de dragons sur notre côté de la rive. Si ce cas se renouvelait il y aurait une heure après une batterie en position, sous le feu de laquelle la ville aurait beaucoup à souffrir.

« Le fait s'est passé au pont de pierre sauté.

« Je préviens les habitants des tristes suites que pourraient avoir un tel fait.

« Saint-Aubin, le 28 décembre 1870.

« DE DRESSLER,
« Capitaine de cavalerie et chef d'escadron. »

Le Conseil municipal se réunit dans la journée. M. Buée lui communiqua cette lettre ; après lecture, l'assemblée décida d'avertir la population de cette menace et du fait qui l'avait motivée. En conséquence, la lettre du Prussien Dressler fut publiée par les rues d'Elbeuf et affichée.

L'administration écrivit en outre à ce commandant pour l'informer des mesures prises par la municipalité.

Ce même jour, le Conseil autorisa l'administration à emprunter 50.000 fr. au Comptoir de la Main d'œuvre pour satisfaire aux nombreux besoins du moment.

Pendant cette même journée, les Allemands firent des réquisitions à Orival.

Ce fut aussi le 28 que les premiers coups de feu furent tirés sur le territoire de la Londe. Quatre Prussiens, de garde à la Bergerie, furent attaqués par des francs tireurs venus de Bourgtheroulde : un tomba mortellement blessé et les trois autres furent emmenés comme prisonniers.

Pendant la nuit suivante, le feu prit à la mairie d'Oissel, par suite de l'imprudence des soldats prussiens qui l'occupaient. Ces soldats étaient des artilleurs du régiment Prince-Royal n° 2.

Le jeudi 29, dans la matinée, les Français et les Allemands qui se trouvaient, les uns sur un versant, les seconds sur l'autre, du côté du Nouveau Monde, séparés par le vallon e[t] la ligne du chemin de fer, échangèrent d[e] nombreux coups de feu.

Voyons, un instant, ce qui se passait su[r] un autre point du département.

Sur un ordre du commandant supérie[ur] Rallier, capitaine de frégate, les francs-tireu[rs] d'Elbeuf et M. Stevenin, leur capitai[ne] avaient été embarqués sur la batterie c[ui]rassée la *Protectrice*, partie du Havre, esc[or]tée de deux canonnières, pour explorer [la] Seine. Nos Elbeuviens devaient, en cas de [be]soin, former la compagnie de débarqueme[nt.] Mais, dès le 29, les glaces empêchèrent la [pe]tite flotille de dépasser Quillebeuf. Elle re[vint] au Havre le lendemain.

Plus tard, le commandant supérieu[r du] Havre, M. Rallier, écrivit au capitaine [Ste]venin qu'il avait toujours considéré les fr[ancs-]tireurs d'Elbeuf comme une heureuse e[xcep]tion parmi tous les corps francs, qu[i lui] avaient tant donné de souci, et que p[endant] toute la durée de la campagne, les f[rancs-]tireurs Stevenin avaient justifié de la [bonne] opinion qu'il en avait eue dès le début.

destruction. Ce vapeur s'était tenu à distance, vers la limite de Saint Aubin et de Cléon.

L'ennemi s'acharna donc à nouveau sur le malheureux pont, mais ce travail devenait difficile et même fort dangereux, car des mobiles et des francs tireurs du Neubourg, cachés sur le versant du bois du Pavillon, tiraient presque continuellement sur les pionniers allemands, dont plusieurs furent tués ou blessés. Le capitaine de ces pionniers, qui logeait chez Mme Fraenkel, fut mortellement atteint par un coup de feu de ces francs-tireurs; le corps de cet officier fut transporté à Rouen.

Le 27, les francs-tireurs occupant Bourgtheroulde attaquèrent une patrouille prussienne, dont l'un des soldats tomba blessé.

A cette date, les troupes françaises du département de l'Eure étaient, depuis dix jours, sous les ordres du général Roy, ancien capitaine d'infanterie, retraité par suite de blessures en Crimée et en Italie.

Les 1er et 2e bataillons de l'Eure étaient à Berville-en-Roumois ; le 2e de l'Ardèche à Boissey-le Châtel ; le 3e des Landes à Saint-Denis-des-Monts, et le bataillon de la Loire-Inférieure au Neubourg.

Les 26 et 27, les 1er et 2e de l'Ardèche se rendirent à Bourg-Achard ; le 3e de l'Eure à Bourgtheroulde ; le 3e des Landes à Thuit-Hébert ; le 3e de l'Ardèche se porta à Gros-Theil et le bataillon des mobiles d'Elbeuf à Amfreville-la Campagne.

En arrière-garde, le général de Lauriston commandait les troupes du Calvados, qui occupaient toutes les positions de la Risle, que le général Roy avait quittées pour se porter en avant, vers Elbeuf.

Dans la matinée du 28, plusieurs coups de feu furent tirés, d'Elbeuf du bout du pont de la rue de Paris, sur des soldats allemands qui occupaient Saint Aubin.

Aussitôt, un commandant prussien adressa cette lettre à M. Buée, maire.

« Je vous avise que ce matin, à huit heures, on a tiré cinq coups de feu sur une patrouille de dragons sur notre côté de la rive. Si ce cas se renouvelait il y aurait une heure après une batterie en position, sous le feu de laquelle la ville aurait beaucoup à souffrir.

« Le fait s'est passé au pont de pierre sauté.

« Je préviens les habitants des tristes suites que pourraient avoir un tel fait.

« Saint-Aubin, le 28 décembre 1870.

« DE DRESSLER,
« Capitaine de cavalerie et chef d'escadron. »

Le Conseil municipal se réunit dans la journée. M. Buée lui communiqua cette lettre ; après lecture, l'assemblée décida d'avertir la population de cette menace et du fait qui l'avait motivée. En conséque ce, la lettre du Prussien Dressler fut publiée par les rues d'Elbeuf et affichée.

L'administration écrivit en outre à ce commandant pour l'info mer des mesures prises par la municipalité.

Ce même jour, le Conseil autorisa l'administration à emprunter 50.000 fr. au Comptoir de la Main d'œuvre pour satisfaire aux nombreux besoins du moment.

Pendant cette même journée, les Allemands firent des réquisitions à Orival.

Ce fut aussi le 28 que les premiers coups de feu furent tirés sur le territoire de la Londe. Quatre Prussiens, de garde à la Bergerie, furent attaqués par des francs tireurs venus de Bourgtheroulde : un tomba mortellement blessé et les trois autres furent emmenés comme prisonniers.

Pendant la nuit suivante, le feu prit à la mairie d'Oissel, par suite de l'imprudence des soldats prussiens qui l'occupaient. Ces soldats étaient des artilleurs du régiment Prince-Royal n° 2.

Le jeudi 29, dans la matinée, les Français et les Allemands qui se trouvaient, les uns sur un versant, les seconds sur l'autre, du côté du Nouveau Monde, séparés par le vallon et la ligne du chemin de fer, échangèrent de nombreux coups de feu.

Voyons, un instant, ce qui se passait sur un autre point du département.

Sur un ordre du commandant supérieur Rallier, capitaine de frégate, les francs-tireurs d'Elbeuf et M. Stevenin, leur capitaine, avaient été embarqués sur la batterie cuirassée la Protectrice, partie du Havre, escortée de deux canonnières, pour explorer la Seine. Nos Elbeuviens devaient, en cas de besoin, former la compagnie de débarquement. Mais, dès le 29, les glaces empêchèrent la petite flotille de dépasser Quillebeuf. Elle rentra au Havre le lendemain.

Plus tard, le commandant supérieur du Havre, M. Rallier, écrivit au capitaine Stevenin qu'il avait toujours considéré les francs-tireurs d'Elbeuf comme une heureuse exception parmi tous les corps francs, qui lui avaient tant donné de souci, et que pendant toute la durée de la campagne, les francs-tireurs Stevenin avaient justifié de la bonne opinion qu'il en avait eue dès le début. « Sagement et vigoureusement conduite, dit-il, cette compagnie s'est toujours distinguée par sa vigueur au feu comme par sa tenue régulière chez l'habitant. Aussi l'ai je choisie toutes les fois qu'il s'est présenté pour elle une mission de confiance, comme celle de remonter la Seine sur nos navires pour en éclairer les rives. »

La lettre se terminait ainsi : « Je déclare, en résumé, n'avoir eu qu'à me louer de ses services, et j'adresse personnellement à son capitaine la part de félicitations qui lui revient. — L. RALLIER, capitaine de frégate, ex commandant supérieur au Havre. »

Le lieutenant-colonel de Beaumont donna, également par lettre, des témoignages de vive satisfaction à M. Stevenin et à sa compagnie.

Le baron de Pfuel reçut le 29, du général de Manteuffel, sa nomination de préfet à Rouen, en remplacement du baron Kramer.

Le lieutenant-colonel prussien de Massow, commandant le détachement des Anthieux-sur-le-Port-St Ouen, adressa cette lettre au maire d'Elbeuf, dans la matinée du 30 :

« Quoique de Dessler vous a fait annoncer qu'on répondrait à toutes les insultes de la part des habitants d'Elbeuf contre nos soldats avec le canon, des gens en civil ont tiré hier sur les dragons de Saint-Aubin.

« A cause de ce fait, j'ai l'ordre de punir la ville d'Elbeuf avec une amende de 20.000 francs (vingt mille), payable en deux heures à partir de ce moment. En cas de refus, je ferai diriger le feu de mes canons sur la ville.

« Saint Aubin, le 30 décembre 1870.

« DE MASSOW. »

M. Buée fit assembler le Conseil municipal, auquel il donna lecture de la réponse qu'il se proposait de faire au colonel prussien et qui était ainsi conçue :

« Le maire de la ville d'Elbeuf, officier de la Légion d'honneur.

« A M. de Massow,

« Lieutenant colonel, commandant du détachement aux Authieux.

« Je reçois à l'instant votre dépêche portant que des gens en civil ont tiré hier sur les dragons à Saint-Aubin.

« Les renseignements qui ont été donnés ne sont pas exacts. Si quelques coups de feu ont été tirés, malgré mes avertissements, c'est par des belligérants et non par des habitants.

« La population est donc entièrement étrangère à ce fait, et il serait contraire à tout droit, à toute justice, de vouloir l'en rendre responsable.

Le Maire, BUÉE.

« Elbeuf, 30 décembre 1870, onze heures et demie du matin. »

Après cette lettre, M. Flavigny s'exprima à peu près en ces termes :

« Je pense qu'il serait désirable que M. le maire rendît le service à la ville de se rendre auprès du commandant prussien pour parlementer, en lui donnant des explications sur la manière dont les faits se sont passés, et en l'invitant, pour en éviter le retour, de vouloir bien faire placer des sentinelles moins en vue des gens d'Elbeuf. Tous pouvoirs lui seraient donnés, même pour traiter la question d'indemnité et pour transiger au besoin sur ce point. »

Plusieurs membres appuyèrent cette proposition, guidés, dirent-ils, par la question d'humanité.

M. Picard ne fut point d'avis que la ville payât une indemnité quelconque. « On veut, dit il, lui infliger une amende pour un fait qui ne lui est pas imputable ; payer l'indemnité c'est, à mon avis, reconnaître la culpabilité. Je préfèrerais subir les rigueurs de la force, sans traiter. »

M. Chennevière partagea l'opinion de M. Picard. Les mêmes faits peuvent se renouveler, dit-il, l'indemnité votée ne pourrait empêcher un bombardement de la ville.

M. Buée mit aux voix la question de savoir si la réponse qu'il avait proposée était adoptée et si elle serait envoyée immédiatement.

12 membres se prononcèrent pour l'envoi et 11 contre. En conséquence, la lettre fut expédiée par exprès.

Quant à la proposition de M. Flavigny, on la scinda en deux parties.

La première : « Une députation, composée du maire et de deux conseillers municipaux, sera envoyée à Saint-Aubin » fut adoptée à l'unanimité.

La seconde : « Tous pouvoirs sont donnés à M. le maire auprès du commandant prussien, même pour traiter la question d'indemnité », fut adoptée par 18 membres contre 5.

M. Béranger s'offrit pour accompagner M. Buée, et M. Bourdon fut désigné par acclamation pour compléter la députation.

Le Conseil municipal se réunit de nouveau, le même jour, à deux heures après-midi. M. Buée rendit compte à l'assemblée de ses démarches.

Les délégués avaient rencontré, à Orival,

le garde champêtre de Saint-Aubin, apportant la réponse du commandant prussien, qui persistait dans ses prétentions.

La députation avait continué son chemin pour aller présenter des observations au colonel de Massow et le faire revenir sur sa détermination. Elle était accompagnée de M. Lagny, interprète. et se rendit à Orival, au bout du pont du chemin de fer.

Les délégués avaient été reçus, sous un hangar, par le lieutenant-colonel de Massow. Cet officier s'était tout d'abord refusé à entendre aucune observation.

M. Buée lui avait observé que, dans tous les pays, quand on se plaçait sur le terrain de la raison et de la justice, on devait toujours avoir le droit d'être entendu. Après avoir établi l'erreur existant sur la qualité de ceux qui avaient tiré des coups de feu, qui étaient non des civils, mais deux militaires, M. Buée s'était exprimé ainsi :

« La prétention de punir la ville de prétendus torts résultant de ce fait n'est donc nullement justifiée. La ville ne peut être raisonnablement rendue reponsable des opérations militaires, en dehors desquelles elle se trouve, ni des coups de feu qui peuvent être échangés de part et d'autre.

« D'ailleurs, depuis l'occupation d'Elbeuf par les troupes ennemies, la force publique a été complètement désarmée. Elle était donc hors d'état de s'opposer aux actes dont on veut lui faire supporter la responsabilité. »

Le colonel prussien, tout en reconnaissant que la population était étrangère à l'attaque isolée dont il se plaignait, avait opposé que l'on aurait pu employer pour la faire cesser des moyens coerci ifs, au besoin même des coups de bâton.

M. Buée avait répondu que si de tels moyens pouvaient être employés dans d'autres pays, ils étaient tout à fait contraire aux mœurs françaises, et reprouvées d'ailleurs par la civilisation.

Mais coupant court à la discussion, le colonel avait ainsi conclu :

« J'exécute un ordre qui m'a été donné ; je ne puis m'en départir.

« Aujourd'hui, nous sommes les vainqueurs ; demain, la fortune peut nous être contraire. En attendant, nous usons du droit du plus fort.

« Bref, j'entends que satisfaction soit donnée à ma demande, et cette satisfaction doit être intégrale, car j'avais reçu l ordre d'exiger 40.000 fr et j'ai pris sur moi de réduire l'amende à 20.000 fr. Jusqu'à ce que cette somme soit payée, la députation devra rester en otage ».

M. Buée avait répondu avec force :

« Je conteste le droit de retenir la députati n, qui est venue librement. Au surplus, un axiome de droit, qui doit être aussi connu dans votre pays que dans le nôtre, dit que : « Celui qui a terme ne doit rien ».

« L'heure fixée pour le paiement de l'indemnité n'est pas arrivée ; jusque-là nous ne devons rien. Si à l'heure indiquée l'amende que vous nous infligez n'est pas payée, vous pourrez bombarder la ville, puisque telle est votre intention et que nous ne pouvons vous en empêcher ; mais rien ne vous autorise à exiger que nous restions plus longtemps. »

Le lieutenant-colonel avait persisté, malgré

ces observations, à retenir des otages. Cependant il avait invité le maire et M. Bourdon à se retirer, mais en retenant MM. Béranger et Lagny

Après de nouvelles protestations contre de pareils procédés, en invoquant le titre de parlementaire dont la délégation était revêtue, qualité niée par le colonel, qui ne la reconnaissait qu'à des militaires, M. Buée s'était offert de rester, et M. Bourdon également, à la place de M. Béranger ; mais celui-ci s'y était refusé.

Sur l'invitation réitérée de l'officier prussien, MM. Buée et Bourdon avaient dû se retirer.

Le colonel avait seulement accordé jusqu'à trois heures du soir pour payer les 20.000 fr.

Le Conseil, après avoir entendu ce douloureux récit, décida de payer l'amende imposée, afin de faire délivrer les otages. MM. Grandin et Beaudouin furent désignés par le sort pour aller porter les 20.000 fr. au commandant prussien.

Le matin de ce même jour, le colonel Thomas avait reçu du général Roy l'ordre de se porter en avant, sur la Maison Brûlée, pour en chasser les Allemands qui disait on, occupaient ce point. Le colonel avait avec lui les 1er et 2e bataillons de l'Ardèche, le 3e des Landes. Le 3e de l'Eure, parti de Bourgtheroulde, et plusieurs compagnies de francs tireurs devaient traverser la forêt de La Londe et enlever les postes établis par l'ennemi le long de la ligne du chemin de fer de Serquigny et aux abords du Château-Robert. Enfin, le 1er bataillon de l'Eure devait également traverser la forêt et arriver sur la ligne Pintard, vers la Mare à Loups, afin de prêter main-forte soit à la colonne marchant sur la Maison-Brûlée, soit à celle chargée d'opérer contre les Prussiens du Château Robert.

Dans les jours précédents, les mobilisés d'Elbeuf, sous les ordres de leur commandant Goujon, avaient fait, d'Amfreville-la-Campagne, des reconnaissances dans la direction de Saint-Ouen du Tilleul, où des cavaliers ennemis étaient signalés, puis le bataillon s'était rendu à Thuit-Signol, en vue d'un mouvement offensif.

En exécution des ordres du général Roy, le bataillon était ensuite allé à La Londe, dans la journée du 29, vers deux heures du soir, repoussant les avant postes ennemis, qui se replièrent vers la forêt et les hauteurs d'Orival.

Le général Roy annonça à M. Goujon qu'il lui envoyait, pour une attaque générale, un renfort composé de cinq compagnies de l'Ardèche, les francs-tireurs de l'Eure et quatre obusiers de montagne. Avec ces forces, le commandant Goujon devait s'emparer des hauteurs d'Orival et s'y maintenir. Le commandant plaça les francs tireurs à l'avant-garde, les mobiles de l'Ardèche à gauche et le bataillon d'Elbeuf au centre et à droite.

Le mouvement devait commencer le vendredi 30, à neuf heures du matin ; mais au moment de partir, le général fit savoir qu'il fallait attendre jusqu'à une heure du soir, moment où un autre corps de troupe allait attaquer les Allemands établis vers la Maison-Brûlée et au Château-Robert.

Il faisait très froid et un ouragan de neige s'abattait sur La Londe. A midi, la colonne quitta le village et entra dans la forêt.

Les francs-tireurs chassèrent les Prussiens du château du Pavillon. Voici, au sujet de ce combat, un extrait du journal de M. Golvin, capitaine des francs-tireurs de Louviers :

« ... Je me dirigeai sur le Pavillon d'Orival. En arrivant au rond-point (il n'y avait pas de poste ennemi), je déploie en tirailleurs, de chaque côté de la grande allée, une partie de la compagnie qui devait attaquer de front les deux côtés du Pavillon ; je laisse dix hommes sur la route d'Elbeuf, pour surveiller ce point en cas de surprise. Je me porte avec le reste de la compagnie dans la direction des hauteurs dominant la route de Couronne, au-dessous d'Orival, près du chemin principal, situé à environ 1.000 mètres du Pavillon et qui fait commnniquer cette route avec le rond point. Le mouvement s'effectue sous bois.

« Tout à coup une violente décharge se fait entendre sur ma tête, puis une fusillade bien nourrie des deux côtés. Je crus à l'attaque du Pavillon ; mais c'était un poste placé à l'intersection de plusieurs sentiers dont le principal y conduisait ; les sentinelles s'étaient repliées et venaient de faire feu sur la fraction de ma compagnie qui tournait le Pavillon.

« La ligne des postes ennemis est trouée au centre. Les Prussiens se précipitent, pour gagner Orival, sur la pente rapide et presque impraticable du rocher ; mais suivis de près par la section du Neubourg qui tire à bout portant ; ils perdent une cinquantaine des leurs.. »

Pendant ce combat des hauteurs d'Orival le commandant Goujon avait été blessé à la jambe gauche, d'un coup de feu. La balle traversa les chairs, sans offenser les os ni les muscles.

Le soldat Buron de la 8ᵉ compagnie (Caudebec), fut atteint à l'épaule par une balle, qui lui occasionna seulement une forte contusion, sans entamer les chairs.

Le général Roy, ce même jour, écrivit une lettre, datée de Bourgtheroulde, dans laquelle il donnait à M. Goujon ses éloges pour la manière dont il avait conduit l'affaire, tout en lui exprimant les regrets que lui causait la blessure reçue.

Le lendemain, M. Buée adressa également des félicitations à M. Goujon et au bataillon des mobilisés d'Elbeuf. La lettre du général Roy au commandant fut communiquée à la population de notre ville.

M. Turgis a laissé des notes sur les événements militaires qui eurent lieu à Orival et dont il fut en grande partie témoin. Voici ce qu'il rapporta :

Pendant que les francs-tireurs opérèrent dans les bois du Pavillon, M. Goujon avait divisé ses troupes en deux colonnes ; il les dirigea sur les hauteurs d'Orival, l'une par le Chemin Pavé et le Rond de la Lune, l'autre par le chemin de la côte Saint-Auct. La première se composait des mobiles de l'Ardèche et de quelques obusiers de montagne, et la seconde des mobilisés d'Elbeuf.

Il gagna sans coup férir le sommets des monts d'Orival, d'où l'on apercevait très distinctement l'ennemi, établi à Saint Aubin.

Les Allemands avaient quatre pièces pointées sur Elbeuf ; une partie des artilleurs et un nombreux groupe de fantassins étaient autour d'un grand feu au hameau de Bas-Fourneaux. Les soldats du génie travaillaient à miner le pont du chemin de fer. Les maisons du Gravier étaient occupées par l'ennemi.

Le commandant Goujon prit ses dispositions pour l'attaque. Il fit mettre ses obusiers en batterie de chaque côté du château du Pavillon, et donna l'ordre à ses hommes de se déployer en tirailleurs parallèlement à la Seine et au chemin de fer de Serquigny.

Vers une heure et demie, il fit ouvrir le feu par sa petite artillerie, dont il ne tarda pas à reconnaître l'insuffisance. L'artillerie prussienne de Saint Aubin avait, au contraire, d'excellentes pièces, très bien servies. Elle n'eût qu'à se reculer d'une centaine de pas pour se mettre hors de portée de la nôtre et engager le feu sans courir aucun danger. Ses projectiles traversèrent le château du Pavillon à plusieurs reprises, et, fort heureusement pour nos troupes, dépassèrent de beaucoup leur position.

Nos petites pièces, reconnues inutiles, furent mises à l'abri, et les tirailleurs engagèrent une vive fusillade avec les Prussiens embusqués dans les maisons du Gravier et dans la ferme du Nouveau-Monde.

Nos fusils à tabatière, comme nos obusiers, manquaient de portée et ne purent seconder que bien imparfaitement la bonne volonté de nos troupes. Le feu n'en continua pas moins jusqu'à la nuit. Les Prussiens eurent une vingtaine d'hommes mis hors de combat. De notre côté, le commandant Goujon fut blessé à la jambe. Il se rendit à l'ambulance du Pavillon, pour faire panser sa blessure, et fut remplacé par M. de Montgolfier, chef du 3e bataillon des mobiles de l'Ardèche.

Pendant le combat, des curieux étaient

allés au calvaire de la côte Saint-Auct, mais un obus prussien, tiré de Saint Aubin, dispersa la foule.

Nous transcrivons ici un autre passage du journal de M. Golvin, capitaine des francs-tireurs de Louviers, concernant plusieurs incidents de cette journée du 30 décembre, pendant laquelle les Allemands redoublèrent d'activité pour faire sauter le pont d'Orival.

« Ma compagnie occupa seule, de sept heures du matin à une heure et demie du soir, après en avoir délogé l'ennemi, le Pavillon et les hauteurs dominant Orival. Je rendis compte au commandant Goujon de ce qui venait de se passer...; une heure s'écoule en pourparlers. Le bruit des marteaux prussiens redoublent d'intensité; leurs artilleurs se croisent les bras et nous regardent. Ils ne voulaient pas tirer; mais ils voulaient qu'on leur laissât le temps de faire sauter le pont d'Orival. Cette hésitation, ce retard étonnèrent quelques officiers; ils vinrent trouver le commandant dans une chambre du Pavillon. Je me permis de lui faire une demande, à laquelle il me répondit :

« Je viens de recevoir une dépêche de M. le
« maire d'Elbeuf; les Prussiens l'ont averti
« que si l'on tirait un seul coup de fusil sur
« eux, ils bombarderaient la ville! Je vais
« envoyer un rapport au général, pour lui
« faire savoir que j'occupe la position qu'il
« m'a désignée, et attendre ses ordres ».

« Et, en effet, il se mit à dicter un rapport.
— Mais n'entendez-vous pas, lui dis-je, qu'une partie de ma compagnie est encore engagée ?
— « Ha ! répondit-il, s'il nous force la main...
« nous verrons ».

« La fusillade continue ; le pont se mine, se mine toujours Nous voyons passer des chariots contenant probablement la poudre pour charger la mine ; c'est du moins, l'avis général.

« Ce même jour dans l'après midi, des délégués du conseil municipal d'Elbeuf passèrent par Orival pour aller verser, entre les mains des Allemands, le montant d'une amende de 20.000 fr. qui avait été infligée à la ville, pour un coup de feu tiré sur une de leurs sentinelles, et qui devait être payée le jour même, à trois heures, au hameau des Bas-Fourneaux à Saint-Aubin.

« Ils traversaient le pont au moment de l'engagement nos troupes ne les reconnurent pas, malgré le drapeau blanc qu'ils arborèrent ; elles crurent, au contraire, à une ruse de l'ennemi et se gardèrent bien de ralentir leur feu. Les délégués auraient assurément couru de très sérieux dangers si, au lieu de fusils à tabatière, nos soldats eussent été armés de chassepots. Heureusement, aucun d'eux ne fut atteint ».

Voici ce qui s'était passé du côté de Moulineaux :

Les mobiles du bataillon de Louviers, dirigés par M. de Bonnechose, capitaine d'une compagnie du bataillon de Louviers, qui connaissait bien la forêt de La Londe, attaquèrent un poste de Prussiens placé dans la première maisonnette qui se trouve sur la ligne de Serquigny après la gare de La Londe, en descendant vers Elbeuf. Les Prussiens s'enfuirent, en abandonnant leurs armes, vers le nord et traversèrent la ligne forestière Pintard.

En même temps, le lieutenant colonel Thomas s'avançait sur la Maison Brulée. Il avait sous ses ordres, ainsi que nous l'avons déjà dit, les mobiles de l'Eure, les 1er et 2e bataillons des mobiles de l'Ardèche, le 3e bataillon des mobiles des Landes plusieurs compagnies de francs-tireurs et quelques pièces de canon des mobiles des Côtes-du-Nord, des Basses-Pyrénées et du Calvados.

La Maison Brûlée ayant été évacuée par l'ennemi, on ne s'y arrêta guère. Les francs-tireurs, sous les ordres du capitaine Trémant, de Caen, et le bataillon de Louviers partirent à la conquête du Château-Robert. Une vive fusillade commença, mais dura peu, l'ennemi abandonnant la position pour s'échapper par la route de Couronne. A deux heures, nos troupes étaient maîtresses du mamelon où se trouvait jadis le vieux château anglo-normand.

Le bataillon des mobiles d'Evreux, sous les ordres du commandant de Rostolan, fut envoyé à la poursuite de l'ennemi. La route de Couronne, passé Moulineaux, était barricadée par des chevaux morts et des voitures brisées, mis en travers de la route par les Prussiens ; nos troupes ne purent passer.

Alors des mobiles gravirent les champs du Grésil et entrèrent dans le bois, afin d'aller en avant, en suivant parallèlement la grande route. D'autres, plus hardis, restèrent sur cette route. De ce nombre était le lieutenant Conrad Bochard de Champigny, qui fut mortellement blessé par un éclat d'obus, un peu avant d'arriver au château du Grésil, à l'endroit où l'on a élevé un monument à sa mémoire. Les pièces prussiennes étaient massées sur le flanc du coteau, à peu près au point où se trouve la gare actuelle de Grand-Couronne, La fusillade dura presque jusqu'à la nuit.

Nos troupes revinrent vers Moulineaux et passèrent la nuit dans ce village et sur les hauteurs de la Mare Dotte et du Château-Robert. Les mobiles de Fleury-sur Andelle et de Lyons-la-Forêt occupèrent les abords de la maison forestière.

Un assez grand nombre de mobiles avaient été blessés par les éclats d'obus et nous comptions également plusieurs morts, mais les pertes de l'ennemi furent supérieures, et notre colonne avait conquis un point stratégiques important, car il fermait aux Allemands l'entrée du Roumois.

Le Conseil municipal d'Elbeuf tint, ce même jour, une troisième séance, qui s'ouvrit à cinq heures du soir.

M. Buée donna lecture du reçu de 20.000 fr délivré par le chef prussien de Massow.

M. Bourdon proposa de prendre des mesures pour prévenir le retour de faits semblables ; par exemple, d'organiser la garde nationale, sans armes, pour faire un service d'ordre public — L'assemblée nomma une commission. composée de MM. Beaudouin, Thézard et Chennevière, pour examiner cette proposition

Cette commission consulta les officiers de la garde nationale, qui, d'un avis unanime. déclarèrent qu'il y avait lieu de compter sur le bon vouloir des gardes nationaux pour prêter leur concours pacifique pour le but que l'on proposait. Toute latitude fut laissée au commandant Leseigneur pour régler les détails de cette organisation.

Par suite de la blessure de M. Goujon, le

commandement du bataillon des mobiles d'Elbeuf était passé à M. Klerian, capitaine adjudant-major, et la direction du mouvement, dans la forêt de La Londe et à Orival, au capitaine Reboulet de l'Ardèche.

Le 31, au point du jour, les francs-tireurs de Louviers recommencèrent la fusillade. Leur lieutenant, M. Alfred Gaston Buée, tomba mortellement frappé par une balle ennemie ; il ne put être enlevé que le soir, à cause de la grêle de projectiles qui tombaient sur ceux qui s'en approchaient. Son corps fut transporté au Neubourg, où demeurait sa famille.

Pendant que les Lovériens soutenaient un engagement contre les Prussiens installés sur le flanc du Câtelier, au hameau du Gravier, à Orival, une colonne d'environ 600 Allemands déboucha par le chemin des Essarts et monta l'ancienne route de La Londe, dans l'intention de tourner nos troupes ; mais elle eut affaire avec les mobiles de l'Ardèche, placés en grand'garde et abrités par des barricades, heureusement, car ils faillirent être surpris.

Une fusillade générale commence, chacun étant embusqué derrière son arbre ; des hommes tombent des deux côtés ; mais le désavantage était pour nos troupes, qui auraient été définitivement enveloppées, sans le secours des 7e et 9e compagnies du bataillon de mobiles d'Elbeuf. Le combat avait lieu à 50 mètres, aussi nos fusils à tabatière valaient-ils, à cette petite distance, les fusils à aiguille des Allemands, qui se décidèrent enfin à regagner leurs positions, derrière la ligne du chemin de fer de Serquigny, poursuivis par les nôtres. Vingt Allemands étaient mis hors de combat ; plusieurs étaient allés tomber dans une grande tranchée, près du passage à niveau n° 30, quelques-uns dans la cour de la ferme du Nouveau-Monde, d'autres enfin sur la voie ferrée même.

De retour sur leurs positions, les Allemands se reformèrent et commencèrent un feu roulant qui dura jusqu'à la nuit. Trois des mobiles furent mortellement atteints et quatre blessés. Le curé d'Orival inhuma les morts, avec l'aide de voisins Le lieutenant Duchemin, des francs-tireurs de Louviers, qui s'était imprudemment avancé dans la sente du Fourneau, fut mortellement frappé, ainsi que le lieutenant Védie de la légion de Rouen.

Nous devons particulièrement mentionner, parmi nos pertes du 31 décembre, celle d'un brave ouvrier maçon d'Orival, nommé Désiré-Alexandre Lefebvre, qui, les jours précédents et malgré la claudication très prononcée dont il était atteint, avait guidé nos troupes dans la forêt de La Londe, faisant preuve en cela d'une rare énergie. Ayant pris un fusil pour combattre à côté des nôtres et après avoir couché un Prussien sur le flanc, une balle allemande l'atteignit à l'épaule. Transporté à l'hospice, il y mourut treize jours après, laissant une femme infirme et quatre enfants en bas âge.

Cependant il est incontestable que l'ennemi perdit plus d'hommes que nous, malgré l'infériorité de notre armement et de notre force numérique. Mme Lemarchand, qui observait avec beaucoup d'intelligence ce qui se passait aux environs de sa maison de garde-barrière, estima qu'il n'y avait au Nouveau-Monde, ce jour-là, que 300 Français et que les Allemands étaient au nombre de 1.000 ou 1.200.

Cependant, les pionniers allemands n'avaient pas cessé, malgré les balles, de miner le pont ; ils en étaient à la neuvième mine, les huit premières n'ayant pas donné les résultats qu'ils cherchaient. Vers sept heures et demie du soir, une nouvelle et formidable explosion, mêlée de hurras frénétiques, apprit à tous que le pont était détruit.

Les pionniers ayant accompli leur infernale tâche quittèrent Saint-Aubin, en même temps que le bataillon d'infanterie qui occupait aussi cette commune.

Du côté de Moulineaux, voici ce qui se passa pendant cette même journée :

Manteuffel, ayant appris la perte de la précieuse position du Château Robert, lança de nouvelles troupes sur Moulineaux, notamment le 41e régiment et un bataillon du 1er régiment d'infanterie prussienne, appuyés d'une batterie d'artillerie placée sur la route de Couronne à Elbeuf

La grand'garde française établie à Moulineaux se replia. Deux avant-postes que nos troupes possédaient, l'un dans la forêt, sur la ligne du chemin de fer, l'autre sur le monticule que l'on voit en avant du Château-Robert, du côté de la maison forestière, furent enlevés, dans un mouvement tournant, par l'ennemi, qui arriva bientôt au Château-Robert même, malgré la belle résistance d'une trentaine de francs-tireurs d'Evreux, commandés par le capitaine Thionnet, et des mobiles des Landes.

Entouré par les Prussiens, M. Thionnet songea à se rendre ; mais se rappelant tout à coup que ses hommes n'avaient pas d'uniformes et qu'ils seraient probablement fusillés, il sauta à la gorge d'un capitaine prussien, et, braquant un revolver sur sa personne, lui tint ce langage :

« Promettez-moi qu'il ne sera fait aucun mal à mes francs-tireurs, ou je vous tue ! »

Surpris et tout tremblant, le capitaine jura ce qui lui était demandé. L'ennemi nous fit là 72 prisonniers, qui furent envoyés à Grand-Couronne et enfermés dans l'église.

Pendant cette surprise, le général Roy était arrivé de Bourgtheroulde. Alors, une compagnie de mobiles des Landes, commandée par le capitaine de Behr, et une de l'Ardèche, capitaine Tournaire, avancent par la ligne forestière de La Londe. Tout à coup, voilà que le lieutenant-colonel prussien Hulligen, accompagné de quelques hommes, tombe au milieu de nos soldats.

Les Allemands lèvent la crosse en l'air ; nos hommes s'en approchent, les font prisonniers et échangent leurs coiffures avec eux. M. de Behr dit alors au colonel prussien de lui rendre ses armes. Celui-ci lui répond impertinemment : « Vous êtes trop jeune, mon ami ; c'est, au contraire, vous qui êtes mon prisonnier ! »

Le capitaine français se précipita sur le lieutenant-colonel prussien, qui lui tire deux coups de revolver. La mêlée devient générale. On vit un mobile et un soldat allemand, qui s'étaient pris corps à corps, dérouler la pente sans se lâcher, et l'on a rapporté que deux mobiles français, s'étant violemment disputé la possession d'un fusil, le coup partit et tua raide un soldat prussien.

La comédie jouée par le colonel prussien avait eu pour but de donner le temps d'arriver à un détachement de son régiment qui le suivait à peu de distance.

Pendant cette affaire, plusieurs escouades prussiennes battirent la forêt jusqu'aux Longs-Vallons et la ligne de Serquigny, alors que, de notre côté, une section de compagnie, venue également de Bourgtheroulde, descendit dans le vallon par la ligne forestière du Grésil. Mais le gros de l'action devait se passer sur le plateau de La Bouille et Moulineaux.

Nos troupes avaient dû se replier jusqu'à la Maison-Brûlée, où se trouvaient les deux compagnies de mobiles de Montfort et de Bourgachard, placées sous les ordres du commandant Ferrus. Ces deux compagnies et des francs-tireurs marchèrent audacieusement vers le Château-Robert, à travers bois, en fusillant les Prussiens qu'ils rencontraient. A son tour l'ennemi recula, et nos mobiles gagnèrent enfin, toujours en tiraillant, le plateau du vieux château, que les Prussiens abandonnèrent, la plupart par le chemin creux descendant vers l'église de Moulineaux. Le 1er bataillon de l'Ardèche, commandant M. de Guibert, arriva presqu'en même temps au Château-Robert que les mobiles de l'Eure.

De cette hauteur, nos hommes purent facilement voir sur la route de Couronne une très nombreuse troupe ennemie qui, s'étant reformée, s'avançait, en gravissant le côteau, pour reprendre le plateau. Une fusillade terrible s'engagea ; les Prussiens tombaient, et le sol, sur une longueur de plus d'un kilomètre, en était jonché. L'ennemi dut employer de nombreux charriots pour enlever ses morts et ses blessés, qu'il conduisit à Rouen, où leur arrivée impressionna autant les Allemands que les Rouennais.

L'année finissait donc, au moins dans notre région, dans des conditions favorables à nos armes. Ajoutons que, du côté de Bolbec, on avait promis à nos troupes d'aller faire les Rois à Rouen : c'en était assez pour leur redonner du courage, après un commencement de campagne si désastreux.

L'insuccès relatif des Allemands, dans la journée du 31, ne fut pas reconnu par l'ennemi ; car dans une dépêche adressée de Versailles à Berlin, à la date de ce jour, il était dit que le général de Manteuffel avait envoyé cinq bataillons de Rouen vers des forces françaises venues de Brionne jusqu'à Moulineaux et Grand Couronne, et que ces bataillons avaient été « en partie dispersés et en partie jetés dans le château-fort de Robert-le-Diable, pris d'assaut par les Allemands ». Suivant cette dépêche, les Français comptaient beaucoup de morts et on leur avait fait 100 prisonniers, parmi lesquels, disait-on, se trouvait le chef des francs-tireurs de la contrée.

Sur un officier prussien, tué quatre jours après, on trouva un récit du combat du 31 décembre, doit voici quelques passages :

« ... Moulineaux, par la nature, est gigantesquement fortifié : à la gauche, il est situé au pied d'une montagne ; à la droite dans une vallée impénétrable, et ses devants sont couverts de haies, qui offrent à l'infanterie les meilleures cachettes.

« ... Inébranlables, nous défilâmes, fanions en tête, devant le lieutenant-colonel Hulligen, commandant de notre régiment, qui avait dû se replier la veille, n'étant pas en force. Il se plaça à la tête de notre première compagnie et la conduisit à l'assaut des hauteurs à gauche : nous enlevâmes la position et nous nous trouvâmes nez à nez avec les Français, à deux pas d'eux... Les Prussiens furent victorieux

« ... Nous avons sept morts, vingt-et-un blessés. Nous avons fait prisonniers un capitaine, un lieutenant, un sergent-major et soixante-douze soldats, que j'ai conduits sous bonne garde, dans l'église, par ordre du commandant. Nous avons passé la deuxième nuit à la belle étoile, par un froid de 12°, sans manger et, à cause de l'attente, sans fermer les yeux.— Voilà ma nuit de la Saint Sylvestre en France. »

Cette lettre, pas plus que la dépêche, ne parlait de la reprise du Château-Robert par les Français.

Etant au Havre, le 31 décembre, le capitaine Stevenin reçut la lettre suivante de notre ancien concitoyen, M. A. Moreau, alors maire d'Harfleur :

« Votre belle conduite devant l'ennemi, dans l'affaire de Bolbec, mérite les plus grands éloges et doit être appréciée de tous les bons patriotes ; aussi, Monsieur, je ne veux pas laisser passer, sans vous adresser mes félicitations, une aussi belle action.

« Demain est le 1er janvier ; permettez-moi de vous offrir, pour votre compagnie, un petit sac de café et un petit fût d'eau de vie, ainsi que mes compliments pour vous et les hommes que vous avez l'honneur de commander,

« De la part de votre serviteur : A. MOREAU. »

Au bas de cette lettre, on lisait :

« Je joins mes félicitations à celles de M. le maire d'Harfleur, et me plais à reconnaître la bonne tenue et les bons services de la 1re compagnie des francs-tireurs d'Elbeuf. — Le commandant supérieur : L. RALLIER. »

Nous détachons les passages suivants d'un rapport, présenté à la Chambre de Commerce, au sujet des affaires industrielles et commerciales pendant l'année qui finissait.

« La guerre avec la Prusse ayant été déclarée le 14 juillet, le second semestre de 1870 s'est pour ainsi dire ouvert avec l'état de guerre ; aussi est-ce à partir de cette époque qu'un ralentissement considérable, prélude d'un désarroi et d'une stagnation complète, s'est fait sentir dans toutes les branches de notre industrie, dont la vitalité, malgré les rudes atteintes des traités de commerce, ne s'était pas démentie depuis 1848.

« Notre place, pendant la première période de la guerre, c'est-à-dire pendant les mois de juillet, d'août et jusqu'à l'investissement de Paris, a fait les plus grands efforts pour lutter contre le découragement général et ne pas suspendre brusquement le travail. Beaucoup de fabricants, voulant occuper aussi longtemps que possible leurs ouvriers, ne diminuèrent leur production que le jour où ils virent clairement que toutes leurs ressources allaient disparaître dans un stock considérable de marchandise en magasin.

« La livraison des articles d'hiver commissionnés, qui avait commencé en juin, s'était continuée dans une certaine proportion jusqu'au 15 septembre, tant à Paris que dans la province et à l'étranger, et il fut expédié d'Elbeuf, dans d'assez bonnes conditions, 962.000 kilog. brut de draperies, environ les deux tiers de ce qui sort à l'époque correspondante dans les années ordinaires.

« Mais une fois l'ennemi sous les murs de Paris et nos départements successivement envahis, la situation se trouva complètement modifiée. Toute chance d'écoulement devenait impossible, le chômage se produisit dans beaucoup de fabriques. Les teintures ne reçurent plus d'autres laines que quelques bleus destinés aux fournitures de l'armée, et la plupart des filatures cessèrent d'être alimentées régulièrement, ainsi que les fouleries et les autres établissements à façon. La crainte de voir leurs chevaux et leurs voitures réquisitionnés sur les routes empêcha encore les voituriers du dehors de venir chercher à Elbeuf le peu de laines ou de draps qu'on était encore disposé à leur confier, de sorte que notre ville, privée d'activité et de circulation, conserva pendant l'occupation étrangère un aspect morne et silencieux. »

Pendant l'année 1870, notre fabrique n'employa que pour 22.736.700 fr. de laines, soit une différence en moins sur 1869 de 13.753.398 francs. La valeur des draps fabriqués fut estimée à 51.400.000 fr., soit une diminution de 39.600.000 fr. comparativement à l'année précédente.

Disons tout de suite que l'ensemble des achats faits par le gouvernement à Elbeuf, pendant la guerre, se chiffra par environ cinq millions de francs, dont trois millions et demi applicables à l'année 1870.

CHAPITRE XIII

(Du 1ᵉʳ au 12 Janvier 1871)

Les Eclaireurs de Normandie. — Fusillades a Caudebec et a Saint-Pierre. — Les Allemands marchent sur Moulineaux. — Combats d'Orival, du Chateau-Robert, de la Maison Brulée, de La Londe et de Bourgtheroulde. — Le général Roy. — Nouvelle évacuation d'Elbeuf par nos troupes. — Retour de l'ennemi. — Nos mobiles sous Paris. — Les autorités d'Elbeuf et le préfet prussien.

Le premier jour de l'année 1871, un dimanche, fut des plus tristes, bien que les succès remportés par nos troupes entre Orival et la Maison Brûlée eussent un peu relevé le moral de nos concitoyens. Ce jour eut une certaine analogie avec le 1ᵉʳ janvier 1640, alors que notre localité était occupée par les « fléaux de Dieu », commandés par le terrible Gassion. Un chroniqueur de cette époque rapporte qu' « en ceste année 1640, il n'y a point eu d'estrennes, ny chanté le roi boit ». De même en 1871, les visites et fêtes de familles furent généralement supprimées, malgré le retour de nos mobilisés, auxquels on avait accordé de passer vingt-quatre heures dans leurs foyers, en raison de leur belle conduite.

Ce même jour, le capitaine adjudant-major Klérian fut avisé que son bataillon allait partir pour le Neubourg et qu'il serait remplacé à Orival par un bataillon de l'Ardèche et un bataillon breton, cantonnés au Neubourg.

Des patrouilles françaises échangèrent, mais sans résultat, quelques coups de fusil avec des Allemands en reconnaissance vers les Longs-Vallons.

A cette date, les francs-tireurs d'Elbeuf étaient au Havre, attendant des ordres ; la batterie d'artillerie elbeuvienne était également dans cette ville. Quant aux Eclaireurs de la garde nationale, ils passèrent le 1er janvier aux environs de Beuzeville-Breauté.

La journée du lundi 2 se passa en reconnaissances partielles vers la route d'Oissel et la forêt de Rouvray. Dans la soirée, cinq francs-tireurs du Calvados traversèrent la Seine sur les ruines du pont d'Orival, dans l'intention d'aller surprendre un poste de Prussiens qu'ils supposaient être à la gare de Saint-Aubin, mais ce poste avait été évacué.

La batterie prussienne établie en avant de Grand-Gouronne lança, dans cette journée, une dizaine d'obus sur Moulineaux, en exécution d'un ordre donné par le colonel de Boëking ; il envoya également une reconnaissance dans ce village, mais qui se replia immédiatement, après avoir essuyé le feu de nos hommes occupant le Château-Robert.

Des dissentiments s'étant élevés entre les généraux Lauriston, commandant des troupes du Calvados, alors cantonnées sur les hauteurs de la Risle, et Roy, qui exigeait du premier des renforts, notamment de l'artillerie restée inactive, le ministre de la guerre donna un congé au général Lauriston et plaça sa colonne sous le commandement du général Roy, à dater du 2 janvier.

Les bois de M. Prevost, près de la Saussaye, furent dévastés pendant la journée du 2 et les jours suivants. D'après un procès-verbal du commissaire de police, on coupa ou scia 12.283 arbres âgés de 32 ans au moins.

A la séance municipale qui eut lieu le lundi 2, M. Buée exposa au Conseil qu'un chef d'artillerie et un capitaine des mobiles de l'Eure étaient venus faire des réquisitions régulières.

Un lieutenant de la compagnie des Eclaireurs de Normandie s'était également présenté le matin ; on avait mis la caserne à sa disposition. Un peu après, était venu le capitaine, qui avait fait au maire une demande de gilets, caleçons, chaussures, etc. M. Buée l'avait invité à faire une réquisition en la forme ordinaire, en proposant de lui faciliter les moyens d'avoir les effets qui lui étaient nécessaires.

Ce capitaine, nommé Tremaut, avait refusé, en ajoutant la menace à sa demande.

Le Conseil municipal, en présence d'une pareille attitude, et pour éviter le retour d'un fait aussi regrettable de la part d'un officier français fut d'avis que le général Roy, commandant le corps d'armée dont l'état-major était à Bourgtheroulde, fût immédiatement informé de la conduite de cet officier par des délégués du Conseil.

M. Picard proposa, avant d'user de ce

moyen de rigueur, que l'on fit à l'égard du capitaine des Eclaireurs de nouvelles offres de livrer sur réquisition en règle.

Le Conseil se rendit à cet avis, et l'on suspendit la séance jusqu'au moment où reviendrait cet officier, qui, lorsqu'il se présenta de nouveau, accepta ce qu'on lui proposait. En conséquence, on ne porta point de plainte au général.

Ce ne fut seulement que le 3 janvier que les budgets pour l'année 1871 furent votés. Les prévisions de dépenses pour la ville étaient évaluées à 1.114.187 fr. Le budget de l'hospice présentait 65.518 fr. au même chapitre. Le Bureau de bienfaisance chiffrait ses dépenses par 54.900 fr.

Dans cette même séance, on décida de faire revenir à Elbeuf les meubles de l'ambulance de Saint-Aubin, que l'on ne pouvait plus utiliser par suite de la destruction des ponts.

Dans la matinée de ce même jour, vers neuf heures, au moment où les mobilisés d'Elbeuf se disposaient à partir pour le Neubourg, deux cavaliers allemands, venus de Pont-de-l'Arche probablement, s'avancèrent, à la faveur d'un épais brouillard, jusqu'à l'église de Caudebec et déchargèrent leurs mousquetons sur des mobiles des Landes qui se promenaient. Alors ceux-ci se dirigent vers la mairie et, avec leur camarades, gagnent la forêt. Mais des francs-tireurs tirent sur les Allemands, sans les atteindre.

Le capitaine Klérian fait sonner le clairon à Elbeuf, et bientôt part pour Caudebec, avec environ 200 mobilisés de notre ville. Nos hommes sont reçus par des obus que l'ennemi leur envoie de Martot.

Informés que des cavaliers prussiens sont à la Villette et à Griolet, nos mobilisés les poursuivent et parviennent à les atteindre, entre la Villette et Martot, de quelques coups de fusil, qui blessent deux chevaux dont les cavaliers tombent. L'affaire se borna là.

Vers neuf heures également, un détachechement allemand d'environ 200 hommes, qui était venu d'Oissel pour explorer les abords d'Orival et la ligne de Serquigny, fut repoussé par les francs-tireurs, après une heure de combat. L'ambulance prussienne d'Orival ramassa deux morts et un blessé allemands.

Au soir, la garnison d'Orival était composée du 2e bataillon de l'Eure, du 1er de la Loire-Inférieure, de plusieurs compagnies de francs-tireurs, dont celle de Louviers, et de six petits canons, soit en tout de 3.000 hommes, placés sous le commandement de M. de Montgolfier, chef de bataillon de l'Ardèche.

Une autre force française se trouvait à Bourgtheroulde; elle se composait des 1er et 3e bataillons de l'Eure, de deux compagnies de francs-tireurs et de 35 chasseurs ; au total 1.500 hommes, commandés par le général Roy.

L'état-major allemand préméditait la reprise du Château-Robert, et, pour connaître nos forces sur ce point, avait fait envoyer, dans l'après-midi du mardi 3, aux avant-postes de Moulineaux, un parlementaire allemand porteur de lettres que des prisonniers français adressaient à leur famille.

Pendant ce temps, Manteuffel avait fait diriger sur Grand-Couronne le général de Bentheim, avec la première division d'infanterie, commandée par le général de Bergmann, renforcée du 44ᵉ régiment et du 1ᵉʳ bataillon de chasseurs, un régiment de cavalerie et de l'artillerie à proportion, soit en tout environ de 14.000 à 15 000 hommes, qu'il se proposait de lancer sur le Château Robert.

A cet effet, le mercredi 4, à une heure du matin, l'ennemi réquisitionna huit habitants de Grand-Couronne, auxquels on lia les mains derrière le dos et que l'on obligea, sous peine de mort immédiate, de servir de guides aux trois colonnes allemandes qui allaient entreprendre de chasser nos troupes du Château-Robert. L'une de ces colonnes se dirigea vers les Essarts, la seconde sur Moulineaux ; l'autre monta la route et gagna le carrefour de l'Etoile pour suivre ensuite la route forestière dite du Château Robert.

En même temps, d'autres Allemands, venus de Pont-de-l'Arche par Oissel, montaient la côte vers les Essarts, tandis qu'un bataillon, cantonné à Oissel, se divisait en deux sections : l'une prit la même direction, l'autre le chemin des Roches ; mais, afin de ne point donner l'éveil aux troupes françaises d'Orival, cette dernière section ne suivit ce chemin que jusqu'au route Blanc ; là, elle marcha vers le chemin du Val-Saint-Aubin, pour gagner le Nouveau-Monde, puis le chemin de fer de Serquigny, dans les environs duquel étaient établis des postes français.

Ainsi qu'on a pu en juger, si l'on connaît les lieux, l'état-major allemand avait parfaitement pris ses mesures pour qu'une nouvelle entreprise sur le Château Robert réussît. Les marches se firent par un beau clair de lune, et, comme si tout dût les favoriser, un très épais brouillard, qui s'éleva vers trois heures et demie du matin, permit à l'ennemi d'arriver à l'improviste au Château-Robert, de plusieurs côtés à la fois, un peu avant cinq heures du matin.

Nous n'entrerons point dans les détails du terrible combat qui s'engagea sur le territoire de Moulineaux, les ayant déjà rapportés dans notre Notice sur Orival, où se trouve également le récit de cette lutte publié, par le colonel allemand Legat, da s la *Gazette de Cologne*. Nous rappellerons seulement que nos soldats, surpris au moment où ils s'y attendaient le moins, se défendirent vaillamment pendant une heure et demie ; qu'à six heures et demie du matin 250 mobiles de l'Ardèche et des Landes étaient déjà faits prisonniers et que deux de nos canons étaient entre les mains de l'ennemi.

Le reste de la petite troupe française de Château-Robert, après avoir épuisé la presque totalité de ses cartouches, se replia vers la Maison-Brûlée, où était déjà le 1er bataillon de l'Ardèche. Là, le brouillard fut cause que des mobiles tirèrent sur d'autres mobiles ; des Allemands s'entre-fusillèrent également.

Nos troupes s'étant reformées à la Maison-Brûlée, vers sept heures et demie, sous le commandement du colonel Thomas, on ouvrit le feu contre l'ennemi, qui, après s'être emparé du Château-Robert, avait poursuivi sa marche en avant, et se présentait en masses compactes devant nous en ne cessant de tirer.

Pendant ce temps, une colonne prussienne, qui avait suivi le chemin de Moulineaux à la Bouille, avait gravi la côte avant d'arriver à la Croix-Bizet. Une autre, qui avait marché par la ligne forestière Pintard, s'approchait également. Dans la crainte d'être tourné du côté du Fond-du-Chêne, le colonel Thomas battit en retraite sur Saint-Ouen-de-Thouberville, tout en tirant sur l'ennemi. Les servants de deux de nos petites pièces tombèrent successivement ; ils furent remplacés par des mobiles.

Le général de Bentheim, maître du plateau, avait divisé ses troupes en trois colonnes. Une, nous l'avons dit, continua la poursuite de nos mobiles vers la Maison-Brûlée et la route de Bourgachard ; une autre fut dirigée sur La Londe, et la troisième sur le Fond-du-Chêne et Bourgtheroulde.

Sur la route nationale, nos hommes s'arrêtèrent plusieurs fois, notamment à Saint-Ouen-de-Thouberville et à Bosgouet, pour résister aux Allemands ; mais, finalement, ils durent se replier au-delà de Bourgachard.

La colonne prussienne, forte d'environ 500 hommes, qui avait été dirigée sur La Londe rencontra aux Longs-Vallons, non loin des viaducs, une compagnie de francs tireurs partie d'Orival et quelques mobiles. Dans une escarmouche entre ces soldats, plusieurs Allemands furent tués ou blessés ; de notre côté, tomba mortellement frappé le mobile J.-B. Delavigne, des Landes — et non de l'Ardèche, comme le porte l'inscription placée sur son tombeau, que tous les voyageurs connaissent, situé au bord de la ligne du chemin de fer de Serquigny, à l'angle du chemin des Longs-Vallons et de la ligne séparative des forêts de La Londe et de Rouvray.

Cette colonne déboucha vers les Fiefs et l'Ouraille, avant huit heures du matin. Nous avions des troupes à La Londe ; elles se massèrent assez rapidement, malgré le brouillard, et allèrent attaquer l'ennemi à l'Ouraille, aux Fiefs et à la Hérengère. La fusillade dura près d'une heure et demie. Elle fut d'abord avantageuse pour nous, car les Allemands durent se replier dans la forêt ; mais ils revinrent et nous firent une quarantaine de prisonniers ; les blessés français étaient au nombre de trente. Quant aux Allemands, leurs pertes en tués et blessés furent plus sensibles.

La troisième colonne prussienne, pendant ce temps, s'était dirigée sur Bourgtheroulde, par des chemins forestiers et autres ; elle déboucha sur la route de la Maison-Brûlée à Bourgtheroulde vers le hameau de Saint-Martin à Infreville et par le hameau des Faux.

A Bourgtheroulde, se trouvait le général Roy, prévenu, dès cinq heures du matin, que l'on entendait une vive fusillade du côté de forêt. Il avait avec lui un bataillon de mobiles de l'Eure et les francs-tireurs de la 2e compagnie du Calvados. Plusieurs estafettes vinrent l'avertir que l'ennemi avait repris le Château-Robert ; néanmoins le général resta couché. De nouveaux avis lui furent donnés : « Les Prussiens sont tout près d'ici ! » lui dit-on. A quoi le général Roy répondit : « Laissez les venir ; c'est ici que je veux les écraser ! » Et il retourna sa tête sur l'oreiller. Il était alors plus de huit heures.

Mais d'une fenêtre du logement qu'il occupait, on vit bientôt arriver un peloton d'Allemands. « Général, cria t on à M. Roy, si vous voulez écraser les Prussiens, c'est tout de suite ! » Ce singulier général n'eut que le temps de s'habiller et de s'échapper, en abandonnant ses rapports, ses cartes, que les personnes présentes jetèrent au feu. Cinq minutes après, le commandant en chef allemand se présentait pour prendre le général français, qui alors, détalait de toute la vitesse de son cheval sur la route de Brionne. M. Bouquet, maire de Bourgtheroulde, témoin des prépatifs de la fuite du général, l'avait traité en face et publiquement de lâche.

Des mobiles des 1er et 3e bataillons de l'Eure et des francs-tireurs de Caen, une soixantaine en tout, résolurent de résister à l'ennemi. Le capitaine Pascal est d'abord tué à l'entrée du bourg. Alors un combat à vingt mètres commence. Les Prussiens étant sur la place, à l'entrée de la route d'Elbeuf et sous la halle ; nos soldats s'abritent de l'église. Le mobile Renon d'Acquigny, tombe le premier, frappé mortellement par deux balles, dont l'une ricoche et va tuer le capitaine de la Brière. D'autres mobiles, débouchant de la route de Bourgachard, tombent également. Le capitaine Sainte-Foix est blessé. Le capitaine Petit est frappé de trois balles. Le mobile Ledoigt, quoique ayant la jambe brisée, continue à tirer, agenouillé, jusqu'à ce qu'un nouveau projectile le renverse sur ses camarades. D'autres sont encore blessés.

Les Prussiens, toujours de plus en plus nombreux, car il en arrivait continuellement de nouveaux par les routes d'Elbeuf, d'Infreville et de Bourgachard, auraient massacré jusqu'au dernier des braves jeunes gens restés près de l'église et dans le bourg, s'ils n'avaient pas, enfin, battu en retraite. La commune de Bourgtheroulde, dont le maire fut très maltraité et fait prisonnier, paya cher la résistance que nos troupes avaient faite aux Allemands sur son territoire.

Les pertes de l'ennemi pendant la journée du 4 janvier avaient été considérables. Un major - mais pas le major Sachs, comme on l'avait dit d'abord — avait eu la mâchoire fracassée ; le colonel du 3e prussien était tué, ainsi que plusieurs autres officiers. Le lendemain, on vit arriver à Rouen plus de 50 voitures chargées de blessés ; on estima à 300 le nombre des corps, morts ou vivants, placés dans ces voitures.

Les Allemands nous avaient fait environ 300 prisonniers, qui furent envoyés à la prison de Bicêtre, à Rouen. Les quatre pièces de canon que l'ennemi nous avait enlevées, prirent aussi la route de Couronne et furent conduites à Rouen.

Les Prussiens s'étaient avancés, la veille, jusqu'à Caudebec venant de Pont-de-l'Arche. Bourgtheroulde, La Londe et tout le plateau jusqu'au delà de Bourgachard étant au pouvoir de l'ennemi, nos troupes d'Orival durent également songer à battre en arrière, se doutant que le colonel de Meerscheidt, commandant les troupes arrivées à La Londe, devait se joindre avec le corps resté à Pont-de-l'Arche.

Donc, le soir de cette néfaste journée, le commandant de Montgolfier, pour donner le change aux Allemands, fit allumer de grands feux sur les hauteurs d'Orival, pendant que les hommes qu'il avait sous ses ordres faisaient leurs préparatifs de départ, entourant de paille les roues des canons, afin d'éviter le bruit de leur roulement. La colonne partit, par Thuit-Anger et Thuit-Signol, dans la direction de Gros-Theil, où elle arriva le lendemain vers le milieu du jour.

Voici en quels termes le commandant de Montgolfier rendit compte, étant à Aclou le surlendemain, de ce qui s'était passé à Orival et à La Londe, et des mouvements opérés par les troupes placées sous ses ordres :

« Le 4. dès cinq heures du matin, une forte fusillade a été entendue du côté du Château-Robert et n'avait pas discontinué.

« A huit heures, l'attaque de l'ennemi avait commencé sur notre ligne par le village d'Orival, occupé et défendu par la compagnie des francs-tireurs de Caen, capitaine Trémant, et la compagnie du 2e bataillon de l'Eure, capitaine Bonnechose, qui fut blessé à la main.

« A neuf heures, une forte colonne ennemie marchant sur Bourgtheroulde détacha de 4 à 500 hommes pour s'emparer de La Londe. Une partie des francs-tireurs de Seine-et-Oise, capitaine Poulet, et une soixantaine d'hommes de garde à nos bagages s'y trouvèrent. Surpris et relativement en forces minimes, ils ne purent tenir dans un village aussi étendu et se retirèrent, laissant entre les mains des Prussiens une trentaine de prisonniers et la presque totalité des bagages des officiers du 2e bataillon de l'Ardèche et du 2 bataillon de l'Eure.

« J'envoyai immédiatement du renfort (deux compagnies de l'Eure et une de la Seine-Inférieure) et fis occuper par trois compagnies, au lieu d'une, le poste de la Bergerie, qui nous reliait avec La Londe.

« Devant ces nouvelles forces, l'ennemi recula, évacua le village et se dirigea sur Saint-Ouen-du-Tilleul et Bosc-Roger. Je ne pouvais ni étendre autant nos lignes ni éparpiller ainsi mes forces. Je me contentai donc de la dernière mesure prise, sans chercher à poursuivre l'ennemi davantage. Nos routes étant gardées en arrière : cela me parut suffisant pour le moment. C'est alors que j'appris la prise du Château-Robert, et que je pus m'expliquer l'arrivée des Prussiens sur La Londe. »

L'insouciance coupable du général Roy fut la principale cause de notre défaite de Moulineaux et de Bourgtheroulde ; il faut y ajouter l'imprévoyance de certains officiers, qui n'avaient pas fait assurer la sécurité des 500 hommes placés au Château-Robert par des sentinelles suffisamment avancées. Le défaut de communication entre nos garnisons d'Orival et de Moulineaux était une autre faute grave ; on aurait pu faire assurer cette communication par les mobilisés d'Elbeuf, qui connaissaient bien la forêt, au lieu de les expédier au Neubourg, où ils n'avaient rien à faire.

Enfin, environ 1000 mobiles bretons, armés de chassepots, restèrent inactifs à Bosc-Roger, d'autres à La Londe et d'autres encore à Bourgtheroulde, alors que tous auraient pu prendre part à l'action et, par leur nombre, repousser l'ennemi avec de grandes pertes.

Un important corps de troupes allemandes vint réoccuper Elbeuf le 5 janvier. En entrant dans la ville, les soldats tiraient en sauvages à droite, à gauche, devant eux, sur la population, qui s'échappait de tous côtés. Une personne fut tuée et une autre grièvement blessée.

Les officiers commandant ces Allemands, par ordre du colonel de Massow, s'emparèrent de M. Buée, maire, et le contraignirent à marcher, en avant de soldats prussiens, avec M. Lagny, interprète, dans la direction de Saint-Aubin. Pendant ce temps, M. Grandin, adjoint, et M. Tabouelle, juge de paix, furent gardés comme otages.

En raison de cette troisième réoccupation par l'ennemi, on rétablit une permanence, de de jour et de nuit, de deux membres du Conseil municipal à l'hôtel de ville.

Les Prussiens, craignant quelque surprise des francs-tireurs qu'ils supposaient encore être dans la forêt de La Londe, ne se hasardèrent qu'avec de grandes précautions à réoccuper Orival, où ils firent des perquisitions dans beaucoup de maisons, et organisèrent un service de patrouilles. Quatre Allemands poursuivirent à coups de fusil M. Lemarchand, garde-barrière sur la ligne de Serquigny, et son beau-frère, dont les vêtements furent troués par une balle.

Un poste allemand fut établi au hameau de La Croix, à la jonction des trois routes de Couronne, d'Elbeuf et d'Oissel ; de plus, l'ennemi éleva une troisième barricade à Orival à l'entrée de la place de la Mairie.

La Londe fut occupée par 1.500 Allemands. Cette commune paya immédiatement une amende de 1.500 fr. pour avoir été le théâtre de faits hostiles à leur armée. En outre, des bâtiments furent pillés et d'autres incendiés. A Bourgtheroulde, l'ennemi se montra plus sauvage encore.

A cette date du 5 janvier, la compagnie des francs tireurs d'Elbeuf, capitaine Stevenin, et la compagnie des Eclaireurs d'Elbeuf, capitaine Julien, formaient les avant-postes français à Saint-Laurent-de-Brèvedent. La ligne et l'artillerie étaient à deux kilomètres en arrière, à Saint-Martin-du-Manoir. Les jours suivants, elles changèrent plusieurs fois de cantonnements.

Quant à nos mobiles sous Paris, ils étaient de service à Bondy au matin du 5, après une nuit de bombardement terrible. Une fusillade commença un peu avant le jour; alors nos concitoyens quittèrent les caves et souterrains dans lesquels ils se refugiaient d'ordinaire, pour prendre part à l'action. Le feu devint bientôt nourri, et meurtrier pour l'ennemi, qui fut repoussé.

Pendant le dernier mois du siège de Paris, écrivait le commandant Ch. Besson, notre bataillon de mobiles s'était trouvé réduit au plus déplorable état:

« Depuis octobre, il n'avait pas cessé d'être en dehors de la capitale, toujours aux avant-postes. Cette existence pénible, déjà si dure au début, à Bobigny, avait affaibli, épuisé nos officiers et nos hommes.

« Aussi, chaque fois que nous étions de garde, c'est à peine si nous pouvions réunir 70 hommes par compagnie; on prenait tous ceux qui pouvaient encore se traîner; ils étaient 140 par peloton au départ d'Elbeuf; les maladies avaient fortement sévi dans leur rangs.

« Nos officiers n'étaient pas en meilleur état; des compagnies n'en avaient plus. Souvent, malgré leur ferme volonté de ne pas quitter leur poste, ils étaient obligés de prendre quelques jours de repos; tous étaient épuisés par cette existence de privations. Il n'y en eut que deux sur vingt-quatre qui purent résister jusqu'à la fin, sans aucune interruption.

« On ne touchait plus à cette époque, par jour, que 60 grammes de riz ou de légumes secs et 175 grammes de viande de cheval ou 100 grammes de viande de conserve. Quant au pain, on en donnait encore 750 grammes ; mais quel pain !

« C'était une amère dérision de donner un tel nom à ce mélange indéfinissable de paille, de poussière et de graines de toutes espèces, à cette pâte noire et gluante que l'estomac repoussait et dont chacun a pu voir des échantillons après le siège.

« Il n'est pas étonnant que, avec une telle nourriture, nos hommes fussent exposés, sans défense, aux maladies que le froid et la fatigue engendraient parmi eux. Il n'en fut presque pas un seul qui, à la fin de la guerre, ne fût plus ou moins gravement atteint à la poitrine..., aussi la mort fit de larges trouées dans nos rangs. »

A Elbeuf, la Seine était toujours prise ; mais le 5, le dégel commença. Le lendemain, le maire prit un arrêté interdisant le passage du fleuve sur la glace.

Au 6 janvier, des Allemands, partis d'Elbeuf, occupaient le Neubourg; de là, ils firent des excursions vers Beaumont-le-Roger. Les mobilisés de notre canton se replièrent sur Thibouville et Goupillières, puis la Rivière-Thibouville et enfin gagnèrent Serquigny, où ils étaient quelques jours après.

L'occupation de la ville et des environs d'Elbeuf par les Allemands avait encore ajouté à la pénible situation commerciale de notre cité. La crainte de réquisitions forcées, de pillage, de bombardement avait fait fermer de nombreuses fabriques, et l'obligation de nourrir les troupes ennemies avait été pour les industriels, les commerçants et les ouvriers une charge très pénible. La vie matérielle était devenue fort chère, aussi le nombre d'indigents s'était-il considérablement accru.

Le 6, le Conseil municipal vota 30.000 fr. pour la continuation des travaux de terrassement et de nivellement au cimetière Saint-Jean pour les nombreux ouvriers de la fabrique en chômage.

M. Buée donna lecture d'une lettre du préfet prussien, l'invitant à se rendre à Rouen pour conférer sur affaires de service

Il fut décidé que M. Bellest, adjoint, et M. Léon Quidet se rendraient à la préfecture le lendemain.

Dans sa visite au nouveau préfet prussien, qui eut lieu ce jour, M. Bellest exposa le dénuement dans lequel se trouvait la ville d'Elbeuf en viandes, farines et autres subsistances, et demanda que des facilités fussent accordées, afin de pourvoir à l'alimention des habitants. — Le préfet fit donner un laissez-passer pour 90 sacs de farines de Rouen à Elbeuf.

M. Bellest réclama aussi pour laisser arriver à Elbeuf les charbons destinés à l'industrie. — Le préfet répondit qu'il ferait tout ce qui dépendrait de lui pour satisfaire aux nécessités de notre ville ; mais qu'avant tout, il devait se conformer aux exigences du service militaire, qui serait, autant que possible, concilié avec les services civils.

« Dans ce but, ajouta le préfet allemand, un général sera très prochainement installé à à Elbeuf, pour entrer en communication avec M. le maire ».

Ce même jour 7 janvier, le général Roy fut invité, par le ministre de la guerre, à remettre le commandement des troupes de l'Eure et du Calvados au général Saussier, ancien colonel du 41e de ligne, qui s'était évadé de Sedan où il avait été fait prisonnier. Il arriva à Brionne le 9 janvier.

Le général allemand, dont avait parlé le préfet, vint à Elbeuf le 8, mais en passant seulement ; il n'eut aucune entrevue avec notre administration municipale.

Ce jour-là, la Chambre de commerce informa le Conseil municipal qu'on ne pouvait transporter les charbons de terre, venant de Dieppe ou du Havre, par voie ferrée. On pouvait user de celle de Honfleur, quoiqu'elle fût assez coûteuse ; car Honfleur était occupé par les Français, qui réservaient les charbons pour les besoins de la guerre et ne permettaient pas de circulation vers les pays envahis par les Prussiens

Dans la séance municipale du jeudi 9, M. Buée exposa que l'ennemi avait fait une réquisition de 2.700 mètres de drap pour pantalons, sur lesquels 1.100 mètres étaient déjà livrés, et que les autres réquisitions devenaient de plus en plus onéreuses ; en conséquence, il demanda un nouveau crédit de 15.000 fr., qui fut voté.

A partir de ce jour, les Prussiens permirent de faire circuler un bateau entre Elbeuf et Saint-Aubin.

Le 9, également, le major allemand de Brizoski ordonna aux habitants d'Orival de démolir les trois barricades élevées sur le territoire de cette commune. L'opération se fit immédiatement, malgré la neige qui tombait en abondance.

Le colonel de la garde nationale sédentaire du Havre écrivit, de cette ville, le 9 janvier, au maire d'Elbeuf :

« Après tous les éloges que je vous avais faits de la batterie d'Elbeuf, je regrette beaucoup ce qui arrive aujourd'hui, et je puis vous assurer qu'il n'y a nullement de la faute de ses chefs.

« La batterie est très bien commandée et les cadres en sont excellents. Nous allons tâcher de la réorganiser le mieux possible pour ne pas perdre un élément aussi précieux pour la défense.

« Je vous prie, M. le maire, de vouloir bien prendre note du nom des sous officiers et des brigadiers qui vous sont signalés comme meneurs; ils sont cause de tout le mal qui est arrivé.. »

Le 10, le Conseil municipal prit des mesures pour réaliser les deux dernières fractions de l'emprunt de 180.000 fr. restant à couvrir.

Le Conseil fut informé, le 11, que par un avis de l'autorité prussienne, il était interdit de couper les bois des particuliers, sans y être autorisé par les propriétaires

M. Beaudouin et plusieurs autres membres du Conseil, à ce propos, déplorèrent les dévastations qui avaient été commises, contre lesquelles l'administration municipale ne pouvait rien, puisqu'elle était désarmée depuis l'occupation prussienne.

Le logement des Allemands suscitait de de vives réclamations; certains quartiers en étant exempts, tandis que d'autres étaient surchargés de soldats. M. Buée s'était déjà préoccupé de cette affaire, mais malgré ses instances réitérées auprès du commandant prussien, il ne put obtenir le renouvellement des logements.

Le Conseil fut d'avis d'indemniser les personnes reconnues être dans l'impossibilité de fournir plus longtemps la nourriture et le logement aux soldats prussiens.

Ce même jour 11, un mercredi, le bataillon des mobilisés d'Elbeuf quitta Serquigny pour Beaumont-le-Roger, en remplacement des mobilisés du Calvados.

CHAPITRE XIV

(DU 13 AU 31 JANVIER 1871)

Départ des Prussiens pour La Londe; leurs réquisitions a Elbeuf. — Les francs-tireurs aux environs de Bolbec. — La question des subsistances. — Retour des Allemands. — Reponse de la municipalité d'Elbeuf a la ville de Caudebec. — Pénurie de charbons. — Requisition prussienne de 6.000 pantalons. — L'armistice. — Le service des postes pendant la guerre.

Les Prussiens quittèrent de nouveau notre ville le lendemain 13 janvier au matin; une colonne se rendit à la Londe et une autre à Grand-Couronne; mais, avant de partir, le commandant exigea que la ville d'Elbeuf fournît chaque jour au détachement de La Londe : 330 kilog. de viande, 660 kilog. de pain, 36 kilog. 1/2 de café et 110 kilog. de riz.

M. Buée fit remarquer à l'officier prussien que ces fournitures, surtout celle de viande, étaient impossibles; le commandant laissa espérer que la quantité demandée pourrait être réduite.

Le Conseil municipal était assemblé, vers cinq heures et demie du soir, quand la dépêche suivante fut remise à M. Buée :

« Grand-Couronne, ce 15 janvier 1871.

« Monsieur le maire,

« J'ai l'honneur de vous avertir que les troupes qui, depuis quelques jours, ont occupé la ville d'Elbeuf, sont parties aujourd'hui pour des cantonnements plus avancés.

« En exécutant ce changement de dislocation, d'après un ordre du général en chef commandant le 1er corps d'armée à Rouen, qui désire rester fidèle à la promesse gracieusement donnée à cet égard à une députation d'Elbeuf, il y a quelques semaines, j'attends que la population de la ville va justifier, par sa conduite, la confiance qu'on lui a montrée en laissant une garnison derrière nos avant-postes. Ainsi, je rends la ville responsable pour la sûreté de mes troupes, et je déclare que le moindre acte d'hostilité contre elles ou contre un seul soldat de la part des habitants d'Elbeuf, m'obligera à mon grand regret de donner à la ville une garnison très forte et de la punir bien sévèrement.

« Je vous engage de porter cette déclaration à la connaissance des habitants de votre ville et de leur faire savoir que le sort de la ville est dans leurs mains.

« Veuillez avoir la bonté d'accuser réception de cette lettre.

« Je suis, M. le maire, avec la plus haute considération.

« Votre tout dévoué : V. GEYL, général. »

Le Conseil municipal décida de faire afficher cette dépêche sur les murs de la ville ; ce qui fut fait.

Le même jour, dans l'après-midi, une très forte colonne d'infanterie de cavalerie et d'artillerie allemande traversa la ligne de Serquigny au passage à niveau d'Orival. Mme Lemarchand rapporta que le défilé avait duré trois heures, et que ces troupes étaient allées sur Couronne, et une partie au Pavillon. A partir de ce moment, les officiers du génie relevèrent de nouveaux plans d'Orival, des forêts de La Londe et de Rouvray, et celui des Longs-Vallons.

Le lendemain 14, au matin, M. Buée se rendit à Grand-Couronne auprès du général prussien, afin d'obtenir une réduction dans les réquisitions imposées la vielle à la ville d'Elbeuf. Cette démarche demeura sans résultat, malgré les instances du maire.

De retour à la mairie d'Elbeuf, M. Buée y trouva un officier prussien, venant de La Londe, et apportant une demande de nouvelles réquisitions.

Pour le jour même, cet officier exigea 400 litres d'eau-de-vie, 30 de cognac, 50 bouteilles de vin rouge et 10 kilog de bougies. M. Buée obtint que la quantité d'eau-de vie fut réduite à 250 litres et celle du cognac à 20 litres

L'officier prussien ajouta que pareille provision devrait être rendue tous les jours, à La Londe, à 9 heures du matin. Il fallut subir cette nouvelle exigence.

Le bataillon de mobilisés d'Elbeuf partit de Beaumont ce même jour, qui était un dimanche, pour se rendre à Bernay. Le lendemain on l'envoya, par chemin de fer, à Lisieux.

Egalement le 15, une colonne prussienne, forte de 500 à 600 hommes et de deux pièces de canon, quitta Bolbec et marcha vers Saint-

Romain, où était un bataillon d'éclaireurs Mocquart. M. Stevenin, avec les francs-tireurs d'Elbeuf, ayant appris cette marche, se proposa d'attaquer la colonne allemande sur ses derrières.

Vers dix heures et demie du matin, le feu s'engagea entre l'ennemi et les francs-tireurs Mocquart. Les deux pièces prussiennes envoyèrent quelques obus sur Saint-Romain. Au moment où arrivaient les francs-tireurs elbeuviens et ceux des Andelys, les autres troupes françaises qui occupaient ce bourg battirent en retraite. M. Stevenin restait avec ses deux compagnies en face de l'ennemi, très supérieur en nombre ; il lui fallut donc aussi se retirer, tout en tiraillant contre les Prussiens, qui eurent quatre tués et 9 blessés ; de notre côté nous n'eûmes qu'un blessé.

A Elbeuf, à la séance municipale du lundi 16, le maire exposa les difficultés que l'on éprouvait pour faire venir des farines. Il s'était occupé de recueillir du meunier de la rue Saint Etienne, tout ce qu'il pourrait produire ; mais suivant les conditions de son bail, il ne pouvait user de la force motrice que de nuit, c'est-à-dire quand cette force n'était pas employée à l'industrie de la fabrique, pour laquelle le propriétaire, M. Jules Flavigny, avait des locataires. Ce propriétaire, pour céder la force de jour, demandait une réquisition, afin de l'opposer aux réclamations que ses locataires ne manqueraient pas de faire.

Le Conseil autorisa le maire à traiter pour le mieux avec M. Flavigny, auquel une réquisition fut adressée.

Une tranchée, pratiquée dans le chemin de La Saussaye, près la briqueterie, empêchait la circulation des voitures par le vallon. A la suite d'une pétition présentée par les intéressés, le Conseil autorisa le maire à faire combler cette tranchée.

Un nouveau détachement prussien étant allé s'installer à La Londe, il envoya faire aussi des réquisitions dans notre ville. Aux quantités journalières précédemment fixées par les Allemands, il faudrait ajouter, à partir du 17 janvier : 100 bouteilles de vin, 75 litres d'eau-de-vie, de la bougie et 5 sacs de pommes de terre.

Quant le Conseil municipal, qui se réunit le soir à cinq heures, fut informé de ces faits, il décida qu'une réclamation serait faite au général, car la ville ne pouvait répondre à toutes les réquisitions qu'il pourrait plaire à un chef de détachement d'imposer.

Ce jour-là, les francs-tireurs d'Elbeuf, étant à Gainneville, furent informés que les Prussiens faisaient une nouvelle tentative sur Saint-Romain. Le capitaine Stevenin y envoya des éclaireurs ; mais, arrivés trop tardivement, il ne purent, avec d'autres compagnies de volontaires, que poursuivre l'ennemi sur Bolbec.

Dans cette affaire, les Allemands perdirent de 20 à 25 tués ou blessés. De notre côté, le lieutenant Bellanger, du Havre, et un sergent du Nord furent frappés mortellement : nous comptions, en outre, cinq ou six blessés.

Le 18, nos mobilisés quittèrent Lisieux par voie ferrée, pour se rendre à Mézidon, puis à Flers, où ils arrivèrent à dix heures et demie du soir. Ils restèrent dans le département de l'Orne jusqu'au commencement de février.

L'objet principal de la séance municipale

tenue à Elbeuf le 19, fut un projet de voyage au Havre et à Caen, motivé par les besoins de la situation.

M. Buée s'offrit pour cette mission; mais le Conseil, à cause des circonstances difficiles, préféra qu'il restât à Elbeuf et déléguer deux membres pour ce voyage.

Il fallait d'abord aller trouver le préfet français en résidence au Havre, et obtenir de lui un mandat pour toucher 100.000 fr. dont la ville avait un pressant besoin, puis faire activer les formalités en ce qui concernait l'impôt de 20 centimes additionnels votés à la fin d'octobre, et l'emprunt de 400.000 fr., et enfin demander une part des 6.000.000 fr. accordés par le Gouvernement, afin de venir en aide aux villes ayant entrepris des travaux pour les ouvriers inoccupés.

MM. Grandin et Picard furent désignés, par voie de scrutin, pour se rendre au Havre et à Caen, avec le receveur municipal.

Ce même jour, le maire passa un marché avec M. François Lecomte, négociant à Mantes, pour la fourniture, à la ville d'Elbeuf, de 80.000 kil. de pommes de terre, représentant 1.080 hectolitres, nécessaires à l'assistance publique. La livraison devait être faite au quai de notre ville, à raison de 6 fr. 75 l'hectolitre, soit, au total, pour la somme de 7.290 fr., plus 5 fr. par 1.000 kil. pour le transport.

A partir du 20, les troupes prussiennes en garnison à La Londe furent réduites à 600 hommes d'infanterie, trois sections d'artillerie et un détachement de dragons. Cet effectif resta le même jusqu'au 10 février.

Le château du Pavillon était alors occupé

Château du Pavillon

par l'ennemi. Le colonel de Massow fit publier, le samedi 21, qu'il défendait de traverser la Seine, sauf à Orival en face du Pavillon, où il fit braquer des pièces de canon, prêtes à tirer sur tout bateau qui tenterait la traversée ailleurs. Il ordonna, en outre, de conduire toutes les embarcations sur la rive droite, en face d'Orival.

Le même jour, le maire d'Elbeuf fut informé de la nomination, par le roi de Prusse, d'un gouverneur général pour les départements du Nord, de l'Oise, de la Somme, de la Seine-Inférieure, de l'Eure-et-Loir et du Loiret.

Le 24, le Conseil vota un nouveau crédit de 5.000 fr. pour les fourneaux économiques. — Les cartes payantes avaient produit 3.182 francs, y compris une souscription de 1.000 fr. faite par M. Fleury-Desmares.

M. Buée donna quelques renseignements sur une péniche de charbon de terre, appartenant à M. Grandchamp, qui se trouvait dans les îles de Saint Aubin, et que le commandant prussien avait ordonné d'amener et de décharger au quai d'Elbeuf.

Les Prussiens réoccupèrent notre ville le 25. A la séance municipale qui se tint ce jour, le Conseil décida de rétablir une permanence à l'Hôtel de ville.

M. Bourdon exposa à l'assemblée que M. Legrix avait un bateau de charbons à Conflans, sur lequel il comptait pour alimenter son établissement, mais que la ville de Versailles avait réquisitionné ce bateau, en n'offrant que le prix coûtant, bien que cette mesure causât un grave préjudice à notre concitoyen.

XI   18

Le Conseil prit la délibération suivante, sur une double demande qui lui était faite par la commune de Caudebec :

« Considérant que la ville d'Elbeuf, de même que la commune de Caudebec, se trouve dans la plus profonde détresse, par suite de la cessation du travail dans les ateliers industriels ; mais que, de plus que cette dernière commune, elle a eu à supporter, depuis le 8 décembre dernier, les charges écrasantes de l'occupation prussienne et de nombreuses réquisitions de toute nature, atteignant un chiffre considérable ;

« Que, dans cette déplorable situation, dont malheureusement on ne saurait prévoir le terme, la ville d'Elbeuf, qui occupe dans ses ateliers communaux un nombre toujours croissant d'ouvriers et voit se multiplier sans cesse des demandes de travail, auxquelles elle ne peut satisfaire, se trouve, par conséquent, dans l'impossibilité la plus absolue de venir en aide à la commune de Caudebec-les-Elbeuf, soit en employant ses ouvriers, soit en contribuant de quelque manière que ce soit aux travaux qu'elle fait ou fera entreprendre.

« En ce qui concerne l'autorisation faisant l'objet de la seconde partie ; considérant que bien qu'elle ne puisse, à défaut de renseignements, apprécier l'utilité du projet de prolongement du chemin du Val-Omont, la ville d'Elbeuf ne peut que se montrer disposée à faciliter ce projet, puisqu'il a pour objet principal de procurer des moyens d'existence aux ouvriers qui en sont privés, par suite de l'interruption forcée des travaux industriels ; mais qu'il importe tout naturellement de dégager complètement, à ce sujet, sa responsabilité ; qu'il importe également de conserver intact le parcours du chemin de Saint-Cyr ;

« Par ces motifs, le Conseil regrette de ne pouvoir, en aucune façon, donner satisfaction à la première partie de la demande de la commune de Caudebec-lès-Elbeuf.

« En ce qui touche le second point, le Conseil déclare ne pas s'opposer au projet de prolongement du chemin vicinal dit du Val Omont, sur le territoire d'Elbeuf, mais sous les conditions expresses que ce prolongement s'arrêtera au chemin de Saint-Cyr ; que la commune de Caudebec remplira toutes les formalités prescrites en pareil cas et qu'elle s'entendra directement avec les propriétaires des terrains traversés, le tout à ses risques et périls, et en dehors de la ville d'Elbeuf qui, en aucun cas, ne pourra jamais être exposée à supporter quoi que ce soit au sujet de l'occupation des terrains... etc. »

Le vendredi 27, le pasteur protestant attaché au corps d'armée prussien demanda à M. Buée l'autorisation de célébrer son culte, le lendemain samedi, dans l'église Saint Jean. Il avait choisi ce jour pour ne pas troubler les cérémonies catholiques du dimanche.

Le maire lui fit quelques observations et lui représenta les motifs qui s'opposaient à la réalisation de son désir, ajoutant qu'il existait en ville un temple protestant ; mais le pasteur opposa que cet édifice était trop petit pour le détachement qui occupait Elbeuf.

Le lendemain, le ministre accepta d'officier dans le temple de la rue Constantine.

La question des houilles était une de celles qui intéressaient le plus notre ville, car des usines se trouvaient dans l'impossibilité de faire mouvoir leurs machines, faute de combustible ; aussi notre administration continuait-elle à faire de multiples efforts pour en faire arriver à Elbeuf.

Le 28, le préfet prussien écrivit au maire d'Elbeuf à ce sujet. Il pensait que notre municipalité, en adressant une lettre au commandant de la place de Givet, pourrait obtenir de laisser passer des trains de charbon à travers le rayon de la forteresse. Une autorisation de ce genre avait été accordée à Mézières pour faire entrer à Reims des charbons destinés à l'industrie.

Le Conseil municipal décida qu'une demande serait adressée au commandant de Givet et que les marchands de charbons en seraient informés.

L'assemblée fut avisée que la Compagnie de bateaux Duchemin avait repris son service entre Elbeuf et Rouen ; cette Compagnie était chargée du transport des lettres pour Rouen et l'étranger.

Le Conseil prit connaissance de pétitions d'habitants de Saint-Aubin demandant la la faculté de faire le service du passage entre leur commune et Elbeuf, jusqu'au rétablissement d'un pont.

M Buée observa que M. Levavasseur avait un droit acquis et que c'était à lui que les pétitionnaires devaient s'adresser Ce fut également l'opinion du Conseil.

M. Quidet, à propos des logements militaires, qui continuaient à soulever de nombreuses réclamations, dit qu'un certain nombre d'habitants, en état de loger des soldats, avaient fermé leurs maisons et quitté momentanément la ville. Il demanda de leur faire payer les frais d'auberge nécessités par la fermeture de leurs habitations. Une enquête fut ouverte à ce sujet.

Dans cette même journée du 28, le maire reçut deux dépêches : la première était de l'officier du génie prussien logé à Elbeuf, rue Constantine, 11, faisant fonctions de commandant de place. Elle annonçait que le grand duc de Mecklembourg, général commandant à Rouen, avait accordé l'autorisation de rétablir provisoirement un des ponts sur la Seine, entre Elbeuf et Saint-Aubin, à la condition que la communication serait interrompue si l'autorité militaire le jugeait convenable.

Le Conseil municipal, consulté, considérant que les deux ponts étaient des propriétés particulières ; que, d'ailleurs, l'autorisation n'était donnée qu'à une condition restreinte ; que le chemin de fer ne marchant pas, le service par bateaux suffisait pour le moment, fut d'avis que la ville ne devait prendre aucune disposition pour le rétablissement de ces ponts.

La seconde dépêche était signée du préfet prussien de Rouen. Elle requérait du maire d'Elbeuf l'expédition de la quantité de drap nécessaire pour la confection de 6.000 pantalons destinés à l'armée allemande. Le drap devait être de bonne qualité et de couleur gris foncé, bleu foncé ou noir. Les frais de cette réquisition seraient à la charge du département.

M. Jules Leseigneur fut invité par le maire à s'occuper de cette livraison.

Un armistice de 21 jours fut signé, chacun

le sait, le samedi 28, entre l'empereur d'Allemagne et le Gouvernement de la Défense nationale ; il devait se terminer le 19 février, à midi.

Par cet armistice, les armées belligérantes devaient conserver leurs positions respectives, séparées par une ligne de démarcation partant de Pont-l'Evêque et se dirigeant vers le nord-ouest du département de la Mayenne et, de là, vers le Jura. Dans la Seine-Inférieure, un autre ligne partait d'Etretat et se dirigeait vers la Seine, par Saint-Romain.

Les armées belligérantes et leurs avant-postes devaient se tenir à une distance de dix kilomètres au moins des lignes de démarcation.

L'armistice avait pour but de permettre au Gouvernement de la Défense nationale de convoquer une Assemblée, librement élue, qui se prononcerait sur la continuation ou la fin de la guerre, et dans ce dernier cas, dans quelles conditions la paix pourrait être signée. L'Assemblée se réunirait immédiatement à Bordeaux.

Le préfet allemand baron de Pfuel fit avertir le public qu'à partir du 30 la navigation sur la Seine serait libre en amont de Rouen.

A la séance municipale du même jour, le maire fit savoir que toutes les requisitions prussiennes devaient être signées par le commandant de place. Cet officier venait de donner l'ordre d'acheter 100 sacs de farine, mais dont il paierait le prix.

A propos d'un incendie, d'ailleurs sans gravité, qui avait eu lieu dans la journée rue de la Barrière, le maire fut invité, par le Conseil, à s'entendre avec le commandant prussien, afin d'avoir un moyen de ralliement des sapeurs-pompiers en cas d'incendie.

Le maire informa le Conseil municipal, le 31, qu'il avait écrit au préfet prussien afin de savoir si, en présence de l'armistice annoncé par le *Moniteur*, la réquisition de 6.000 pantalons, faite à la date du 28, ne devait pas être considérée comme nulle.

Le préfet lui avait répondu que l'armistice ne changeait rien aux réquisitions imposées. M. Buée avait aussi eu l'occasion de voir un des adjoints de Rouen, auquel il avait fait part de cette réquisition, à fournir par la ville d'Elbeuf au compte du Département ; ce magistrat lui avait déclaré qu'il en était officiellement informé.

Puis le Conseil se demanda si, pendant l'armistice, les habitants étaient forcés de fournir la nourriture aux soldats qu'ils logeaient.

A ce propos, M. Bourdon proposa que, par une délibération spéciale, on employât tous les moyens possibles pour diminuer l'effectif d'Elbeuf, qui pesait si lourdement sur les habitants, dont un grand nombre étaient sans ressources.

Des membres répondirent que des tableaux pour la répartition des troupes étaient à l'impression, et qu'il fallait attendre la remise de ces tableaux pour présenter une réclamation.

La compagnie des francs-tireurs d'Elbeuf, capitaine Stevenin, demandée au Havre par le commandant général Rallier, fut embarquée le 31 pour Quillebeuf.

Nous réunirons ici quelques notes sur le service des postes à Elbeuf, pendant la guerre.

Au commencement d'octobre, M. Chapuis,

receveur du bureau de notre ville, avait, sur des instructions reçues du Directeur, expédié au Havre les timbres-postes et formules de mandats dont il n'avait point l'écoulement immédiat. Mais déjà, par précaution, il avait fait figurer sur son registre de correspondance un envoi fictif des valeurs alors en caisse au bureau de poste. Ces valeurs, représentant une somme relativement considérable, furent enterrées dans le cimetière Saint-Jean par M. Chapuis, avec l'aide de M. Ribault, premier commis, qui, seuls, connurent la cachette.

Dans la troisième décade d'octobre, la situation paraissant redevenir meilleure et l'ennemi n'ayant pas jusque là poursuivi sa marche en avant, M. Chapuis fit revenir du Havre les paquets de timbres-postes et de mandats qu'il y avait envoyés.

A partir de décembre et jusqu'à la fin de la guerre, le bureau d'Elbeuf resta complètement isolé. Cependant, les correspondances continuèrent, aussi régulièrement que possible, grâce à l'intelligence et au zèle de M. Chapuis, aidé en cela de son personnel.

Les commis du bureau de poste allaient prendre, là où elles se trouvaient, les correspondances pour Elbeuf et y portaient celles de notre ville pour le dehors. Pendant l'occupation allemande, les facteurs ne portaient point d'uniforme et étaient convoqués au domicile personnel du receveur lorsqu'il avait, le soir principalement, à faire opérer une distribution. Ils sortaient isolément et portaient, dans leurs poches, les lettres qu'ils avaient à distribuer, afin de ne pas éveiller l'attention de l'ennemi.

Tous les moyens furent employés par M.

Chapuis pour la réception et l'expédition des dépêches, et tous réussirent. Beaucoup de correspondances partirent dans des balles de chiffons transportées, par M. Giraud, brocanteur à Caudebec, chez son frère, également brocanteur, à Pont-Audemer. Tous deux s'acquittèrent de cette mission avec régularité et discrétion.

M. Rouvrel, carrossier et loueur de voitures rue Saint-Jean, fut très utile au service, en prévenant M. Chapuis des voyages qu'il avait à faire et en se chargeant de faire parvenir les correspondances d'Elbeuf pour les départements non envahis. Souvent requis pour conduire des officiers prussiens, il profitait de la protection de ceux-ci, qui, naturellement, ignoraient le fait, pour transporter des dépêches et les distribuer en paquets dans les pays parcourus.

En un mot, M. Chapuis, receveur des postes, ses commis et facteurs se placèrent à la hauteur des nombreuses difficultés qui se présentèrent, ce que le Conseil municipal attesta hautement plus tard par lettre de félicitations et en mettant à la charge de la Ville les 350 ou 400 fr. de dépenses extraordinaires que le service avait nécessitées.

CHAPITRE XV

(Février 1871)

Les journaux locaux reprennent leur publication. — Les élections a l'Assemblée nationale ; M. Buée élu député. — Sépultures allemandes. — Les Prussiens perçoivent les impôts. — Une contribution de guerre de plus d'un million ; opposition du Conseil municipal. — M. Thiers, chef du pouvoir exécutif. — Nouvelles réquisitions allemandes. — Autre emprunt municipal. — Pfuel, préfet prussien, vient a Elbeuf. — Signature de la paix.

Le mercredi 1er février, M. Bourdon pria le maire de faire des démarches pour que les Prussiens fussent logés à la caserne.

M. Buée se rendit auprès du major prussien, qui se montra, paraît-il, très obligeant, et dit qu'il demanderait au général d'établir à Elbeuf un magasin de vivres pour un mois, afin de décharger les habitants. Quant au logement à la caserne, le major craignait qu'il s'y développât des épidémies, notamment la variole, qui causait alors de nombreuses mortalités. Enfin, l'officier prussien laissa espérer, sinon une évacuation complète, du moins un allègement de garnison.

Le 3, le maire reçut du préfet prussien une lettre lui enjoignant, sous peine d'une amende de 50.000 fr., d'effectuer, pour le lendemain 4, la livraison du drap nécessaire à la confection de 6.000 pantalons.

A ce moment, la moitié environ de la « commande » était déjà acceptée par l'intendance militaire prussienne ; mais depuis deux jours, cette intendance n'avait pu continuer à s'occuper de la réception. M. Buée accompagné de M. Beaudouin, se rendit à Rouen pour conférer de cette affaire avec les autorités allemandes.

A partir de ce jour, la permanence établie à l'hôtel de ville cessa.

Un parlementaire prussien invita, le 5 février, les francs-tireurs d'Elbeuf à quitter Quillebeuf, qui n'était pas compris dans les limites de l'occupation française. M. Stevenin télégraphia au Havre. Le lendemain, l'envoyé allemand revint et réclama de nouveau le départ de cette compagnie, menaçant, si elle ne s'exécutait pas, de la bombarder. Nos hommes s'embarquèrent pour retourner au Havre.

M. Buée, maire, donna communication au Conseil municipal, le 6, d'une lettre de M. Charles Lizé fils, agent consulaire du roi d'Italie, et d'une autre lettre du consulat de ce même gouvernement à Rouen, tendant toutes deux à exonérer les sujets italiens du logement des troupes prussiennes. — Le Conseil rejeta cette double demande.

Le crédit précédemment voté pour les réquisitions prussiennes étant épuisé, le Conseil en vota un nouveau de 25.000 fr.

L'*Industriel* reparut le mardi 7 février, et, comme précédemment, il était imprimé à Rouen. En tête de ce premier numéro, il portait les notifications suivantes du préfet prussien :

« Afin de faciliter les opérations électorales pour la nomination des députés, qui doit avoir lieu le 8 de ce mois, la publication des journaux est autorisée à partir d'aujourd'hui dans le département de la Seine-Inférieure, sous la responsabilité personnelle des rédacteurs en chef et des imprimeurs, et à la condition de ne publier aucun article de nature injurieuse contre la personne ou les armées de S. M. l'Empereur d'Allemagne, et de déposer à la préfecture un exemplaire de ces feuilles avant leur distribution.

« Le Préfet : Baron de Pfuel »

« Le préfet de la Seine-Inférieure enjoint aux imprimeurs du département de faire d'urgence, sous peine d'une amende dont il se réserve de fixer l'importance, le dépôt à la préfecture de quatre exemplaires de toutes les publications sortant de leurs presse , et notamment de celles relatives aux élections des députés.

« Le préfet : Baron de Pfuel. »

Un grand nombre de liste de candidats circulaient dans le département à l'occasion des élections législatives du 9 février. Nous relevons les noms de quelques-uns d'entre eux :

Antoine Regnier, tisseur à Elbeuf, président du Comité démocratique, figurant sur la liste de fusion et celle du Comité central républicain de la Seine-Inférieure.

Buée, maire d'Elbeuf, porté sur les listes de fusion, du Comité départemental (Taillet), le *Nouvelliste* et le *Journal de Rouen*.

Deschamps, avocat, commissaire de la République en 1848, soutenu par la fusion et le *Journal de Rouen*.

Lucien Dautresme, ancien élève de l'Ecole polytechnique, porté par la fusion, le *Journal de Rouen* et le Comité central républicain.

Charles Cord'homme, négociant à Rouen, et Eugène Manchon, avocat, recommandés seulement par le Comité central républicain.

Le département de la Seine-Inférieure avait seize députés à nommer. Les électeurs de La Londe et ceux d'Orival votèrent à Elbeuf. Le dépouillement du scrutin donna, pour le canton d'Elbeuf, les résultats qui suivent :

MM. Dautresme, d'Elbeuf.........	4.326 voix
Follin, de Saint Valery......	4.224 —
Dufour, du Havre...........	4.219 —
Delanoë, de Longueville.....	4.172 —
Lebon, de Dieppe	4.170 —
Dargent, de Gerponville.....	4.157 —
Peulevey, procureur général..	4.156 —
Lecesne ancien député	4.140 —
Trochu, général.............	3.649 —
Thiers (Adolphe)............	3.629 —
Buisson, ancien député......	3.332 —
Cordier, de Rouen...........	3.331 —
Buée, d'Elbeuf..............	3.318 —
Dufaure, ancien député.....	3.282 —
Peulvé, du Havre........ ...	3.275 —
Lanel, de Dieppe............	3.260 —
De Montaignac	3.254 —
Ancel, ancien député........	3.237 —
Anisson-Duperron	3.194 —
Savoye, conseiller général ...	3.189 —
Des Roys, de Gaillefontaine..	3.174 —
De Bagneux, de Pavilly......	3.169 —

Vitet, ancien député.........	3.136	—
Cord'homme, de Rouen......	3.133	—
Pouchet professeur..........	3.076	—
Manchon, avocat............	3.006	—
Duvivier, de Rouen..........	2.983	—
Quesnel, de Goderville.......	2.950	—
Vaughan, de Darnétal.......	2.945	—
Regnier, tisseur d'Elbeuf.....	2.889	—
Favre (Jules)................	1.806	—
Crépet, ancien sous-préfet....	1.649	—
Leplieux, avocat.............	1.427	—
Ramel, du Havre............	1.383	—
Senard, ancien constituant...	1.325	—
Deschamps, avocat..........	1.265	—
Bazan, du Havre............	1.183	—
Aubry, ouvrier lithographe ..	1.147	—
Richebraque, d'Eu	1.092	—
Thiébaut, de Neufchâtel......	966	—
Gambetta (Léon).............	468	—

Par suite de la division des républicains dans le département, la liste réactionnaire passa presque en entier.

Le 8 février, un conducteur de voitures de l'armée allemande, du nom de Philippe Volkein, décédé à la suite de blessures, fut enterré dans la partie protestante du cimetière Saint-Jean.

Le lendemain, on inhuma, dans le cimetière Saint-Etienne, un soldat allemand, nommé Johann Kalinowski, du 5e régiment de grenadiers, également mort de ses blessures.

Une lettre écrite d'Amiens, par les autorités militaires allemandes, le 6 mars suivant, accompagnée d'un plan, donnait les indications précises où les deux corps avaient été déposés, et une autre, datée de Rouen, 17 mars, signée du baron Pfuel, préfet, invitait les autorités municipales à conserver ces indications, afin que les familles de ces deux militaires pussent, au besoin, retrouver l'endroit où leur parent avait été inhumé.

Ce plan porte également l'indication d'une autre sépulture, à Orival, dans une propriété appartenant à M⁰ᵉ Cavelier, située au bord de la Seine. Les deux soldats enterrés en cet endroit, dans la même fosse se nommaient Ludwig Grossman et Carl-August Schoenteig, tous deux du 1ᵉʳ régiment de grenadiers. Il était fait recommandation à la propriétaire de prendre toutes les mesures de conservation pour cette tombe sur laquelle serait élevée une croix simple, ainsi que sur les sépultures des deux soldats enterrés dans les cimetières d'Elbeuf.

A l'ouverture de la séance municipale du 9, M. Buée demanda et le Conseil vota un nouveau crédit de 50.000 francs pour les travaux du cimetière Saint-Jean.

Ce même jour, le Conseil vota un crédit de 35.000 fr. pour le Bureau de bienfaisance.

Il y eut grand émoi au Conseil municipal, le 11 du même mois. L'assemblée était appelée à délibérer sur les mesures à prendre au sujet d'un arrêté du préfet prussien, relatif à la perception des impôts directs et autres exigibles d'après les lois françaises.

Suivant cet arrêté, inouï en temps d'armistice, les communes étaient responsables de la rentrée des contributions et impôts. Le Conseil considéra cet arrêté comme un acte d'hostilité inconciliable avec l'armistice. Une commission de cinq membres, composée de MM. Bourdon, Flavigny, Cabourg, Picard et Pelletier, fut nommée pour examiner ce qu'il y avait à faire.

La séance municipale du 13 fut présidée

par M. Alfred Grandin, adjoint, M. Buée s'étant rendu à la Chambre des députés, à laquelle il avait été élu.

Ce jour-là, le Conseil discuta sur le projet d'élargissement du chemin de Thuit Anger, et vota un crédit de 13.000 fr. pour la partie de travail à faire sur le territoire d'Elbeuf.

La délibération municipale du 14 porta entièrement sur les logements militaires, dont une partie des habitants étaient exempts. Le Conseil, adoptant une proposition de M. Quidet, décida qu'une désignation nominative serait faite des personnes ayant des magasins à Elbeuf et devant subir les logements militaires. Cette liste fut présentée dans la séance du lendemain.

Ce même jour, le général commandant la 2e division d'infanterie de l'armée du Havre nomma le capitaine Georges Beer capitaine commandant de la compagnie des Francs-Tireurs d'Elbeuf, en remplacement de M. J. Stevenin, injustement cassé de son grade. Le nouveau commandant reçut en même temps l'ordre de se transporter à Mannevillette avec ses hommes.

Le 14 également, mourut M. Louette, vicaire de Saint-Etienne. Pendant l'occupation prussienne étaient décédés MM. Warin, maître teinturier, âgé de 71 ans; Etienne Auguste Dupuis, notaire, 41 ans; François-Augustin Paul Guillemine, lieutenant des mobilisés d'Elbeuf, 35 ans; Léon Joignat, sous-lieutenant des francs-tireurs de Seine-et-Oise, 36 ans (à l'hospice); Lambert-Désiré Coblence, trésorier payeur à l'armée en retraite, chevalier de la Légion d'honneur, 72 ans; Jacques-Louis-Pierre Grandin, rentier, rue de l'Hospice. Un certain nombre de soldats français et allemands étaient également morts à l'hospice municipal.

Ce fut en février 1871 que fonctionna à Elbeuf le premier moteur électrique ; il actionnait une machine à coudre chez M. Maingot, rue Dautresme.

Le 15 février, le major prussien en résidence à Elbeuf présenta à la Ville une demande d'imposition de guerre de 1.198.120 francs, à payer avant le 18 février, quatre heures du soir.

Le Conseil municipal déclara que cette demande était contraire aux lois de la guerre, en présence de l'armistice, et que d'ailleurs il serait d'une impossibilité absolue de trouver cette somme à Elbeuf ; en conséquence, il refusa de se soumettre à cette nouvelle exigence prussienne.

Le lendemain 17, M. Bourdon donna lecture de ce projet de délibération, concernant la contribution de guerre demandée :

« Le Conseil municipal d'Elbeuf ; vu l'injonction faite le 15 de ce mois, à son premier magistrat, par M. le major commandant de place Von Kappelow, laquelle injonction est ainsi conçue :

« La ville d'Elbeuf a à payer au plus tard
« le samedi 18 courant à quatre heures du
« soir, 1.198.120 fr.

« Si le paiement n'a pas lieu à l'heure dite,
« la somme sera augmentée de 5 pour 100
« chaque jour, et des otages seront pris qui
« seront conduits en Allemagne, si on persiste
« dans le refus. »

« Considérant que l'injonction dont il s'agit, survenue pendant le cours d'un armistice en pleine voie d'exécution, est contraire aux principes traditionnels qui doivent faire en pareille matière la règle des parties belligérantes ; qu'en effet, si un armistice n'est pas précisément la fin de la guerre, c'est néanmoins une paix momentanée et circonscrite, qui laisse tous les points en litige, dans l'état où ils étaient avant qu'il ait été signé, et rend impossible sur le territoire, dont il détermine la situation, la continuation de tout fait de guerre ; qu'ainsi lever un impôt exorbitant sur une population à bout de ressources, quand elle est sous la sauvegarde d'une trêve, et que loin d'avoir rien fait pour attirer sur elle aucune représaille, elle s'est conformée aux conséquences de l'actualité qui la régit, c'est commettre un acte d'une incontestable hostilité, tant à l'égard des choses qu'à l'égard des personnes.

« Ces principes sont d'ailleurs implicitement reconnus par la convention signée entre M. de Bismarck et M. Jules Favre ; en effet, un des articles de cette convention est ainsi conçu :

« Les captures faites après la conclusion
« et avant la notification de l'armistice doi-
« vent être restituées. »

« Considérant, dans le cas où le respect dû à la convention qui vient d'être rappelée serait cependant méconnu, qu'il est essentiel de faire ressortir en toute évidence jusqu'à quel point, de calamités en calamités, la guerre et tous les maux qui en sont inséparables ont mis la ville hors d'état de donner satisfaction à la demande de l'autorité allemande.

« Considérant à cet effet :

« Que les réquisitions successives dont elle

a été frappée, réunies au lourd fardeau que les logements militaires et l'alimentation des soldats étrangers lui ont fait subir, forment déjà le chiffre si considérable et non encore clos de 700.000 fr.

« 2° Que l'obligation absolue où elle a été depuis plus de six mois, tous travaux ayant à peu près cessé dans ses fabriques et dans ses usines, non seulement d'en organiser d'autres à grands frais par voie d'assistance, afin de ne pas livrer au désespoir des milliers d'ouvriers, mais encore de distribuer des secours en argent, en pain, viande, bois et autres objets de consommation, à leurs femmes et à leurs enfants, sous peine de les voir périr de faim, de froid et de misère, et que les dépenses qui en sont résultées ont atteint jusqu'à présent un second chiffre non moins affligeant de 500.000 fr., qui sera encore largement dépassé ; non compris le préjudice occasionné par la destruction des ponts.

Considérant que le trouble profond qu'a jeté dans les ressources municipales la nécessité d'acquitter une masse de dépenses et de charges extraordinaires, représentant en totalité, comme on l'a vu, le chiffre excessif de 1.200.000 fr., a réagi sur tous les éléments de richesse et de prospérité qui, dans les temps tourmentés, auraient pu venir si utilement en aide à la ville et aux habitants ; que l'argent, très rare au mois de septembre, a presque complètement disparu et que la ville a été contrainte de créer, le mois suivant, une monnaie fiduciaire, preuve irréfutable du retrait des valeurs métalliques ; que le commerce et l'industrie, dont la reprise ne peut être obtenue qu'à la condition de la plus complète cessation des causes qui les ont anéanties, continuent à être dans l'impuissance d'exercer aucune action salutaire sur la stagnation des affaires ; qu'enfin, dans un centre de population où il est facile de constater la fermeture de tant d'ateliers et de magasins, où au milieu du renchérissement des denrées alimentaires, les habitants qui n'ont pas besoin d'être secourus comptent à peine pour un tiers dans son effectif et sont bien près d'être, à force de sacrifices, réduits eux-mêmes aux abois.

« Toutes choses dont il peut être désormais surabondant de déduire cette conclusion navrante qu'il est radicalement impossible d'acquitter une nouvelle réquisition de 1.198.120 francs.

« Par ces motifs délibère :
« Il n'y a pas lieu d'accueillir la demande de l'autorité allemande, et pour le cas où il y serait donné suite par l'exécution des menaces qui l'accompagnent, la ville déclare énergiquement protester au nom du droit des gens et de la civilisation contre un pareil abus de la violence et de la force ».

Les termes de cette proposition furent acceptés à l'unanimité. Le Conseil décida, en outre, qu'il en serait référé au gouvernement français, et qu'une lettre présentant le résumé de cette délibération serait remise à l'officier prussien commandant la place.

Quand, le lendemain 18, le commandant prussien eut pris connaissance de cette lettre, il se rendit à la mairie et demanda à parler aux adjoints.

Alors, l'officier prussien dit à MM. Grandin et Bellest : « Au nom de Sa Majesté le roi

Guillaume, eu égard à la longue occupation prussienne, remise est faite des deux tiers de la somme primitivement demandée, en ajoutant à ce tiers le dixième du premier chiffre ».

Les adjoints répondirent que ce paiement était impossible, et qu'au surplus, ils allaient informer le conseil municipal de la conversation qu'ils venaient d'avoir avec lui. L'officier se retira.

Le Conseil persista dans son refus de payer toute nouvelle réquisition en argent

Il fut aussi question, dans la séance du 18, d'employer une partie des ouvriers sans travail au chemin de Saint Cyr, et d'étudier le tracé du jardin du nouvel hôtel de ville.

Ce même jour, le préfet prussien Pfuel enjoignit aux receveurs des postes de ne recevoir, sous peine d'une amende de 100 fr. pour chaque cas, aucune lettre qui ne fût ouverte et affranchie au moyen d'un timbre allemand.

Il ordonna également aux mariniers et transporteurs par eau, navigant en amont de Rouen, de se munir d'un sauf-conduit.

On apprit, le 19, que M. Thiers, qui venait d'être nommé chef du Pouvoir exécutif de la République française, avait choisi pour ministres : MM. Dufaure, Jules Favre, Ernest Picard, Jules Simon, de Larcy, Lambrecht, le général Le Flô, l'amiral Pothuau et Pouyer-Quertier.

Le Conseil municipal, réuni le lundi 20 février à 5 heures, vota un nouveau crédit de 30.000 fr. pour satisfaire aux réquisitions prussiennes.

Tout ce qui revint à la Ville de l'occupation allemande fut le fumier des chevaux ; que l'administration municipale fut autorisée de vendre le plus avantageusement possible.

Les Allemands évacuèrent La Londe, le même jour, sans avoir obtenu le paiement d'une somme de 50 000 fr. qu'ils avaient demandée à cette commune comme indemnité de guerre. On estima que l'occupation étrangère avait coûté plus de 150.000 fr à la localité.

Celle de Saint-Aubin avait été imposée par les Allemands à 51.056 fr.; cette somme ne fut pas non plus payée. La commune estima à 25.000 fr. la perte et les frais causés par l'ennemi.

Quant à Orival, son imposition avait été fixée à 54.780 fr. M. Deschamps, conseiller municipal, qui avait protesté contre cette contribution, avait été arrêté et mis en prison à Elbeuf. Les pertes pour cette commune furent évaluées à 80.453 fr.

Dans la séance municipale du 24 février, M. Bourdon rendit compte d'une démarche qu'il avait faite à Rouen, avec M. Bellest et la commission des finances, à l'effet de recueillir des renseignements sur l'arrêté prussien prescrivant le paiement par douzième de l'impôt direct, plus un second douzième pour former l'équivalent de l'impôt indirect des droits d'enregistrement.

Suivant une circulaire de M. Jules Favre, l'autorité prussienne avait droit de percevoir l'impôt, même pendant l'armistice. « Il est donc prudent, dit M. Bourdon, de se préparer à verser la somme qui pourra être exigée le 28 février. »

Après discussion, M. Cabourg proposa et le Conseil adopta d'autoriser la commission des finances à établir les bases sur lesquelles le douzième de l'impôt direct serait fixé, et, en outre, de rechercher les voies et moyens pour payer les deux douzièmes, pour le cas où le seeond serait forcément exigé.

Le 25, en séance municipale, M. Bourdon donna lecture du rapport de la commission concernant le paiement d'un douzième des impositions aux Prussiens.

M. Alfred Grandin, président, exposa que trois banquiers d'Elbeuf, consultés à ce sujet, avaient accepté de fournir les fonds à la ville d'Elbeuf, chacun dans la proportion d'un tiers, contre la remise de valeurs négociables à 90 jours de date, souscrite et endossées par deux conseillers municipaux; ces valeurs pourraient être renouvelées pour le même laps de temps. L'intérêt serait de 6 pour 100 par an, sans commission.

M. Laurent Démar proposa et le Conseil accepta, que, pour le cas où l'on utiliserait l'offre des banquiers, six conseillers municipaux seraient désignés par la voie du sort pour souscrire et endosser les billets.

En somme, le Conseil autorisa le maire à emprunter au nom de la ville d'Elbeuf, de gré à gré, une somme de 51.000 fr. à 6 pour 100 par an, à MM. Leblond-Barette et fils, Prieur neveu, et Victor Quesné-Prieur, banquiers à Elbeuf.

Le sort désigna pour souscrire et endosser les billets MM. Houllier, Wallet, Justin, Rivière, Chennevière et Pelletier.

Le service du chemin de fer entre Rouen et Paris reprit le 26. A cette époque, le service par la Seine était rétabli entre Paris et la mer.

Le baron Pfuel, préfet prussien de Rouen, vint à Elbeuf le 16. Il s'adressa aux adjoints, qui étaient accompagnés de la commission de finances.

Il s'informa d'abord du prix des charbons de terre et du travail dans les manufactures ; puis il parla de l'impôt direct : le douzième, plus un autre douzième pour former l'équivalent de l'impôt indirect, seraient exigibles le 28 février et il comptait que la ville d'Elbeuf ne tarderait pas à faire ce paiement.

Le conseil municipal décida d'envoyer le lendemain, à Rouen, des délégués pour faire le versement total ou par acomptes des douzièmes demandés par les Prussiens.

Il fut ensuite donné lecture d'une lettre de M. Houllier, disant qu'il ne lui convenait pas de souscrire des valeurs à l'ordre de trois banquiers de notre ville ; il donnait sa démission de conseiller municipal. — M. Houllier était lui-même banquier.

Cette décision fut vivement critiquée, le Conseil la trouvant étrange et constituant le désaveu d'une délibération prise à l'unanimité.

M. Démar, auteur de la proposition du tirage au sort, s'offrit et fut accepté pour remplacer M. Houllier.

M. Bellest porta, le lendemain, au préfet prussien, une somme de 15.000 fr. pour le compte de la ville, sauf recours sur l'Etat. Le reçu portait que cette somme était applicable à l'impôt de janvier. M. Lagny, interprète, avait accompagné M. Bellest dans ce voyage à Rouen.

On sait que, le 28 février, l'Assemblée nationale entendit la lecture du texte des préliminaires de la paix, où se trouvait stipulée la cession de l'Alsace et d'une partie de la Lorraine, et que, le lendemain le traité fut voté par l'Assemblée.

En février, une épidémie de variole qui sévissait dans notre région depuis quelque temps, redoubla d'intensité. C'est ainsi que du 29 janvier au 19 février, l'état civil d'Elbeuf enregistra 81 décès, 45 du 20 au 26 février, et 29 du 27 février au 5 mars.

CHAPITRE XVI

(Mars 1871)

M. Buée à Bordeaux. — Mort de M. Lefort-Henry. — Rentrée des francs-tireurs, des mobiles, des mobilisés et des canonniers Elbeuviens. — Evacuation d'Elbeuf par les Allemands. — Reprise du service du chemin de fer. — La Commune de Paris ; déclarations de la Chambre de commerce et du Conseil municipal.

Les fabricants de drap de la circonscription d'Elbeuf se réunirent, au nombre de soixante-quinze, le 3 mars, sous la présidence de M. Ph. Aubé, pour délibérer sur le projet d'une nouvelle réforme dans les conditions de vente. L'assemblée désigna MM. Frédéric Olivier, Clovis Hue et Fouchet père pour s'adjoindre aux membres de la Chambre de commerce chargés d'étudier la question et de présenter un rapport.

Le 4, le Conseil municipal fut informé que le chef de gare de Saint-Aubin s'occupait activement d'établir deux trains entre Elbeuf et Rouen, et correspondant à ceux qui déjà avaient repris le service entre le Havre, Dieppe et Paris.

M. Alfred Grandin donna ensuite lecture d'une lettre que M. Buée, député, lui avait adressée de Bordeaux et renfermant les renseignements suivants :

« 1° Des mandats délivrés par la préfecture de la Seine-Inférieure aux familles des militaires en activité de service sont envoyés de Bordeaux pour les faire acquitter par les intéressés.

« 2° On a trouvé un décret du 30 novembre autorisant la ville d'Elbeuf à percevoir l'imposition extraordinaire de 20 centimes en 1870. On pouvait donc le mettre à exécution.

« 3° En ce qui touche l'emprunt de 400.000 francs, les délibérations n'ont pas été envoyées au gouvernement ; il faut donc que de nouvelles expéditions de ces délibérations soient transmises le plus tôt possible.

« 4° M. Buée a obtenu du ministre de l'Intérieur une somme de 10.000 fr. pour les travaux communaux de la ville d'Elbeuf ; l'arrêté va en être transmis au préfet de la Seine-Inférieure »,

M. Bourdon fit, par écrit, la proposition suivante :

« La ville d'Elbeuf a perdu récemment, à Paris, un de ses anciens maires et tout à la fois l'un des anciens présidents de son Tribunal de commerce et de la Chambre consultative, en la personne de M. Lefort-Henry.

« Il ne nous a pas été possible, ainsi, Messieurs, de rendre à celui qui avait alternativement rempli les trois premières magistratures de notre cité manufacturière, les honneurs dus incontestablement à ses restes mortels.

« C'est à l'intelligente administration de

M. Lefort qu'elle avait été surtout redevable du percement de ses deux plus belles voies : les rues de Paris et Henry, sans compter d'autres améliorations de toute nature, qui, alors aussi, ont puissamment contribué à sa transformation, malheureusement si compromise aujourd'hui par une guerre désastreuse.

« M. Lefort ne s'était pas montré moins méritant ni moins digne, au surplus, dans l'accomplissement de ses devoirs consulaires, dont une double élection présidentielle avait été la légitime récompense.

« Les hommes et les choses passent rapidement de nos jours, au milieu de tant d'événements qui se succèdent et se croisent, sans peut être nous laisser la faculté de recueillir nos meilleurs souvenirs et d'être justes envers nos devanciers. Cependant, j'aime à croire que le Conseil municipal, gardien vigilant des bonnes traditions, me saura gré au contraire, de lui avoir rappelé celui d'un citoyen utile et dévoué, et dont nous ne saurions, d'ailleurs, avoir oublié le nom et les services.

« Je le prie donc de vouloir bien autoriser, à ce titre, l'insertion au procès-verbal du témoignage d'estime que je suis heureux de pouvoir adresser à la mémoire de celui qui m'a précédé moi-même, à une autre époque, dans l'administration de cette cité, notre commune ville natale. »

Le Conseil, à l'unanimité, s'associa à cette proposition.

L'assemblée fut également informée que le commandant prussien avait manifesté l'intention de faire célébrer un service religieux protestant dans l'église Saint-Jean ; mais que, sur les instances de l'administration, il avait consenti à se contenter de la cour du nouvel hôtel de ville.

La compagnie des francs tireurs d'Elbeuf, capitaine Stevenin, rendit ses armes et fut licenciée, au Havre, le 5 mars. On sait que cette compagnie, parfaitement disciplinée et bien commandée, avait pris part à de nombreux engagements pendant la guerre, où sa valeur avait été très remarquée.

Après le retour, M. Stevenin appela l'attention du ministre de la guerre sur ceux de ses cent cinquante hommes qui s'étaient le plus distingués. Il citait : MM.

Lucien Beer, sous-lieutenant, maître teinturier à Orival ; avait commandé le premier feu à Bolbec, le 14 décembre ;

A. E. Guilmet, adjudant sous-officier, négociant en draperies ; il avait, le 4 décembre, sauvé les dépêches pendant le combat de Lyons-la-Forêt ; le même jour, il avait fait prisonniers sept uhlans saxons et un officier. Le 24 décembre, avec 32 hommes de la compagnie et quelques Havrais, il avait conservé le dernier la position périlleuse qui lui avait été assignée ;

D.-J. Isèbe, sergent, né en 1814 ; s'était distingué, le 24 décembre, à l'avant-poste de Ronchelles, puis à Bolbec, route de Rouen ; grâce à ses dispositions, presque tous les cavaliers d'une reconnaissance ennemie furent tués ou blessés.

Louis Lequesne, brigadier des Eclaireurs à cheval, fabricant de draps à Elbeuf ; s'était distingué, avec six hommes du 3e hussards, le 18 décembre, à Saint-Romain, et le 17 janvier au même lieu, avec divers corps francs et éclaireurs.

P.-J. Masson, né en 1821 ; se fit remarquer par sa bravoure en diverses circonstances.

Quant à M. Stévenin, né à Carignan (Ardennes) en 1832, ancien commandant de la compagnie, directeur de la Société de déchets de fabrique d'Elbeuf, il était marié et père de trois enfants. Volontaire en 1854, il avait servi comme grenadier de la garde et avait fait la campagne de Crimée.

Au moment où éclata la guerre, il était capitaine de la garde nationale d'Elbeuf ; il s'engagea dans la 1re compagnie de francs-tireurs, où il fut nommé sergent instructeur, puis successivement sous-lieutenant, lieutenant et enfin capitaine, par décret daté de Tours le 31 octobre 1870.

On nous permettra d'intercaler ici une note personnelle :

Nous avons servi sous les ordres de M. Stevenin et dans une compagnie marchant à ses côtés. Nous devons déclarer que ce fut un des meilleurs, des plus braves et des plus actifs de tous les commandants de compagnies de francs-tireurs. Son sang-froid devant l'ennemi était admirable, et si les hommes de sa compagnie ont pu se flatter d'avoir causé souvent d'importantes pertes aux Allemands, l'honneur en revient pour la plus grande partie à leur capitaine, ce que chacun d'eux proclamait hautement du reste. Aussi, comme beaucoup d'autres, n'avons-nous jamais compris que M. Stevenin n'ait pas été créé chevalier de la Légion d'honneur : c'est une distinction à laquelle il avait droit et que d'autres obtinrent sans l'avoir méritée autant que lui.

Le lundi 6 mars, dans la soirée, une rixe

éclata rue de Louviers entre des soldats prussiens et deux individus ; les uns et les autres étaient en état d'ivresse. Les soldats dégaînèrent et frappèrent à droite et à gauche sur toutes les personnes qu'ils rencontrèrent ; six ou sept citoyens paisibles furent ainsi blessés, dont deux grièvement.

La ville d'Elbeuf délivra des vivres, les 6 et 7 mars, au 3e régiment de grenadiers prussiens en séjour dans nos murs. Le nombre des officiers était de 17 et celui des soldats de 1012. L'officier qui signa le reçu à notre municipalité pour cette fourniture se nommait Von Setzolt et était major commandant de bataillon.

Le 7, le Conseil municipal vota un supplément de crédit de 8.000 fr. pour les travaux du chemin d'Elbeuf à Thuit Anger, où avait été établi un atelier pour les ouvriers sans travail.

Il vota également un crédit de 46.000 fr. pour la rectification du chemin de Saint-Cyr, avec réserve de ne commencer les travaux que s'il était nécessaire de donner de l'occupation à d'autres ouvriers.

Les troupes prussiennes évacuèrent complètement notre ville le mercredi 8, à huit heures. Il y avait juste trois mois qu'ils occupaient Elbeuf ou les environs sur la rive gauche de la Seine.

Après le départ des Allemands, M. Buisson, curé-doyen de Saint Jean, remercia par lettre la municipalité pour n'avoir pas consenti à la célébration des offices de cultes protestants, dans les églises de notre ville, pendant l'occupation étrangère, ainsi que nos ennemis l'avaient demandé.

Au 9 mars, tous les mobiles d'Elbeuf, envoyés dans le département de la Seine et qui y étaient restés pendant le siège de Paris, étaient de retour dans leurs foyers, sauf près de 80, morts de maladie. Au moins autant succombèrent dans les premiers six mois du retour dans leurs foyers.

Le 3ᵉ bataillon de la garde mobile de la Seine-Inférieure, lors de son retour, avait pour officiers : MM.

Chef de bataillon. Ch. Besson ; capitaine-adjudant major, Bouvier-Bangillon ; médecin aide-major, Lebail.

1ʳᵉ compagnie (Argueil et Boos) : capitaine Mulot, lieutenant Pelcat, sous-lieutenant Pellerin ;

2ᵉ (Forges-les-Eaux) : capitaine Poisson, lieutenant Blanchet ; sous-lieutenant Gaillard ;

3ᵉ (Gournay) : capitaine du Barry de Merval, lieutenant Mongars, sous lieutenant Drély ;

4ᵉ (Elbeuf) : capitaine Gaubert, lieutenant Lanne, sous-lieutenant Nivert ;

5ᵉ (Buchy et Clères) : capitaine d'Arboval, lieutenant Papillon, sous-lieutenant Creton ;

6ᵉ (Darnétal) : capitaine Bayle, lieutenant Hébert, sous-lieutenant Ratiéville.

7ᵉ (Elbeuf) : capitaine Brécard, lieutenant Bellest, sous lieutenant Sanson.

Nous intercalerons ici une note qui nous a été remise par un ancien garde mobile du 3ᵉ bataillon :

Du 20 octobre 1870 au 28 janvier 1871, le 3ᵉ bataillon fut constamment occupé au service des avant postes. Pendant cette période de plus de quatre mois, nous restâmes hors de l'enceinte, en avant des forts, séparés de l'ennemi à Créteil et à Bondy notamment, par un intervalle qui n'excédait pas 500 mètres : nous étions donc sans cesse sur le qui-vive, exposés au premier feu.

Les officiers et les hommes, réduits à une nourriture absolument insuffisante, composée d'aliments les plus divers et de produits avariés, couchaient à terre, souvent en rase campagne, sans autre abri que leurs couvertures. Ils furent particulièrement éprouvés par les froids excessifs de l'hiver 1870-71, et payèrent un large tribut à la maladie et à la mort.

Parmi ceux qui furent tués par les balles et les obus dans le service courant des avant-postes, je citerai de mémoire :

Béatrix, de la 7ᵉ compagnie (Caudebec).
Morin, de la 4ᵉ compagnie (Elbeuf).
Le sergent-major de la 5ᵉ comp. (Buchy).

Parmi les blessés, qui furent assez nombreux, je nommerai les gardes mobiles Lefrançois, Saunier, Deshayes, Colard et Juin.

Du 27 décembre 1870 au 28 janvier 1871, le bataillon fit le service des grand-gardes, à Bondy, au milieu d'un bombardement d'une violence extraordinaire. Dans la seule journée du 1ᵉʳ janvier 1871, plus de trois mille obus tombèrent sur ce malheureux pays et ses défenseurs. J'en ai compté jusqu'à dix dans la même minute.

La dernière maison faisant face aux batteries prussiennes était occupée ce même jour par la 1ʳᵉ section de la 4ᵉ compagnie; elle fut criblée de projectiles qui la percèrent de part en part. Les occupants reçurent l'ordre de s'y maintenir quand même et, par un hasard extraordinaire, ils n'eurent pas un seul blessé. Le bombardement continua sans relâche, avec une intensité sensiblement égale jusqu'à l'armistice, date à laquelle la 1re compagnie remit les positions entre les mains de l'ennemi.

Dans la nuit du 5 janvier 1871, une attaque énergique combinée sur deux points différents fut effectuée contre les postes que nous avions à défendre, qui étaient occupés exclusivement par le 3e bataillon et une compagnie des Eclaireurs de la Seine.

L'ordre du jour à l'armée publié à cette occasion le 6 janvier 1871, par le général Ducrot, est particulièrement honorable pour le 3e bataillon et quelques-uns de ses officiers qui commandaient les compagnies les plus engagées.

Voici ce document :

« ORDRE

« Depuis neuf jours, les troupes qui occupent Bondy et le Drancy ont supporté un bombardement des plus violents, avec une énergie qui leur fait d'autant plus d'honneur que cette tenacité et ce courage passifs sont plus rares et plus difficiles que la vaillance spontanée du champ de bataille.

« A plusieurs reprises, les troupes ont eu à résister aux attaques de l'ennemi, qu'elles ont reçu avec une fermeté et une solidité dignes d'éloges.

« Le général en chef cite, à cette occasion : la brigade Lespiau, 121e et 122e de ligne, la 22e batterie du 4e régiment d'artillerie commandée par le capitaine Gandolff ; la brigade Reille. bataillon du Tarn et 3e bataillon de la Seine-Inférieure, le 4e bataillon des Eclaireurs de la Seine.

« Hier matin, 5 janvier, les troupes de Bondy ont été vivement attaquées par l'ennemi (3e bataillon de la Seine-Inférieure et Eclaireurs de la Seine). Elles l'ont attendu avec sang-froid et repoussé avec vigueur en lui faisant éprouver des pertes sensibles.

« Le général en chef cite comme s'étant fait remarquer particulièrement par leur courage et leur belle conduite en cette circonstance : MM. le capitaine Brécard, le capitaine du Barry de Merval et le lieutenant Blanchet, du 3e bataillon de la Seine-Inférieure ;

« Pegret et Braud du 4e bataillon des Eclaireurs de la Seine.

« Au grand quartier des Lilas, le 6 janvier 1871.

« *Le Général Commandant en chef,*
« Signé : DUCROT. »

Parmi les gardes nationaux mobiles décorés pendant le siège figuraient MM. Bouvier-Bangillon, d'Elbeuf, capitaine, et Henri Blanchet, de Saint-Aubin, lieutenant. M. Paul Mignard, d'Elbeuf, lieutenant de vaisseau, avait également reçu la croix pendant le siège. — MM. Patrice Lefrançois, d'Orival, et Pierre Déhais, de Caudebec, qui faisaient aussi partie du 3e bataillon de la Seine-Inférieure (Elbeuf), avaient reçu la médaille militaire.

Quant au bataillon des mobilisés d'Elbeuf, il fut désarmé le 9 mars, au château de Saumur. Onze jours après, tous les hommes de ce bataillon étaient aussi de retour dans leurs foyers.

A la séance municipale du 9, M. Alfred Grandin appela l'attention du Conseil sur un avis inséré dans le *Journal officiel* prussien, concernant le paiement des douzièmes de l'impôt direct pour le mois de février ; le dernier délai était fixé au 10 mars.

Il fut dit que, suivant une lettre de M. Pouyer Quertier, ministre des finances, datée de Bordeaux 1er mars, cet impôt ne serait pas dû par les localités n'étant plus occupées par l'ennemi.

Le Conseil décida de s'abstenir, au moins provisoirement.

MM. Picard, Chennevière et Beaudouin furent désignés pour vérifier et apprécier les mémoires délivrés pour réquisitions prussiennes.

Ce même jour, le gouvernement général du Nord de la France fut transféré à Rouen, par ordre de l'empereur d'Allemagne.

Le lieutenant-colonel commandant l'artillerie du corps d'armée du Havre écrivit, le 9 également, au maire de notre ville, que la batterie sédentaire d'Elbeuf, à l'effectif de 4 officiers, 21 hommes et 8 chevaux, était partie le matin du Havre, pour rentrer dans ses foyers, laissant ses douze pièces de canon en dépôt à la direction de l'artillerie de cette place. Sa lettre se terminait ainsi :

« Je suis heureux de pouvoir vous faire connaître que cette batterie, qui avait été portée à un effectif élevé au moyen d'auxiliaires pris dans les différents corps de mobiles et de mobilisés, s'est constamment fait remarquer par sa bonne conduite et sa bonne tenue ; que le capitaine Richer, qui la commande, mérite des éloges pour la bonne direction qu'il a su imprimer à toutes les parties du service et de l'instruction .. Signé CARRÉ. »

Rentré à Elbeuf, le capitaine Richer présenta un rapport au maire de notre ville ; en voici quelques passages :

« ... J'ai dû, au commencement de cette

semaine, licencier les mobilisés qui avaient rempli les vides considérables causés dans nos rangs par les expulsions ou les congés...

« Par ordre supérieur, j'ai dû, à titre de dépôt, faire verser mes douze canons, mes munitions, tout mon armement, au fort de Tourneville ; ci-joint copie de l'ordre en question et de l'inventaire des objets versés.

« Aussitôt qu'il sera possible de faire rentrer la ville dans la propriété de tout ce matériel considérable qui lui appartient, je me ferai un devoir, M. le maire, d'aller de nouveau au Havre pour en assurer le retour... »— Ce matériel ne rentra jamais dans notre ville.

La capitaine signala ensuite comme très méritants, MM. Gustave Bourdon et Dehors, maréchaux-des-logis ; Maria et Regnier, brigadiers. « Maria surtout qui, malgré son âge avancé (71 ans), a constamment apporté la plus rigoureuse exactitude à l'accomplissement de ses devoirs..., je sollicite pour lui une marque particulière de votre bienveillance... »

M. Richer, ancien gardien de parc d'artillerie, était chevalier de la Légion d'honneur avant la guerre. Après la campagne, il revint demeurer à Elbeuf.

La compagnie des Eclaireurs de la garde nationale d'Elbeuf rentra, du Havre, dans notre ville, avec armes et bagages, le 10, à onze heures du matin.

Les communications par voie ferrée entre notre ville et le Roumois, interrompues par suite de la destruction du pont d'Orival, furent assurées, à dater du 12, par un service régulier de voitures, desservant Saint-Ouen-de-Thouberville, Bourgachard et Thuit-Hébert.

A partir du 13, on réorganisa le service des voyageurs, par chemin de fer, entre Elbeuf, Rouen, Paris, Le Havre, Dieppe et Fécamp. Un omnibus faisait le service entre la gare de Saint-Aubin et la Seine, dont la traversée s'opérait au moyen de barques.

Au début de la séance municipale tenue le même jour, M. Grandin rappela les services rendus à notre ville, comme interprètes, par MM. Lagny, Beucken et Boscowitz. Le Conseil nomma une commission pour examiner le moyen de leur donner un témoignage de reconnaissance. Quelque temps après, le Conseil vota 2.000 fr. à cet effet.

Ce même jour, le Conseil décida de faire des démarches auprès du préfet pour obtenir la reconstruction des ponts.

Il refusa à MM. Taverna et Thibaut l'autorisation de redonner des bals publics ; mais il accorda à M. Valmont celle de rouvrir le théâtre aux fêtes de Pâques.

Le Conseil vota un nouveau crédit de 20.000 francs pour les travaux du cimetière Saint-Jean.

Le 14, le Tribunal de commerce reprit ses audiences du mardi.

Le 16, on inhuma M. Frédéric Brisson, lieutenant de la 6e compagnie de mobilisés d'Elbeuf, décédé à Saumur, où il était en garnison avec notre bataillon.

Nous ne pouvons nous dispenser de dire quelques mots sur les causes et l'origine de la Commune de Paris, qui, à partir du 18, fut le sujet de l'attention publique à Elbeuf comme partout ailleurs.

Paris avait beaucoup souffert pendant le siège et était exaspéré que l'on n'eût pas utilisé la bonne volonté et le courage de sa garde nationale contre l'ennemi, en tentant une sortie générale. Il était aussi indigné de la convention du 28 janvier et de sa décapitalisation, au profit de Versailles, par l'Assemblée de Bordeaux.

Enfin, le bruit du désarmement de sa garde nationale avait porté son irritation au paroxisme, car il considérait cette garde comme la meilleure garantie pour la République, menacée déjà par certains élus de la province.

Au commencement du mois, la Fédération républicaine de la garde nationale et son Comité central étaient solidement constitués, avec l'appui d'environ 215 bataillons.

La veille de l'entrée des Prussiens à Paris, on apprit que des canons appartenant à la garde nationale avaient été oubliés à Neuilly et avenue de Wagram, emplacements qui devaient être occupés par l'ennemi. Des bataillons allèrent chercher ces pièces et les menèrent à la place des Vosges, à Belleville, aux Buttes-Chaumont, à Charonne, à la Villette et à Montmartre. L'opinion générale était que le gouvernement rentrerait, quand il le voudrait, en possession de ses canons, en employant des moyens modérés ; mais le gouvernement préféra avoir recours à la force et, dans la nuit du 17 au 18, entreprit l'attaque des buttes Montmartre.

A six heures du matin, le général Lecomte, avec le 88e de ligne, un bataillon de chasseurs de Vincennes et 200 gendarmes, gravit la Butte et enleva une dizaine de pièces. Cependant la détonation des feux de pelotons avait jeté l'alarme, et des détachements de gardes nationaux se présentent bientôt. Le général Lecomte ordonna à ses hommes de tirer : les soldats s'y refusent et fraternisent avec la garde nationale. Le général Lecomte, pris pour le général Vinoy, commandant de la place de Paris et détesté des Parisiens, est fait prisonnier. Quant à Vinoy, qui avait répondu du succès de l'entreprise, après avoir occupé la place Clichy, il se hâta de se replier sur Versailles, où le gouvernement se réunit le 19, avec 40.000 hommes de troupes.

Nous ne dirons rien de plus sur la douloureuse page de notre histoire nationale qui s'ouvrit ce jour-là, sinon que notre concitoyen, M. Lucien Dautresme, qui alors se trouvait à Paris, crut devoir, le 20 mars, adresser la lettre suivante au *Journal de Rouen :*

« Paris, 20 mars 1871.
« Monsieur le directeur,

« Il y a des circonstances où tout homme qui a eu l'honneur d'être proposé à des fonctions publiques, a le devoir de s'expliquer publiquement et catégoriquement. Ce devoir, je viens vous prier de m'aider à le remplir en m'accordant une place dans les colonnes de votre journal.

« J'ai toujours été républicain, je le demeurerai toujours quoi qu'il arrive, et c'est au nom des principes républicains que je proteste contre tout ce qui passe actuellement à Paris et dont j'ai le spectacle sous les yeux.

« Je professe qu'il n'y a d'autorité légitime que celle qui émane du suffrage universel, et les gens qui s'intitulent, je ne sais en vertu de quel droit, le Comité central de la Garde nationale, prétendent, au contraire, substituer à la volonté générale, leur volonté particulière.

« Je professe qu'il n'y a pas de justice sans jugement ; eux tolèrent l'assassinat et semblent excuser les assassins.

« Nous n'avons donc rien de commun, et quand ils disent qu'ils n'ont d'autre but que de sauver la République, je réponds qu'ils en sont les plus cruels ennemis et qu'ils achèvent de la perdre.

« Voilà, monsieur, ce que je tenais à déclarer bien haut, à l'heure même où les prétendus républicains sont les maîtres et où le silence pourrait paraître une approbation tacite, une sorte de complicité morale.

« Lucien DAUTRESME,
« Ancien élève de l'École Polytechnique, candidat républicain aux dernières élections. »

Le 21, la Chambre de commerce écrivit aux membres du Gouvernement national, à Versailles :

« Messieurs ; depuis sa création, la Chambre de commerce d'Elbeuf n'a jamais délibéré sur des questions politiques ; mais elle a toujours défendu avec autant de fermeté que de vigilance les intérêts de l'industrie de sa circonscription.

« Pour elle, ces intérêts sont ceux des ouvriers autant au moins que ceux des patrons, et elle ne les a jamais séparés ; c'est le travail national, le travail en commun qu'elle a toujours servi, admettant tout progrès pratique et raisonnable.

D'odieuses doctrines portent aujourd'hui leurs fruits et salissent la gloire que Paris s'était acquise par son héroïque défense.

« Dans ces sinistres circonstances, la Chambre de commerce qui cherchait, par tous les moyens, à rétablir la confiance et à rétablir le travail, croit de son devoir de protester contre les tentatives de révolution sans issue qui ont lieu à Paris, et de se prononcer énergiquement en faveur du gouvernement que les légitimes, les seuls représentants du pays lui ont donné.

« La Chambre doit en même temps rendre justice aux ouvriers de sa circonscription, qui ont montré dans nos malheurs tant de patriotisme et de résignation, et elle peut dire que c'est aussi bien en leur nom qu'au nom des industriels qu'elle proteste contre les tentatives abominables qui, en empêchant le retour de la tranquillité publique, mettent obstacle à l'essor du travail, qui seul peut sauver la France... »

A l'ouverture de la séance municipale du même jour, M. Grandin, adjoint, proposa d'envoyer l'adresse suivante à l'Assemblée nationale :

« Messieurs les membres de l'Assemblée nationale et du Gouvernement de la République française,

« Le Conseil municipal de la ville d'Elbeuf, profondéme t ému et affligé des événements douloureux dont Paris vient d'être le théâtre, et qui mettent en péril les intérêts, l'honneur même de la France, s'empresse de s'unir au pouvoir légitime que vous seul représentez, et d'exprimer l'espoir que, par votre sagesse et votre fermeté, les dissidences s'effaceront et la concorde, dont notre malheureux pays a tant besoin, sera bientôt rétablie.

« Nous sommes, avec un profond respect,

Messieurs, vos très humbles et très obéissants serviteurs. »

Cette adresse fut votée à l'unanimité.

Le Conseil vota ensuite un nouveau crédit de 35.000 fr. pour le Bureau de bienfaisance, et un autre de 5.000 fr. pour les fourneaux économiques.

Ce jour-là, on apprit la mort de M Anger, architecte du nouvel hôtel de ville, et la nomination de M. Gustave Lizot comme préfet de la Seine-Inférieure, par arrêté du Chef du Pouvoir exécutif de la République, en date de la veille.

Le jeudi 23, le Conseil décida de donner au Bureau de bienfaisance une centaine de paillasses, sur les 300 qui avaient été achetées pour servir à la garde nationale mobilisée, restées à la caserne.

Un nouveau crédit de 15.000 fr. fut voté pour la continuation des travaux au cimetière St-Jean. Dans la séance suivante, on adopta le plan de ce cimetière, dressé par l'architecte de la ville, puis le Conseil vota un nouveau crédit de 95.000 fr. formant, avec le précédent, un total de 110.000 fr. pour finir le travail.

Vers le 24, M. C -N. Besson, ancien commandant du bataillon de gardes mobiles d'Elbeuf, adressa un pressant appel au patriotisme de ses anciens officiers, sous-officiers, caporaux et soldats, pour reprendre du service dans l'armée de Versailles contre les insurgés de Paris ; mais bien peu répondirent à son désir ; nous croyons même qu'aucun d'eux ne se présenta.

Le 28, un escadron du 3e hussards, venant du Havre, arriva à Elbeuf, d'où il repartit le lendemain pour Versailles.

Dans les derniers jours de ce mois, mourut M. Aimé-Laurent Thorp, âgé de 52 ans, docteur en médecine, rue de la Porte-Rouge.

Pendant le premier trimestre de 1871, le chômage avait continué : durant les mois de janvier et février, un cinquième seulement des ouvriers put trouver de l'occupation dans les fabriques ; en mars, le nombre des ouvriers sans ouvrage était de la moitié Les événements de la Commune empêchèrent la réouverture de plusieurs fabriques, vers la fin du trimestre.

En février et mars, le tribunal correctionnel de Louviers avait prononcé de nombreuses et extrêmement sévères condamnations contre des habitants d'Elbeuf, de Caudebec et de Saint-Pierre, qui, pendant la guerre, avaient commis des délits forestiers dans la forêt de Bord.

CHAPITRE XVII

(AVRIL - JUILLET 1871)

L'envoi Steward, de New-York. — Faits divers. — Arrestations politiques, — Élections au Conseil municipal. — Les incendies de la Commune; belle conduite des pompiers d'Elbeuf Projet d'impôt sur les laines; une lettre a M. Thiers. Élections législatives. — Rétablissement du pont suspendu.

Le samedi 1er avril, le maire informa ceux de ses administrés qui détenaient des objets provenant soit des armées allemandes, soit des troupes françaises, soit des particuliers au préjudice desquels ils auraient été détournés, tels que voitures armes, munitions, meubles, bestiaux, chevaux, etc., d'en faire la déclaration dans le délai de trois jours, sous peine d'être traduits devant les tribunaux.

M V. Lecomte, commissaire priseur, rouvrit la salle des ventes le même jour.

Une proposition tendant au rétablissement de la garde nationale, faite par M. Chennevière, le 1er avril, au Conseil municipal, fut adoptée.

Dans cette séance, il fut donné connaissance d'une lettre datée du 25 mars, de MM. A. T. Steward et Cie, négociants à New-York, annonçant l'envoi au Havre d'un chargement de 3.800 barils de farine destinés à être distribués aux divers centres industriels français, dont 700 pesant 6.600 kilog., à Elbeuf.

Le Conseil exprima toute sa gratitude envers MM. Steward et Cie, qui donnaient par là une haute marque de sympathie pour la France, et en particulier pour les contrées industrielles, si cruellement éprouvées par la guerre.

Ces farines furent ainsi réparties : Elbeuf 450 barils, Caudebec 125, Saint-Pierre 30, Orival 35, La Londe 20, Saint-Aubin 12, Tourville 8, Freneuse 6, Cléon 6, Sotteville-sous le Val 6.

M. Grandin donna ensuite communication d'une lettre du préfet prussien baron de Pfuel, mentionnant les noms et régiments des soldats allemands qui avaient été enterrés dans le cimetière ou dans une propriété privée d'Elbeuf, ainsi que le plan de l'endroit de ces sépultures.

Le 6, le Conseil municipal vota un nouveau crédit de 30.000 fr. au Bureau de bienfaisance, et un second de 30.000 fr. également, pour faire face aux demandes occasionnées par les réquisitions prussiennes.

Ce même jour, un arrêté municipal fixa l'itinéraire des convois funèbres pour les trois paroisses de la ville.

Conformément à une délibération du Conseil municipal, le maire demanda, le 8 avril, le réarmement de la garde nationale Le préfet Lizot transmit ce vœu au ministre, qui fit répondre, le 20 du même mois, que toutes les demandes d'armes pour les gardes nationales étaient momentanément ajournées.

M. Pierre-Florentin Lanne, fabricant de draps, ancien adjoint, mourut le 9 avril, à l'âge de 55 ans.

Vers ce temps, on commença à s'occuper de rétablir le pont suspendu

Le 21, le Conseil décida de porter à 700.000 francs l'emprunt de 400.000 fr. déjà voté.

Mme Fouquier-Long prétendait rendre la ville d'Elbeuf responsable des dévastations, qu'elle estimait à 25.000 fr., de ses bois pendant les mois de novembre et décembre 1870 et janvier 1871 ; mais le Conseil repoussa sa réclamation, sans nier pourtant que de grands dégâts avaient été commis dans les bois de la plaignante. Plus tard, Mme Fouquier réduisit sa demande à 15.000 fr. ; mais elle fut également repoussée.

Ce même jour, le Conseil vota un crédit de 10.000 fr. pour les terrassements du jardin de l'hôtel de ville.

Il prit ensuite une délibération tendant au rétablissement du pont de la rue de Paris et du pont du chemin de fer à Orival, qui fut transmise d'urgence au préfet et à la Compagnie de l'Ouest.

Un différend existait depuis quelque temps entre les trois fabriques paroissiales et la municipalité au sujet des fournitures non prévues par le cahier des charges des Pompes funèbres. Le même jour 21, le Conseil municipal, après délibération, décida qu'il persistait dans ses résolutions précédentes et invita l'administration municipale à poursuivre les trois fabriques devant qui de droit pour la solution de cette question, intéressant gravement les familles.

A partir du dimanche 23, le service par voie ferrée entre Rouen et Serquigny fut réorganisé pour les voyageurs sans bagages seulement. Le pont d'Orival étant détruit, chacun devait traverser la Seine en bateau et à ses frais. Chaque train s'arrêtait à une rive et un autre attendait l'arrivée des voyageurs sur celle opposée. On établit aussi une halte provisoire à Orival.

Le 24 avril, M. Richer remit au maire de notre ville une somme de 164 fr. provenant de cotisations faites dans sa batterie, destinées à fonder une institution utile, mais devenue sans emploi.

Ce même jour, on mit en état d'arrestation un certain nombre de républicains de Rouen et d'Elbeuf qui s'étaient réunis dans la salle de la Fédération rouennaise. Parmi eux se trouvaient MM. Aubry, lithographe, président de la Fédération, Cord'homme, Vaughan, Mondet, Creuzot, Boulanger, Fristch, Louis Fossard, tisseur, et autres.

Le 25, M. Lizot nomma membres de la commission d'enquête sur les avant-projets de la ligne d'Orléans à Rouen, MM. Buée, maire d'Elbeuf; Buisson et Cordier, députés; Turgis, Osmont fils, Bazan, conseillers généraux; Bertel, conseiller d'arrondissement; Nétien, maire de Rouen; Houlbrègue, président de la Chambre de commerce de Fécamp; Emile Malétra, membre de la Chambre de commerce de Rouen; Charles Bazin, président du Conseil des prud'hommes d'Elbeuf; Deschamps, conseiller municipal à Rouen, et Alfred Grandin, adjoint au maire d'Elbeuf.

Le Pont d'Orival, en Janvier 1871

Année 1871

Les élections municipales du dimanche 30 avril donnèrent les résultats suivants :

ÉLUS, MM.	voix	NON ÉLUS, MM.	voix
Léon Sevaistre.	2.036	Auzoux.	720
L Quidet	2.020	Levesque.	684
Alex. Rivière.	2.003	Desplanques.	676
L. Demar	1.996	Pinchon.	657
A. Beaudouin.	1.987	Renaud.	645
Thézard.	1.967	Lainé.	640
Justin.	1.941	Gérin-Roze.	630
Eug. Maille.	1.926	Moisy.	616
D. Picard.	1.898	Lanne	608
A. Chennevière	1.872	Sulpice.	597
A. Grandin	1.585	Fouquet	590
Béranger.	1.511	Durand.	583
Wallet.	1.486	Morel Beer.	582
M. Bourdon.	1.478	Chauvin	575
Ed. Blay.	1.470	Leblois	573
F Martin.	1.466	Monneaux.	564
Pierre Pelletier	1.455	Chevalier.	562
E. Bellest.	1.452		
Guérot.	1.450		
P. Cabourg.	1.435		
Courel.	1.423	Inscrits.	5.132
Buée.	1.420	Votants.	2.277
J Lecerf.	1.418		
Lebourgeois.	1.416	Majorité absolue : 1.139 voix.	
Deslandes.	1.401		
Louis Flavigny	1.359		
Alex. Potteau.	1.334		

Ce même jour, le théâtre de la rue de la Barrière rouvrit ses portes, fermées depuis longtemps.

Le 1er mai, on ouvrit une enquête sur les avant-projets de chemins de fer suivants : 1° de la limite du département de l'Eure à la station de Saint-Aubin-jouxte-Boulleng (deux tracés) ; 2° de la station de Saint-Aubin à Rouen ; 3° de la limite du département de l'Eure à Rouen, par Elbeuf, Couronne, avec raccordement à Sotteville. — La Chambre de commerce nomma une commission, composée de MM. Cavrel, Démar et Cabourg, pour préparer un dire à cette enquête.

M. Goujon, ancien chef de bataillon des mobilisés d'Elbeuf, fut nommé chevalier de la Légion d'honneur le 7.

Dans les premiers jours de mai plusieurs manufacturiers alsaciens vinrent à Elbeuf pour étudier les moyens d'y transporter leurs industries.

Le 7, le cirque de la rue Lefort et le Casino de la rue de Paris reprirent leurs bals publics, supprimés depuis le commencement de novembre précédent.

L'installation du nouveau Conseil municipal eut lieu le 20 mai Etaient présents, MM. Sevaistre, Buée, Bellest, Grandin, Démar, Béranger, Rivière, Thézard, Quidet, Pelletier, Lebourgeois, Potteau, Martin, Blay, Picard, Lecerf, Cavrel, Deslandes, Guérot, Beaudouin, Cabourg, Flavigny et Chennevière. M. Bourdon, absent, s'était fait excuser.

M. Sevaistre, président, donna lecture d'un décret du Chef du Pouvoir exécutif nommant M. Buée, maire, et MM. Grandin et Bellest, adjoints.

A cette occasion, M. Buée prononça un petit discours par lequel il rappela les services que le précédent conseil municipal avait rendus à la ville, surtout pendant la guerre et l'occupation allemande.

Le 24, le conseil municipal, réuni d'office, prit connaissance de cette dépêche, adressée par le préfet au maire d'Elbeuf :

« L'insurrection vaincue à Paris se venge

par l'incendie ; les Tuileries sont en feu ; le Louvre est menacé.

« Réunissez les pompiers ; dirigez-les sur Versailles, avec matériel, par chemin de fer.

« Informez-moi télégraphiquement de leur départ. »

Le Conseil fut d'avis d'envoyer environ le tiers des hommes de la compagnie, avec trois pompes et accessoires.

MM. Blay et Démar proposèrent à l'administration de mettre à sa disposition les pompes qu'ils possédaient pour remplacer celles qui allaient quitter la ville.

Un détachement de notre compagnie de pompiers partit à quatre heures du soir, sous le commandement de M. Augustin, sous-lieutenant, par la gare de Pont-de-l'Arche. Une délibération du conseil municipal et d'autres pièces nous diront bientôt quelle fut la conduite de nos pompiers pendant les incendies de la Commune.

Dans sa séance du 31 mai, la Chambre de commerce adopta les termes du dire à l'enquête sur les projets de chemin de fer, et déclara se rallier aux délibérations du Conseil municipal.

Ce même jour, M. Turgis, membre de la Chambre, proposa d'envoyer une adresse de remerciements et de félicitations à M. Thiers, chef du Pouvoir exécutif, et à l'armée, ce qui fut adopté.

M. Marie-Augustin-Louis-Armand Noyelle fut nommé notaire à Elbeuf, le 13, pour succéder à M. Dupuis, décédé.

M. Philippe Aubé, président de la Chambre de commerce, présenta à ses collègues, le 16 juin, un rapport dont voici quelques extraits :

« Les nécessités financières qui pèsent sur le gouvernement le contraignent à créer des impôts nouveaux et à augmenter les impôts existants. Les matières textiles qui, depuis plus de dix ans, entraient en franchise vont être frappées d'un droit de 20 pour 100 ; d'autres matières, comme les huiles, les savons, la potasse, etc., paieront aussi 20 pour 100 ; les matières tinctoriales 10 pour 100 seulement.

« L'industrie de la circonscription d'Elbeuf va donc se trouver très prochainement ramenée à une situation à peu près semblable à celle qui existait avant les traités de commerce. Le gouvernement entend que les fabriques qui vont subir cet état de choses soient efficacement protégées par un droit compensateur imposé à l'entrée des produits étrangers et par une prime égale à la sortie des produits français... »

Le 23, vers six heures du matin, passa devant Elbeuf la flottille cuirassée qui avait concouru à la défense de Paris pendant le siège et ensuite combattu les troupes de la Commune en avril mai. Cette flottille se composait de dix canonnières, dont sept avaient été reprises aux insurgés et trois que le gouvernement de Versailles avait fait venir par la Seine

La souscription à l'emprunt national de deux milliards fut ouverte le 27. Dans la première journée, il se présenta 325 souscripteurs à Elbeuf, qui versèrent 1.053.091 fr. pour 311.000 fr. de rente. A Saint-Aubin, on encaissa 313.282 fr. 39, pour 70.550 fr. de rente. De très nombreux souscripteurs se présentèrent encore le lendemain, mais leurs apports ne furent point reçus, avis officiel ayant été donné que l'emprunt avait été couvert en totalité dès le premier jour.

Dans sa séance du 29 juin, au Conseil municipal, il fut question de créer des jetons de présence. Chaque membre verserait une somme de 50 fr., contre laquelle il recevrait 10 jetons. La ville prendrait à sa charge le prix des coins et de la frappe. Cette question fut ajournée.

Le même jour, l'assemblée vota un nouveau crédit de 25.000 fr. pour solder les réquisitions prussiennes.

Le Conseil prit ensuite la délibération suivante :

« Considérant que le 24 mai dernier, à l'appel du gouvernement, un détachement de la compagnie des sapeurs-pompiers d'Elbeuf, commandé par le sous-lieutenant et composé d'un sergent-fourrier, de deux sergents, deux caporaux et de quinze pompiers, s'est rendu avec le plus grand empressement à Paris, pour combattre les incendies allumés par des mains criminelles.

« Qu'il a été constaté que, parmi les sapeurs-pompiers accourus de la province au secours de Paris, menacé d'une complète destruction, le détachement d'Elbeuf est arrivé quatrième.

« Que, parvenus à Colombes, en l'absence de toute direction et de tout moyen de transport, les braves pompiers, traînant eux-mêmes leur matériel, se sont immédiatement transportés au plus fort du danger, guidés par M. Rocher négociant à Paris, qui s'était joint à eux au départ d'Elbeuf avec le plus grand empressement, et dont le bienveillant et dévoué concours leur a été on ne peut plus utile, à raison de sa parfaite connaissance des localités à traverser.

« Que, pendant quatre jours, jusques et y compris le dimanche 28 mai, ils ont constamment travaillé avec la plus grande ardeur, sur divers points les plus dangereux, notamment au ministère de l'intérieur, au Louvre, au Château d'Eau, au théâtre de la Porte-Saint-Martin, etc., menacés à la fois par de formidables et continuels éboulements et par les nombreux projectiles qui pleuvaient autour d'eux, bravant, en un mot, les fatigues et les périls de toutes sortes.

« Qu'ils n'ont quitté Paris, le lundi 29 mai, qu'après avoir reçu l'assurance que leurs services n'étaient plus nécessaires.

« Considérant que, dans ces tristes circonstances, les sapeurs-pompiers d'Elbeuf ont montré, en même temps que leur attachement à la cause de l'ordre, un zèle, une abnégation, un dévouement dignes des plus grands éloges

« Que leur conduite digne et courageuse leur a valu, à juste titre, les remerciements de l'autorité supérieure ; mais qu'il appartient également aux représentants de la commune de leur exprimer sa satisfaction et sa reconnaissance.

« Par ces motifs, le Conseil est heureux de constater par la présente délibération, destinée à en perpétuer le souvenir, la belle conduite des sapeurs-pompiers de la ville d'Elbeuf qui se sont rendus à Paris le 24 mai dernier, leur adresse ses félicitations les plus vives et leur témoigne sa profonde gratitude.

« Il décide qu'expédition de la présente délibération sera transmise à M. le capitaine des sapeurs pompiers, ainsi qu'à chaque sapeur-pompier ayant fait partie du détachement.

« Il décide également que les noms des officier, sergents, caporaux et pompiers qui composaient le détachement seront inscrits à la suite de cette délibération.

« Composition du détachement, MM.:

« Aimé Augustin, sous-lieutenant, commandant le détachement ;

« Lorette, sergent fourrier ; Henri Gesbert et Fardet, sergents ;

« Alexandre Leroy et Ignard, caporaux ;

« Pétel, Valois, Lebourgeois, Rouvrel, Charles Dubosc, Emile Dubosc, Deslandes, Jolly, Fouchet fils, Croissey, Heitz. Morel, Chauvière, Levasseur, Charcouchet, sapeurs pompiers ;

« Leroyer et Rocher, volontaires. »

Le colonel du régiment des sapeurs-pompiers de Paris écrivit cette lettre et l'adressa au maire d'Elbeuf, le 19 septembre suivant :

« Monsieur le maire ; en réponse à votre lettre du 12 sep'embre, relative à la conduite tenue à la fin du mois de mai par la compagnie de sapeurs-pompiers de votre ville, accourus au secours de Paris, incendié par la Commune, j ai l'honneur de vous faire connaître que vos sapeurs pompiers ont rendu de grands services et ont montré un grand dévouement en se mettant à la disposition des officiers de la caserne du Château-d'Eau, qui étaient privés de leurs hommes, emmenés à Versailles par suite d'un malentendu.

« Ils ont coopéré successivement, à partir du 24 mai, à l'extinction des incendies : rue du Château-d'Eau, n° 5 ; boulevard du Temple, en face du Théâtre-Déjazet et boulevard Voltaire, numéros 18, 20 et 22.

« Dans ces dernières localités, ils ont été exposés aux balles des insurgés, retranchés rue d'Angoulême, et à leurs projectiles lancés du cimetière du Père-Lachaise.

« Le capitaine, dans son rapport, rend hommage au courage et au dévouement des sapeurs-pompiers d'Elbeuf, et se plaît à constater la contenance qu'ils ont montrée en se maintenant dans cette position dangereuse, malgré l'absence de travailleurs.

« Je suis heureux, M. le maire, d'avoir été appelé à rendre justice à la compagnie d'Elbeuf et de joindre mon témoignage à tous ceux qui honorent les braves habitants qui la composent.

« Agréez, etc. — Le colonel commandant le régiment de sapeurs-pompiers de Paris. — WILLERMEZ. »

Les pompiers à leur retour à Elbeuf, le 29 mai, avec un drapeau qui leur avait été offert à Paris, furent reçus à l'hôtel de ville par M. Grandin, adjoint, M. Léon Quidet, capitaine de la compagnie et plusieurs autres notables, qui tous les complimentèrent pour leur dévouement et leur courage. Le détachement reçut également les félicitations de M. Lizot, dont la lettre fut portée à la connaissance de la compagnie.

M. Aimé Augustin, sous-lieutenant commandant de ce détachement, adressa au capitaine Quidet un rapport, dont voici quelques extraits :

« ... Nous avions les pompes n°s 6 et 7, munies d'une grande quantité de longueurs et six sacs de seaux en toile. Partis à six heures du soir de Pont-de-l'Arche, nous sommes arrivés à onze heures et demie à Colombes Là, malgré l'ordre de réquisition dont j'étais porteur, il fut impossible de trouver des moyens de transport, le pays paraissant abandonné. Nous prîmes la résolution d'aller à pied et de traîner notre matériel. Dans ces conditions, nous sommes arrivés au Trocadéro vers trois heures du matin, où nous avons fait halte.

« Après un peu de repos, pendant que j'étais allé chercher des instructions, le détachement s'est dirigé rue Faubourg-Saint-Honoré, à la mairie du VIIIe arrondissement, d'où l'on nous donna l'ordre d'aller au Ministère des finances, où nous arrivâmes vers six heures et demie du matin.

« Nous prîmes position rue Castiglione, où les pompes fonctionnèrent jusque vers deux heures de l'après midi. Plusieurs obus éclatèrent dans notre voisinage, et je fus témoin qu'un d'eux éclata à quelques mètres de trois de mes hommes. Je donnai l'ordre de changer de position; nous nous sommes retirés rue Mont-Thabor, l'une des faces du Ministère. Les hommes concoururent à sauver des bâtiments, une grande quantité de livres et papiers du Ministère.

« A sept heures du soir, nous reçumes l'avis d'aller au Louvre prendre des instructions nouvelles; je reçus l'ordre écrit suivant :

« Le commandant du détachement d'Elbeuf
« se rendra à la caserne du Château-d'Eau,
« avec ses hommes et son matériel, pour y
« faire le service. -- Ce 25 mai 71, par ordre
« du colonel. — Le capitaine Rover. »

« Nous partîmes pour ce nouveau poste, qui était encore occupé dans l'après-midi par l'insurrection. Vers huit heures et demie du soir, une escouade fut conduite par moi au magasin du Tapis-Rouge et elle y resta jusqu'à une heure du matin.

« Le lendemain 26, dès six heures du matin, tout le détachement, avec son matériel, était installé à la caserne du Château-d'Eau. Une fraction des hommes fut dirigée à nouveau au Tapis Rouge, une autre au Café Parisien, enfin une autre à la Porte-Saint-Martin, au théâtre. Le groupe parti au Grand Café Parisien ne put rester dans cette position, à cause de la grêle de projectiles qui tombait autour de lui; du reste, à ce moment, tout ce quartier n'était pas sûr; il fallait prendre de grandes précautions.

La journée se passa à ces différents postes; la soirée était plus tranquille que la matinée, dans ce quartier. Un détachement fut envoyé, dans la soirée, à la Villette, avec des pompiers de Paris; mais il fut impossible à ces hommes de se rendre à leur poste à cause des projectiles.

« Le samedi 27, le service continua de la même manière au théâtre de la Porte-Saint-Martin, sur la place du Château-d'Eau, au Tapis Rouge, etc; il en fut de même le dimanche, jusqu'à sept heures du soir.

« Je reçus l'avis que tout danger ayant disparu; je pouvais rentrer à Elbeuf. Le lendemain 29, après avoir pris un laissez-passer, je fis conduire par mes hommes tout mon matériel à la gare des Batignolles pour être dirigé sur Elbeuf. Nous avons tous pris le train vers huit heures du matin, et nous sommes tous arrivés fatigués, mais tous bien portants, vers cinq heures du soir à Elbeuf.

« Je n'ai qu'à me louer du zèle, du courage et du dévouement des hommes placés sous mon commandement, et je suis heureux de pouvoir vous affirmer que tout le monde a fait son devoir. — Aimé AUGUSTIN, sous-lieutenant, commandant le détachement. »

Fin juin, la chambre des mises en accusation renvoya devant la cour d'assises de la Seine-Inférieure MM. Cord'homme, Vaughan, Riduet, Delaporte, Mondet, Fossard, Lecureuil, Percheval et Boulanger, pour apologie de faits qualifiés crimes et délits par la loi pénale, et pour attaque contre le respect dû aux lois. MM. Cord'homme, Vaughan et Riduet furent poursuivis en outre pour infraction à la loi sur les réunions publiques.

On procéda, le 2 juillet dans la Seine Inférieure à une élection complémentaire pour la nomination de quatre députés.

Cette élection, plus agitée que la précédente, donna les résultats suivants dans notre canton :

	ELBEUF	CAUDEBEC	St-PIERRE	St-AUBIN	ORIVAL
Nétien............	1.187	693	322	248	190
Lebourgeois.....	882	277	198	140	87
Général Robert..	904	285	198	111	95
Raoul Duval	893	281	197	120	85
Deschamps	1.241	540	155	126	135
Bazan	1.148	493	146	116	122
Gambetta.......	997	828	173	»	140
Lecesne.........	898	789	168	»	145
Pouchet	822	739	154	»	132
Duvivier........	823	755	155	»	131
Général Lebreton	1.120	502	143	116	118
De Lort-Sérignan	258	114	15	»	22

	LA LONDE	TOURVILLE	FRENEUSE	CLÉON	SOTTEVILLE
Nétien	138	92	45	34	32
Lebourgeois	111	63	38	28	26
Général Robert	110	66	38	31	25
R. Duval	109	62	38	30	26
Deschamps	39	37	9	8	11
Bazan	34	34	9	3	9
Gambetta	120	»	20	»	6
Lecesne	116	»	17	»	6
Pouchet	112	»	14	»	6
Duvivier	115	»	17	»	6
Général Lebreton	36	»	9	3	8
De Lort-Sérignan	9	4	7	»	»

La période électorale, bien que vive dans les grandes agglomérations, avait été mal organisée par le parti républicain, dont les candidats avaient été trop nombreux, alors que les efforts de la réaction s'étaient portés sur les candidats du comité Taillet : Raoul Duval, Lebourgeois et le général Robert. M Nétien, maire de Rouen, figurait sur plusieurs listes. Dans beaucoup de communes, les bulletins au nom des candidats républicains n'avaient pas été distribués, notamment dans la presqu'île de Saint-Aubin. Bref, M. Nétien fut élu par 89.420 voix, M. Lebourgeois par 58.513, le général Robert par 58.030 et M. Raoul Duval par 56.050. M. Deschamps, qui venait ensuite obtint 41.289 suffrages, le général Lebreton 40.851 et M. Bazan 38.835. Ces trois derniers figuraient sur une liste républicaine.

Vers ce temps mourut M. Pierre-Edouard Lanon, négociant en draperie et dessinateur, âgé de 41 ans.

Le mardi 5 juillet, M. Lizot, préfet de la Seine-Inférieure, vint visiter notre ville. Il examina les ponts, non encore reconstruits, le nouvel hôtel de ville, l'hospice et la maison de bienfaisance.

M. Sauvage, maître teinturier, commença, le dimanche 9, des cours publics et gratuits de chimie, dans le local de la Société industrielle.

Le 10, *Tout Elbeuf y passera*, revue locale, par M. Henri Cadinot, fut jouée pour la première fois, au théâtre municipal.

Pour terminer l'histoire de la batterie d'artillerie d'Elbeuf, dont les douze canons et le matériel ainsi que nous l'avons déjà dit, n'ont jamais été rendus à notre ville, nous noterons qu'en juillet 1871, l'autorité militaire du Havre réclama au maire d'Elbeuf sa participation au paiement d'une somme de 561 fr. dépensée pour l'écartement des roues, etc. Mais le préfet intervint et démontra que travaux avaient été ordonnés par l'autorité militaire et pour la défense du Havre ; en conséquence, que la ville d'Elbeuf, qui n'avait rien commandé, n'avait rien à payer.

La Chambre de commerce et la Société industrielle nommèrent, le 12 juillet, une commission mixte composée de MM. Mary, Cabourg, Lebourgeois, E. Delamarre, P. Pelletier; Jules May, Maurel, F. Olivier et Ad. Chennevière, pour la rédaction d'une adresse à M. Thiers, chef du Pouvoir exécutif, dans le but d'obtenir des droits d'entrée sur les draperies étrangères et une prime à la sortie des produits français, comme compensation de la taxe douanière, en projet, sur les laines.

Le 13, la Chambre de commerce appuya chaudement une demande de M Liorel, entrepreneur, d'établir une passerelle provisoire sur la Seine, en se servant des restes du pont tubulaire de la rue Paris, moyennant une somme de 6.000 fr.

Quelques jours après, M. Levavasseur proposa de rétablir ce pont, à condition de percevoir un péage pendant douze années ; après ce terme, il abandonnerait tout droit sur les deux ponts. La Chambre de commerce n'appuya pas cette proposition.

Pendant la nuit du mercredi 19 au jeudi 20, un incendie éclata, à la Villette, dans l'établissement Girard père et fils, et se communiqua à la fabrique de M. Adolphe Broussois. Les pompiers d'Elbeuf et de Caudebec se portèrent sur les lieux du sinistre. Les pertes furent évaluées à 169.000 fr.

Vers ce temps, M. Thiers, chef du Pouvoir exécutif, reçut cette lettre de la Chambre de commerce :

« Monsieur le Président ; l'émotion causée par la présentation du projet de loi qui frappe d'un droit de 20 pour 100 les textiles et divers agents indispensables à la fabrication des tissus, s'augmente encore par le retard apporté à la discussion. Plus on réfléchit sur ce projet, et plus on est conduit à redouter une véritable perturbation dans la marche normale de l'industrie de notre circonscription.

« Si le bon marché des matières premières a eu pour effet incontestable le développement de la fabrication leur renchérissement devra produire un effet contraire ; le capital, d'ailleurs, n'est pas élastique ; l'argent va devenir plus rare et le crédit plus difficile, et si la fabrique ne peut augmenter son chiffre d'affaires, le travail des ouvriers se réduit d'autant. La consommation elle-même sera amoindrie par la surélévation du prix des étoffes, et, dans un moment où l'activité dans le travail peut seule relever notre malheureux pays de l'abaissement où il est tombé, toute entrave apportée à son développement devient un malheur public.

« Dans de telles conjonctures la fabrique d'Elbeuf s'adressa à vous avec confiance, Monsieur le Président. Elle prie votre gouvernement d'étudier un autre système d'impôt qui, sans atteindre le travail dans ses conditions essentielles, puisse fournir à l'Etat les ressources qui lui sont nécessaires.

« En tous cas, il est indispensable que l'incertitude, qui paralyse l'élan des affaires, ne soit pas de plus longue durée et que le rapport de la commission du budget vienne fixer les industries menacées sur le sort qui les attend. Nous n'ignorons pas que les charges sont pesantes, mais nous supplions votre gouvernement de ne pas décourager l'industrie dans la lutte difficile qu'elle soutient ; son sort est entièrement lié à celui de la tranquilité publique »

Suivaient les signatures des membres de la Chambre de commerce et celles de MM. F. Olivier, Maurel, Jules May et A. Chenevière, délégués de la Société industrielle.

Dans sa séance du 20, la Chambre de commerce fut informée que les délégués de la Société industrielle refusaient de participer à ses travaux concernant les droits de douane. La Chambre écrivit à M. Buée, député, pour l'en avertir, et M. Aubé fut prié de continuer, à Versailles, la mission qu'il avait entreprise.

Après avoir subi une première épreuve, le pont suspendu, reconstruit, fut rendu à la circulation le 22 juillet.

Le projet de dégagement de l'église et d'élargissement de la rue Saint-Jean, entre cet édifice et la rue Berthelot, fut soumis à l'enquête à partir de ce même jour.

On inaugura le nouvel hôtel de ville, sans aucune fête, le 31, par la seule prise de possession des locaux affectés à l'administration municipale.

A cette époque, la fabrication avait repris une grande activité dans tous les ateliers de notre ville Les commissions arrivaient nombreuses et à des prix rémunérateurs.

ANNÉE 1871   337

CHAPITRE XVIII

(Aout-Décembre 1871)

Projet de passerelle sur la Seine. — Elections aux Conseils général et d'Arrondissement. — La fourniture des 6.000 pantalons aux Allemands. — Condamnations politiques. — Le chemin de fer d'Orléans à Rouen. — Dissolution de la garde nationale. — L'industrie a Elbeuf en 1871 ; statistique.

Les fabricants et négociants de la circonscription d'Elbeuf se réunirent le 1er août.

M. Ph. Aubé, qui présidait, informa l'assemblée du projet d'établissement d'une passerelle sur le pont de la rue de Paris. Le devis présenté par M. Liorel s'élevait à 23.500 fr. ; elle devait être à une seule voie charretière, ce qui nécessiterait un gardien à chaque extrémité ; deux mois seraient nécessaires pour la construire. Les frais devraient être couverts par une souscription publique. Personne ne répondit ; mais, trois jours après, une souscription fut ouverte.

M. Aubé ajouta que l'assemblée avait surtout été convoquée pour choisir des délégués chargés de défendre, devant le Gouvernement et la commission de l'Assemblée nationale, les intérêts de la circonscription dans la question des droits projetés sur les matières premières. MM. Aubé, Cavrel, F. Olivier, Bellest et Pelletier aîné furent nommés, avec toute latitude pour l'accomplissement de ce mandat,

Au commencement d'août, M. Emmanuel Massé, artiste peintre, né à Elbeuf, dont nous avons eu plusieurs fois l'occasion de parler, fut nommé chevalier de la Légion d'honneur, pour faits de guerre.

D'abord, en quittant Elbeuf, en 1848, il s'était engagé dans la garde mobile de Paris et devint capitaine. En cette qualité, il avait pris part à la répression de l'insurrection de juin.

En août 1870, on se souvint de son énergie, et il fut nommé commandant du bataillon du faubourg Saint-Antoine ; puis choisi comme aide-de-camp du général Renault, qui, dans un engagement contre les Prussiens, tomba mortellement blessé dans les bras de M. Massé. Presque aussitôt après, on l'attacha à l'état-major de l'infortuné général Lecomte, assassiné à Montmartre.

En ce même mois, M. Alfred Soret, d'Elbeuf, ancien sergent fourrier au 90e de ligne, blessé à la bataille de Reischoffen et, par suite, amputé d'une jambe, fut aussi créé chevalier de la Légion d'honneur.

Ce fut le 3 août que le Conseil municipal se réunit, pour la première fois, dans le nouvel hôtel de ville. M. Buée, député, n'assistait pas à la séance, ni le préfet, qui y avait été invité.

Ce jour-là, on vota pour plus de 5.000 fr. de travaux complémentaires et ameublements

Monument Victor Grandin

de l'édifice. On décida que le monument Victor Grandin serait enlevé de l'ancien hôtel de ville pour être replacé au milieu de la cour du nouveau.

Le lendemain 4, il fut question, au Conseil, d'établir la passerelle dont nous avons déjà parlé, pour communiquer d'Elbeuf à Saint-Aubin, et en faveur de laquelle une souscription était ouverte à la Chambre de commerce et au Cercle des commerçants.

Il y fut dit également qu'une tige de paratonnerre avait été placée sur l'hôtel de ville, mais sans chaîne de conduite, de sorte que la tige était plutôt dangereuse qu'utile. Il fut promptement remédié à cet état de choses.

Le 10, M. Alfred Dubois, demeurant à Paris, fut admis par le Tribunal de commerce comme agréé, mais à titre provisoire, en remplacement de M. Rivière. Neuf jours après, son admission fut rendue définitive.

Vers le milieu du mois, la compagnie du Creuzot établit des ateliers à Saint-Aubin pour la reconstruction du pont d'Orival.

Dans une réunion tenue le 16, où se trouvaient les membres de la Chambre de commerce et des délégués du Conseil municipal, M. Ph. Aubé rendit compte d'une visite au préfet qu'il avait faite la veille, au sujet du projet d'une passerelle. MM. Buée, député d'Elbeuf, et Tarbé de Saint-Hardouin, ingénieur en chef du département, s'étaient trouvés présents.

Suivant l'ingénieur, la passerelle gênerait le rétablissement du pont, dont la reconstruction coûterait 270.000 fr. sur laquelle somme le préfet avait 57.000 fr. de disponibles.

L'assemblée fut d'avis d'abandonner le

projet de passerelle et de rechercher les moyens de faire reconstruire le pont au plus tôt, dût-on emprunter. Une commission reçut pour mission de s'entendre avec le préfet, afin de préparer un projet de traité avec la compagnie du Creuzot.

Par suite, le préfet s'adressa au ministre de l'Intérieur, pour être autorisé à faire entrer au budget départemental la somme nécessaire à la reconstruction du pont.

Vers la fin de ce mois, le ministre des Travaux publics donna l'ordre de reconstruire le pont tubulaire d'Elbeuf.

On parlait beaucoup à cette époque d'un procès intenté par une grande maison de Paris, à une autre, d'Elbeuf. Celle-ci fut condamnée à montrer ses livres de commerce à la première, sous contrainte de 100.000 fr. : elle préféra payer cet somme.

Le conseil municipal prit, le 31, une résolution concernant la publicité de ses séances.

Ce même jour, sur une proposition de M. Picard, le Conseil adopta l'étude d'une distribution d'eau dans la ville.

Il adopta également le plan pour le jardin de l'hôtel de ville, dressé par M. Beaucantin, et vota un crédit de 17.000 fr. pour les clôtures de ce jardin.

A la fin de ce mois, on procéda au transport du monument élevé à la mémoire de M. Victor Grandin, de la cour de l'ancien hôtel de ville, dans celle du nouveau, côté de la Seine, où il est actuellement.

M. Edmond Tourné, précédemment ingénieur de la ville de Bayonne, entra en fonctions comme architecte de la ville d'Elbeuf, le 1er septembre, aux appointements de 6.000 fr.

par an, plus 3 pour 100 sur les travaux préparés et dirigés par lui

Le 4, mourut subitement, à Ecquetot, M. Aubé, de la maison Th. Sallambier, Aubé et Cie, négociants en laine à Elbeuf; il n'était âgé que de 46 ans.

Deux jours après, mourut également M. Jean Rougeot de Briel, ancien officier de cavalerie, chevalier de la Légion d'honnneur, médaillé de Sainte-Hélène, intendant du Cercle des Commerçants ; il était âgé de 76 ans.

Le 6, une flottille de canonnières, venant de Paris et se rendant à Cherbourg, dut s'arrêter à Elbeuf et s'amarrer à nos quais, par suite de l'impossibilité momentanée de passer à Orival, où les débris du pont tombés dans le fleuve faisaient obstacle à la navigation. Ces navires repartirent le 11, la marée ayant donné plus de profondeur aux eaux. Cette petite flotte était composée du *Sabre*, de la *Claymore*, montés chacun par 23 hommes d'équipage, sous le commandement de lieutenants de vaisseau, et de trois autres navires dont un était le *Puebla* ancien yacht de l'ex-impératrice Eugénie.

La loi autorisant la ville d'Elbeuf à emprunter 700.000 fr., à un taux ne dépassant pas 6 pour 100, fut votée par l'Assemblée nationale le samedi 16 septembre.

Un arrêté municipal daté du 18, rappela le réglement des débuts au Théâtre.

Les artistes soumis à l'épreuve étaient : *Hommes* : le premier rôle, le jeune premier, le père noble, le troisième rôle, le premier comique ; *Dames* : le premier rôle, la jeune première forte, la déjazet, la duègne, l'ingénuité. Le directeur du théâtre était alors M. Valmont.

En attendant l'ouverture de la saison théâtrale, nos concitoyens eurent la faveur de plusieurs représentations données pàr M. Mounet-Sully, de l'Odéon ; Mlle Agar, la célèbre tragédienne, et Mlle Savary.

M. Édouard Bellest, adjoint, ayant démissionné, un décret du Président de la République, en date du 20 septembre, nomma M. Léon Sevaistre pour le remplacer. Le nouvel adjoint fut installé le 14 du mois suivant

Les électeurs du canton furent convoqués, pour le 8 octobre, afin de nommer leurs représentants au Conseil général et au Conseil d'arrondissement. MM. Buée et Joannès Moreau déclarèrent ne pas vouloir accepter un nouveau mandat.

La lutte pour le Conseil général fut très intéressante et fort chaude.

Les candidats étaient :

M. Mathieu Bourdon, ancien maire, ancien député et ancien président de la Chambre de commerce, soutenu par les monarchistes, les bonapartistes et les cléricaux.

M. Alfred Grandin, adjoint au maire et suppléant de la justice de paix, défendu avec une grande vigueur par l'*Industriel* et le *Journal d'Elbeuf*, et appuyé des modérés et de quelques conservateurs.

M. Eugène Manchon, avocat, déjà plusieurs fois candidat, mais candidat malheureux, soutenu par une petite fraction du parti républicain, composant le Comité radical.

Et enfin M. Lucien Dautresme, présenté par le *Journal de Rouen* et le Comité démocratique du canton d'Elbeuf, dont les membres firent, chacun de son côté, une active propagande.

Le dépouillement du scrutin donna les résultats qui suivent :

Communes.	Grandin.	Bourdon.	Dautresme.	Manchon.
Elbeuf.........	1.053	409	994	431
Caudebec......	295	94	823	238
Cléon	63	2	12	2
Freneuse	50	0	36	2
La Londe......	128	18	26	112
Orival.........	68	50	180	51
Saint-Aubin....	109	85	125	5
Saint-Pierre ...	159	127	174	127
Sotteville......	24	1	9	7
Tourville......	88	3	13	4
Totaux	2.037	769	2.392	979

C'était un premier succès pour le parti républicain, qui obtenait un ballottage.

Entre les deux tours de scrutin, l'*Industriel* fit une violente campagne contre M. L. Dautresme, qu'il représenta comme incapable et inéligible.

MM. Mathieu Bourdon et Eugène Manchon s'étant retirés de la lutte, MM. Alfred Grandin et Lucien Dautresme restèrent seuls en présence au scrutin de ballottage du dimanche 15, dont le résultat fut celui-ci :

Communes.	Inscrits.	Votants.	Grandin.	Dautresme.
Elbeuf.........	5.160	2.968	1.250	1.683
Caudebec......	3.517	1.620	367	1.240
Cléon.........	154	93	69	24
Freneuse	171	107	70	37
La Londe......	530	268	135	132
Orival.........	540	343	81	261
Saint-Aubin ...	606	327	149	174
Saint-Pierre....	1.089	555	223	320
Sotteville......	104	42	26	14
Tourville......	245	95	66	28
Totaux.....	12.116	6.418	2.436	3.913

L'élection de M. Lucien Dautresme au Conseil général fut la première victoire remportée dans notre canton par la démocratie ; aussi causa-t-elle une profonde impression parmi les conservateurs et les néo ou plutôt pseudo-républicains.

Quant à l'élection au Conseil d'arrondissement, elle avait été réglée au premier tour par l'élection de M. Désiré Picard, greffier de la justice de paix, républicain, qui n'avait pas de concurrent, et suivant ce tableau :

Communes.	Inscrits.	Votants.	Picard.	Nuls.
Elbeuf	5.160	2.532	1.765	769
Caudebec	3.517	1.348	1.068	289
Cléon	154	84	76	8
Freneuse	171	80	54	26
La Londe	530	269	190	79
Orival	540	347	258	89
St-Aubin	606	276	226	50
St-Pierre	1.089	589	446	143
Sotteville	104	40	36	4
Tourville	245	47	38	7
Totaux	12.116	5.612	4.157	1.457

Aux élections cantonales d'octobre 1871, M. Manchon, qui avait également posé sa candidature au conseil général dans le canton de Grand-Couronne, y fut élu. De même M. Deschamps dans le troisième canton de Rouen et M. Cordhomme dans le sixième.

Dans l'Eure, avaient été élus conseillers généraux : MM. le marquis de Blosseville, à Amfreville ; Join-Lambert, à Brionne ; Garnier, à Louviers ; Ozanne, au Neubourg ; le comte de Blangy, à Bourgtheroulde ; le colonel Chennevière, à Pont-de-l'Arche.

MM. Fraenckel frères, fabricants à Bischviller, avaient alors complètement transféré leur industrie dans notre ville ; la plupart de leurs ouvriers les avaient suivis. Un soir d'octobre, une vingtaine d'individus se rendirent devant la fabrique de MM. Fraenckel et accablèrent leurs ouvriers d'injures, les qualifiant notamment de Prussiens, eux qui venaient de quitter l'Alsace pour rester Français. Le public de notre ville fut indigné de cette affaire.

Le 19 octobre, M. Ph. Aubé, président de la Chambre de commerce, écrivit au Président de la République, en lui exposant les appréhensions que l'on avait, à Elbeuf, par la rareté du numéraire et la disparition prochaine des bons du Comptoir de la main-d'œuvre.

Le 23, le préfet fit demander au maire de notre ville la liste nominative des pompiers qui s'étaient rendus à Paris pour combattre les incendies de la Commune, afin de les signaler à la bienveillance du ministre de l'Intérieur.

Le samedi 28, mourut M. Charles Louis-Robert Flavigny, de la maison Flavigny frères, alors la plus complète et peut-être la plus importante de notre ville M. Louis Flavigny n'était âgé que de 40 ans. Ancien membre du Tribunal de commerce, vice président de la Chambre de commerce et de la Société industrielle, membre du Conseil municipal, il avait toujours fait preuve d'une grande compétence et d'une réelle supériorité. Par testament, M. Flavigny donna à l'hospice 10.000 fr., à la Providence, dirigée par Mlle Louvet, 2.000 fr. et au Bureau de bienfaisance de Caudebec, 500 fr.

Dans la séance municipale du 7 novembre,

M. Chennevière, ainsi que l'avait fait précédemment M. Béranger, rappela que la batterie de canons, propriété de la ville, était toujours restée dans un des forts du Havre, et proposa de vendre ces canons, soit au gouvernement, soit à un particulier, et d'en employer le produit à l'achat de matériel pour combattre les incendies. Le Conseil adopta cette proposition et le maire promit de faire les démarches nécessaires ; mais il oublia sa promesse.

Le même jour, le Conseil invita le Comptoir de la main-d'œuvre à continuer ses opérations et à émettre des bons de 10 fr., 5 fr., 1 fr. et 50 centimes. Il demanda, à nouveau, dans cette même séance, la création, à Elbeuf, d'une succursale de la Banque de France.

Dans la séance du Conseil général du 10 novembre, M. Buisson, rapporteur de la commission ayant examiné la demande de la ville d'Elbeuf d'être remboursée, par le Département, de la valeur d'une réquisition importante de drap faite par les Prussiens pendant l'occupation, conclut au rejet de cette réclamation.

M. Lucien Dautresme pria le Conseil de ne pas voter les conclusions de ce rapport, puis rappela les faits :

Le 7 décembre, dit-il, les Prussiens arrivèrent à Elbeuf et y firent des réquisitions de toute nature. Plus tard, pour satisfaire à un désir du général commandant le 13e corps, le fonctionnaire prussien qui prit le titre de préfet, écrivit au maire d'Elbeuf de lui fournir le drap nécessaire pour 6.000 pantalons, en ajoutant que les frais seraient à la charge du département.

Le maire d'Elbeuf, n'ayant pas répondu, reçut un nouvel avis, au bout de trois jours, d'avoir à verser le drap requis, à la mairie de Rouen, dans un délai déterminé, sous peine de 50.000 fr. d'amende.

Il fallut s'exécuter, et les draps furent envoyés à la mairie de Rouen. Le reçu signé par la mairie, indiquait que la livraison était pour le département.

La réquisition n'était donc pas faite par l'officier prussien commandant à Elbeuf, mais par le préfet prussien. Elle s'appliquait, non aux soldats du corps occupant Elbeuf, mais à tous les soldats du 13ᵉ corps occupant le département. Enfin, le reçu ne laissait subsister aucun doute.

Si le préfet français était resté à Rouen et que les autorités prussiennes lui eussent demandé les 6.000 pantalons, le préfet se serait adressé à Elbeuf en disant : Nous vous rembourserons plus tard. Faut-il que nous soyons responsables, à Elbeuf, de l'absence du préfet ?

Le point résolu si positivement par le rapport, ajouta M. Dautresme, n'est pas de contestation. Le ministre de l'Intérieur avait admis le bien fondé de notre réclamation et avait invité M. le préfet à l'inscrire au budget. C'est une autorité dont nous pouvons nous prévaloir, et j'espère que le Conseil donnera gain de cause à la légitime réclamation de la ville d'Elbeuf.

M. Buisson combattit les dires de M. Dautresme, et après une discussion assez longue, dans laquelle intervint M. Nétien, qui avait également soumis au Conseil général une réclamation du même genre dans les intérêts de la ville de Rouen, frappée au nom du département d'une contribution de 250.000 fr , l'assemblée adopta les conclusions du rapport.

Cette décision causa une grande surprise à Elbeuf, où chacun pensait que la réquisition de drap serait supportée par le département.

Une réclamation de M. Darré, ancien architecte de la ville, touchant le paiement d'honoraires qui lui étaient dus pour des projets non exécutés fit l'objet d'une longue discussion au conseil municipal, le 11 du même mois. Finalement, on admit ses réclamations jusqu'à concurrence de 10.321 fr., malgré les observations de M. Mathieu Bourdon, qui donna sa démission de conseiller municipal.

Ce même jour le Conseil demanda le remboursement de 140.295 fr. avancés à l'Etat par la ville pour la défense nationale.

M. François-Benoist Gontier, ancien sous-officier du premier empire, plusieurs fois blessé, chevalier de la Légion d'honneur, âgé de 89 ans, mourut le 13, en son domicile de la rue Saint-Auct.

Quelques jours après, mourut, à Tourville-la-Rivière M. Jacques-Isidore Quesné-Devé, qui avait fabriqué à Elbeuf dès 1816 et avait fait partie du conseil municipal et du conseil des prud'hommes.

La cour d'assises de la Seine-Inférieure jugea, le 15, une série de républicains, prévenus, nous l'avons déjà dit, d'apologie de faits qualifiés crimes par la loi, d'attaques contre le respect dû aux lois, etc.

Les condamnations suivantes furent prononcées :

Jacques-Henri-Charles Cord'homme, négociant à Rouen, membre du conseil général, deux ans de prison et 50 fr. d amende ;

Paul-Edouard Delaporte, 25 ans, journaliste à Rouen, un an de prison et 50 fr. d'amende.

Gustave Mondet, 32 ans, typographe à Rouen ; six mois de prison et 50 fr. d'amende.

Jules-Louis Lécureuil, 32 ans, typographe à Rouen ; un an de prison et 50 fr. d'amende.

Louis Hippolyte Fossard, 40 ans, tisseur à Elbeuf ; trois mois de prison et 50 fr. d'amende.

François Zéphir Boulanger, charpentier à Rouen ; deux mois de prison.

Olympe-Camille Riduet, 26 ans, journaliste à Rouen, six mois de prison et 50 fr. d'amende.

Vaughan, de Darnétal, alors en Belgique ; défaut deux ans de prison et 50 fr. d'amende

Percheval, six mois de prison et 50 fr. d'amende.

Au commencement de novembre, la question du chemin de fer d'Orléans à Rouen était entrée dans une nouvelle phase, qui la simplifiait beaucoup.

On sait que deux compagnies étaient en présence.

L'une, celle d'Orléans à Châlons, concessionnaire des lignes de l'Eure, présentait un tracé par Elbeuf, Saint-Aubin, Orival, Moulineaux, Couronne, Quevilly et Rouen.

L'autre, celle d'Orléans à Rouen, proposait un tracé différent : la ligne, partait de celle de l'Eure, passait par Saint-Pierre Caudebec, Elbeuf (avec gare centrale), Moulineaux, Couronne, Quevilly et Rouen.

Or, les deux compagnies venaient de s'entendre. Orléans Châlons cédait à Orléans-

Rouen l'exploitation des lignes qu'elle possédait dans l'Eure. Par suite, cette dernière compagnie devenait concessionnaire de 200 nouveaux kilomètres dans l'Eure En outre, Orléans-Châlons se désistait de toute demande de concession dans le département de l'Eure, du Calvados et de la Seine-Inférieure.

Ainsi, la compagnie d'Orléans à Rouen, représentée par MM. de Villermont et Philippart, se présentait seule devant le Conseil général de notre département, sans demander aucune subvention. Le 16 de ce même mois, le Conseil départemental, sur un rapport de M. Lucien Dautresme, accorda la concession à M. de Villermont.

La garde nationale d'Elbeuf, dont l'origine remontait à la Révolution de 1789 et qui, presque seule, avait survécu sous le deuxième empire aux autres, fut dissoute par mesure générale à partir du 16 novembre.

Le 20, la Chambre de commerce, après avoir élu M. Cavrel comme vice-président, lequel ne put accepter à cause de ses occupations au Tribunal de commerce, désigna M. Lecerf pour succéder à M. Louis Flavigny, ancien vice-président, décédé.

Ce même jour, la Chambre décida d'écrire au ministre du Commerce pour réclamer énergiquement la dénonciation des traités qui avaient été imposés à l'industrie sans que celle-ci eût été consultée.

Ce même jour encore, la Chambre fit annoncer que sa bibliothèque était à la disposition du public.

La commission cantonale chargée de proposer la répartition, entre les diverses communes, de la part attribuée au canton d'Elbeuf dans les premiers fonds de 100 millions, votés pour indemnités à raison des dommages causés par l'occupation étrangère, se réunit le 23, sous la présidence de M. Lucien Dautresme, conseiller général.

Dans un voyage que M. Thiers fit à Rouen, le 26, il nomma chevaliers de la Légion d'honneur M. Alfred Grandin, adjoint au maire d'Elbeuf, et M. Chauvin, commissaire central.

M. Bachelet, professeur d'histoire, qui, quatre ans auparavant, était venu faire des conférences sur l'Histoire de France au XVIIIe siècle, annonça qu'il serait disposé à revenir à Elbeuf. Sur la proposition du maire, le conseil municipal vota, le 28 novembre, un crédit de 700 fr. pour une série de nouvelles conférences.

Le 30, le Conseil adopta un projet de règlement pour les pensions de retraite des employés municipaux.

Ce même jour, il décida d'augmenter l'effectif de la brigade de police, par la nomination de cinq nouveaux agents.

A cette époque, l'administration s'occupait activement du dégagement de l'église Saint-Jean, notamment par la suppression de la cour Potteau, ssituée au nord de l'édifice.

Le 12 décembre, Van Beckedorf, colonel du 95e régiment allemand, fit demander si l'on avait connaissance à Elbeuf de ce qu'était devenu un de ses soldats nommé Kelz, entré à l'hôpital de notre ville au commencemt de février, comme atteint de fièvre typhoïde, et dont on n'avait plus entendu parler.

Le Comité de l'industrie d'Elbeuf adressa, le 14, une longue lettre au ministre du Commerce, dans laquelle était exposée la situation de l'industrie locale et ce qu'elle serait si les droits projetés de 20 pour 100 sur les laines étaient votés.

M. Cavé-Berrier ayant présenté à la ville une facture de 2.148 fr. pour fourniture de drap, le maire fit remarquer au conseil municipal. le 21 décembre, que ce drap était compris dans la fourniture de 6.000 mètres réquisitionnée par le préfet prussien pour le compte du Département ; que la ville avait demandé de comprendre la somme (50.000 fr. environ) nécessaire au paiement de cette fourniture au budget départemental, mais que le Conseil général s'y était refusé.

Le vendredi 29, vers onze heures du matin, éclata la chaudière de la machine à vapeur de MM Grandin frères, faisant mouvoir la filature de MM. Jules May et Chefdeville. Le bâtiment qui la renfermait fut anéanti. Le chauffeur, grièvement blessé, mourut peu de jours après.

Les travaux de sauvetage de la travée noyée du pont de la rue de Paris, entrepris par M. Arnaudin, étaient alors terminés ou à peu près A partir de ce moment, M. Joly, qui avait traité à forfait moyennant 150.000 fr. pour le rétablissement du pont, se mit au travail, lequel devait, aux termes du contrat, être terminé dans un delai de 150 jours

La Société industrielle, dans le courant de l'année, avait fait une enquête sur le chemin de fer d'Orléans à Rouen, étudié à nuveau la création, à Elbeuf, d'une succursale de la Banque de France, et étudié également la quest on des droits d'entrée en France des matières premières.

Voici le tableau des principales industries du canton, vers le milieu du deuxième semestre 1871 :

Industries	ELBEUF	CAUDEBEC & St-PIERRE
Fabricants de draps	175	54
Teinturiers	11	1
Filateurs de laine	12	6
Apprêteurs de draps	45	3
Loueurs de force motrice	15	4
Batteurs et trieurs de laine	6	3
Retordeurs de fil	29	8
Colleurs de chaînes	4	21
Lamiers-rôtiers	10	7
Fabriques de savon	2	0
Fouleries mécaniques	2	0
Etablissements de séchage	9	0
Marchands de déchets	6	10
Monteur de métiers	1	0
Dessinateurs p' nouveautés	3	0
Fabricant de cardes	0	1
TOTAUX	330	117

En fin d'année, la situation industrielle et commerciale était bonne. La fabrique était bien occupée et les ventes se faisaient à des prix rémunérateurs.

En 1871, la fabrique employa 11 millions de kilog. de laines — c'était le chiffre de 1870 — soit un rendement moyen de 34 pour 100, un poids de 3.740.000 kil. laine dégraissée à froid, ayant une valeur de 25.850.000 fr., à laquelle il fallait ajouter 1.400.000 fr. de matières diverses.

La valeur de 3.568.000 kil. de draperies fabriquées pendant l'année, calculée à raison de 17 fr. 95 le kilog, donnait la somme de 64.045.600 fr. — Le prix moyen du mètre fut évalué à 10 fr. 97.

Cette année-là, nous l'avons déjà dit, plusieurs établissements alsaciens, notamment les maisons Blin et Bloch et Fraenckel-Blin, qui avaient abandonné Bischwiller, leur pays, réuni à l'Allemagne, étaient venus se fixer à Elbeuf, où ils montèrent des usines qui se développèrent grandement par la suite.

Pendant la douloureuse année 1871 l'état civil d'Elbeuf avait enregistré 604 naissances, 175 mariages et 1.067 décès. — A Caudebec, on avait compté 295 naissances, 85 mariages et 430 décès, et à Saint Pierre 96 naissances, 20 mariages et 151 décès..

Cette augmentation des décès avait été la conséquence, en grande partie du moins, d'une épidémie de variole qui, en 1870-1871, s'abattit sur le canton. On y avait compté pendant cette période 1.480 cas, dont 1.227 à Elbeuf. Les décès de varioleux avaient été, dans le canton, au nombre de 461, ainsi répartis : 229 à Elbeuf, 141 à Caudebec, 50 à Saint-Pierre, 27 à Tourville, 19 à Saint-Aubin, 17 à Orival, 4 à Sotteville, 20 à Freneuse et 2 à La Londe. Un mobile des Landes avait été le premier frappé.

CHAPITRE XIX

(Janvier-Juin 1872)

Conférences au Théatre. — Toujours l'impôt sur les laines. — Les malfaçons de l'hôtel de ville. — La libération du territoire. — Projet d'écoles de filles repoussé. — M. Félizet et le Puchot. — Questions de chemins de fer. — Au Tribunal de commerce. — A la Chambre de commerce. — Agrandissement de l'église Saint-Jean.

On discuta le budget de 1872, le 3 janvier de cette même année.

A propos du traitement des Frères de la Doctrine chrétienne, un incident s'éleva entre MM. Picard et Chennevière, d'une part, et MM. Bellest, Rivière, Quidet et la majorité du conseil de l'autre. Cet incident se renouvela quand on appela l'article concernant le traitement des sœurs d'Ernemont.

Le budget primitif de 1872 fut ainsi établi : recettes, 723 678 fr.; dépenses, 721.257 fr.

Le budget de l'Hospice fut arrêté à 64.266 en dépenses, et celui du Bureau de bienfaisance à 55.250 fr.

Le 4, à Moulineaux, la Bouille, St-Ouen-de Thouberville et Bourgachard, on célébra des services funèbres en mémoire des soldats qui, l'année précédente, à semblable date, étaient tombés sous les coups de l'ennemi. Le général Roy, M. Goujon, ancien commandant des mobilisés d'Elbeuf, et un certain nombre de nos concitoyens se rendirent à Moulineaux, où, après un service religieux célébré par M. l'abbé Piette, aumônier de l'armée de l'Eure, le général Roy prononça un discours, que, connaissant sa conduite à Bourgtheroulde le 4 janvier 1871, il eût été préférable d'entendre de la bouche d'un autre.

Dans la première quinzaine de janvier, les membres de la Chambre de commerce, réunis à des délégués de Louviers, se rendirent auprès du préfet de la Seine-Inférieure, pour le prier de faire activer les travaux de la ligne de Montaure à Elbeuf, seule section de la ligne de Louviers à Rouen restée inachevée.

A partir du 17, des conférences, organisées par le conseil municipal et la Société industrielle, furent faites au théâtre, les mercredi et samedi de chaque semaine, par M. Bachelet professeur d'histoire, et par M. Galopin, qui, antérieurement, avait fait des conférences anatomiques à Elbeuf.

Ce même jour, le préfet de la Seine-Inférieure et M. de Villermont, administrateur de la compagnie du chemin de fer d'Orléans à Rouen, signèrent le traité et le cahier des charges concernant la concession de la ligne d'intérêt local d'Orléans à Rouen, pour la partie comprise dans notre département.

Notre industrie étant toujours menacée d'un droit de 20 pour 100 sur les matières premières, la Chambre de commerce nomma, le 17, des députés pour aller à Versailles. La députation se trouva composée de MM. Aubé, Pelletier, F. Olivier, Cabourg, Lebourgeois, Démar et Pietzsch.

Cette députation eut deux réunions, à Versailles, avec les délégués des autres villes industrielles et ceux du commerce de Paris.

Les Elbeuviens repoussèrent à l'unanimité l'impôt de 20 pour 100, en remontrant que le Gouvernement ne faisait aucune promesse de dénoncer les traités de commerce. Par ce droit, le Gouvernement enlevait le seul avantage que les traités de 1860 avaient donné. C'était en abolissant le droit sur les matières premières que le gouvernement impérial avait fait accepter les traités de commerce; c'était une compensation donnée à l'industrie, qui était menacée de se la voir enlever.

En ce même temps, la Chambre de commerce réclama l'établissement d'une succursale de la Banque de France à Elbeuf.

MM. Quidet, Rivière, Démar, Beaudouin, Picard et Chennevière furent nommés, par le conseil municipal, le 22 du même mois, pour procéder à une première revision des réclamations adressées pour pertes résultant de l'invasion allemande.

Ce même jour, M. Alfred Grandin, qui prédait le Conseil, exposa que des désordres fort graves s'étaient manifestés dans la construction de l'hôtel de ville; que, notamment, des lézardes s'étaient produites en divers endroits; que, d'un autre côté, les réclamations formées par divers entrepreneurs, alors qu'ils avaient déjà reçu des sommes importantes, donnaient lieu de craindre que le montant des devis n'ait été dépassé.

« Dans cette situation, ajouta le président, l'administration est d'avis qu'il y a lieu d'intenter tant contre les représentants de M. Anger, architecte, aujourd'hui décédé, que contre les entrepreneurs de travaux, solidairement responsables, une action en justice, à l'effet de les faire condamner à la réparation des vices de construction et malfaçons, à tous dommages-intérêts en résultant, comme aussi de faire décider, à l'égard des représentants de l'architecte, qu'ils seront responsables des dépenses qui dépasseront celles autorisées, etc. »

Le Conseil, à l'unanimité, autorisa cette action.

Ce même jour, à propos d'une nouvelle organisation du service de la voirie urbaine, M. Quidet, rapporteur, estima ainsi l'importance en surface de cette voirie :

Chaussées municipales pavées..	26.400^m
Chaussées macadamisées.......	100.000
Places gravelées.............	60.000
Trottoirs pavés ou macadamisés	45.000
Surface des revers...........	49.000
Total............	281.300^m

Soit en chiffres ronds, 28 hectares soumis au régime de l'entretien municipal, occasionnant une dépense annuelle de 7 centimes par mètre carré, somme très minime, dit le rapport, pour une ville où existe une circulation considérable, causée pour les besoins industriels.

Ce rapport avait pour but de créer, à Elbeuf, un service de cantonniers municipaux, ce qui fut adopté par le Conseil.

A cette époque, on commença la pose de 37

nouvelles lanternes à gaz dans les rues et sur les places de la ville.

C'est de ce temps que date également la vulgarisation de l'ozoniseur inventé par M. Houzeau. M. Henri de Parville publia, dans le *Journal des Débats*, une notice sur cette invention.

Me Allou, célèbre avocat de Paris, plaida le 26, devant le Tribunal de commerce de notre ville, dans une affaire très importante, qui occupa deux audiences et dont on parla beaucoup.

Le 3 février, M. Alfred Lechêne, ancien lieutenant de la compagnie des pompiers, mourut écrasé sous une voiture, à Bosc-Roger. Il était âgé de 52 ans.

M. Alexandre Grandin de l'Epervier, originaire d'Elbeuf, maire de Martot, mourut à Paris le 4, à l'âge de 78 ans. On l'inhuma, à Martot, le 7 du même mois.

Un comité local de Dames de France se constitua à Elbeuf dans les premiers jours de février. Il avait pour but principal de provoquer des souscriptions pour la libération des parties du territoire français encore occupées par les Allemands et était ainsi composé : Mme Alfred Leblond-Lesseré, présidente ; Mme Léon Maurel, vice-présidente ; Mme Charles Lizé fils, secrétaire.

Dans la séance municipale du 8 février, M Buée dit au Conseil que l'administration, s'associant avec empressement au généreux élan de patriotisme qui se manifestait dans toute la France, avait provoqué la formation d'un Comité de dames, lesquelles avaient déjà organisé des sous-comités et se montraient pleines d'ardeur pour mener à bonne fin cette entreprise grandiose ; mais elles désiraient être aidées et conseillées par des personnes autorisées, dont l'expérience leur serait nécessaire. Il conclut en demandant à l'assemblée de nommer une commission chargée de patronner cette œuvre nationale.

Une commission de neuf membres, composée de MM. Bellest, Démar, Thézard, Guérot, Rivière, Cabourg Lebourgeois, Lecerf et Beaudouin, fut nommée pour s'occuper de la souscription nationale à Elbeuf.

M. Buée ajouta ces quelques mots :

« Je ne doute pas que l'œuvre ne réussisse dans une ville aussi patriotique que la nôtre. Les habitants, qui ont subi les misères et les hontes de l'occupation étrangère, comprendront mieux qu'aucun autre le triste et douloureux sort réservé à leurs compatriotes du Nord et de l'Est, qui gémissent encore sous la domination prussienne.

« Toutes les offrandes devront être reçues, en espèces, positives ou conditionnelles ; la commission appréciera, du reste, les voies et moyens. »

Ce même jour, M. Cavrel proposa que toutes les maisons encadrant la place et le jardin de l'hôtel de ville fussent construites d'une façon uniforme. — Cette proposition fut repoussée.

Le Conseil fut informé que l'Etat avait fait appel devant le Conseil d'Etat du jugement rendu contre la Compagnie de l'Ouest, dans l'affaire des 200.000 francs réclamés à la ville d'Elbeuf par cette Compagnie. — L'assemblée, après délibération, donna au maire l'autorisation de défendre.

On vota ensuite une somme de 1.300 fr.

pour l'installation du bureau télégraphique dans le nouvel hôtel de ville.

M. Léon Isidore Trentelivres, seulement connu à Elbeuf sous le nom de Valmont, directeur du Théâtre, mourut le 9, à l'âge de 67 ans. Son inhumation donna lieu à un incident entre M. Gosselin, curé de l'Immaculée-Conception, et l'*Industriel*, qui avait critiqué la conduite intolérante de ce prêtre, refusant les prières de l'Eglise au décédé, parce que celui-ci, de son vivant, avait été comédien. En ville, la population prit, en grande majorité, parti contre M. Gosselin.

Le samedi 10, une grande réunion se forma pour la « libération du territoire ». Tous les corps constitués y figuraient ainsi que les curés des trois paroisses. On décida la création d'un comité qui se réunirait à celui de Dames, afin d'agir de concert. Mme Leblond fut nommée présidente, et M. Lecerf, secrétaire.

On discuta pendant deux séances municipales, à partir du 12 février, sur la transformation de l'ancien hôtel de ville en caserne de gendarmerie, mais ce projet fut repoussé.

Le Conseil vota un crédit de 12.000 fr. pour l'augmentation du matériel de secours contre les incendies.

Elbeuf eut un organe quotidien, *La Lumière*, à partir du 20. M. Lucien Huard en était le rédacteur en chef. Ce journal ne vécut que vingt-quatre jours.

Vers la fin du mois, commencèrent devant la cour d'assises de Rouen, les débats de l'affaire Janvier de la Motte, ancien préfet de l'Eure, accusé de faux. Le prévenu fut acquitté, grâce à une sorte de plaidoirie de M. Pouyer-Quertier, ministre des finances, appelé comme témoin. Peu de jours après, ce ministre était démissionnaire. Le procès Janvier fut l'objet de vifs commentaires à Elbeuf.

A une conférence faite le 28, au théâtre, par M. Bachelet, on recueillit dans la salle et sur la scène 1.626 fr. pour la libération du territoire.

Le conseil municipal, réuni le 1er mars, eut une très longue et vive discussion sur un projet de création de deux écoles laïques communales de filles, qui fut repoussé, sur appel nominal, la majorité considérant les écoles des sœurs d'Ernemont comme suffisantes.

Votèrent contre le projet : MM. Sevaistre, Quidet, Rivière, Démar, Maille, Béranger, Blay, Wallet, Martin, Pelletier, Bellest, Guérot, Cabourg, Cavrel, Lecerf, Lebourgeois, Deslandes et Potteau.

Votèrent pour MM. Grandin, Thézard, Beaudouin, Justin et Picard.

Le Conseil décida ensuite qu'il y avait lieu de défendre à l'action intentée à la Ville, par M. Lesage-Maille et autres manufacturiers, réclamant le paiement de draps réquisitionnés, le 28 janvier 1871, par les Allemands pour le compte du Département.

Ce même jour, on inhuma M. Alphonse Martel, ancien adjoint, ancien membre du Conseil des Prud'hommes, du Tribunal le commerce et de la Chambre consultative, décédé à l'âge de 70 ans.

On célébra en l'église Saint-Jean, le samedi 2, un service à l'arrivée du corps de M. Jules-Adolphe Thillard, général de brigade, commandeur de la Légion d'honneur, tué à Sedan le 1er septembre 1870, à l'âge de 54 ans. Il était frère de Mme Théodore Chennevière, de notre ville. Ses restes furent transportés dans le beau caveau funèbre de la famille Chennevière que l'on voit dans le cimetière Saint Jean.

Le général Thillard était entré à l'Ecole militaire le 20 novembre 1836. Il avait été nommé sous-lieutenant au 50e d'infanterie le 1er octobre 1838; lieutenant au 1er de hussards le 14 août 1842, capitaine adjudant-major au même régiment le 15 mars 1846; chef d'escadron au 4e de hussards le 15 septembre 1854; lieutenant-colonel au 6e de chasseurs le 24 décembre 1858; colonel du 3e de hussards le 12 août 1861 et général à l'état-major le 14 juillet 1870. Avant la guerre franco-allemande, il avait fait des campagnes en Orient et en Afrique.

Le 3, mourut M. Aimé-François Augustin, sous-lieutenant des pompiers, qui avait commandé le détachement de volontaires à Paris, au mois de mai de l'année précédente; il était âgé de 50 ans.

La station du carême, à Saint-Jean, fut prêchée par le P. de Caqueray, supérieur des Jésuites de Rouen; on en causa beaucoup en ville.

A partir du 11 mars, les inhumations furent provisoirement interdites dans le cimetière Saint-Etienne, par suite de son insuffisance.

A cette date, la souscription nationale pour la libération du territoire s'élevait, à Elbeuf, à 387.035 fr., dont 135.170 fr. sous condition.

Vers ce temps, le ministre décida qu'Elbeuf remplissait les conditions pour participer au legs de M. Boucher de Perthes, décédé à Abbeville le 2 août 1868, attribuant à quinze villes de France une rente de 500 fr. pour être délivrée chaque année à une ouvrière de chacune de ces villes qui se serait le plus distinguée par son travail et sa conduite

Elbeuf revit une garnison. Le 12 mars, vint la compagnie hors rang du 28e de ligne, dont un bataillon arriva le 25.

Dans sa réunion du 20, la Chambre de commerce prit connaissance du rapport sur les opérations du Comptoir de la main-d'œuvre, qui avait rendu tant de services à Elbeuf pendant l'occupation allemande, et qui, en outre, avait réalisé un bénéfice de 27 à 28.000 fr., que les administrateurs du Comptoir affectaient en entier à des œuvres de bienfaisance. A la Chambre de commerce devait revenir la disposition de trois lits pour d'anciens ouvriers indigents, lorsque le Bureau de bienfaisance serait agrandi — ce qui demanda un quart de siècle. — La Chambre vota des félicitations aux administrateurs du Comptoir.

Ce même jour, la Chambre décida d'exprimer au ministre du Commerce la satisfaction du traité commercial conclu en 1860 avec l'Angleterre.

Le jeudi 21, on représenta, au théâtre, une revue locale : *Elbeuf sens lessus-dessous*, de M. Henri Cadinot, artiste de ce théâtre.

M. L. Félizet, vétérinaire, publiait alors, dans le *Journal d'Elbeuf*, une série d'articles sous ce titre : *Elbeuf et l'Agriculture*, dont le but était de pousser à l'utilisation dans les champs des matières de toute nature qui se trouvaient perdues dans notre ville. Voici quelques passages du chapitre qu'il consacra au Puchot ;

« ... Si l'administration d'Elbeuf voulait

s'y prêter et les cultivateurs circonvoisins répondre à notre appel, notre modeste Puchot ne demanderait qu'à devenir un véritable Pactole pour les communes d'alentour....

« Depuis leurs multiples sources à la fontaine du Sud jusqu'aux vanottes du moulin Saint-Jean, outre les riches immondices des usines Blay, Constant Grandin, Drieu, Achille Dubos, Charles Flavigny et autres industriels, les eaux du Puchot reçoivent les matières de latrines de peut-être 250 à 300 ménages. Leur nappe inférieure, primitivement déjà demi-sirupeuse, pendant la stagnation qu'elle subit, dépose une épaisse couche de limon plus riche que celui du Nil...

« Depuis l'extrémité sud ouest de la teinture succursale de M. Blay, où le Puchot commence à couler tout à fait à ciel découvert, sans interruption, jusqu'au pont du moulin Saint Jean, c'est-à dire sur une superficie d'environ 1.300 mètres carrés, on peut assigner à la couche magmateuse une épaisseur annuelle d'au moins 50 centimètres... Fonds de cuves à dégrais, débris de laine, suint, excréments de moutons, matières fécales et urines humaines, eaux ménagères et lessivières, sels chimiques divers résidus de cuisine.... en un mot cent substances riches en azote, en potasse, soude et autres aliments de fertilisation viennent concourir à la richesse avérée de plus de 300 mètres cubes d'engrais qu'on laisse perdre, fermenter au détriment de la santé des riverains...

« ... Ces matières sont tellement riches en principes volatils que, chaque été, de juillet à septembre, les enfants, en projetant des allumettes ou du papier en ignition à la surface du bassin de la Rigole, embrasent plusieurs points de sa surface, qui le soir brillent comme autant de punchs dans leurs bols... »

Le 4 avril, le conseil municipal prit une nouvelle et longue délibération, par laquelle il sollicitait avec instance le décret déclaratif d'utilité publique des travaux de construction du chemin de fer partant de la limite de l'Eure, passant par Elbeuf, Couronne et Quevilly, pour se terminer à Rouen.

Ce même jour, le Conseil demanda que l'embranchement d'Elbeuf au Neubourg eût son raccord dans notre ville et sa direction par le vallon de la Saussaye.

Un arrêté préfectoral, daté du 5, mit à l'enquête l'avant-projet d'une ligne de chemin de fer partant de Saint-Pierre-lès-Elbeuf et se dirigeant, par la vallée de l'Oison, vers le Neubourg et Evreux. La commission d'enquête se composait de MM. Buée, Lucien Dautresme, Philippe Aubé, Charles Bazin et Picard-Lécallier, maire de Saint-Pierre.

Le Tribunal de commerce était alors composé de MM. Cavrel, président ; Cabourg, Cosse, Delaisse, Gence, juges ; J. Lecallier, Emile Martin, Patallier fils, Léon Quidet, juges suppléants. On procéda au renouvellement intégral de ces magistrats le 11 avril; furent élus : MM. A. Cavrel, président ; Lucien Cosse, Emile Martin, J. Lecallier, Victor Patallier fils, juges ; Ernest Flavigny, Charles Bucaille, Henri Dumanoir, Stanislas Béranger, juges suppléants. M. Dumanoir n'ayant pas accepté, fut remplacé, par vote du 30 mai suivant, par M. Moïse Grenier.

Pendant les quatre premiers mois de 1872,

M. Bachelet, professeur d'histoire, fit onze conférences au théâtre d'Elbeuf, et M. le docteur Galopin six. A chacune de ces séances, la salle était bondée d'auditeurs, appartenant à toutes les classes de la société elbeuvienne.

M. Flammarion de l'Observatoire de Paris, fit aussi une conférence, le 27 avril au théâtre, sur le soleil et le système du monde.

Dans sa séance du 1er mai, la Chambre de commerce, au sujet d'une enquête sur l'avan-projet d'un chemin de fer de Saint-Pierre-lès-Elbeuf au Neubourg, émit aussi le vœu que la ligne se raccordât à Elbeuf, au chemin d'Orléans à Rouen, et suivît la vallée de la Saussaye au lieu de celle de l'Oison.

Le jeudi 2 vers onze heures et demie du soir, le feu éclata dans l'établissement Ferté, à l'angle des rues de Paris et Ste-Sophie. Les pertes s'élevèrent à 364.000 fr Dans cet établissement de contruction récente et presque entièrement bâti en briques et fer, toutes les mesures paraissaient avoir été prises pour enrayer les commencements d'incendie qui pourraient s'y produire ; mais le feu, ayant pris au rez-de-chaussée, s'était communiqué aux écuries et de là à tout le bâtiment.

A partir du 1er juin, la Compagnie du Gaz livra son produit pendant le jour et non exclusivement la nuit comme elle l'avait fait jusque-là. — C'est de cette date que l'on commença, à Elbeuf, à faire la cuisine au gaz.

Aux processions de la Fête-Dieu du 9, la garnison fournit une escorte, avec tambours et clairons, au clergé de Saint Jean. Dans la procession de la paroisse de l'Immaculée figurait la musique de Saint-Aubin.

Le 14, le conseil général des Ponts et chaussées donna un avis favorable au projet du chemin de fer d'Orléans à Rouen. — Cette nouvelle fut affichée le jour même à l'hôtel de ville.

Le service du chemin de fer sur la ligne de Serquigny reprit le 22 mai, le pont d'Orival ayant été rendu à la circulation le matin de ce jour-là.

Le 25, s'ouvrit une exposition organisée par la Société d'horticulture d'Elbeuf. Elle se tint dans l'ancien hôtel de ville et se continua jusqu'au 7 juin.

Le 31 mai, il fut procédé à l'installation des nouveaux magistrats au Tribunal de commerce, récemment élus. Dans cette même séance, M. Cavrel fit un compte-rendu des travaux du Tribunal pendant les trois dernières années et le commencement de 1872.

Le chiffre des affaires inscrites avait été de 616 en 1869, de 503 en 1870, de 758 en 1871 et de 283 pendant les quatre premiers mois de 1872. Il avait été déclaré 12 faillites en 1869 et 10 en 1870, 9 liquidations judiciaires et 6 faillites en 1871 7 liquidations judiciaires et 4 faillites en 1872 ; total : 98 dont 6 de négociants en draperie, 6 de fabricants et 3 d'apprêteurs. Il s'était formé 28 sociétés en 1869, 26 en 1870, 19 en 1871 et 11 en 1872. Les dissolutions de sociétés avaient été de 14 en 1869, 7 en 1870, 13 en 1871 et de 4 en 1872. Six courtiers assermentés, créés en vertu d'une nouvelle loi, étaient reconnus : MM. Jules Varet, Frété, Thézard, Baillemont, Ch. Autin et A. Tessier.

Le 15 juin, la ville d'Elbeuf fit marché avec M. Thirion, de Paris, pour la fourniture de six pompes à incendie, avec cylindres de 110

Orival et son pont reconstruit

millimètres de diamètre et balancier de 2 mètres 05 de longueur ; le prix de chacune fut fixé à 710 fr. Une première pompe devait être livrée comme type dans le délai de quarante jours. Le prix des six pompes et celui des divers objets de matériel qui furent livrés en même temps s'éleva à 12 003 fr.

Le 18, M. Lizot, préfet de la Seine-Inférieure, procéda à l'installation des membres récemment élus ou réélus de la Chambre de commerce : MM. Achille Cavrel, Philippe Aubé, Laurent Démar, Pierre Pelletier, Prosper Cabourg, Constant Flavigny, Henri Lebourgeois, Adolphe Mary, Louis Prieur neveu, Isidore Lecerf et Maurice Blin. M. Charpentier-Grandin, également élu, n'avait pas accepté le mandat.

M. Aubé fut nommé président, M. Isidore Lecerf, vice-président, M. Lebourgeois, secrétaire et M. Prieur, trésorier. Dans cette même séance, on supprima l'allocation annuelle de 700 fr. jusque-là inscrite au budget de la Chambre, au profit du commissaire central, pour la répression des vols de fabrique.

Pendant son séjour dans notre ville, M. Lizot visita l'hospice, assista à une séance de la Société industrielle, examina le musée Noury, parcourut l'hôtel de ville, entra au Cercle des commerçants, se rendit aux travaux du pont de la rue de Paris, de là à la crèche et enfin sur le terrain où devait être établie la nouvelle gare, ligne d'Elbeuf à Rouen.

L'administration s'occupa, vers ce temps, de trouver un terrain propre aux tirs à la cible, pour la garnison d'Elbeuf.

Le 20 juin, le Conseil autorisa le maire à

passer de nouveaux traités pour le dégagement complet de l'église Saint-Jean.

Vers cette époque, M. Arthur Lorette fut nommé sous-lieutenant à la compagnie de pompiers, et M. Amable Pétel, ingénieur de la compagnie, emploi de création nouvelle, avec le grade de sous-lieutenant.

Ce fut dans sa séance du 22 de ce même mois de juin que le conseil municipal discuta et adopta le projet d'agrandissement de l'église Saint-Jean. A ce sujet, le Conseil prit cette délibération :

« Art. 1er. — Une somme de 150.000 fr., composée comme suit :

Legs de M. Alexandre Poussin ..	100.000 fr.
Intérêts de cette somme.........	6.000
Donation garantie par M. le Curé	10.000
Fonds disponibles des trois paroisses	25.000
Somme garantie par les membres de la fabrique.................	9.000
Total..........	150.000 fr

sera consacrée à l'agrandissement de l'église Saint-Jean.

« Art. 2. — ... Les sommes ci-dessus seront versées dans la caisse municipale pour être affectées à l'exécution du projet.

« Art. 3. — Les construction et restauration seront faites sur les plans et d'après les devis présentés par M. Barthelémy, architecte, lesquels sont adoptés. Toutefois, ces plans seront rescindés de façon à ne pas excéder sur l'alignement de la rue Henry... »

Le 26, on inhuma M. Charles Lizé, ancien négociant en draperies, ancien président du Tribunal de commerce, ancien membre du Conseil municipal et de la Chambre de commerce, chevalier de la Légion d'honneur, décédé le 20, à l'âge de 69 ans. M. Tabouelle prononça son oraison funèbre.

A cette époque, le travail dans les manufactures avait repris une grande activité, mais la qualité des produits fabriqués avait été abaissée, afin de répondre au désir des acheteurs, qui réclamaient avant tout du bon marché.

CHAPITRE XX

(Juillet-Décembre 1872)

L'emprunt de trois milliards. — Remboursement de la souscription nationale. — Projet d'un hopital d'enfants et d'agrandissement de l'asile des vieillards. — Le pont tubulaire est rétabli. — A l'église Saint-Jean. — Adresse a M. Thiers. — Statistiques diverses.

Il fut question, à la Chambre de commerce, le 6 juillet, de la division du canton d'Elbeuf, peuplé de 42.000 habitants, en deux cantons.

Le 11, M. Wallet fut élu membre de cette Chambre en remplacement de M. Charpentier-Grandin, démissionnaire.

Un arrêté du préfet de l'Eure, en date du 15, portait ouverture d'enquête sur l'avant-projet du chemin de fer du Neubourg à Caudebec-lès-Elbeuf.

Le 23, l'Assemblée nationale rétablit des droits sur les laines étrangères à leur entrée en France, mais avec ce paragraphe additionnel : « Aucun droit ne pourra être perçu sur les matières utiles à l'industrie avant que des droits compensateurs n'aient été mis en vigueur sur les produits étrangers fabriqués avec des matières similaires ». Cette solution d'une question très importante pour l'industrie de notre ville causa un grand plaisir aux manufacturiers, que le projet du tarif douanier avait menacés.

Les opérations pour l'emprunt national de trois milliards ouvrirent le dimanche 28. On sait qu'il fut couvert quatorze fois. A Elbeuf, l'emprunt donna ces résultats : souscripteurs, 707 ; chiffre des rentes souscrites 649.685 fr. ; capital : 40.979.674 fr. 50 ; versements effectués 1.884.086 fr. 50.

Vers ce temps, le préfet approuva le projet d'agrandissement de l'église Saint-Jean. Les travaux devaient être exécutés, sous la direction de M. Barthélemy, architecte, par MM. Duvallet frères, d'Elbeuf.

Un autre arrêté du préfet, publié peu après, autorisa M. Tourné, architecte municipal, à pénétrer dans les propriétés particulières des communes de Caudebec, Saint-Pierre, Orival et La Londe, pour l'étude préparatoire d'un projet de distribution d'eau potable destinée aux besoins de la ville d'Elbeuf. — Semblable arrêté, pris par le préfet de l'Eure et dans le même but, accordait à M. Tourné une pareille autorisation dans les communes de Martot, Saint-Cyr, Pasquier, Bec Thomas, St-Ouen-du-Tilleul, la Haye-Malherbe, Saint-Didier, Saint Nicolas-du Bosc, Thuit-Signol et Thuit-Anger.

Quand on apprit, à Elbeuf, que les souscriptions pour la libération du territoire seraient remboursées, un comité se forma dans le but de déterminer les souscripteurs à abandonner leur offrande, pour la création, dans l'enclave de l'hospice, d'un hôpital d'enfants, et l'agrandissement, sur place ou ailleurs, de l'asile des vieillards. Ce comité était formé de MM. Buisson, curé-doyen ; Achille Cavrel, président du Comptoir de la main-d'œuvre ; Jules Flavigny, ordonnateur-adjoint de l'hospice ; Guéroult, ordonnateur du Bureau de bienfaisance ; Edouard Guérot et Pelletier aîné.

A cet effet, M. le curé de Saint-Jean rédigea le rapport suivant, qui fut adressé le 29 juillet au Comité général de la souscription nationale et à un grand nombre de souscripteurs :

« Mesdames, Messieurs,

« L'année dernière, en présence de l'occupation du territoire français par l'étranger, dont nous connaissons les étreintes et l'oppression, un cri d'alarme s'est fait entendre par toute la France. Aussi, en vue d'une délivrance prochaine, par un mouvement spontané, une souscription s'est-elle ouverte dans une grande partie de notre France.

« Elbeuf, cette cité éminemment patriotique, cette cité toujours généreuse, pouvait-elle ne pas avoir un rang distingué dans un acte de cette nature ? Bientôt elle est à l'œuvre. — Sous le patronage et avec le concours actif des dames de la ville, la souscription suit sa marche ascendante et reçoit l'accueil le plus favorable. — Le riche et le pauvre, le grand et le petit, le patron et l'ouvrier, tous ont voulu apporter leur quote-part à cette œuvre toute de dévouement et de patriotisme. En peu de temps, la souscription a été couverte par une somme dépassant le chiffre de 400.000 fr. dont plus de 260.000 fr. ont été versés aussitôt.

« Honneur et récompense aux cœurs généreux, qui comprennent que, comme citoyens, nous avons des devoirs à remplir envers la patrie !!!

« Toutefois, le Gouvernement, quel qu'en soit le motif, n'a pas cru devoir donner suite à ce projet, bien louable en lui-même, mais impuissant dans ses effets. Aussi, aujourd'hui, chacun rentrant dans ses droits s'agit-il de vous rembourser les sommes que vous avez versées. Mais avant de passer outre, permettez-nous quelques réflexions que nous livrons à votre juste et bienveillante appréciation.

« Elbeuf est une ville qui, à tous les points de vue, prend chaque année de l'accroissement. Aussi, chaque année voit-on surgir la nécessité de créer de nouvelles œuvres.

« 1° Il en est une qui, jusqu'à ce jour, a fait complètement défaut en cette cité ; et cette œuvre, c'est un hospice pour les enfants malades.

« Certes, la charité publique, comme une bonne mère, suit et accompagne en cette ville l'enfant du pauvre à toutes les phases de sa vie. A peine est-il né, que l'établissement de la Crèche le reçoit dans son sein. — Un peu plus tard, l'Asile lui ouvre ses portes. — S'il avance en âge et qu'il ne soit pas à même de pourvoir à sa subsistance soit par lui même, soit par les auteurs de ses jours, le Bureau de bienfaisance vient à son secours.

« Mais tombe-t-il malade, c'est alors que la charité publique lui fait défaut. — Il est vrai, il existe un hospice : mais cet hospice ne s'ouvre que pour les malades adultes. Les règlements s'opposent à ce qu'aucun enfant malade y soit admis. Le voilà donc ce pauvre enfant, au moment où il aurait besoin plus que jamais que la divine Providence lui vînt en aide, le voilà presque abandonné. Il n'a plus que l'asile du père et de la mère, si toutefois il n'en est pas privé. — Et le plus souvent, quel asile ! ! !

« Comme l'a dit fort judicieusement un honorable docteur de la ville, dans un avis qu'il a formulé à cet égard sur la demande qui lui en avait été faite : « Oui, au foyer du père et « de la mère, tout conspire contre la guérison « de cet enfant malade. Le logement — le « grabat — le manque de soins — la mal- « propreté — l'atmosphère délétère... » Aussi en vertu de ces diverses considérations, déjà depuis un certain temps, cette œuvre est-elle à l'état de projet.

« 2° Grâce à la générosité de l'honorable Monsieur Alexandre Grandin de l'Eprevier, il existe à Elbeuf, rue Saint-Jean, un asile pour des vieillards de l'un et l'autre sexes ; des vieillards qui ont été ouvriers de fabrique et qui, par suite, ont contribué à la vie matérielle de la cité. Cet asile, ne peut-on pas le regarder comme un spécimen de l'hôtel des Invalides ?

« C'est là qu'après avoir servi avec fidélité et honneur la ville d'Elbeuf, épuisés de fatigues et d'années, ils retrouvent, pour ainsi dire, une nouvelle vie dans les soins et le dévouement que leur prodiguent, comme vous savez, les dignes Filles de Saint-Vincent. Dans le passé de leur vie, peut-être il y a eu chez eux quelques oublis de leurs devoirs personnels ; c'est aussi dans cet asile, qu'ils peuvent renouveler l'homme intérieur, avant

Les quais et le pont tubulaire rétabli

d'entrer dans leur éternité. Qui le sait? Si, au déclin de la vie, cet asile ne s'était pas ouvert devant eux, comme une juste récompense de leurs labeurs, peut-être les derniers jours de leur existence auraient-ils été empoisonnés, par suite des misères de toutes les sortes et du corps et de l'âme.

« Mais, hélas ! — pourquoi faut il que cet établissement de bienfaisance soit si restreint? Comme il est à regretter de voir tant de gens qui, avec bien des titres, ont droit à leur admission en cet établissement. — Et cependant ils ne peuvent y entrer qu'après une longue attente, si tant est que......... et cela, par suite, de l'insuffisance de l'établissement en lui-même.

« Voilà les deux œuvres que nous mettons au grand jour et pour lesquelles il y a déjà un commencement d'exécution. Mais, en présence des lourdes charges qui pèsent sur la ville d'une part ; et d'autre part, en présence des sentiments de générosité si bien connus des habitants de cette cité, sentiments qui se sont révélés si largement quand il s'est agi de souscrire pour la libération du sol français, nous avons cru entrer dans leurs vues, en leur offrant l'occasion de donner une autre direction à leurs intentions premières de bienfaisance.

« Telle est donc la proposition que nous avons l'honneur de vous mettre sous les yeux ».

Après avoir subi l'épreuve de 400 kilog. par mètre carré, le pont de la rue de Paris fut livré à la circulation le 1er août. Pendant l'épreuve, les flexions des deux travées reconstruites avaient été de : 3e travée : amont,

0.010 ; aval, 0.0115 ; 4e travée : amont, 0.010 ; aval, 0.010.

En ce même temps, le jury d'expropriation s'occupa des indemnités à payer aux propriétaires et occupants de la partie de la rue Saint-Jean qu'on allait élargir.

Le 5 août, la Chambre fut informée que le ministre s'opposait au raccordement, à Sotteville-lès-Rouen, de la ligne d'Orléans à celle de l'Ouest, et prit une délibération de protestation à adresser au Conseil général, qui, dans sa session de novembre précédent, avait autorisé la concession d'une ligne « partant de la limite du département de l'Eure, passant par Elbeuf, Couronne et Quevilly, où elle se bifurquerait, d'un côté pour se relier à Sotteville à la ligne de l'Ouest, de l'autre pour se rapprocher des docks et déboucher à Rouen sur la place Saint-Sever ».

Quelques jours après, la Chambre écrivit au ministre, à propos de cette affaire, et réclama que le raccordement fût compris dans le décret d'utilité publique.

Un arrêté du directeur général de l'Enregistrement et des Domaines, daté du 8 août, divisa en deux bureaux le bureau établi à Elbeuf — M. Cattier, receveur à Louviers, fut nommé au bureau des actes civils de notre ville.

M. Tolain, député de la Seine, vint à Elbeuf le 12. Il présida, à Caudebec, une réunion ouvrière privée.

Le 14, le conseil municipal réclama avec instance la déclaration d'utilité publique du chemin de fer du Neubourg à Caudebec-lès-Elbeuf et de la ligne d'Evreux au Neubourg.

Vers ce temps, le bureau télégraphique fut

transféré de l'ancienne mairie au nouvel hôtel de ville.

Le 21, M. L. Dautresme déposa au Conseil général une proposition de rachat du pont suspendu d'Elbeuf.

Le tirage au sort des jeunes gens de la classe 1871 n'eut lieu que le 22 août 1872. Le nombre des conscrits était de 365, dont 170 d'Elbeuf et 90 de Caudebec.

Le conseil municipal avait nommé des délégués pour aller inviter M. Thiers, président de la République, alors en villégiature à Trouville, à venir à Elbeuf ; le 6 septembre, la Chambre de commerce désigna plusieurs de ses membres pour se joindre à ceux du Conseil.

La députation se composait de MM. Buée, Léon Sevaistre, Edouard Bellest et Bérenger, du conseil municipal ; Ph. Aubé, Cavrel, Démar et Lebourgeois, de la Chambre de commerce.

M. Thiers répondit que rien ne lui serait plus agréable que de visiter la ville d'Elbeuf, mais que le temps lui manquait.

Les délégués de la Chambre de commerce remirent au président Thiers une note sur l'état de notre industrie, en le priant d'introduire, dans les négociations alors en cours pour la révision des tarifs conventionnels une augmentation du droit protecteur à l'entrée des tissus de laine.

En ce même temps, on procéda au remboursement des souscriptions pour la libération du territoire ; le projet de construction d'un hôpital d'enfants n'eut donc pas de suite.

Vers ce temps également, Mme veuve Lizé donna une somme de 8.500 fr. à l'hospice. —

Peu après, pareille somme fut donnée au même établissement par M. Luc-André Suchetet.

Le théâtre rouvrit le 22 septembre, avec un nouveau directeur : M. Perron-Derenève.

Dans les fouilles qui se faisaient alors pour l'agrandissement de l'église Saint-Jean, on recueillit une assez grande quantité de monnaies romaines.

On posa la première pierre le 2 octobre. Une plaque de cuivre portant une inscription commémorative fut enfermée dans une boîte de plomb avec trois médailles, et l'on déposa cette boîte dans une cavité pratiquée dans la base du pilier derrière le maître-autel du côté de l'épître.

Quelque temps après, dans une séance de la commission départementale des Antiquités, M. de Merval demanda la conservation de quelques gargouilles intéressantes et chapiteaux du moyen âge qui devaient disparaître par suite des travaux exécutés à l'église Saint-Jean, et la remise de ces objets au musée d'Elbeuf, dont M. Grandin était le conservateur.

M. Cochet vint à Elbeuf, où il s'assura que rien d'intéressant ne serait détruit.

Le nombre des Alsaciens-Lorrains qui, par déclaration à la mairie d'Elbeuf, avaient opté pour la nationalité française était, à cette époque de 411. A Caudebec, les options pour la France étaient au nombre de 78.

Dans une réunion tenue à l'hôtel de ville, le 8 octobre, la corporation des ouvriers tisseurs vota, à l'unanimité, la création d'une chambre syndicale ouvrière professionnelle et l'établissement de statuts.

Au commencement d'octobre, M. Georges Barbier, d'Elbeuf, fut admis à l'Ecole polytechnique.

A cette époque, on avait ouvert, dans notre ville, une souscription pour élever un monument à la mémoire des soldats français morts en combattant au Château-Robert, à Moulineaux, Orival et La Londe.

Le 19, le conseil municipal souscrivit, au nom de la ville, pour une somme de 500 fr., à l'effet d'élever un monument à la mémoire des soldats français morts en combattant dans cette région.

Il vota également une somme de 1.000 fr. en faveur des Alsaciens-Lorrains, si éprouvés pendant la guerre et pour lesquels une souscription était également ouverte en ville.

Par un autre vote, il affecta un crédit de 1.500 fr. aux conférences organisées par la Société industrielle.

Ce même jour, il protesta contre le projet d'emplacement de la gare de Montaure, sur la ligne de Louviers.

A partir du 15 novembre, chaque vendredi, au théâtre, eurent lieu des conférences scientifiques ou d'économie sociale. Le programme en fut ainsi réglé : MM. Bachelet, de Rouen, histoire ; Lecaplain, de Rouen, sciences physiques ; Deschanel, de Paris, littérature ; Félix Hément, de Paris, sciences physiques ; Antonin Rondelet, de Paris, économie ; Saint-Edme, de Paris, sciences physiques ; Leroy-Beaulieu, de Paris, économie.

Conformément à un vote de l'Assemblée nationale, des prières publiques furent dites en l'église Saint-Jean le dimanche 17, à midi. Un piquet du 28e de ligne assista à la cérémonie, suivie d'une messe célébrée par M. Buisson, curé-doyen en présence de l'adjoint au maire, des présidents de la Chambre de commerce, du Tribunal de commerce, du commandant et des officiers de la garnison, du lieutenant de gendarmerie et autres notabilités. Ces prières avaient pour but « d'appeler les bénédictions du Ciel sur les travaux de l'Assemblée nationale ».

On sait qu'un conflit s'éleva entre M. A. Thiers et l'Assemblée nationale. M. Lucien Dautresme, conseiller général, et M. Picard, conseiller d'arrondissement, provoquèrent un mouvement de l'opinion publique dans notre canton par une lettre insérée à l'*Industril*.

Immédiatement, l'adresse suivante fut mise en circulation et, en deux jours, couverte de plus de 2.000 signatures :

« A M. Thiers, président de la République française,

« Nous soussignés, habitants du canton d'Elbeuf, nous sommes heureux de donner notre adhésion aux déclarations que contient votre dernier message à l'Assemblée nationale.

« La République, avez-vous dit, est l'état
« légal du pays et l'on n'en pourrait sortir
« qu'au prix de terribles commotions ».

« Telle est aussi notre opinion, et, comme c'est toujours sur nous que retombe le poids des révolutions, nous n'en voulons pas de nouvelle.

« Nous avons besoin de repos et de stabilité ; une monarchie chancelante — c'est votre expression — ne saurait nous les procurer ; nous les trouverons, au contraire, dans la République affermie.

« Continuez donc, Monsieur le Président, à marcher dans la voie où vous êtes entré, et si vos adversaires se décident enfin à consulter la France, la France ne manquera pas de répondre qu'elle est tout entière avec vous.

« Vive la France ! Vive la République ! »

La municipalité de notre ville ne s'associa pas à ce mouvement, et quelques membres seulement du conseil municipal et des autres corps constitués apposèrent leur nom au bas de l'adresse.

Parmi les notabilités qui la signèrent, on cita MM. Ph. Aubé, président de la Chambre de commerce ; A. Beaudouin, Wallet, Thézard, A. Chennevière, Poteau, conseillers municipaux ; Bucaille, Ch. Houllier, Clovis Hue, juges et ancien juge au Tribunal de commerce ; Fouchet père, Th. Blin, Fraenckel-Blin, Schull, Weill-Kinsbourg, Hulme, les frères Prinvault, J. Doublet, docteur Mathorel, Demeule, Detchemendy père, Blanquet, Aonfray A. Dumont, Limet, Leblois, Lalubie, Delanney, Victor et Eugène Lainé, Canivet, Th. Godin et la rédaction de l'*Industriel*.

Les députés de la Seine-Inférieure et de l'Eure qui, les 29 et 30 novembre votèrent en faveur de la République furent MM. Buée, Buisson, Cordier, Lanel Lebourgeois, Nétien, Peulvé, Savoye, Besnard, d'Osmoy, Lepouzé, Passy, Prétavoine, La Roncière Le Noury, de Salvandy.

Ceux qui votèrent contre furent MM. Ancel, Anisson Duperron, de Bagneux, Pouyer-Quertier, Raoul Duval, des Roys, Vitet, de Broglie.

En décembre, la Seine déborda et ses eaux gagnèrent la rue Henry, du côté de la rue de

Seine. Plusieurs usines durent suspendre tout travail, leurs fourneaux étant inondés. A Caudebec, l'éclairage au gaz cessa complètement. A Saint-Pierre, l'eau arriva jusqu'à la Villette, à près de deux kilomètres du fleuve.

En ce mois, parut la première année de l'*Almanach Elbeuvien*, en même temps qu'un premier calendrier à effeuiller portant des éphémérides locales.

En ce même temps, l'association elbeuvienne d'Alsace-Lorraine envoya 15.000 fr. à Nancy, Belfort, Vesoul et Epinal, pour secourir les Alsaciens-Lorrains qui avaient quitté leur pays afin de n'être point annexés à l'Allemagne.

Le 30 décembre, le conseil municipal décida l'agrandissement du cimetière Saint Etienne, et vota, à cet effet, un premier crédit de 17.800 fr.; mais il rejetta, ce même jour, un projet de même nature pour le cimetière Saint Jean, que l'on jugea suffisamment spacieux.

Cette année-là commença un procès entre la ville d'Elbeuf, d'une part, MM. les héritiers Anger, architecte de l'hôtel-de-ville, et M. Liorel, entrepreneur, d'autre part, au sujet des malfaçons de cet édifice, estimées à environ 300.000 fr. Cette affaire ne prit fin qu'en 1877, par une transaction.

Il était entré à Elbeuf, pendant les derniers douze mois 53.997 tonnes de charbon, contre 37.534 en 1871.

Les hauts prix de la laine, en 1872, avaient gêné la fabrication des draps d'hiver, ce qui avait causé quelque chômage et une réduction de 8 à 10 pour 100 sur le prix du tissage. A la fin de l'année, il y avait beaucoup d'ouvriers inoccupés et les fabricants avaient des stocks de draps importants, évalués à plus de 187.000 kilog.

On estima à 18 fr. 50 la moyenne des 4.953.439 kil. de draperies sorties d'Elbeuf pendant l'année, ce qui donna une valeur de 91.638.521 à la production totale, chiffre qui n'était atteint qu'à cause de la cherté de la matière première. Le prix moyen du mètre d'étoffe fut estimé à 11 fr. 30 et la longueur totale à 8.118.700 mètres. — En 1869, pour une production de 91 millions de francs, la longueur s'était chiffrée par 9.300.000 mètres.

Le recensement qui se fit cette année-là accusa une population de 22.596 habitants. En 1866, le chiffre ne s'élevait qu'à 21.144 individus.

A Caudebec, on compta 10.715 habitants, contre 9.184 en 1866.

Pendant l'année 1872, en avait enregistré à Elbeuf, 796 naissances, 225 mariages et 725 décès.

A Caudebec, on avait compté 419 naissances, 103 mariages et 346 décès.

A Saint-Pierre, 104 naissances, 35 mariages et 88 décès.

Voici quelles avaient été, pour les denrées alimentaires, les entrées constatées aux bureaux de l'octroi pendant l'année 1872 :

Vins, 11.911 hect.; cidres, 41.953 hect.; alcool pur, 3.105 hect.; bières, 4.555 hect.; vinaigres, 438 hect.

Bœufs, 624.398 kil.; vaches, 182.859 kil.; veaux, 154.321 kil.; moutons, 306.338 kil.; porcs, 175.647 kil.; porcs de lait, 237 kil.; sangliers et cerfs, 524 kil; bœufs et vaches dépecés 322.182 kil.; veaux et moutons dépecés, 133.893 kil.; porcs dépecés, 84,947 kil.; cerfs et chevreuils dépecés, 210 kil.; jambons et charcuterie, 18.132 kil.; abats et issues, 66.727 kil.; huîtres, 147.713 ; coqs, poules et canards, 58.631 ; dindes et oies, 5.527 ; pigeons, 9 331 ; cailles, râles et bécassines, 722 ; faisans et coqs de bruyères, 117 ; lièvres 1.708; lapins, 31.982; perdrix, 3.448; sarcelles et bécasses, 157 ; alouettes, 2.770; truffes, 89 kil. ; volailles truffées, 43 kil. ; pâtés, 556 kil.; marrons, 9.416 kil.; oranges et citrons, 42.918 kil.; fruits secs et olives, 54.379 kil.; huile comestible, 62.441 kil,; sardines et thons 6.732 kil. ; conserves alimentaires, 8.602 kil.

L'année 1872, quatorzième de la Société industrielle, avait été marquée par divers travaux des membres de cette association.

La Société avait également fourni les renseignements demandés par l'administration sur l'importance que pourrait avoir une succursale de la Banque de France.

En outre, elle avait étudié les appareils avertisseurs d'incendie, les appareils à fabriquer le gaz chez soi et les régulateurs de gaz.

CHAPITRE XXI

(Janvier-Juin 1873)

L'épaillage chimique. — Ambassades japonaises a Elbeuf. — Toujours le chemin de fer d'Orléans a Rouen. — Les écoles protestantes. — Appropriation de l'ancien hôtel de ville. — Chute de M. Thiers ; le maréchal de Mac-Mahon. — Catastrophe rue de Bourgtheroulde ; quatre morts, six blessés. — Inauguration du « Mobile » de la Maison-Brulée.

Au commencement de l'année 1873, on continua les soirées au Théâtre par des conférences dans lesquelles on entendit MM. Lecaplain, professeur au Lycée de Rouen ; Leroy Beaulieu, économiste, de Paris ; Bachelet, Félix Hément et E. Deschanel.

Un procès, très intéressant pour l'industrie de notre ville, était alors pendant devant le tribunal de Rouen.

La prétention de M. Frézon, demandeur, était celle-ci : J'ai, disait-il, un droit par brevet d'épailler chimiquement les étoffes de laine ; je demande des dommages-intérêts aux fabricants d'Elbeuf et autres industriels qui emploient le procédé dont j'ai seul le monopole.

M. Stanislas Béranger, défendeur, opposait que l'épaillage chimique était dans le domaine public depuis bien des années, et que M. Isard, des Ecavelles, l'avait publié ; ce qui était exact, mais n'empêcha pas notre concitoyen de perdre son procès.

Les terrains entourant l'hôtel de ville étaient restés dans le plus parfait abandon, malgré les décisions prises pour la création d'un jardin public. Le 4 janvier, le conseil municipal décida de faire commencer les travaux du jardin projeté, sous la surveillance de l'architecte de la Ville, mais sur les plans de M. Beaucantin, qui avaient été achetés.

A partir du 12, des cours publics et gratuits furent ouverts, le soir, quatre jours par semaine, aux écoles de M. Fririon et des Frères pour les garçons, et des religieuses d'Ernemont pour les filles

Le 15, Elbeuf reçut la visite de MM Jushü Hiroboumi Ito, ambassadeur japonais ; G. Foukoutsi, premier secrétaire d'ambassade, et Takana, chargé d'affaires. Ces visiteurs étaient accompagnés de M. S. Bouché, négociant en draperies à Paris et propriétaire d'un grand magasin d'habillements confectionnés, qui, il y avait déjà dix ans et le premier, avait introduit des vêtements européens au Japon.

Ils se rendirent successivement dans les établissements de MM. Blin et Bloch ; Legrix et Maurel ; Edouard Thibault ; Bellest, Benoist et Cie, et Laurent Démar, auxquels ils demandèrent des collections de draps ou nouveautés pour les expédier au Japon. Ces visiteurs ne quittèrent notre ville que le 18, pour se rendre à Rouen.

Dans le courant de ce mois, un station télégraphique fut établie à l'écluse de Martot, pour correspondre avec le barrage de Poses.

L'hiver avait été jusque là d'une douceur exceptionnelle. Il tonna en janvier comme en plein été, et l'on vit des arbres se couvrir de fleurs ; des vignes même montrèrent des feuilles.

Une trombe épouvantable s'abattit sur notre région pendant la soirée du dimanche 19. Dans une seule propriété, à Caudebec, 160 pommiers en pleine vigueur furent couchés sur le sol. Dans la forêt, on voyait des lignes entière de vieux arbres déracinés. Les pertes s'élevèrent à des sommes considérables, surtout à La Londe et à Infreville.

En janvier, M. E. Bellest fut réélu président de la Société industrielle et M. P. Pelletier, vice président. En outre, la Société inscrivit M. Bachelet, le conférencier, au nombre de ses membres honoraires.

Le 4 février, mourut M. Laurent Patallier, chevalier de la Légion d'honneur, ancien membre et secrétaire du conseil municipal, ordonnateur de l'hospice depuis 1845. Il était âgé de 74 ans.

Vers ce temps, on publia le tableau officiel de la population du canton d'Elbeuf. Il était ainsi établi : Caudebec, 10.715 habitants ; Cléon, 554 ; Elbeuf, 22.596 ; Freneuse, 540 ; La Londe, 1.800 : Orival, 2 012 ; Saint Aubin, 2.400 ; Saint Pierre, 3.864 ; Sotteville, 314 ; Tourville, 811.

Un arrêté préfectoral, daté du 5 février, réorganisa la commission de statistique agricole pour le canton d'Elbeuf. Elle était composée de MM. Tabouelle juge de paix, président ; Charles Flavigny ; Félizet, vétérinaire ; Maillet, contrôleur des contributions directes; Fauquet, receveur municipal; Rouvin fils, de Caudebec ; Cavé, ancien adjoint à Caudebec ; Picard-Lécallier, maire de Saint-Pierre ; Nicolas Hue, de Saint-Pierre ; Leblond-Heullant, de Saint-Pierrre ; Lepesqueur, maire de La Londe ; Blay, maire d'Orival ; Salvaing de Boissieu, maire de Saint-Aubin ; Albert Hédouin, de Saint Aubin ; Joseph Lefrançois, maire de Cléon ; Auvard, adjoint au maire de Freneuse ; Courtin, de Freneuse ; Théodore Hédouin, de Tourville ; Diénis, maire de Sotteville.

Dans la séance du 15, M. Buée exposa au conseil municipal que la question du chemin de fer d'Orléans était bien près de toucher à une solution définitive, grâce aux démarches multipliées de M. Nétien, maire de Rouen, auprès de personnages influents, notamment de M. de Franqueville.

Dans ces circonstances, M. Buée avait agi de concert avec son collègue de la Chambre des députés, et fait surtout valoir l'état de détresse et de misère dans lequel était plongée la population ouvrière d'Elbeuf, par suite de la stagnation des affaires ; si le chemin de fer était décidé, on trouverait à utiliser tous les bras sans travail pour la construction de la ligne.

« M. de Franqueville s'est ému, continua M. Buée, des observations présentées sous cette forme et dans les termes les plus pressants. Il a promis que les obstacles ne viendraient pas de lui et qu'il ferait tous ses efforts pour que la solution de cette grave question n'éprouve pas de nouveaux retards.

« Cette promesse a été tenue ; toutes les difficultés ont été aplanies, et l'affaire est venue à la section du Conseil d'Etat, qui a donné un avis favorable. Il ne reste plus à obtenir que la sanction du Conseil d'Etat réuni en assemblée générale. L'affaire était inscrite pour le jeudi 13 février courant, mais elle n'a pu être appelée à cause d'un ordre du jour trop chargé ; elle a été remise à huitaine. »

Le maire termina sa communication en disant qu'aussitôt que le Conseil d'Etat se serait prononcé, M. Nétien et lui solliciteraient une audience du président de la République pour la signature du décret.

Ce même jour, le Conseil vota 6.000 fr. à employer en travaux sur le chemin de La Londe à Rouen, afin de donner de l'occupation à 200 des ouvriers d'Elbeuf sans ouvrage.

L'assemblée discuta ensuite sur la nécessité d'un magasin nouveau pour les pompes à incendie et sur l'affectation à donner à l'ancien hôtel de ville, mais sans prendre de décision.

Les Sauveteurs rouennais, ayant à leur tête M. Lecœur, président, vinrent à Elbeuf le dimanche 23, et furent reçus à l'hôtel de ville.

Le 29, la commission administrative de l'hospice accepta un legs de 8.500 fr. qui avait été fait à cet établissement par M. Mathieu-Alexandre Grandin de l'Eprevier.

En février, le Tribunal civil de Rouen rendit son jugement sur l'affaire intentée par M. Frézon à MM. Béranger et Grubben, épailleurs chimiques de laines, et à plusieurs fabricants de draps. Le tribunal accueillit les prétentions de M. Frézon. Ce jugement causa une surprise générale dans notre ville.

Dans sa séance du 19, la Société industrielle prit connaissance d'un remarquable examen critique d'un Mémoire de M. Labiche, de Louviers, sur les incendies spontanés, présenté par M. Paul Pion, vice-président de cette Société.

Cette année-là, le canton compta 391 conscrits, dont 192 d'Elbeuf, 103 de Caudebec, 26 de Saint-Pierre, 23 d'Orival et 16 de Saint-Aubin.

Le *Journal d'Elbeuf*, dans ses numéros des 20 mars et 11 mai, publia une Notice historique sur les vitraux de l'église Saint-Jean. Quoique renfermant diverses erreurs, interprétations fantaisistes et mauvaises lectures de légendes, nous devions la mentionner, car on y trouve la description des verrières détruites lors de l'agrandissement de l'édifice.

En mars, Mlle Maria Poussin remit au Bureau de bienfaisance, en mémoire de son père et de sa mère, une somme de 10.000 fr., destinée à l'agrandissement de la maison des vieillards.

M. André Suchetet fit également remise au même établissement d'une somme de 10.000 francs, en mémoire de M. Georges Suchetet, son frère, et conformément à ses dernières volontés.

Le jeudi 20 de ce mois, on trouva dans le bois du Buquet, au pied d'un arbre et près de la route, le corps de deux jumeaux mortsnés, enveloppés dans une serviette. Cette découverte causa une certaine émotion en ville et aux environs.

ANNÉE 1873

La compagnie de sapeurs-pompiers venait de recevoir un nouvel équipement d'incendie. A cette occasion, on passa une revue générale du matériel, le dimanche 30 mars.

Une nouvelle délégation japonaise était à Elbeuf le 1er avril ; elle visita les ateliers de MM. A. Poussin et fils et repartit le 3 pour Louviers.

Le *Journal officiel* du 12 publia le décret d'utilité publique concernant la section terminale (de la limite de l'Eure à Rouen, par Elbeuf) d'un chemin de fer d'intérêt local, avec embranchement de Grand Quevilly à Sotteville lès-Rouen.

Le 24 avril, après une très longue discussion sur un projet de création d'écoles communales protestantes à Elbeuf, le Conseil se prononça, par appel nominal, pour le rejet de cette proposition.

Votèrent pour le projet : MM. Thézard, Beaudouin, Picard, Chennevière, Deslandes et Potteau.

Votèrent contre : MM. Quidet, Rivière, Démar, Justin, Maille, Grandin, Béranger, Wallet, Martin, Pelletier, Bellest, Guérot, Cabourg, Cavrel, Buée, Lecerf et Lebourgeois.

Ensuite, l'assemblée adopta la délibération suivante, à une forte majorité :

« Le Conseil, considérant qu'il entend donner dans la mesure la plus large l'instruction gratuite aux enfants appartenant à tous les cultes reconnus, aussi bien protestants que catholiques ;

« Considérant le nombre proportionnel peu considérable d'enfants protestants susceptibles de fréquenter l'école ;

« Vu les lourdes charges qui pèsent actuellement sur le budget de la ville d'Elbeuf ;

« Décide qu'il n'y a pas lieu, quant à présent, de créer à Elbeuf d'écoles communales protestantes, mais qu'il convient de solliciter du conseil départemental, pour la ville d'Elbeuf, l'autorisation de pourvoir à l'enseignement primaire gratuit, dans les écoles libres protestantes qui y sont établies, de tous les enfants protestants dont les parents en feront la demande, et ce, à l'aide d'une subvention qui sera ultérieurement fixée. »

Le 26 avril, le conseil municipal vota un crédit de 2.500 fr. pour l'établissement de stalles d'orchestre au théâtre.

Dans le courant de ce mois, M Legallicier, aumônier de l'hospice, nommé curé de Saint Aignan-sur-Ry, eut pour successeur M Pion, prêtre de la paroisse Saint-Etienne.

On ouvrit, en avril, un concours entre chauffeurs de machines à vapeur. La Société industrielle y affecta trois prix en espèces et en médailles.

Le 12 mai, le conseil municipal prit une délibération tendant à obtenir de l'administration compétente que, de Conflans à Rouen, la Seine eût dans son parcours un tirant d'eau de deux mètres au minimum. — MM. Bellest, Picard et Maille furent nommés pour suivre cette question.

M. Rivière proposa une souscription pour contribuer à l'érection, à Rouen, d'un monument au P. La Salle, fondateur des écoles chrétiennes.

M. Picard observa que, tout en étant d'accord avec M. Rivière sur les mérites du P. La Salle, comme sur les services qu'il avait rendus, et sans vouloir examiner si ses successeurs n'avaient pas dénaturé les intentions du fondateur, ce n'était pas la ville qui devait souscrire, mais chaque membre du conseil municipal individuellement.

Malgré cette observation, le Conseil vota une somme de 200 fr.

Le 16, après une longue discussion, le conseil municipal ajourna le projet d'agrandissement du cimetière Saint-Jean, qui fut voté deux mois plus tard, par appel nominal, après une nouvelle et non moins longue discussion.

Votèrent pour : MM. Rivière, Thézard, Justin, Maille, Grandin, Béranger, Blay, Pelletier, Buée, Lecerf, Lebourgeois et Potteau.

Votèrent contre : MM. Quidet, Beaudouin et Picard.

Ne prirent pas part au vote : MM. Chennevière, Vallet, Martin et Guérot.

La discussion sur ce sujet revint encore plus longuement en août, la majorité persista dans son vote précédent.

Ce même jour, 16 mai, le conseil municipal renouvela sa demande au gouvernement de déclarer d'utilité publique le chemin de fer du Neubourg à Elbeuf, par Amfreville, la vallée de l'Oison et Saint-Pierre-lès-Elbeuf, où il se raccorderait au chemin de fer d'Orléans.

Ce même jour encore, il prit cette délibération sur l'appropriation de l'ancien hôtel de ville :

« La délibération du 21 mars 1863, portant que l'immeuble servant anciennement d'hôtel de ville serait vendu, est rapportée.

« Il sera fait les travaux nécessaires à l'organisation du dépôt central des pompes à incendie, logement du garde magasin et d'un clairon, dont la dépense est évaluée à 11.700 francs.

« Il sera fait les travaux nécessaires à l'installation d'un poste de police...

« Il est expressément entendu que le fait de mettre en baux à la disposition de la Société industrielle, à titre gracieux, ne constitue pour la ville aucun principe d'obligation et qu'elle sera toujours libre de reprendre ces locaux. La ville entend se réserver le service de la grande salle accidentellement et sans que les besoins de la Société en soient entravés. Il est également entendu que la subvention municipale de 1.500 fr. tenue à la Société industrielle cessera dès que les services seront installés dans l'ancien hôtel de ville, à la fin de la location à M. Elie Berthelot. »

Pour ces travaux, le Conseil vota une somme de 11.000 fr.

Chacun connaît les événements qui précédèrent et les conditions dans lesquelles M. Adolphe Thiers dût donner sa démission de président de la République.

On sait également que le maréchal de Mac-Mahon fut immédiatement élu à la présidence par l'Assemblée nationale.

La nouvelle en fut répandue à Elbeuf, de cinq à six heures du matin, le 25 mai, par une dépêche typographiée à l'imprimerie Saint Denis. Aussi, ce fut avec la plus vive impatience que l'on attendit les journaux de Rouen, dans lesquels on comptait trouver des détails.

Cette révolution parlementaire, qui cependant remettait la France aux mains des légitimistes, des orléanistes et des bonapartistes coalisés, ne fut l'occasion d'aucuns troubles.

Le nouveau ministère était composé du duc de Broglie, vice-président du Conseil, et de MM. Ernoul, Beulé, Magne, général de Cissey, amiral Dompierre-d'Hornoy, Batbie, de Seilligny et de la Bouillerie.

En mai, des agents de la Compagnie d'Orléans à Rouen firent des études sur le terrain, pour la création d'un chemin de fer d'intérêt local, partant de la station de Pîtres (ligne de Pont-de-l'Arche à Gisors), se dirigeant sur Pont-de-l'Arche, après avoir traversé la Seine, et allant se raccorder, vers Saint Pierre-lès-Elbeuf, à la ligne d'Orléans à Rouen.

M. Adolphe-Julien Fririon, qui dirigeait l'école primaire communale depuis trente ans, mourut subitement au commencement de juin. Il était âgé de 58 ans.

Vers ce temps se fonda une association sous la dénomination d' « Œuvre militaire ». Elle eut pour président M Charles Flavigny, vice-président M. Pierre Pelletier, trésorier M. Eugène Maille et secrétaire M. Victor Patallier.

La population de notre ville fut plongée dans la douleur le jeudi 5 juin, par une catastrophe épouvantable.

Tous les jours, depuis le premier du mois, un orage s'abattait sur Elbeuf ; mais celui du 5 fut particulièrement remarquable par l'extrême abondance d'eau qui tomba sur les bois du Buquet et les environs. Il survint, vers dix heures du soir, un si terrible torrent que deux maisons de la rue de Bourgtheroulde, portant les numéros 61 et 63, s'écroulèrent. Ces maisons étaient situées sur la gauche en montant, un peu avant l'octroi, et bâties sur le penchant du coteau au pied duquel est le chemin dit « Cavée des Ecameaux ». Elle appartenait à M. Groult.

Plusieurs ménages ouvriers, comptant ensemble douze personnes, les habitaient. Toutes furent ensevelies dans les décombres ; quatre périrent immédiatement et six furent blessées plus ou moins grièvement.

Les quatre morts étaient :
Paul-Augustin Saint-Amand, 40 ans, ouvrier.
Joséphine Moulin, femme Saint-Amand, 40 ans.
Louis-Joseph Saint Amand, 11 ans, et Victor-Joseph Saint-Amand, 6 ans, frères, fils des précédents.

Les blessés étaient :
Honorine Saint-Amand, 15 ans, sœur des précédents ;
Henri Scuvée, 25 ans, tisserand.
Marie Journioc, femme Scuvée, 42 ans, dont l'état était très grave ; on la transporta d'urgence à l'hospice.
Gustave Boudin, 45 ans, laineur, blessures graves.
Julia Boudin, 18 ans, ouvrière.
Eugène Bourdet, femme Boudin, 33 ans
Les sieurs Jacques Gosselin, âgé de 59 ans, et Louis Gosselin, âgé de 69 ans, également ensevelis, sortirent sains et saufs des décombres.

Une troisième maison, sise en contre-bas de la route de Bourgtheroulde ne fut point également renversée, parce qu'on parvint à l'étayer à temps. Un mur du même quartier s'écroula sur une longueur de 15 mètres.

Dans le ravin des Ecameaux, on constata une hauteur d'eau de 2 m. 40. Les habitations situées en aval celles de la rue de l'Hospice notamment, furent endommagées.

L'inhumation des victimes fut faite aux frais de la ville, et l'on ouvrit une souscription en faveur de leurs familles et des blessés, qui produisit 8.988 fr.

Un décret du 6 juin portant réorganisation du Conseil supérieur du Commerce et de l'Industrie, le président de la Chambre de commerce fut désigné pour en faire partie.

Le mercredi 18 juin, on inaugura le monument du Mobile, à la Maison Brûlée, territoire de Saint-Ouen-de-Thouberville, élevé, par souscription, à la mémoire des soldats français tués pendant la guerre de 1870-1871, à Orival, Moulineaux, le Château-Robert, La Londe et les environs.

La cérémonie fut présidée par le cardinal de Bonnechose, accompagné des évêques d'Evreux et de Bayeux. A cet effet, on éleva un autel sur la grande route, à 25 mètres du monument, vers Bourgachard, où une messe devait être dite, et, en face du monument, une estrade où le cardinal prit place, ainsi que ses deux suffragants.

A droite et à gauche de cette estrade étaient des tribunes réservées aux autorités civiles et militaires, et aux invités.

A onze heures du matin, les mobiles, mobilisés, francs-tireurs et anciens militaires, réunis par corps et ayant à leur tête le fameux général Roy, se rangèrent sur la route à dix mètres du monument.

Plus de 25.000 personnes, dont plusieurs milliers d'Elbeuviens, assistèrent, de loin, à cette solennité, moins patriotique que religieuse, où l'on vit un nombreux clergé et jusqu'à des confréries de charité, bannières en tête, accompagnées de tintenelles. — L'*Industriel Elbeuvien*, à ce sujet, ne put s'empêcher d'exprimer des observations.

Le terrain où s'élève le Mobile, donné par M. Delaville, était auparavant occupé par la ferme de M Langlois, brûlée par les Prussiens, pour cause d'hospitalité envers les Français.

Ce monument, porte sur sa face principale cette inscription :

HONNEUR ET PATRIE
ARDÈCHE. — GARDES MOBILES
ÉLEVÉ PAR SOUSCRIPTION

CE MONUMENT EST ÉLEVÉ A LA MÉMOIRE
DE CEUX QUI SONT VENUS MOURIR ICI
POUR LA DÉFENSE DE LA PATRIE 1870-1871
IL RENFERME LEURS RESTES MORTELS
Requiescat in pace

Sur le côté droit, on lit :

LANDES ; GARDES-MOBILES
LOIRE-INFÉRIEURE ; GARDES MOBILES

Sur la face de derrière, se trouvent ces mots :

CHARENTE-INFÉRIEURE, CALVADOS ; FRANCS-TIREURS
EURE ET LOIR, SEINE, EURE SEINE-ET-OISE

Et sur le côté gauche, ceux-ci :

GENDARMERIE. — DOUANIERS ET MARINS
12ᵉ CHASSEURS A CHEVAL
SEINE-INFÉRIEURE ; MOBILISÉS D'ELBEUF

Enfin, sur des plaques de marbre, sont gravés, en lettres d'or, les noms de 98 soldats tués sur le lieu ou dans les environs. Ceux de Delavigne, dont la tombe est près de la ligne de Serquigny, et du brave Lefebvre, ouvrier

Monument du Mobile

d'Orival n'y figurent pas, par oubli, sans doute.

On sait que le Mobile est l'œuvre de M. Aimé Millet, artiste de grand talent, auteur du Vercingétorix, d'Alise-Sainte-Reine ; de l'Apollon, de l'Opéra de Paris ; de la *Jeunesse*, du tombeau de Murger, etc.

Devant le monument, au moment où l'on découvrit le Mobile, se trouvaient le vice-amiral La Roncière le Noury ; le général Roy, avec ses anciens soldats ; le commandant Goujon, avec ses mobilisés d'Elbeuf ; le colonel Rampon, député de l'Ardèche, et le préfet de la Seine-Inférieure. Plusieurs discours furent prononcés.

L'évêque d'Exreux célébra la messe. A l'élévation, on tira 21 coups de canon, auxquels l'aviso *le Cuvier*, embossé sur la Seine, de vant Sahurs, répondit coup pour coup. Après la bénédiction du monument, donnée par le cardinal, le défilé commença.

Dans le monde officiel assistant à cette cérémonie, se trouvaient : le général Letellier-Valazé, le général Merle, le préfet de l'Eure, MM. Pouyer-Quertier, président du Conseil général de l'Eure, Passy, Prétavoine, Salvandy, d'Osmoy, députés de l'Eure ; des députés d'autres départements, des officiers de l'armée et de la marine, des ecclésiastiques. Beaucoup de journaux de Paris et de Normandie étaient représentés à cette solennité, qui eut un grand retentissement ; mais on y remarqua l'absence de la municipalité d'Elbeuf, qui n'y avait pas été invitée.

Pendant tout l'été, le monument du Mobile fut visité par une infinité de promeneurs et de touristes, et il n'a jamais cessé, jusqu'à ce jour, d'être le but de nombreux excursionnistes.

Les souscriptions anonymes pour la libération du territoire n'ayant naturellement pu être remboursées, le Comité décida, le 25, de répartir la somme de 6.346 fr. qui en provenait, entre les divers établissements de bienfaisance, sauf 346 fr. qui furent remis à la veuve du brave Lefebvre, blessé mortellement le 31 décembre 1870, au Nouveau-Monde.

Le 28 juin, le conseil municipal décida qu'un instituteur laïque serait nommé pour remplacer M. Fririon, décédé, auquel on vota une concession au cimetière Saint-Jean.

A cette occasion, M. Chennevière demanda s'il n'y aurait pas possibilité d'obtenir, de l'autorité compétente, qu'on fît choix pour Elbeuf d'un instituteur alsacien. « Il y en a, dit-il, malheureusement de libres, par suite des cruels événements de la guerre. La ville y trouverait un très grand avantage, si l'on considère que beaucoup de familles alsaciennes sont venues s'établir à Elbeuf, et que la plupart de leurs enfants parlent mal ou même pas le français. Il serait possible aussi d'apprendre l'allemand aux enfants d'Elbeuf ; on aurait ainsi un double bénéfice. » — M. Buée promit de faire le nécessaire à ce sujet.

Ce fut dans cette séance que l'on parla pour la première fois d'un projet de tramways.

Une demande de concession était présentée par M. de Ridder. Son projet comportait une ligne partant de Rouen et desservant Sotteville, Saint-Etienne-du-Rouvray, Oissel, Orival, Elbeuf, Saint Aubin et Caudebec.

CHAPITRE XXII

(Juillet-Décembre 1873)

Médaille décernée a la Compagnie des pompiers. — Les Elbeuviens a l'Exposition de Vienne. — L'emplacement de la nouvelle gare; délibération a ce sujet. — Election législative. — Le projet d'asile pour les vieillards. — Création d'un nouveau quartier vers la Cerisaie. — La fabrique d'elbeuf en 1873.

Le 7 juillet, on ouvrit une enquête sur un projet d'agrandissement du cimetière Saint-Etienne.

Dans le courant de ce mois, on imprima un rapport sur l'orage du 5 juin et le régime des eaux torrentielles des vallées de Thuit-Anger, des Ecameaux et du Buquet; l'auteur de ce travail intéressant était M. Tourné, architecte municipal.

Un assez grand nombre de nos concitoyens se rendirent à Caudebec le mardi 29, à l'occasion de l'inauguration de l'église, que bénit l'archevêque de Rouen.

Le mois de juillet fut très chaud; on nota que la moyenne de la température, à midi, pendant tout le mois, avait été de 27°, contre 24° l'année précédente.

Un arrêté du 5 août nomma directeur de l'école communale M. Delaruelle, qui exerçait à Caudebec.

Le même jour, le conseil municipal confirma un vote antérieur, tendant à la suppression de l'ancien chemin d'Elbeuf à Thuit-Anger et à l'aliénation de partie du terrain appartenant à M. Lanseigne. En outre, il décida l'ouverture de deux voies d'accès de l'ancienne à la nouvelle route.

M. Magne, ministre des finances, adressa, le 16 août, à la compagnie de pompiers de notre ville, la lettre qui suit :

« Votre conduite courageuse et dévouée, lors de l'incendie du Ministère des finances, m'a été particulièrement signalée.

« Je me fais un plaisir de vous remercier, au nom de l'Etat, des services que vous avez rendus, et de vous transmettre une médaille destinée à en perpétuer le souvenir... »

Cette médaille représente, d'un côté, la France, appuyée contre un trépied enflammé, tenant dans ses mains des couronnes civiques ; au revers, sont gravés les mots suivants : MINISTÈRE DES FINANCES. — MAI 1871 — ACTE DE DÉVOUEMENT. — LES POMPIERS D'ELBEUF.

Les récompenses suivantes furent décernées, le 18, aux exposants à Vienne (Autriche) :

Exposition collective organisée sous le patronage de la Chambre de commerce : diplôme d'honneur (récompense exceptionnelle).

Médailles de progrès : MM. Bellest, Benoist et Cie ; Blin et Bloch ; Constant Flavigny.

Médailles de mérite : MM. Ernest Bunel ;

Canivet, Tallon et Cie ; J. Devaux ; Cyris Philippe ; B. Picard et Cie.

Hors concours, comme membre du jury, M. Laurent Démar.

Les autres exposants étaient MM. Aubin et Duhomme ; Bruyant et Vitcoq ; P. Cabourg ; Fouchet père, fils et Hulme ; Gerin-Roze ; E. Langlois ; J. Lécallier et Cie ; Legrix père, fils et Maurel ; Lemonnier ; Lesage-Maille ; A. Mary ; E. Nivert et Cie ; Olivier et Brunel ; Osmont et Lermuzeaux ; René jeune et Cie ; René frères ; S. Simon, Porte et Puget.

M. Victor Bourges, monteur, reçut une médaille de coopérateur.

Un arrêté préfectoral, du 20 août, ordonna une enquête sur l'emplacement proposé pour l'établissement d'une gare à Elbeuf, ligne d'Orléans à Rouen, et nomma à cet effet une commission composée de MM. Lucien Dautresme, président ; Grandin, Léon Quidet, P. Rouvin (de Caudebec), Édouard Bellest, Ph. Aubé Cavrel.

Une autre commission fut nommée le même jour pour une enquête semblable concernant la station de Saint-Pierre-lès-Elbeuf. En firent partie, MM. L Dautresme Grandin (d'Elbeuf), Turgis (d'Oissel), Rouvin (de Caudebec).

La fête communale de La Saussaye, prenant chaque année une nouvelle extension et les Elbeuviens s'y rendant en foule, le maire de notre ville dut prendre, à partir de 1873, un arrêté fixant la circulation des voitures sur les deux chemins conduisant d'Elbeuf à la fête Saint-Louis et La Saussaye.

Un incident se produisit, le 29 août, au conseil municipal, sur la lecture du procès-verbal de la séance précédente, à propos du cimetière Saint-Etienne.

M. Bellest protesta contre les expressions dont s'était servi M. Grandin et dit que M. le curé de Saint-Etienne avait, non seulement le droit, mais le devoir, de parler comme il l'avait fait.

— Avez-vous entendu M. le curé parlant en chaire ? demanda-t-il à M. Grandin.

— Non, répondit celui-ci, mais je considère comme un fait blâmable de discuter du haut de la chaire des questions d'ordre et d'administration municipale

M. Picard prit la parole :

— La loi sur le Concordat interdit à M. le curé de Saint Etienne d'agir ainsi.

M. Sevaistre reconnut que l'acte du prêtre était regrettable, mais qu'il était excusable, à cause de l'intérêt qu'il avait dans cette affaire.

Ce même jour, le conseil vota une subvention annuelle de 3.000 fr. pour les écoles protestantes.

Ensuite, l'assemblée s'éleva contre le projet présenté par la Compagnie du chemin de fer d'Orléans à Rouen au sujet de la station d'Elbeuf, et fut d'avis qu'il y aurait lieu d'adopter le contre-projet dressé par l'ingénieur-architecte de la ville, conformément aux conclusions de la commission.

Cette commission avait adopté l'emplacement et l'accès de la gare des voyageurs présentés par la Compagnie ; mais elle avait repoussé la gare des marchandises, dont l'accès, suivant elle, devait être des plus difficiles et des plus longs, car la rue du Neubourg se trouverait coupée et ne laisserait plus passage qu'aux piétons, à l'aide d'une passerelle. Il faudrait faire un grand détour, par la rue du Tapis-Vert, pour aller la rejoindre au dessus de la voie du chemin de fer. La distance de la place du Coq à la gare, telle qu'elle était proposée, serait aussi grande que pour Saint-Aubin.

Le plan proposé par l'architecte de la ville évitait le barrage de la rue du Neubourg et permettait de se rendre à la gare des marchandises par deux routes : l'une passant près du cimetière Saint-Jean, l'autre par la rue du Neubourg.

Le clergé de onze paroisses du canton d'Elbeuf devait se rendre en pélerinage à Bonsecours, le 8 septembre ; mais sur le refus du général commandant de la division de fournir des troupes pour escorter les pèlerins dans leur traversée de Rouen, on renonça au projet.

La question du chemin de fer d'Orléans revint devant le conseil municipal le 15 du même mois.

M. Buée exposa à l'assemblée que la Compagnie Villermont, prenant en considération les observations formulées contre son tracé, le 29 août précédent, avait dressé un nouveau plan qui, sans offrir tous les avantages de celui de M. Tourné, architecte municipal, paraissait conçu dans des conditions moins défavorables aux intérêts de la ville que le tracé primitif ; mais que la Compagnie subordonnait l'exécution de ce nouveau plan au paiement d'une subvention consentie par le conseil municipal et s'élevant soit à une somme de 200.000 fr. versée immédiatement dans la caisse de la Compagnie, soit à une somme de 600.000 fr. acquittée par annuités de 20.000 fr. pendant trente années.

Incidemment, M. Béranger demanda si la ville n'avait point toute chance de se voir affranchir de la contribution de 200.000 fr. réclamée par l'Etat pour l'embranchement de Serquigny.

Le maire répondit que la solution de cette grave affaire n'était pas encore connue. Malgré son bon droit, la ville d'Elbeuf devait toujours se tenir en garde contre une décision définitive du tribunal suprême, où la cause était évoquée.

M. Martin s'étonna de la prétention de la Compagnie Villermont, qui avait pris l'engagement de faire tous les travaux au mieux des intérêts d'Elbeuf, et considéra la demande de subvention comme une manœuvre.

M. Quidet prit la parole :

« Il s'agit de savoir, dit-il, si l'intérêt commercial de la ville est engagé dans le solution de la question. Le prix du camionnage, qui est le point important à considérer, résultera absolument de l'adoption de tel ou tel plan : avantageux si les gares sont faciles d'accès ; onéreux, au contraire, si elles sont situées à une altitude élevée.

« Quant au passage à niveau sur la route du Neubourg, tel que le propose la Compagnie, le Conseil n'a point à s'en préoccuper outre mesure : c'est une question qui intéresse principalement les Ponts et chaussées. Soucieuse de faire observer le réglement, cette administration ne souffrira pas l'aggravation des pentes existant aujourd'hui. Voilà, sans doute, ce qu'a bien prévu la compagnie du chemin de fer, et, pour parer à cette éventualité, elle propose de faire la rectification d'une partie de la côte du Neubourg, en avançant au département la somme exigée pour ce travail. »

Le Conseil décida de demander des plans plus clairs à la Compagnie et nomma une commission, composée de MM. Maille, Cabourg, Lecerf, Martin et Démar, à l'effet d'examiner la question du passage de la ligne sur le territoire de notre ville.

M. Paul Vaysse, ancien négociant à Elbeuf, mourut à Quillan (Aude), le 2 octobre. Par son testament, il laissa 2.000 fr. au pauvres d'Elbeuf.

M. Louis-Jules Lanseigne, négociant en laines, mourut le 22, âgé de 65 ans, dans sa propriété du Mont-Duve. Il avait fait partie du Conseil municipal et du Tribunal de commerce. En mémoire du décédé, M. et Mme Constant Flavigny, et M. et Mme Roquigny firent donation d'une somme de 10.000 fr. afin de contribuer à l'extension de l'asile des vieillards.

Vers ce même temps, M. Sanson Lepesqueur, en mémoire de sa mère, récemment décédée, donna également une somme de 10.000 fr., pour aider à l'agrandissement de la maison des vieillards.

L'*Harmonie elbeuvienne*, que venait de fonder M. Houssat jeune, donna son premier concert le dimanche 26 octobre. Il eut un très grand succès.

Le 31, le conseil municipal, considérant qu'il importait d'assurer aux habitants d'Elbeuf la réparation à laquelle ils avaient droit en raison des dommages de la guerre, décida que la commune se substituerait à nos concitoyens pour recevoir le contingent afférent à leurs pertes et répartir ce contingent conformément aux dispositions qui seraient ultérieurement arrêtées par le Conseil général.

Comme l'année précédente, on fit des prières publiques pour attirer la bénédiction céleste sur les travaux de l'Assemblée nationale. C'est ainsi que, le dimanche 9, toutes les autorités d'Elbeuf se réunirent en l'église Saint-Jean, pour assister à une messe célébrée par M. Buisson, curé-doyen.

On jugeait alors le maréchal Bazaine. Au nombre des témoins se trouvaient M. Georges Félizet, docteur en médecine, fils de M. Félizet, vétérinaire à Elbeuf, et le frère de M. Hulme, associé de la maison Fouchet père et fils, de notre ville. — Un troisième témoin, M. Alexandre Feugère, employé chez M. Rouland, décatisseur à Elbeuf, ancien brigadier au 5ᵉ hussards, qui avait déclaré, dans une lettre rendue publique par la *République française*, avoir vu Bazaine présider à une partie de billard engagée entre ses familiers douze heures avant de se rendre aux Prussiens, ne fut pas appelé.

Les électeurs de la Seine-Inférieure, convoqués pour l'élection d'un député, en remplacement de M. Vitet, décédé, se réunirent le 16 novembre.

Le candidat républicain était le général de division Letellier-Valazé ; celui de la réaction, présenté par le comité Taillet, de Rouen, était M. Desgenetais, de Bolbec, soutenu par les partis monarchiste et impérialiste, et par le clergé.

Le général Letellier-Valazé fut élu par 82.984 voix, contre 48.654 à M. Desgenetais. Le seul arrondissement d'Yvetot avait donné la majorité à ce dernier.

Dans le canton d'Elbeuf, les voix s'étaient ainsi réparties :

Communes.	Letellier-Valazé.	Degenetais.
Elbeuf............	3.136	674
Caudebec........	1.647	214
Cléon............	82	13
Freneuse.........	79	28
La Londe........	291	89
Orival...........	351	31
St-Aubin........	251	98
St-Pierre........	557	212
Sotteville.......	45	18
Tourville........	107	50
Totaux.......	6.646	1.427

La proclamation du scrutin, à Elbeuf, avait été accueillie aux cris de : « Vive la République ! ». — La campagne électorale avait coûté au comité Taillet environ 150 000 fr.

On sait que ce fut le 20 novembre 1873 que, par 378 voix contre 310, l'Assemblée nationale conféra pour sept années au maréchal de Mac-Mahon le pouvoir exécutif.

Les députés de la Seine-Inférieure et de l'Eure avaient ainsi voté :

Pour la prorogation des pouvoirs du maréchal : MM. Ancel, Anisson-Duperron, de Bagneux, de Broglie, La Roncière Le Noury, Le Bourgeois, Louis Passy, Peulvé, Pouyer-Quertier, Prétavoine, Raoul Duval, général Robert, des Roys, Savoye.

Avaient voté contre : MM. Besnard, Buée, Buisson, Cordier, Lepouzé, d'Osmoy, Salvandy.

Le général Letellier-Valazé n'avait pu prendre part au vote, les procès-verbaux de son élection n'étant pas encore parvenu à la questure.

C'est vers cette époque que, devant la Cour d'appel, jugeant correctionnellement fut appelée l'affaire de la Société industrielle, banque de crédit et d'émission dont le siège était à Paris. Au nombre des huit inculpés se trouvait M. Noël-Jacques Lefebvre Duruflé, âgé de 81 ans, né à Rouen, ancien fabricant à Elbeuf, grand officier de la Légion d'honneur, ancien ministre du Commerce et de l'Agriculture, ancien ministre des Travaux publics, président du conseil d'administration de la banque dite Société industrielle, accusé de complicité dans les détournements. Il fut condamné à 10.000 fr. d'amende.

Il fut parlé au conseil municipal le 21 novembre, pour la seconde fois, de l'agrandissement de l'asile des vieillards.

M. Cabourg réclama la sérieuse attention du Conseil sur ce projet : « Plusieurs dons très importants ont été faits, dit-il, par de généreux donateurs, pour atteindre ce résultat ; mais il est bon de se rappeler que la somme due à la munificence du Comptoir de la Main-d'œuvre ne sera définitivement acquise à cette destination, aux termes des conditions posées par le donateur, qu'autant que les travaux d'agrandissement de cette maison de refuge seront entrepris avant la fin de l'année 1874. »

En terminant, M. Cabourg s'informa de la possibilité de déplacer cet asile, afin de l'établir dans des conditions meilleures, au point de vue de l'aération et de l'hygiène.

M. Buée répondit qu'il croyait que M. Alexandre Grandin de l'Eprevier, donateur de la maison de la rue Saint-Jean, ne s'opposerait pas à l'aliénation de cette propriété à condition qu'il serait pourvu largement à son remplacement. Cette combinaison était entrée dans la pensée des membres de la commission de bienfaisance ; mais en raison des circonstances du moment, il redoutaient l'aléa de la vente de l'immeuble.

« L'administration municipale, ajouta M. Buée, aurait souhaité que toutes les maisons situées entre l'établissement de bienfaisance et l'impasse de la Prison fussent achetées ; on aurait, de cette façon, assaini tout le quartier, peu salubre, et disposé d'un vaste terrain pour l'asile des vieillards ; mais la situation financière ne permet point à la ville de s'associer efficacement à cette entreprise ; aussi faudra-t-il se renfermer dans un cadre plus étroit. »

Ce même jour le Conseil adopta un projet de convention entre la ville, d'une part, M Charles Flavigny et Mme veuve Lizé, de l'autre, pour la création d'un quartier nouveau. Voici les principales dispositions de cet acte :

« M. Charles Flavigny et Mme veuve Lizé prennent l'engagement d'exécuter en tous points les rues projetées, telles qu'elles sont tracées sur le plan ci-joint...

« Ces rues sont tracées et différemment coloriées, suivant qu'elles sont à ouvrir immédiatement ou dans un avenir plus éloigné.

« Les rues à ouvrir immédiatement sont représentées en rouge clair et en traits pleins ; celles qui seront ouvertes dans l'avenir, et que les propriétaires prennent l'engagement de ne jamais laisser barrer par des constructions, sont tracées en teinte orange et en traits pointillés. Ces dernières rues n'intéressent M Flavigny et Mme Lizé que jusqu'à la rencontre de la rue Marignan, et ces propriétaires seront libres de les ouvrir quand bon leur semblera, pourvu que chaque tronçon de rue aboutisse à une voie publique, c'est-à-dire ne forme impasse ni dans l'un ni dans l'autre sens.

« Les rues projetées parallèles à la Seine sont :

« 1° Dans le prolongement de la rue Henry jusqu'à la rue du Port ;

« 2° Dans la création d'une voie prolongeant à peu près la rue Bourdon ;

« 3° Dans l'exécution d'une rue qui, partant du milieu de la rue Marignan, aboutit à la rue du Port, près le chemin de l'usine à gaz, et peut plus tard être poursuivie jusqu'au Champ de foire.

« Ces trois rues principales sont coupées, dans le sens perpendiculaire à la Seine, par quatre voies à peu près parallèles ; les deux premières aboutissent à la rue des Traites, et les deux autres atteignent la rue du Cours.

« M. Flavigny et Mme Lizé non seulement s'engagent à observer les alignements et nivellement du nouveau quartier, mais ils feront le nécessaire pour qu'aucune construction, dans l'intérieur des massifs à bâtir, ne soit édifiée en contre-bas du plan des voies où devra se faire l'écoulement des eaux.

« M. Flavigny et Mme Lizé ouvriront les rues à leurs frais et cèderont gratuitement tous les terrains nécessaires. Ces rues seront livrées à la ville en bon état de viabilité ; cet état comprend l'exécution des terrassements..., la confection d'une chaussée de $0^m 20$ de cail loutis, rendue unie et bien roulante ; la construction de ruisseaux, en pavés de grès, de 0^{m}55 de largeur au moins, et enfin l'établissement d'un trottoir, gravelé de 0^{m}05 d'épaisseur, et formé par un pavé relevé, simulant ainsi une bordure de trottoir. Ce trottoir provisoire cessera d'exister au fur et à mesure de la vente des terrains.

« M. Flavigny et Mme Lizé s'engagent à imposer à leurs acquéreurs de terrains l'obligation de faire construire un trottoir ordinaire le long des terrains vendus et conformément à la délibération municipale en date du 4 janvier 1873. Cette obligation ils l'acceptent pour eux-mêmes, pour le cas où faisant de nouvelles divisions de propriétés, ils croiraient devoir s'attribuer, pour les bâtir, un ou plusieurs lots.

« En outre de ces obligations, et attendu que le nouveau quartier comporte pour son assainissement la construction d'un réseau d'égoûts, M. Flavigny et Mme Lizé s'obligent à mettre à la disposition de la ville, aussitôt après l'acceptation du projet, la somme de 24.000 fr., valeur approximative de l'égoût à construire sur leurs terrains rue Henry ; cette somme leur sera remboursée sans intérêt, en dix annuités de 2.400 fr., à partir du commencement des travaux .. »

En ce même temps, la fabrique de Saint-Etienne accepta un legs de 5.000 fr. fait par M. Grandin de l'Eprevier à cette église, à charge de faire déboucher une fenêtre aveuglée et d'y placer un vitrail sur lequel serait peint en un endroit quelconque le portrait du testateur.

Les conférenciers qui donnèrent des soirées

au théâtre, pendant l'hiver 1873-1874, furent MM Bachelet ; Maumené ; F. Passy ; Talbot, professeur au Lycée Condorcet ; G. Pouchet ; Félix Hément ; Deschanel ; B. de la Pommeraye et Mme Ernst.

Ce fut M. Lizot, préfet, qui présida la distribution des prix de la Société industrielle d'Elbeuf. Cette cérémonie eut lieu le 23 novembre.

A dater du 9 décembre, une messe fut célébrée chaque dimanche, à 11 heures et demie, pour les militaires de la garnison.

Les élections au Tribunal de commerce donnèrent les résultats qui suivent :

MM. Victor Patallier et Charles Bucaille élus juges pour deux ans ; Jacques-Isidore Martin et Stanislas Béranger élus juges suppléants.

La question de la gare d'Elbeuf du chemin de fer d'Orléans à Rouen fut l'objet d'une intéressante et longue discussion, au Conseil municipal, dans la séance du 22 décembre. L'assemblée adopta le rapport présenté par la commission.

Ce même jour, on vota 5.000 fr. pour plantation d'arbres au jardin de l'hôtel de ville, achat de bancs, etc.

Voici le tableau des industries du canton se rattachant à la fabrication des étoffes de laine existant en 1873 :

Industries	ELBEUF	CAUDEBEC & St-PIERRE
Fabricants de draps	159	41
Teinturiers	13	1
Filateurs	11	11
Apprêteurs d'étoffes	29	3
Décatisseurs	12	0
Loueurs de force motrice	19	3

Batteurs et trieurs de laine	8	3
Retordeurs de fil.........	37	10
Colleurs de chaînes	5	20
Lamiers-rôtiers	11	7
Fabriques de savon.......	2	0
Etablissements de séchage	7	0
Marchands de déchets....	11	11
Monteur de métiers	1	0
Dessinateurs p^r fabriques..	3	0
Fabricant de cardes	0	1

Elbeuf avait consommé dans le cours de l'année 59.503 tonnes de charbons, contre 53.997 en 1872. Le charbon anglais figurait pour 43.907 tonnes.

Au commencement de l'année, le prix de la laine avait baissé de 12 pour 100 ; en juin, elle avait repris de 15 pour 100.

La valeur des laines employées fut estimée à 47.296.160 fr. pour une quantité égale en poids à celle de l'année précédente, dont la valeur avait été de 50.017.716 fr. — Les renaissances des autres matières utilisées en 1873 avaient un poids de 6.597.836 kil. On employa, en outre, 100.000 kil. de fils de soie, de coton et de laine peignée, estimés en moyenne à 20 fr. le kilog.

La fabrique avait expédié en 1873 un poids net de 5.226.559 kilog. de draperies, valant 93.223.848 fr., c'est-à-dire que le prix du kilog. d'étoffe était calculé à raison de 17 fr. 83. Le prix moyen du mètre était de 10 fr. 88

Les industriels alsaciens venus, en 1871, étaient alors complètement installés dans notre ville. Ces fabricants, ayant amené d'Alsace un grand nombre de leurs ouvriers et la production locale étant restée sensiblement la même qu'en 1872, il en était résulté un chômage pour un certain nombre d'ouvriers elbeuviens. Il est vrai que, sans les fabriques alsaciennes, le chômage se serait produit tout de même, puisque l'ancienne fabrication avait grandement diminué.

L'exposition locale à Vienne se solda par un déficit de 1.796 fr., deux des exposants ayant refusé de payer leur part de frais.

Cette année-là, on commença à démolir rue du Marché, pour l'élargissement de cette voie.

A l'état-civil d'Elbeuf, on avait enregistré dans le courant de l'année 1873 : 729 naissances, 213 mariages, 779 décès.

A celui de Caudebec : 376 naissances, 104 mariages et 310 décès.

A Saint-Pierre : 96 naissances, 29 mariages et 71 décès.

Et à Orival : 56 naissances, 16 mariages, 41 décès ; 5 enfants présentés sans vie.

Pendant cette même année, il avait été tué aux abattoirs : 6 taureaux, 900 bœufs, 310 vaches, 1.198 veaux, 4.241 moutons et 1.666 porcs.

CHAPITRE XXIII

(Année 1874)

« Le Jacquard ». — On reparle des tramways. — Arrêts suprêmes. — La gare d'Elbeuf-ville. — Ouverture du jardin de l'hôtel de ville. — Inauguration de l'église Saint-Jean agrandie ; son dégagement. — Election au Conseil d'arrondissement. — A la Chambre de commerce. — M. Buée, maire, se retire. — Elections municipales.

Le Conseil municipal, le 7 janvier 1874, décida qu'il serait ouvert une rue au chevet de l'église Saint-Jean et qu'une autre longerait l'édifice du côté Nord. A cet effet, il vota un crédit de 32.000 fr.

Le 14, le conseil d'enquête pour l'emplacement de la gare d'Elbeuf, sur la ligne d'Orléans Rouen, se réunit à la préfecture.

Le Jacquard, organe de l'industrie lainière, édité à Elbeuf, le 15 janvier 1874, parut dès lors deux fois par mois.

Il y eut, le 17, comme l'hiver précédent et les suivants, un bal de bienfaisance, dans la salle des fêtes de l'hôtel de ville. Ce bal rapporta environ 4.000 fr. aux pauvres.

Le 29 janvier, on commença une enquête sur le projet d'ouverture de rues dans le quartier de la Cérisaie, entre le Champ de foire, les rues de Marignan, du Port et du Cours Les nouvelles voies projetées reçurent les noms de Sainte-Marie, d'Alsace et de Lorraine.

Ce même jour, on donna, au théâtre, la première d'*Elbeuf en habit neuf*, revue en quatre actes et huit tableaux. Elle eut une quinzaine de représentations.

Le 29, M. Lecorneur fut élu juge suppléant au Tribunal de commerce.

Il était alors sérieusement question d'établir des tramways. La Chambre de commerce nomma une commission, à ce sujet, pour entendre M. de Ridder, ingénieur, auteur du projet.

Au commencement de février, la Cour de cassation rejeta les pourvois formés par le département contre la ville d'Elbeuf, au sujet de la fourniture de 52.000 fr. de draps faite sur réquisition allemande, pour le compte du département, en 1871.

En ce même temps, la Chambre rejeta le projet d'impôt sur les tissus, qui avait tant inquiété les manufacturiers de notre ville et l'industrie textile entière.

Une décision du gouvernement ayant renommé M. Buée aux fonctions de maire, et MM Grandin et Sevaistre à celles d'adjoints, l'administration municipale fut installée le 19 février.

Ce même jour, on décida qu'une partie de l'ancien hôtel de ville serait mise à la disposition de la Société industrielle, mais que la ville cesserait de servir à cette société l'allocation annuelle de 1.500 fr. qu'elle recevait précédemment.

Puis le Conseil vota un crédit de 4.500 fr. pour l'amélioration de l'éclairage du théâtre.

Le 22 de ce mois de février, on apprit que le Conseil d'Etat venait de rejeter le pourvoi formé, au nom de l'Etat, contre l'arrêté du Conseil de préfecture de la Seine-Inférieure, qui avait déclaré mal fondée la demande formée contre la ville d'Elbeuf en paiement d'une somme de 200.000 fr. pour la construction du chemin de fer de Serquigny à Rouen.

Les conférences publiques du commencement de l'année furent faites par M. Talbot, de Paris ; M. Maumené, M. Emile Deschanel, Mme Ernst, M. de la Pommeraye, M. Bachelet, M. Félix Hément, le docteur William Davis, ce dernier membre de l'Académie des Sciences de Boston, compagnon de voyage du docteur Livingston dans l'Afrique australe.

A la suite des élections consulaires qui avaient eu lieu les 11 décembre et 29 janvier précédents, on procéda, le 24 février, à l'installation de MM. Victor-Etienne Patallier et Charles Bucaille, élus juges, et à celle de MM. Frédéric Martin et Alfred Lecorneur, élus juges suppléants. Trois jours après, on installa M. Stanislas Béranger, également élu suppléant le 18 décembre.

Le nombre des conscrits du canton était, en 1874, de 385, dont 182 d'Elbeuf, 95 de Caudebec, 34 de Saint-Pierre, 22 de Saint-Aubin, 13 d'Orival, 18 de La Londe.

Le 31 mars, le préfet ordonna une enquête sur le projet de construction d'aqueducs dans la rue de Bourgtheroulde.

Le même jour, il autorisa l'ouverture des

rues dans les propriétés de M. Charles Flavigny et de Mme veuve Lizé, entre le Champ de foire, les rues de Marignan, du Port et du Cours.

M. Félix Martel, ancien cure-doyen de Bourgtheroulde et chanoine honoraire d'Evreux, avait eu l'esprit dérangé pendant l'occupation prussienne à Bourgtheroulde, et avait dû cesser ses fonctions. Il habitait depuis trois ans notre ville, à la porte de Rouen, où il mourut le 9 avril, à l'âge de 79 ans.

Dans sa séance du 14 avril, le Conseil municipal accepta le legs fait à la ville par M. Boucher de Crèvecœur de Perthes, en vertu d'un testament du 25 mai 1861. Ce legs consistait en une somme de 10.000 fr., dont les rentes serviraient à délivrer chaque année une prime de 500 fr. ou moins et des médailles aux ouvrières de la région d'Elbeuf qui se seraient le plus distinguées par leur travail et leur conduite. — M. Boucher de Perthes avait pris des dispositions semblables en faveur de quatorze autres villes de France.

Vers ce temps, le général Lebrun, commandant de la division, informa l'administration municipale de la possibilité d'envoyer un bataillon en garnison à Elbeuf, si l'on pouvait lui fournir un champ de tir. Peu de temps après, on décida d'établir le tir dans la forêt de Bord.

Le 19 avril, M. René-Henri Tabouelle, né à Elbeuf, mourut à Paris. Il n'était âgé que de 38 ans, et avait été attaché au corps consulaire d'Egypte, puis conseiller du consulat à Richmond (Virginie) et à Liverpool. Il s'était particulièrement adonné aux lettres et avait écrit dans la *Revue politique et littéraire*.

Le 21, le Conseil municipal discuta cette convention entre la ville et la Compagnie de chemin de fer pour l'établissement des gares d'Elbeuf :

« Le Conseil approuve le nouveau plan de la Compagnie, lequel sera contre-signé *ne varietur* par M. le maire.

« Pour l'exécution de ce plan, la ville d'Elbeuf s'engage à verser dans les caisses de la Compagnie, le 31 décembre 1882, une somme de 150.000 fr. une fois payée, moyennant l'obligation pour la Compagnie de céder un emplacement propre à l'édification d'un bureau d'octroi, à l'entrée de la gare des voyageurs, et de mettre en exploitation et de livrer au public, pour le 1er août 1878, la ligne entière d'Orléans à Rouen ».

M. Cavrel, seul, vota contre cette partie de la convention. Il aurait voulu que la gare des voyageurs fût placée dans l'axe de la rue Théodore-Chennevière.

« Cette somme de 150.000 fr. produira intérêt à 5 pour 100 l'an, à partir du jour de l'exploitation de la ligne entière d'Orléans à Rouen, après acceptation provisoire par l'ingénieur de l'Etat ; ces intérêts simples seront versés en même temps que le capital, le 31 décembre 1882. »

Votèrent pour : MM. Seva'stre, Rivière, Démar, Thézard, Beaudouin, Justin, Picard, Chennevière, Grandin, Pelletier, Bellest, Deslondes et Potteau.

Votèrent : contre MM. Maille, Béranger, Cabourg, Cavrel, Lecerf et Lebourgeois. — M. Buée s'abstint.

« Le Conseil, si rien ne s'y oppose, consent à l'aliénation en faveur de la Compagnie, d'une pointe de terrain dépendant du cimetière Saint-Jean et teintée en rose sur le plan ; à charge par ladite Compagnie de reconstruire les murs du cimetière et d'indemniser, si besoin est, de tous frais et débours les propriétaires de concessions mortuaires frappées d'expropriation...

« La Compagnie, en échange de cette pointe de terrain..., cèdera à la ville même quantité de terrain, à même le clos Aroux confinant à la partie du cimetière, désignée sous le nom de terrain Leveillé.

« Dans le cas où la ligne entière d'Orléans à Rouen ne serait pas mise en exploitation à la date du 1er août 1878, la compagnie concessionnaire serait déchue de tous ses droits à l'allocation pécuniaire et à tous les avantages qui lui sont ci-dessus concédés... »

Ces derniers articles furent adoptés à l'unanimité.

Moins de deux mois après, les articles suivant furent ajoutés à ce traité :

« Entre la cour des voyageurs, depuis l'impasse Oursel et jusqu'à la rue du Neubourg, passant devant l'entrée des marchandises, la Compagnie s'engage à livrer à la ville les terrains nécessaires pour construire une rue latérale de dix mètres de largeur. La Compagnie sera dispensée de contribuer aux frais de construction de cette voie, dont l'entretien incombera à la ville.

« Enfin, une rue latérale, au sud de la station, de cinq mètres de largeur minimum, sera construite par la Compagnie pour remplacer la sente du Bosquet-Chandelier.

« Il est en outre convenu que la rue Romelot, rectifiée depuis le point le plus rapproché possible de la porte du cimetière jusqu'à la rue Clémentine — maintenant Théodore-Chennevière — aura une pente régulière et uniforme. »

M. Liorel se rendit adjudicataire, le 28 avril, des travaux de construction d'aqueducs dans les rues Henry et des Traites, et dans les terrains Flavigny et Lizé.

Le mois d'avril avait été extrêmement chaud, et la végétation se trouvait fort avancée ; en mai, survinrent des gelées qui firent beaucoup de mal. Par contre, les hannetons, en abondance cette année-là, furent en très grande partie détruits par ces gels tardifs.

Le jardin de l'hôtel de ville fut ouvert au public le dimanche 25 mai, jour de la Pentecôte. A cette occasion, le maire avait pris un arrêté portant règlement de la police de ce jardin. Le lendemain, dans l'après-midi, l'*Harmonie elbeuvienne* y donna son premier concert.

Au Salon de Paris de 1874, comme à celui de l'année précédente, deux de nos concitoyens envoyèrent des œuvres d'art ; M. Emmanuel-Auguste Massé, les *Funérailles d'un drapeau* et *As-tu déjeuné, Cocotte ?* peintures ; M. Eugène-Ernest Chrétien, le *Maudit*, marbre.

Le 27 mai, il fut question, à la Chambre de commerce, de la création à Elbeuf d'un Bureau de conditionnement, afin de faire cesser les abus et les fraudes qui se produisaient, notamment dans la vente des blousses, dont l'emploi se développait dans plusieurs grandes fabriques de notre ville.— Dans cette même séance, la Chambre décida de supprimer l'aigle impérial figurant sur son sceau.

Le 31, dans un concert de bienfaisance, la

musique du 28ᵉ de ligne se fit entendre, ainsi que M. Vergnet, ténor de l'Opéra, Mlle Heilbronn, du Théâtre-Italien, et plusieurs autres artistes de mérite. Le produit net de ce concert s'éleva à 3.900 fr., et celui d'une loterie organisée en même temps à 5.200 fr., au total 9.100 fr., qui furent répartis entre les divers établissements de bienfaisance de notre ville.

Dans sa séance du 17 juin, le Conseil municipal adopta une convention consacrant l'accord de la ville avec la compagnie du chemin de fer d'Orléans, au sujet de la station d'Elbeuf.

Le 25, la Chambre de commerce, après avoir entendu un rapport de M. Lebourgeois, prit la délibération suivante :

« La Chambre approuve la création, sous son patronage, d'un Bureau officieux de conditionnement. Par ses soins, une souscription sera ouverte pour recueillir les fonds nécessaires. Elle accepte le concours de M. Bucaille comme directeur.

« Ce Bureau prendra pour titre : « Bureau
« officieux, sous le patronage de la Chambre
« de commerce, pour le conditionnement et
« le rendement des fils, des laines et des dé-
« chets. »

Le jeudi 2 juillet, le cardinal-archevêque de Bonnechose, étant en tournée pastorale dans notre canton, procéda à l'inauguration et à la bénédiction de l'église Saint-Jean, dont les travaux d'agrandissement venaient d'être terminés.

Après un discours de M. Buisson, curé-doyen, le cardinal prit la parole, puis une messe basse fut célébrée par M. Lainé, ancien curé de Saint-Jean, alors chanoine de la métropole et doyen de la faculté de théologie de Rouen, Dans un sermon, prononcé par M. Loth, professeur d'éloquence sacrée, l'orateur rappela l'origine et les transformations successives de cette église.

A l'issue de la messe, M. de Bonnechose fit l'éloge de M. Alexandre Poussin, à la générosité duquel on devait l'agrandissement de l'édifice, puis se rendit à un banquet organisé dans le local des Frères, rue de la Justice.

A l'occasion de cette inauguration, on plaça dans une des nouvelles chapelles de l'église Saint-Jean, un *ex-voto* en marbre noir et lettres d'or, à la mémoire de M. Alexandre Poussin.

Au cours de son séjour à Elbeuf, le cardinal-archevêque visita l'hospice et nomma chanoine honoraire de la métropole M. Bovin, curé de Saint-Etienne.

Dans sa séance du 8 juillet, l'assemblée général du Conseil d'Etat vota le décret d'utilité publique d'un chemin de fer du Neubourg à Caudebec-lès-Elbeuf, par Amfreville-la-Campagne. Cette ligne, qui n'a jamais reçu un commencement d'exécution, devait faire partie du réseau concédé à la compagnie d'Orléans à Rouen.

Le *Journal officiel* du 10 publia un décret conférant la croix de la Légion d'honneur, à l'occasion de l'exposition de Vienne, à M. Laurent-Léon Démar, fabricant de nouveautés, hors concours comme membre du jury, et à M. Bloch, de la maison Blin et Bloch, ancien fabricant à Bischwiller (Alsace), manufacturier à Elbeuf après la guerre, qui avait obtenu une médaille de progrès.

Un décret, daté du 1er août, déclara d'utilité publique l'établissement du chemin de fer de Saint-Pierre-lès-Elbeuf à la limite du département de l'Eure, vers le Neubourg, conformément à la convention passée, le 28 février 1872, avec M. de Villermont, au nom de la compagnie d'Orléans à Rouen.

Le prix de la viande, alors très élevé, attira l'attention de la presse française. Vers le commencement d'août, les bouchers d'Elbeuf consentirent à un rabais de 10 centimes par kilogramme. — A Caudebec, le maire prit un arrêté fixant le prix du bœuf de 1.40 à 1.50 le kilog.; celui du mouton de 1.70 à 1.80 et celui du veau à 1 fr. 50.

Les courses vélocipédiques, déjà à la mode depuis une dizaine d'années, se multiplièrent peu à peu. Les plus renommées étaient alors celles de Pont-de-l'Arche, dans lesquelles plusieurs de nos concitoyens ba taient toujours leurs concurrents. A celles du 2 août 1874, MM. Turquetil et Hue, d'Elbeuf, remportèrent tous les premiers prix. Le parcours de 6 kilomètres en moins d'un quart d'heure, qu'ils faisaient facilement, était considéré à cette époque comme un maximum de vitesse.

Il était alors question de créer, à Elbeuf, des Magasins généraux pour la vente de la draperie, afin d'éviter les ventes forcées et la dépréciation des marchandises fabriquées.

Le 22 août, la Chambre de commerce émit un avis défavorable à la proposition Chaurand demandant l'observation du repos les dimanches et fêtes dans les gares de chemin de fer.

Le dimanche 23, on voyait, de la côte de la Justice et de la côte Saint-Auct, une grosse colonne de fumée s'élevant de la vallée d'Andelle : c'était la belle filature de coton que possédait M. Charles Levavasseur à Radepont qui brûlait. Les pertes furent évaluées à près de 5.000.000 fr.

La Société d'horticulture d'Elbeuf ouvrit, le 13 septembre, une exposition de produits horticoles.

M. Pierre-Eléonore Thuillier, ancien clerc d'avoué à Rouen, fut admis provisoirement comme agréé au Tribunal de commerce, en remplacement de M. Lecorney, le 29 septembre, et définitivement quatorze jours après.

L'élection au Conseil d'arrondissement, qui eut lieu le 4 octobre, se passa sans incident. M. Désiré Picard, conseiller sortant, soutenu par le Comité démocratique, n'avait du reste pas de concurrent. Le résultat du scrutin fut le suivant :

Communes.	Inscrits.	Votants.	Picard.	Voix perd.
Elbeuf.........	4.724	2.400	2.252	148
Caudebec......	2.504	1.351	1.321	30
Cléon..........	167	55	51	4
Freneuse	170	51	43	8
La Londe......	448	189	186	3
Orival.........	501	332	330	2
Saint-Aubin ...	634	321	306	15
Saint-Pierre....	1.048	508	492	16
Sotteville......	99	48	42	6
Tourville......	247	73	70	3
Totaux.....	10.592	5.348	5.093	255

M. Picard fut donc élu.

M. Alfred Grandin, adjoint au maire, se démit de ses fonctions, le 22 du même mois, et annonça qu'il n'accepterait pas un nouveau mandat de conseiller municipal.

La Chambre de commerce répondit en ces

termes, le 14 octobre, à un questionnaire sur notre commerce extérieur :

« L'industrie de la circonscription se borne à la fabrication de laine cardée (draps lisses et nouveautés), dont un quart environ est exporté par l'intermédiaire de négociants. La fabrique exporte peu directement.

« Les principaux débouchés sont les deux Amériques, la Turquie, l'Allemagne, l'Autriche Hongrie, la Suisse et l'Espagne. L'Angleterre prend peu de nos produits pour sa consommation ; ce qu'on y envoie passe en transit.

« Le pays où les étoffes d'Elbeuf sont peu exportées sont : l'Inde, la Chine, la Cochinchine, le Japon. Les Anglais se sont emparés de ces débouchés, dont ils connaissent les besoins. La fabrication d'Elbeuf est peu propre à la consommation de ces contrées.

« Par une législation favorable à l'industrie indigène, les exportations de nos produits pourraient être encouragées dans nos colonies.

« L'émigration française n'a d'importance que dans les Républiques de la Plata ; elle se compose principalement de Basques. Les négociants français y sont d'ailleurs en grand nombre ; aussi les rapports entre les deux pays sont-ils très importants. Nous en recevons des laines et nous y portons des draps.

« Les exportations de la circonscription d'Elbeuf n'ont pas diminué depuis la guerre, par des causes générales. Quelques-uns de ses produits sont faits en vue de l'exportation, et ce sont les articles nouveautés, créés pour la France, qui sont vendus généralement à l'étranger.

« La draperie s'expédie presque exclusivement par chemin de fer. La fabrique utilise la voie fluviale qu'elle possède pour son approvisionnement en charbons, laines et autres matières. Elle l'utiliserait davantage pour ses charbons si les travaux entrepris pour donner à la Seine, entre Rouen et Conflans, un un tirant d'eau plus considérable, étaient terminés. La Chambre de commerce sollicite depuis longtemps cet achèvement. Elle ré clame également que la ligne d'Amiens soit reliée à celle de l'Ouest.

« Nos plus forts concurrents, dans le commerce d'exportation, sont les Belges et les Anglais.

« La Chambre de commerce estime au moins à 13 pour 100 la différence des frais que supporte son industrie, comparés à ceux de l'industrie étrangère, pris dans l'ensemble, alors que la protection ne dépasse pas 7 pour 100.

« Les expositions ne peuvent avoir que de bons résultats, en général. Elles aident aux relations internationales et stimulent la concurrence ; mais il semble que, depuis quelque temps, on en abuse un peu. On finira par ne plus trouver d'exposants ; elles sont toujours l'occasion de grands frais.

« Les articles de nouveautés d'Elbeuf sont imités par toutes les fabriques françaises et étrangères, au moyens d'échantillons dont il se fait commerce. Cette imitation, qui constitue une contrefaçon réelle, est très difficile à empêcher en France et impossible à l'étranger. Tant que la fabrique d'Elbeuf montrera un goût particulier dans la composition de ses dessins, la contrefaçon existera.

« La Chambre de commerce d'Elbeuf n'a aucun rapport avec les consuls. Le ministère du Commerce lui renvoie de temps en temps les renseignements qu'ils lui adressent ; mais s'ils venaient directement, rectifiant les erreurs et combattant les préjugés au moyen de la correspondance, les complétant là où ils seraient insuffisants, il est évident que le commerce d'importation et d'exportation y gagnerait

« Les consuls français se regardent plutôt comme des agents diplomatiques que comme des agents commerciaux. Il semble que si, dans chaque consulat, il se trouvait un agent spécial dépendant du ministère du Commerce et correspondant avec les Chambres de commerce, l'influence des consulats sur la marche des affaires internationales aurait un autre caractère...

« La fabrique emploie très peu de laines indigènes ; sa principale consommation est en laines de la Plata, qu'elle achète en grande quantité au Havre, un peu à Bordeaux et à Anvers, et un peu directement au pays de production. Les laines d'Australie, dont elle emploie beaucoup également, sont achetées aux enchères de Londres. Le manque d'intercourse n'a pas permis l'établissement en France d'un marché de ces matières, ce qui est bien regrettable. Puis viennent les laines d'Allemagne et de l'Autriche-Hongrie, achetées directement, et les laines de Russie, qui viennent généralement à Rouen et au Havre.

« Le port du Havre est celui qui offre le plus d'avantages à la circonscription d'Elbeuf. Les expéditions pour l'exportation ont lieu souvent par le Havre, où la navigation à vapeur prend du développement. Elles prennent aussi la voie d'Angleterre ; c'est ce qui fait croire, à tort, à des exportations pour la consommation intérieure de ce pays... »

La réponse se terminait par l'exposition de la nécessité d'écoles de commerce, afin de porter les employés français au même niveau qu'en Angleterre et en Allemagne.

Dans cette même séance, il fut donné lecture de la lettre suivante :

« Les soussignés, manufacturiers et négociants en draps à Elbeuf, appellent l'attention de M. le président et de MM. les membres de la Chambre de commerce sur la situation de la nouveauté à Elbeuf.

« Depuis quelques mois, une reprise sensible s'est produite pour les étoffes et draps unis ; au contraire, la nouveauté fine et la nouveauté demi-fine voient chaque jour leurs débouchés se fermer et les prix diminuer, malgré un nombre toujours croissant de petits acheteurs.

« Des plaintes et des récriminations se font entendre de tous côtés contre la manière de faire les affaires ; aussi il y a très peu de commissions remises, et l'acheteur sérieux de Paris et des grandes villes s'éloigne de plus en plus d'Elbeuf.

« L'intermédiaire est-il utile, indispensable à Elbeuf ?

« Par quel moyen peut-on sauvegarder ses intérêts ?

« Nous venons vous prier, Messieurs, de mettre cette question à l'étude et de provoquer une enquête à ce sujet. »

Dans un avis sur l'enquête concernant le chemin de fer d'Orléans à Rouen, le conseil municipal, réuni le 16 octobre, réclama formellement que la voie ferrée, au droit de l'hospice, fut reportée vers le sud, de façon à ne point nuire à cet établissement, et que le viaduc fût en maçonnerie, repoussant énergiquement la construction d'un ouvrage en fer.

Pendant la dernière semaine du mois, on exposa, à l'hôtel de ville, la Danaë, du Titien, qui allait quitter la France.

On établit un service d'omnibus, à partir du 1er novembre, de la place de l'Hôtel de ville de Caudebec à la gare de Saint-Aubin, par la place du Calvaire d'Elbeuf

La première conférence de la série organisée par la Société industrielle fut faite par M. F. Passy. Dans les suivantes, on entendit successivement MM. Francisque Sarcey ; Arthur Mangin ; Talbot, professeur au Lycée Condorcet ; Franck, de l'Institut ; F. Passy ; F. Simonin, ingénieur des mines.

Par une lettre rendue publique au commencement de novembre, M. Buée, maire d'Elbeuf depuis 26 ans, déclina toute candidature aux élections municipales qui devaient prochainement avoir lieu.

Les prix de la Société industrielle furent distribués le 8 novembre, sous la présidence de M. Edouard Bellest, en l'absence de M. Buée.

Un décret, daté du 17 novembre, déclara d'utilité publique, en vue du dégagement de l'église Saint-Jean, l'ouverture d'une rue de huit mètres de largeur, au moyen de l'occupation d'immeubles d'une contenance d'environ 225 mètres carrés appartenant à MM. Desseaux, Fouché et autres.

Le Conseil municipal vota, ce même jour, un crédit de 3.000 fr. pour étudier le débit de la source de la rue du Thuit-Anger, dans le but de faire une distribution d'eau sur tous les points de la ville.

Dans sa réunion du 19, le Conseil vota une concession au cimetière Saint-Jean pour l'inhumation des sœurs de charité attachées aux établissements publics de la ville.

La dernière séance municipale présidée par M. Buée, maire, fut celle du 31 novembre.

Il exprima aux membres du Conseil ses remerciements pour leur excellente collaboration aux affaires de la commune et la bonne entente qui avait toujours existé entre le corps municipal et l'administration.

« Si, dit-il, les jours qui ont rempli la période municipale ont été souvent difficiles, à cause du ralentissement des affaires et de l'accroissement de la misère générale, conséquences douloureuses d'une guerre néfaste, le Conseil n'a point failli à sa mission. Faisant trêve un instant à l'esprit de sage économie qui n'a cessé de l'inspirer, il a su conjurer les impérieuses nécessités du moment, en assurant largement le service du Bureau de bienfaisance et en procurant du travail aux ouvriers inoccupés dans les chantiers cantonaux ou de la commune.

« Merci donc, merci de tant de travaux accomplis et dont les résultats ne seront certainement pas stériles pour la cité ; merci à chacun, merci à tous ! »

Après ces paroles, prononcées d'une voix émue, M. Quidet donna lecture de cette adresse :

« Le Conseil municipal, sur le point de terminer son mandat, ne veut pas se séparer sans exprimer à son président, M. Buée, maire d'Elbeuf, les sentiments de reconnaissance dont il est pénétré à son égard, pour la manière éclairée et toute paternelle dont il a dirigé ses travaux.

« Grâce à son expérience des hommes et des choses, la ville d'Elbeuf a prospéré sous son administration, et elle a pu franchir les moments difficiles qui ont marqué la période d'invasion.

« C'est avec de vifs regrets que le conseil municipal a vu M. le maire déclarer que des raisons de santé l'obligeaient à décliner toute candidature.

« Par le présent vote, le conseil municipal désire que M. Buée, maire d'Elbeuf depuis vingt-sept ans, emporte dans sa retraite l'assurance des sentiments d'estime et de reconnaissance de ses membres qui, étant les délégués de la ville, sont certains d'être les interprètes de leurs mandataires. »

Les élections municipales du 22 novembre donnèrent les résultats suivants : Electeurs inscrits, 4.731 ; votants, 2.828 ; majorité absolue, 1 415. Vingt-quatre candidats furent élus ; suivent leur nom et le nombre de voix obtenues par chacun d'eux :

MM.

-Thézard.......	2553	-Léon Sevaistre.	1543
-D. Picard.....	2534	.Detchemindy..	1542
-Potteau	2302	-Eug. Maille...	1519
.Beaudouin	1835	.Cavé..........	1505
.Leseigneur....	1766	Pinchon.......	1504
.Chennevière...	1654	-Wallet........	1501
-O. Cavrel	1627	.Ruby.........	1471
.Fraenckel.....	1579	.Monneaux.....	1439
-L Quidet.....	1576	.Meyer.........	1438
.Lechesne.....	1558	.Marchand.....	1431
-Demar........	1557	.Rouland	1431
.Durand.......	1552	.Gérin-Roze....	1429

Venaient ensuite, MM.

-P. Pelletier....	1412	-Martin........	1099
.Grivellé.......	1336	-Laquerrière ...	1073
-V. Patallier....	1267	-J. Lefebvre....	1056
-Rivière........	1234	-Cavrel	1046
-E Lermuzeaux.	1212	-E. Bellest.....	1042
-S. Béranger ...	1212	-Cornu-Lesage..	973
-E Guérot.....	1200	-A. Grandin....	915
-P. Cabourg....	1177		
-M. Blin.......	1161		
-James	1153		
-Picard-Fessard	1131		
-I. Lecerf......	1119		

Les candidats marqués d'un - étaient patronnés par le *Journal d'Elbeuf* et ceux d'un . par *l'Industriel elbeuvien* et le Comité républicain.

Du lundi 23 au samedi 28 novembre, on procéda aux opérations de revision pour le recrutement de l'armée territoriale dans le canton d'Elbeuf.

Au scrutin de ballottage du 29 novembre, MM. Jules Gence, Victor Prinvault et Grivellé, patronnés par le Comité de l'Union républicaine, furent élus conseillers municipaux, par 1.828, 1.788 et 1.348 voix. M. Alfred Grandin, adjoint, qui avait fait imprimer des listes sur lesquelles son nom figurait avec ceux de MM. Gence et Prinvault, et coller des affiches pendant la nuit du 28 au 29, n'obtint que 509 voix.

M. Fleury, agréé, ayant démissionné en faveur de M. Jacques-Guillaume-Raoul Frappier, ancien clerc d'avoué au Havre, celui-ci fut admis provisoirement par le Tribunal de commerce le 1er décembre, et définitivement cinq semaines après.

La ville consomma en 1874 un poids de 59.155 tonnes de charbons de terre, dont 36.000 tonnes d'Angleterre et 20.000 de Belgique.

La fabrique avait utilisé 6.808.000 kil. de

laines et autres matières premières, au prix moyen net de 6 fr. 74 le kilog., soit pour une valeur de 45.894.000 fr.

Le kilogramme de draperie fut estimé à 17 fr. 23 le kil. Les sorties, poids net, s'élevaient à 5.418.000 kil., soit 93.352.140 fr.; le prix moyen du mètre était de 10 fr. 50 et la longueur totale des tissus fabriqués pendant l'année de 8.882.000 mètres.

L'état civil d'Elbeuf enregistra, dans l'année 1874, 720 naissances, 198 mariages et et 673 décès.

A Caudebec, il y avait eu 366 naissances, 96 mamariages et 315 décès.

A Saint-Pierre, 107 naissances, 34 mariages et 61 décès.

TOME XI — CHAPITRE XXIV

(Année 1875)

M. Léon Sevaistre, 27e maire d'Elbeuf ; son discours d'installation. — Un projet de raccordement de chemin de fer. — Délégation cantonale. — Les traités de commerce. — Incendie de l'église de la Saussaye. — Les inondations du Midi et du Calvados ; souscription a Elbeuf. — Les fêtes du Concours agricole. — Emprunt de 500.000 fr. — Fondation de l'Orphelinat de garçons.

Le budget municipal primitif pour 1875 était prévu, en dépenses, par 791.124 fr.

Le jeudi 7 janvier, vers 7 heures et demie du soir, le feu se déclara dans le grand établissement de MM. Blin et Bloch, rue Saint-Jacques prolongée. Les pertes furent évaluées à environ 120 000 fr. — A la suite de cet incendie, M. Astier, commandant de la garnison, donna à ses troupes une consigne pour le cas de nouveau sinistre en ville.

Un bal de bienfaisance, qui eut lieu le 9, laissa un produit net de 3.900 fr. pour les pauvres.

Le *Journal officiel* du 12 contenait un décret présidentiel nommant maire d'Elbeuf M. Léon-Mathieu Sevaistre, et adjoints MM. Eugène-Pierre-Parfait Maille et Théophile-Julien Wallet.

Le nouveau Conseil municipal, dans lequel entrait une minorité vraiment républicaine, se réunit pour la première fois le 14 janvier.

Le docteur Meyer, le plus jeune des membres, fut nommé secrétaire ; puis M. Léon Sevaistre donna lecture de ce discours :

« Messieurs ; en prenant possession de ce fauteuil, je ne puis m'empêcher de comparer mon inexpérience à l'autorité qu'avait su acquérir l'homme qui l'a occupé avec tant de distinction pendant vingt-six années. Dès 1848, M. Buée, notaire, depuis longtemps rompu à la pratique quotidienne des affaires, M. Buée, dis-je, accepta la direction de la municipalité d'Elbeuf ; il eut à lutter contre la plus triste des calamités : le manque de travail, il institua des ateliers nationaux, et la classe ouvrière put traverser, sans trop de privations, de longs mois de chômage.

« Plus tard, lors des proscriptions de l'empire, il se porta garant de ses concitoyens, et pas un d'eux ne fut inquiété. Animé de sentiments de conciliation à toute épreuve, mettant en pratique les vrais principes parlementaires, il sut présider, avec autant de tact que d'intelligence, les différents conseils municipaux qui se succédèrent, et l'on peut dire de lui qu'il dirigea toujours leurs débats avec une haute impartialité, sans jamais se servir de sa qualité de chef de l'administration pour peser sur leurs délibérations.

« L'aménité de ses manières n'excluaient cependant pas chez lui une grande fermeté de caractère ; je n'en veux pour preuve que la contenance sereine et inébranlable qu'il sut conserver vis-à-vis de nos envahisseurs.

« Mais je m'arrête, Messieurs, l'année 1871 arrive ; M. Buée va devenir député ; sa vie devient toute politique. Ce n'est pas ici le lieu, ce n'est pas le moment de la juger.

« On succède, Messieurs, à un tel homme ; on ne le remplace pas, et si vous songez à la responsabilité que j'assume, à la lourde tâche qui m'est départie, vous voudrez bien croire qu'il m'a fallu quelque courage pour accepter, même pour un temps très court, l'honneur que l'on m'a fait de me nommer votre maire.

« Cet honneur je l'ai accepté parce que celui qui en était digne sous tous les rapports, celui que l'opinion publique désignait hautement s'y est soustrait, malgré les prières de ses amis. Je l'ai accepté parce que deux hommes de cœur veulent bien m'aider dans ma tâche de chaque jour : l'un rompu dès longtemps aux affaires, successivement juge au Tribunal de commerce, membre de la Chambre de commerce, conseiller municipal, un de ces hommes enfin qu'on est toujours sûr de retrouver lorsqu'il y a quelque bien à faire, quelque mission de dévouement à remplir ; l'autre, dont vous avez tous admiré la conduite pendant la guerre et que vous avez ensuite envoyé au conseil municipal, où il s'est distingué par son travail et sa profonde entente de l'administration.

« C'est avec l'appui de ces deux hommes que je me présente devant vous, Messieurs. J'ose compter pour nous aider dans l'accomplissement de notre mandat, sur l'expérience des anciens conseillers et sur le zèle de nos nouveaux collègues.

« Mais, dans une pensée commune, nous mettrons au service de la ville tout ce que nous avons d'intelligence et de force de volonté ; notre sollicitude et nos investigations se porteront tour à tour sur chacun de nos services.

« Nous nous garderons soigneusement de toute impatience qui pourrait nous porter à désorganiser avant d'avoir organisé ; mais nous tenons à ce que nos employés n'ignorent pas que nous serons impitoyables pour ceux qui rempliraient mal leur mission.

« Dès demain, Messieurs, votre administration se mettra à l'œuvre et commencera à se rendre compte de la situation de nos finances. Ce travail sera long, mais il sera fait avec toute l'exactitude possible, et nous espérons pouvoir le mettre sous vos yeux dans le courant de février. Il comprendra nos charges actuelles et futures, nos ressources avec un état statistique de nos recettes et de nos dépenses. Vous y trouverez tous les renseignements concernant les affaires litigieuses ; nous vous présenterons, en un mot, notre inventaire.

« Pour parler le langage commercial, nous voulons arrêter les écritures de la ville au moment où nous prenons la direction de ses affaires ; nous consentons à assumer la responsabilité de ce que nous ferons ; nous ne pouvons, ni ne voulons la laisser remonter plus haut.

« Munis de ce travail, que vous contrôlerez, identifiés avec notre position, vous n'en serez que plus à l'aise, Messieurs, pour vous livrer à l'étude des questions qui vous seront soumises ; vous serez convaincus de la nécessité d'user avec parcimonie des deniers publics.

Certes, vous ne pourrez faire tout le bien désirable, et vous entendrez souvent récriminer contre votre impuissance à apporter des améliorations dans notre ville ; mais vous resterez sourds à ces récriminations, et vous demeurerez persuadés que, dans un moment où les dépenses augmentent et où les recettes diminuent, une stricte économie doit être la règle de notre conduite.

« Messieurs, nous avons la confiance que ces vues que nous vous exposons sont aussi les vôtres. Nous avons accepté de devenir les administrateurs de la ville avec le désir d'être utiles, avec le désir de nous maintenir dans une parfaite union avec vous.

« Pas une obole ne sera dépensée sans votre autorisation ; toute question de votre ressort vous sera soumise et sera tranchée par vous, et vous nous trouverez toujours disposé, en dehors même du conseil municipal, à recevoir vos réclamations et à écouter vos avis. En revanche, nous vous demandons votre concours.

« Quant à nous, Messieurs, forts de la droiture de nos intentions, nous suivrons la ligne de conduite que nous nous sommes tracée. Mandataires du pouvoir, nous ferons respecter la loi par tous, et notre mot d'ordre sera : ordre, économie et prompte expédition des affaires. »

Ce discours fut très commenté en ville.

Le 17 janvier, mourut M. l'abbé Lemeilleur, qui avait été aumônier de l'hospice pendant trente-sept ans et, depuis, prêtre habitué à l'église Saint-Jean ; il était âgé de 76 ans.

Par testament en date du 19, M. Hippolyte-Louis-Jérôme Rivière, ancien avocat-agréé au Tribunal de commerce, ancien adjoint au maire, donna 8.000 fr. à l'hospice.

A la suite des élections consulaires, qui avaient eu lieu le 24 décembre précédent, il fut procédé, le 22 janvier, à l'installation de M. Pierre Pelletier aîné, élu président ; à celle de MM. Ernest Flavigny et Alfred Lecorneur, élus juges, et à celle de MM. Auguste Viot et Charles Delarue, élus suppléants. Après quoi, M. Cavrel donna un résumé des travaux du Tribunal pendant la dernière judicature.

En 1872, on avait introduit 940 affaires, 849 en 1873 et 609 en 1874. — Il avait été déclaré 20 faillites en 1872, 11 en 1873, et 25 en 1874 ; total 56, dont 2 négociants en laine, 12 de négociants en draperie, 6 de fabricants et 11 de marchands de liquides — Il s'était fondé 21 sociétés commerciales en 1872, 25 en 1873, et 32 en 1874. — Les dissolutions de sociétés avaient été de 11 en 1872, 12 en 1873 et 12 en 1874.

Le 28 janvier, un arrêté préfectoral classa, au nombre des voies urbaines, la rue d'Orléans, entre les rues du Neubourg et Mazagran, dans la propriété de M. Philippe Morel.

Dans les premiers mois de cette année, MM. Félix Hément, Francisque Sarcey, Berdalle de la Pommeraye, Eugène Talbot, professeur au Lycée Fontane ; Berdalle de la Pommeraye (2e) ; Félix Hément (2e) ; E. Legouvé, de l'Académie française, firent successivement des conférences au théâtre.

Le 3 février, M. A. Cavrel fut nommé président de la Société Industrielle, en remplacement de M. E. Bellest, démissionnaire. — MM. Pelletier et Chedville furent réélus, le premier, président, le second, secrétaire. Enfin, on nomma M. Sylvain Bloch bibliothécaire, en remplacement de M. Aonfray, décédé.

Le 10, M. Léon Sevaistre, maire, procéda à l'installation des membres de la Chambre de commerce élus les 31 décembre et 7 janvier précédents. Ces élus étaient MM L. Prieur neveu, Emmanuel Pelletier, Théophile Wallet et Louis-Désiré Fouchet ; ce dernier n'avait pas accepté de mandat. Après un discours de M. Sevaistre, la Chambre procéda à la formation de son bureau, qui fut ainsi composé : MM. Ph. Aubé, président ; Isidore Lecerf, vice-président ; Lebourgeois, secrétaire ; L. Prieur, trésorier.

Les négociants en draperie de Bordeaux et de Lyon avaient demandé, aux fabricants de tissus de notre ville, l'engagement de ne pas livrer de marchandises par coupon inférieur à douze mètres. Dans une réunion générale des industriels elbeuviens, tenue le 15 février, on prit la délibération suivante :

« Les fabricants soussignés s'engagent formellement à ne pas couper sur leurs pièces de métrages inférieurs à douze mètres.

« Cet engagement est pris pour deux ans...

« ... Les soussignés conviennent qu'une amende de mille francs au profit des pauvres sera imposée à ceux qui le rompraient.. »

Il était alors question de raccorder le chemin de fer de Pont de-l'Arche à Gisors à celui d'Orléans à Rouen. La délibération suivante, que prit le Conseil municipal d'Elbeuf, dans sa séance du 20 février, nous mettra suffisamment au courant de ce projet, qui intéressait grandement notre ville :

« Vu l'enquête ouverte à Louviers sur le plan déposé relatif au raccordement des lignes de Pont-de l'Arche à Gisors et de Rouen à Orléans.

« Considérant que le tracé soumis à l'enquête se détache au Manoir de la ligne de Gisors pour se souder à Montaure, entre Elbeuf et Louviers, à la ligne d'Orléans.

« Considérant que ce tracé offre de très graves inconvénients au point de vue des intérêts de centres considérables tels que Pont-de-l'Arche, Saint-Pierre-lès-Elbeuf, Caudebec-lès Elbeuf qui sont, ou complètement sacrifiés, comme Pont-de-l'Arche, ou placés dans une situation désavantageuse par l'augmentation des distances au profit d'autres communes, importantes il est vrai, mais dont le mouvement commercial est beaucoup inférieur à celui d'Elbeuf et de sa banlieue.

« Considérant que, d'accord avec la commission d'enquête, la compagnie concessionnaire a mis à l'étude un nouveau tracé s'embranchant également au Manoir, sur la ligne de Gisors et contournant la partie Nord-Ouest de la forêt de Pont de l'Arche, pour venir se raccorder à la ligne de Rouen-Orléans au lieu dit le Bohu.

« Considérant qu'il n'existe et ne doit exister au Bohu ni halte ni gare, et que, par conséquent, toutes les marchandises à destination de Louviers devront nécessairement être amenées à Saint-Pierre-lès-Elbeuf, station la plus proche du point de raccordement, pour y rompre charge et pour, de là, être dirigées vers leurs destinations respectives, après la formation de nouveaux trains.

« Considérant que pour se raccorder au Bohu, la Compagnie du chemin de fer serait dans l'obligation d'exécuter des travaux d'art très onéreux. tels que deux tunnels, deux viaducs et des remblais de vingt mètres d'élévation.

« Considérant que l'intersection des deux lignes à Saint-Pierre-lès-Elbeuf procurerait une notable économie à la compagnie concessionnaire et rendrait plus directe la voie de raccordement.

« Considérant que le raccordement ainsi pratiqué ne constituerait aucun préjudice pour les intérêts de la ville de Louviers, dont les marchandises, loin d'avoir à supporter une aggravation quelconque de parcours, seraient, au contraire, exonérées de leur marche rétrograde du Bohu vers Saint-Pierre, pour la formation des trains spéciaux.

« Considérant, d'autre part, que la ville d'Elbeuf a tout avantage à ce que la jonction de la ligne de raccordement avec la ligne principale s'opère à Saint-Pierre-lès-Elbeuf, au lieu de se faire au Bohu ; que le parcours serait, en effet, diminué de 500 mètres environ.

« Considérant qu'on ne saurait justifier, au point de vue de l'intérêt général, la prétention que pourrait émettre la ville de Louviers d'obtenir que tous les trains venant de Gisors remontassent du Bohu à la Haye Malherbe, au lieu de faire escale à Saint-Pierre-lès-Elbeuf, puisque, de ce fait, la distance de Gisors à la grande agglomération elbeuvienne serait augmentée de plusieurs kilomètres, et que

Louviers n'y gagnerait pour ses marchandises qu'une diminution de parcours, de quelques centaines de mètres seulement.

« Par ces motifs et autres à suppléer,

« Le Conseil est d'avis qu'il y a lieu de fixer à Saint-Pierre lès-Elbeuf d'un bout, et au Manoir de l'autre. les points de raccordement entre la ligne d'Orléans-Rouen et celle de Gisors. »

Le 21 février, M. de Chilly, lieutenant au 20e bataillon de chasseurs à pied, fit une conférence publique au cercle catholique ouvrier de la rue Saint-Etienne.

Au tirage au sort, le 24, il se présenta 358 conscrits, dont 171 d'Elbeuf, 90 de Caudebec, 23 d'Orival. 22 de Saint-Pierre, 18 de Saint-Aubin et 15 de La Londe.

Le ministre de la Guerre nomma, le 4 mars, aumônier de la garnison d'Elbeuf, M. l'abbé Bréant, vicaire à Saint-Jean.

Le 8, mourut M. Marc-François-Isidore Debroche, à l'âge de 71 ans. Le défunt avait établi dans notre ville une des plus importantes maisons pour le commerce de laines.

Le 19, M Emmanuel-Charles-Auguste Gallien, ancien commissaire de police à Trouville, envoyé ensuite à Caudebec-lès-Elbeuf, fut nommé à Elbeuf, en remplacement de M. Muller.

Un arrêté préfectoral, en date du 27, autorisa MM. Bellest, Pelletier, Gy, Duthil, Lécallier, Mutel et Amtmann à fonder un cercle catholique d'ouvriers.

Dans le courant de ce même mois, le Conseil municipal de Caudebec, avec l'adjonction des plus imposés, vota l'établissement d'une gare sur le territoire de cette commune et une subvention de 50.000 fr. à certaines conditions, qui ne furent jamais remplies.

Le 24 avril, un décret nomma M. Charles Bazin président du Conseil des Prud'hommes, et M. Félix Gasse vice-président.

Le 28, le Conseil municipal vota 24.700 fr. pour l'installation, à l'ancien hôtel de ville, du bureau de poste et du bureau central d'octroi.

Un décret du même jour nomma commissaire de police à Elbeuf, M. Joseph Huet, précédemment à Aire (Pas-de-Calais), en remplacement de M. Bardèche, nommé à Angers.

Le bureau de la délégation cantonale fut composée ainsi : Président, M. Boivin, curé de Saint-Etienne; secrétaire, M. Henri Bellest. — M. l'abbé Boivin eut dans ses attributions les trois écoles de filles d'Elbeuf ; M. Flavigny, les écoles de La Londe et d'Orival ; M. Pelletier, celles de Caudebec ; M. Jules Lécallier, celles de Saint-Pierre ; M. de Boissieu, les écoles de la presqu'île ; M. Monchâire, les écoles protestantes ; M. Henri Bellest, les écoles de garçons d'Elbeuf.

Un concert de bienfaisance, donné le 2 mai au Cirque de la rue Lefort, et une loterie organisée à cette occasion, rapportèrent 7.000 fr. net aux pauvres.

L'expiration des traités de commerce devant avoir lieu le 30 juin 1877, la Chambre de commerce d'Elbeuf chargea une commission d'établir un rapport, dont M. Lebourgeois donna lecture à ses collègues le 5 mai. Nous extrayons quelques passages de ce travail :

« Pour bien apprécier les effets des traités de commerce sur l'industrie d'Elbeuf et de ses annexes Caudebec et Saint-Pierre, il est indispensable d'examiner la marche de cette industrie pendant toute la période soumise au libre-échange, de 1860 à 1874, et de la comparer à la période antérieure régie par la protection ; d'étudier ces chiffres avec soin et de faire ressortir les causes ayant amené soit la prospérité, soit la souffrance.

« En 1853, la production d'Elbeuf est de 53 millions de francs ; en 1858, elle s'élève à 85 millions.

« En 1864, elle est de 94 millions, de 85 millions en 1865, de 85 millions également en 1866, de 80 millions en 1867, de 85 millions en 1868, de 91 millions en 1869, de 51 millions en 1870, de 64 millions en 1871, de 91 millions en 1872, de 93 millions en 1873 et de 93 millions encore en 1874.

« Nous voyons par ce tableau que le chiffre d'affaires d'Elbeuf pendant toute la période de protection va toujours en augmentant... Au contraire, il reste à peu près stationnaire depuis les traités de commerce... Aujourd'hui, l'importance de la fabrication ne s'élève qu'à 93 millions, et encore faut-il observer que des fabricants alsaciens, forcés de quitter leur pays, sont venus, en 1871, apporter à Elbeuf toute une industrie et un chiffre d'affaires de 6 millions. Sans ce renfort, la production d'Elbeuf ne serait guère que de 87 millions, soit à près la même qu'en 1858...

« Est-il étonnant que le tableau indiquant le nombre de fabricants à Elbeuf, Caudebec et Saint-Pierre, constate 281 maisons en 1860, 278 en 1865, 234 en 1870, et 200 seulement en 1874 ? Que, dans son rapport financier, présenté il y a quelques jours, M. le maire d'Elbeuf fasse connaître que les taxes municipales, qui donnaient 301 mille francs en 1869, aient diminué ainsi : 264 mille francs en 1872, 247 en 1873 et 243 en 1874 ? Et encore, pour cette dernière année, une somme de 22.000 fr. a été fournie par des taxes nouvelles....

« Quelles sont les causes qui ont amené cette situation ?

« La réputation d'Elbeuf s'était établie par la supériorité de ses draperies unies et de ses étoffes nouveautés pour pantalons et jaquettes. Encore aujourd'hui, les étoffes unies ont maintenu leur position. La nouveauté, au contraire, perd du terrain, rencontre une concurrence redoutable, non seulement à l'étranger, mais encore sur son propre marché.

« La mode a adopté, depuis plusieurs années, les étoffes anglaises. Paris est aujourd'hui un des grands débouchés de la nouveauté de Leeds ou d'Huddersfield, et une grande place d'écoulement pour les soldes étrangers, toujours nombreux en articles de fantaisie. De là, une lutte amenant forcément à chaque saison, à Elbeuf un encombrement de marchandises et une baisse sur le prix des étoffes, qui déroute tout le commerce.

« C'est en vain que quelques maisons ont essayé d'exporter nos étoffes en Angleterre. Quoi qu'on ait dit, l'Angleterre, soit par esprit national, soit que nos étoffes soient d'un prix plus élevé, ne nous prend presque rien...

« Les débouchés d'Elbeuf, à l'exportation, sont le continent d'Europe, l'Amérique du Nord et l'Amérique du Sud.

« L'Amérique du Nord, pour éteindre sa dette et défendre son travail national, a élevé les droits de douane à 80 pour 100 : c'est presque la prohibition. Ses fabriques grandissent ; aussi les articles étrangers sont-ils refoulés peu à peu de ce pays, et les commandes qu'il fait se bornent-elles aujourd'hui à quelques coupes devant servir d'échantillons de modèles à ses fabricants.

« L'Espagne se défend par 30 pour 100 de protection. La Russie se défend par 40 pour 100. Là aussi l'industrie s'organise pour ne plus être tributaire de l'étranger... »

Ce long rapport, que nous ne pouvons reproduire en entier, fut envoyé au ministre de l'Agriculture et du Commerce.

Un assez grand nombre d'Elbeuviens se rendirent, le mardi 11, à Bourgtheroulde, où avait lieu l'inauguration du monument élevé, sur la place du bourg, en mémoire des soldats français tués dans cette localité le 4 janvier 1871.

Le 17, la bénédiction des trois cloches de l'église Saint-Louis, à Saint-Pierre-lès-Elbeuf, porta également vers cette commune une certaine quantité d'habitants de notre ville.

Le 21, M. V. Barrau, chef de bataillon en retraite, chevalier de la Légion d'honneur, fut nommé caissier de la Caisse d'épargne, en remplacement de M. Molet, décédé.

A la séance municipale du 21 mai, le maire annonça la démission de M. Detchemendy.

Sur la demande de M. Fraenckel, le Conseil nomma une commission chargée de rechercher les moyens de créer un collège à Elbeuf.

MM. Emmanuel-Auguste Massé, peintre, et Eugène Ernest Chrétien, sculpteur, tous deux d'Elbeuf, exposèrent au Salon de 1875.

Année 1875

M. Sevaistre, maire, prit un arrêté, le 24 mai, pour assurer la propreté et autant que possible la décoration des rues pour la procession de la Fête-Dieu.

Dans la nuit du dimanche 30 au lundi 31 mai, un incendie détruisit l'église de la Saussaye; seuls les murs restèrent debout.

Le curé, M Olivier, neveu de l'ancien évêque d'Evreux, était sorti de l'église vers dix heures du soir, sans avoir rien remarqué, et ce ne fut que vers trois heures du matin que des habitants de la commune s'aperçurent de l'incendie.

On eut à déplorer la perte de tous les objets d'art que renfermait cet édifice, dont la construction remontait à 1307 et qui avait été incendié en 1553. Les pertes s'élevèrent à plus de 100.000 fr. Les pompiers de notre ville, prévenus très tardivement, n'avaient pu arriver à la Saussaye que vers cinq heures du matin, alors que le feu avait terminé son œuvre.

Vers ce même temps mourut, à Rouen, le savant abbé Cochet, bien connu à Elbeuf par les recherches archéologiques qu'il avait faites dans notre canton et la branche scientifique qu'il avait pour ainsi dire créée.

Le 31, le Conseil municipal vota un premier crédit de 6.000 fr. pour les fêtes du Comice agricole, qui devait se tenir à Elbeuf. Quelque temps après, il ajouta 4.000 fr. à cette somme, et enfin une autre de 1.846 fr.

On mit en adjudication, le 3 juin, les travaux nécessaires pour l'installation du bureau de poste dans l'ancien hôtel de ville ; ce bureau était encore alors sur la place Lemercier, près la rue de Paris.

M. Charles Emmanuel, nègre métis, menuisier, avait construit un petit yacht, le *Christophe-Colomb*, qui fut béni par M. le curé de l'Immaculée le dimanche 6 juin, avec le concours d'une musique de Caudebec, et lancé en face du Champ de Foire.

Au concours musical, organisé à Rouen à l'occasion du centenaire de Boieldieu, et pour lequel 230 sociétés s'étaient fait inscrire, figuraient les sociétés d'Orival, de Saint-Aubin, de Caudebec, de St-Pierre, l'Harmonie Elbeuvienne et la Société musicale d'Elbeuf. Les bureaux de la mairie et les écoles de notre ville, ainsi que la plupart des établissements privés restèrent fermés le lundi 14. Le chemin de fer, malgré le mauvais temps, transporta 40.000 personnes d'Elbeuf à Rouen pendant les deux principaux jours de fêtes.

Vers la fin de juin, des inondations désolèrent le Midi de la France, surtout Toulouse. Des souscriptions s'organisèrent partout pour venir en aide aux sinistrés. A Elbeuf et dans le canton, on recueillit une somme de 45.000 francs environ, y compris le produit de concerts donnés par nos sociétés musicales.

Une autre souscription, ouverte pour les inondés du Calvados, produisit 3.000 fr. environ.

Le concours du Comice agricole eut lieu à Elbeuf les dimanche 4 et lundi 5 juillet.

Le programme de la fête comportait une exposition d'horticulture, un concert, des jeux publics, l'examen du jury, la distribution des prix, une ascension en ballon par M. Camille Dartois, un lâcher de pigeons, un banquet à l'hôtel de ville, un feu d'artifice, des illuminations et une retraite aux flambeaux, avec le concours de la musique du 28e de ligne, dont plusieurs compagnies tenaient alors garnison dans notre ville. Une tribune avait été élevée dans le Champ de Foire, pour les autorités et le public payant.

Le lendemain lundi, il y eut fête vénitienne sur la Seine, avec le concours du vapeur *le Cygne*, à bord duquel se trouvaient l'Harmonie Elbeuvienne et la Société chorale.

Pendant la durée de ces fêtes, dont le souvenir est encore gardé, on remarqua particulièrement une porte monumentale, élevée par les soldats de la garnison, rue Henry; une autre place Lemercier; une troisième place Saint-Louis; une quatrième rue de l'Hospice, une cinquième place du Calvaire. Les rues étaient bordées de sapins et de guirlandes dans toute leur longueur et une multitude de drapeaux et d'oriflammes décoraient les maisons. Une quête faite au profit des inondés du Midi, par les soldats gardant la porte de la rue Henry, produisit 1.400 fr.

Le mercredi 7, un orage épouvantable s'abattit sur notre ville et les environs. Les dégâts causés par la foudre furent assez considérables.

Le 25 on procéda à la réception de la ligne de chemin de fer de Louviers à Caudebec-lès-Elbeuf, comportant les stations de Saint-Germain-Louviers, Tôtes-la-Vallée et la Haye-Malherbe-Montaure.

Le dimanche 8 août, nos concitoyens assistèrent, sur le Champ de Foire, à un spectacle nouveau à Elbeuf : une série de courses vélocipédiques et carrousel, organisés par M. Teurquetil, président du Véloce-Club, au profit des inondés du Calvados et du Midi. Cette fête rapporta un bénéfice net de 1.121 fr.

La ligne de Louviers à Elbeuf fut ouverte le 15. Le prix du billet aller et retour était de 3 fr. 50, 2 fr. 50 et 1 fr. 80.

Les ingénieurs du chemin de fer d'Orléans à Rouen avaient reconnu que des travaux devaient être faits sur huit points dangereux dans le parcours de la ligne sur les coteaux d'Orival, consistant : 1º en l'enlèvement partiel et la consolidation de la Roche-Noire, dont la dépense était évaluée à 20.000 fr. ; 2º en la consolidation de l'église, dépense 20.000 fr. également, et 3º en différents autres travaux dont l'évaluation était de 60.000 fr. ; au total : 100.000 fr. — M. Blay, teinturier à Orival, avait offert 10.000 fr. pour la consolidation de la Roche-Noire située en face de son établissement.

Dans la séance tenue au Conseil général le 26 août, M. Lucien Dautresme proposa, au nom de la commission, d'accepter l'offre de M. Blay, de mettre 40.000 fr. à la charge du Département et le surplus au compte de la Compagnie. Cette proposition fut adoptée.

Vers la fin de ce mois, M. Félix Aroux, ancien manufacturier à Elbeuf et ancien conseiller d'arrondissement, mourut à Foucart (Seine-Inférieure) à l'âge de 74 ans.

Le bataillon du 28ᵉ de ligne quitta Elbeuf le 8 septembre. Il fut remplacé, vers la fin du mois, par un détachement du 74º de ligne.

Des manœuvres militaires avaient lieu depuis quelques jours dans le département de l'Eure. Le 20 septembre, un corps de télégraphistes mit Elbeuf en communication avec Amfreville-la-Campagne. Le lendemain, un camp se forma aux environs de Saint-Amand-des-Hautes-Terres, où beaucoup d'Elbeuviens

La Roche Noire

se rendirent. Pendant ces manœuvres, l'hospice de notre ville reçut 32 soldats malades. Le maréchal de Mac-Mahon, président de la République, passa, le dimanche 26, à Vernon, une grande revue des troupes qui avaient pris part aux manœuvres.

A partir du 25 septembre, un comité spécial fut formé pour remplacer la Société industrielle dans l'organisation des conférences. Une somme de 1.500 fr, fut mise à la disposition de ce comité pour le cas où ses recettes ne balanceraient pas ses dépenses, mais à la condition qu'aucun sujet ayant trait à la politique ou à la religion ne serait traité dans ces conférences.

Vers la fin du mois, on mit en arrestation le sieur Léon K..., d'origine prusienne, qui remplissait depuis 21 ans les importantes fonctions de secrétaire-général de la mairie d'Elbeuf et était, en outre, rédacteur d'un journal. Il était accusé de détournements de fonds appartenant à la Ville; ses méfaits remontaient à l'année 1858. Il fut condamné le 9 février suivant, à deux ans de prison et 25 francs d'amende.

Par décision du 7 octobre 1875, M A.-S. Géfrotin, secrétaire de la sous-préfecture de Louviers, fut nommé secrétaire-général de la mairie d'Elbeuf.

Vers ce temps, la communauté israélite de notre ville, dont le nombre des membres s'était considérablement augmenté depuis l'arrivée des industriels et négociants alsaciens, prit à loyer l'ancien local de la Société industrielle, rue Berthelot, pour y célébrer son culte.

Le samedi 23 octobre, la salle des mariages

de l'hôtel de ville fut assiégée par dix groupes composant chacun une noce. Jamais on n'avait vu un pareil nombre de mariages dans la même matinée et se présentant à la même heure.

Dans la dernière semaine de ce mois, mourut, à l'âge de 79 ans, M. Auguste Jerôme Malteau, ancien constructeur-mécanicien, introducteur de l'éclairage au gaz à Elbeuf et inventeur d'une fouleuse mécanique estimée.

Le 2 novembre, en l'église Saint-Jean, on célébra un service funèbre en mémoire des soldats morts pendant la guerre de 1870-1871. Les troupes de la garnison et toutes les autorités de la ville assistèrent à cette cérémonie, à laquelle l'Harmonie elbeuvienne avait donné son concours.

Le 3, après une longue discussion, le Conseil municipal refusa, par 16 voix contre 8 et 2 abstentions, de donner un avis favorable sur le projet d'achat d'un immeuble voisin de le Seine, jugé non convenable, pour en faire un asile destiné aux vieillards du Bureau de bienfaisance, à la construction duquel une somme de 200.000 fr. environ devait être employée.

Un rapport de M. Picard sur le budget additionnel de 1875 établit que les recettes ne s'étaient élevées qu'à 366.382 fr. 80, tandis que les dépenses se chiffraient par 666.270 fr. 27, d'où il résultait un déficit de 299.837 fr. 47, provenant des exercices précédents. Le conseil municipal décida que des mesures financières extraordinaires seraient prises pour combler ce déficit.

Ce même jour, le Conseil vota, en principe, la création d'une école laïque pour les filles et une allocation de 100.000 fr. à cet effet, lorsque les finances de la ville le permettraient.

Le 9, le Tribunal de commerce donna un avis défavorable à l'augmentation du nombre des prud'hommes de la quatrième catégorie.

Une société s'était formée pour l'importation, en Europe, de viandes fraîches de Buenos-Ayres et de Montevideo. Cette société, en novembre, offrit à la Chambre de commerce d'Elbeuf une place gratuite pour une personne désirant se rendre en Amérique du Sud, afin d'y étudier le pays et de fournir des renseignements utiles à notre industrie. L'embarquement se ferait sur *le Frigorifique*, dont Rouen était le port d'attache.

A la fin de novembre et au commencement de décembre, le P. Le Moigne, de la Compagnie de Jésus, fit des conférences religieuses, pour les hommes, dans l'église Saint-Jean.

Le 6 décembre, le Conseil municipal vota un emprunt de 500.000 fr., amortissable en dix ans à partir du 1er janvier 1882, dont le montant recevrait les affectations suivantes :

1° Comblement du déficit constaté au budget additionnel de 1875 . . . . 299.887
2° Création d'une école laïque de filles 100.000
3° Agrandissement de l'école communale de garçons, rue Tournante. 21.000
4° Assainissement et agrandissement de l'école Saint-Etienne, dirigée par les Frères 12.000
5° Construction d'un bureau d'octroi rue du Cours 10.000
6° Construction d'un bureau d'octroi rue de Paris. 12.000
7° Subvention au Bureau de bien-

faisance pour construction d'un
nouvel asile de vieillards 50.000

Le 8, on inaugura, par une bénédiction, les travaux d'agrandissement de la chapelle de l'Hospice ; la dépense s'était élevée à 15.000 francs.

M. Charles-Frédéric Deschamps, célèbre avocat de Rouen, commissaire de la Républi- dans la Seine-Inférieure en 1848, conseiller général pour le canton d'Elbeuf pendant vingt-deux ans, de 1848 à 1870, mourut vers temps à Rouen, où il était né en 1809. Il avait été membre de la Constituante et était rentré dans la vie privée après le Coup d'Etat en 1851. On lui doit un assez grand nombre d'ouvrages littéraires.

Le 16, vers cinq heures du matin, le feu se déclara dans la filature de M. Gosselin Quertier fils, rue de l'Eglise, à Caudebec, et causa pour plus de 100.000 fr. de dégâts.

Le 23, le Conseil vota 200 fr. pour contribuer à l'érection, à New-York, d'un monument à la mémoire de Washington, le héros de l'indépendance américaine.

Les conférenciers de la fin de 1875 furent MM. Frédéric Passy, Félix Hément, Charles Monselet, Emile Deschanel, Talbot, Lequesne, de Rouen ; Deschanel (2e).

Une nouvelle loi établit le scrutin nominal par arrondissement pour les élections législatives. L'arrondissement de Rouen fut divisé en trois circonscriptions électorales, en raison de son très grand nombre d'électeurs.

La première circonscription fut Rouenville, 102.000 habitants, 19 343 électeurs. La deuxième circonscription comprit d'abord — elle fut modifiée ensuite — les cantons de Du clair, 12.195 habitants, 3 316 électeurs ; d'Elbeuf, 46.024 habitants, 10.830 électeurs, et de Grand-Couronne, 28.675 habitants, 7.225 électeurs. La troisième circonscription comprenait les cantons de Boos, Buchy, Clères, Darnétal, Maromme et Pavilly, au total : 86.782 habitants, 23.362 électeurs.

Dans la nuit du dimanche 19 au lundi 20 décembre, M. Toussaint-Alfred Leblond-Lesseré, banquier, fils et associé de M. Leblond-Barette, mourut subitement après une soirée donnée chez lui à ses parents et amis ; il était âgé de 50 ans.

Dans la journée du 20, M Adrien Sauvage, teinturier et publiciste, mourut subitement aussi, à l'âge de 49 ans

Le 29, M. Jean-Baptiste Leblond-Barette, banquier, mourut à Saint Aubin, dans sa 76e année. Ce décès, survenu neuf jours après celui de M. Leblond fils, causa une certaine émotion dans le monde des affaires à Elbeuf.

Le 29 également, le conseil municipal fut informé que M. Isidore Olivier offrait à la ville d'Elbeuf la fondation d'un orphelinat de garçons, pour laquelle il donnait une somme de 50.000 fr., et que M. Suchetet, en mémoire de son frère, se joignait à son oncle pour la création de cette œuvre, à laquelle il souscrivait pour 155.000 fr. — Quelque temps après, M. Isidore Olivier prit cette fondation à lui seul.

Ce même jour, la Chambre de commerce souscrivit une somme de 50 fr. pour les réparations d'une verrière de l'église Saint-Jean, représentant les anciennes tondeuses employées à Elbeuf.

Pendant le cours de 1875, il n'était entré à

Elbeuf, déduction faite des sorties, que 52.337 tonnes de charbons ; c'était une diminution ds 7.818 tonnes sur l'année précédente.

L'industrie elbeuvienne avait employé 6.800.000 kil de laine épurée, valant 6 fr. 74 le kil., soit pour un total de 45.885.920 fr.

Le poids net des tissus d'Elbeuf expédiés, toutes déductions faites, se chiffrait par 5.676.000 kil., valant en moyenne 16 fr. 75 le kil., soit 95.126.760 fr. Le prix moyen du mètre fut estimé à 10 fr. 22.

Néanmoins, la fabrique avait éprouvé de grandes difficultés pour écouler ses produits, même en en soldant une partie. En résumé, les industriels avaient beaucoup fabriqué, mais peu gagné.

On compta, en 1875, à Elbeuf, 683 naissances, 95 mariages et 797 décès ; à Caudebec 338 naissances, 95 mariages et 340 décès ; à Saint-Pierre, 112 naissances, 30 mariages et 102 décès.

CHAPITRE XXV
(Janvier-Juin 1876)

Une catastrophe financière. — La sentence du bailli. — Les délégués sénatoriaux. — Élections sénatoriales. — Points noirs industriels. — Élections législatives ; vive campagne électorale ; M L. Dautresme est élu député. — Terrible ouragan. — Explosion d'une chaudière ; six morts. — Nécrologie. — L'Exposition de Philadelphie. — Les rues nouvelles.

Le budget municipal primitif de 1876 s'étant présenté en déficit de 60.361 fr., on augmenta certaines taxes d'octroi à partir du 1er janvier.

Ce même jour, la population de notre ville fut impressionnée par la nouvelle que l'importante maison de banque Leblond-Barette et fils, dont les deux chefs venaient de mourir, avait, le 31 décembre, suspendu ses paiements. Les conséquences de cette malheureuse affaire, pour beaucoup de déposants, d'industriels et de commerçants, furent désastreuses. Le passif se chiffrait par 14 millions ; l'actif ne représentait qu'un peu plus de la moitié. Vers le milieu du mois, M. Simon, banquier à Evreux, un des principaux débiteurs de la maison Leblond Barette et fils, fut déclaré en état de faillite.

Par jugement du 3 janvier, MM. Achille Cavrel, Isidore Lecerf et Adolphe Mary furent nommés, dans l'intérêt des créanciers de la maison Leblond Barette et fils, pour surveiller l'administration provisoire de cette banque, confiée à MM. Mehl et Picard, par jugement du tribunal civil de Rouen en date du 30 décembre précédent.

Le 4, le tribunal correctionnel rendit le curieux jugement suivant dans une affaire intentée au sieur Barbier, brocanteur à Caudebec, pour complicité de vol par recel :

« Attendu... que Barbier est encore inculpé d'avoir, à Caudebec lès-Elbeuf, le 28 janvier 1875, contrevenu à la sentence du bailli de Rouen, en date du 17 août 1771, en n'inscrivant pas sur le registre à ce destiné, les nom, prénoms et qualités de la femme Dantan, à laquelle il avait vendu la laine saisie par le commissaire de police ;

« Qu'il oppose que Caudebec-lès-Elbeuf, ne faisant pas partie du bailliage de Rouen en 1771, il n'était pas dans l'obligation de se soumettre aux prescriptions d'un règlement qui n'a pu être conservé en vigueur, par l'article 484 du Code pénal, que dans les lieux où il était applicable précédemment ;

« Attendu que si, avant la nouvelle organisation judiciaire, le bailliage de Pont-de-l'Arche et, par conséquent, Caudebec-lès-Elbeuf, faisaient partie du grand bailliage du Rouen, le titre de grand bailli, devenu purement honorifique quant aux fonctions judiciaires, dès 1467, ne donnait à celui qui en était revêtu au-

cune juridiction sur les lieutenants généraux institués dans les anciennes circonscriptions des bailliages; qu'à partir de 1699, l'indépendance des pouvoirs des lieutenants généraux de police fut encore consacrée par un édit les assimilant à ceux du lieutenant général de police de la ville de Paris ; que cet édit, du 17 octobre, porte en effet : « le roi éteignant et
« supprimant les états et offices des lieute-
« nants généraux de police, précédemment
« existants, crée et érige un conseiller géné-
« ral de police dans chacune des villes et
« lieux du royaume où il y a parlement, cour
« des aides, chambre des comptes, sièges ju-
« diciaires, bailliages ou autres juridictions
« royales, pour en faire les fonctions, ainsi
« que le lieutenant-général de police créé pour
« la ville de Paris, par édit du mois de mars
« 1667, à l'instar duquel sont créés lesdits
« offices ».

« Attendu que Pont-de-l'Arche était le siège d'un bailliage et que, dès le 30 novembre 1700, un sieur Michel Leforestier avait été pourvu de l'office de lieutenant général de police de la ville et faubourg de Pont-de-l'Arche, créé par l'édit de 1699, pour en faire les fonctions, disent les lettres de commission,
« en la même forme et manière que le lieute-
« nant général de police créé pour notre
« bonne ville de Paris, par notre édit du mois
« de mars 1667, à l'instar duquel nous avons
« créé ledit office ».

« Attendu que ces magistrats se succédèrent sans interruption ; qu'en 1775 des lettres étaient données, « le 17 août, à Robert-Ma-
« thieu Tavelet, lui octroyant l'office de con-
« seiller, lieutenant général de police (ancien

« et alternatif y réuni) en la ville. faubourg,
« bailliage et vicomté de Pont-de-l'Arche, que
« tenait et exerçait Lecordier, sieur de Bois-
« enval. et qu'en jouissent ou ont droit d'en
« jouir les autres pourvus de pareils offices,
« conformément à l'édit du mois d'octobre
« 1699 ».

« Que Mathieu Tavelet est indiqué dans l'Almanach de Normandie pour l'année 1789, comme exerçant encore ces mêmes fonctions.

« Attendu que les lettres de commission octroyant l'office de lieutenant général de police au bailliage de Rouen ne confèrent pas des pouvoirs plus étendus ; qu'ils avaient par conséquent pour limites la circonscription du bailliage dans lequel ils étaenit exercés ;

« Que Caudebec-lès-Elbeuf ne dépendait pas du bailliage de Rouen, mais de celui de Pont-de-l'Arche ; que la sentence rendue en 1771, par le lieutenant général de police au bailliage de Rouen, n'y était pas applicable à cette époque, et dès lors ne l'est pas aujourd'hui ;

« Que le fait imputé à Barbier de n'avoir pas inscrit sur son registre le nom de la femme Dantan, n'étant pas prévu par une loi applicable à Caudebec-lès-Elbeuf, il y a lieu de la relaxer sur ce chef des poursuites du ministère public.

« Par ces motifs,

« Relaxe Barbier de la poursuite dirigée contre lui en ce qui touche la contravention à la sentence du bailli de Rouen du 17 avril 1771..... »

La première élection de délégués sénatoriaux, par le conseil municipal d'Elbeuf, eut lieu le dimanche 16 janvier. Elle donna les résultats suivants :

Elections d'un délégué : Votants 24 ; à déduire 4 bulletins blancs ou nuls, restèrent 20 suffrages, sur lesquels M. Monneaux, républicain, en obtint 17 et M. Thézard 3. — M. Monneaux fut déclaré délégué sénatorial.

Election d'un délégué suppléant : Votants 24 bulletins blancs ou nuls 4, restèrent 20 suffrages, dont 17 allèrent à M. Rémi Durand, républicain, 1 à M. Thézard, 1 à M. Démar et 1 à M. Beaudouin. M. Durand fut déclaré délégué suppléant.

A la réunion tenue le lendemain, le maire fit connaître que M. Adolphe Chennevière avait donné sa démission de conseiller municipal.

Les délégués sénatoriaux des autres communes du canton furent :

Caudebec : M. le docteur Pernet (rép.) ; suppléant M. Hardouin (rép.).

Saint-Pierre : M. P. Delalande (rép.) ; suppléant M. O. Doubet (rép.).

Saint-Aubin : M. Maille (rép.) ; suppléant M. Aug. Hédouin.

Orival : M. Ch. Lemoine (rép.) ; suppléant M. V. Mariard.

La Londe : M. H. Tragin (rép.) ; suppléant M. Alphonse Franqueville.

Tourville : M. H. Quesné (conservateur) ; suppléant M Philbert Canel.

Cléon : M. Lefrançois, maire (rép.) ; suppléant M. Louis Hédouin.

Freneuse : M. D. Lemaître (cons.) ; suppléant M Courtin.

Sotteville : M. Adonis Dionis (cons.) ; suppléant M. A. Louvel.

Les élections sénatoriales du 30 janvier donnèrent, dans la Seine-Inférieure, les résultats suivants :

Inscrits, 871 ; votants, 868 ; majorité absolue, 435. Furent élus MM. Pouyer-Quertier, par 621 voix ; Ancel, du Havre, par 571 ; le général Robert, par 545. Le quatrième candidat conservateur, M. Rouland, gouverneur de la Banque de France, ne fut élu qu'au ballôttage, par 390 voix. Les candidats républicains étaient MM. Desseaux, ancien député, ancien préfet ; Nétien, maire de Rouen, député ; Masurier, maire du Havre ; Buée, maire d'Elbeuf, député.

Le tirage au sort eut lieu le 3 février. Elbeuf présentait 171 conscrits, Caudebec 98, Saint-Pierre 30, Saint-Aubin 20, La Londe 14, Orival 12, et le canton tout entier 365.

Les conférenciers du commencement de 1876 furent MM. F. Passy, Vast, professeur au Lycée Fontanes ; Félix Hément, Legouvé, Jules Simon, de l'Académie Française.

La fabrique d'Elbeuf entrevoyait alors un avenir rempli de difficultés. *Le Jacquard* résuma ainsi la situation :

« A l'événement financier qui a si vivement ému notre place, est venue se joindre une crise commerciale qui n'en est, du reste, que la résultante. De trop nombreuses maisons de Paris, de la province, de notre centre même, viennent aujourd'hui compliquer la situation, déjà si pleine d'incertitude. de gêne et de danger, en suspendant leurs paiements.

« Jusqu'ici Elbeuf avait combattu vaillamment la mauvaise chance qui semble poursuivre l'industrie lainière depuis plusieurs années et, grâce à l'esprit pratique et à l'activité de ses industriels. avait réussi à écarter le fléau qui frappait successivement tant de de villes manufacturières.

« Ne reculant devant aucun sacrifice pour augmenter ou perfectionner son outillage, améliorations qui amenèrent la création de genres nouveaux d'un mérite incontestable, notre place luttait avec acharnement contre la concurrence anglaise; elle acceptait sans se plaindre une réduction énorme sur ses bénéfices, et tous s'unissaient contre l'ennemi commun. De leur côté, les ouvriers de notre rayon contribuaient, par la modération de leurs rapports avec les patrons, à rendre à ceux-ci le combat plus facile. Un accord tacite s'était établi depuis longtemps entre les uns et les autres; aussi la fabrique, dégagée de tout souci de grève, consacrait toutes ses forces à arrêter les progrès que faisaient les étoffes exotiques dans la consommation. Les efforts paraissaient devoir être prochainement couronnés de succès, quand l'événement du 31 décembre et ceux qui l'ont suivi sont venus remettre en question l'avenir de notre place... »

Les électeurs furent convoqués, pour le 20 février, à l'effet d'élire des députés à la Chambre des députés. La deuxième circonscription de l'arrondissement de Rouen comprenait les cantons d'Elbeuf, de Boos et de Grand-Couronne. M. Buée ne se représentait pas.

Le candidat conservateur fut M. Léon Sevaistre, maire d'Elbeuf, dont la profession de foi se borna à ces lignes :

« Messieurs les Electeurs,

« Tout mon programme est résumé dans ces quelques mots, que prononçait dernièrement M. le maréchal de Mac-Mahon :

« Après tant d'agitations, de déchirements
« et de malheurs, le repos est nécessaire à

« notre pays...; la politique conservatrice et
« vraiment libérale que je me suis constam-
« ment proposé de faire prévaloir, est indis-
« pensable ».

« Je soutiendrai donc énergiquement le régime constitutionnel que la parole du président de la République et nos institutions garantissent au pays. — Léon Sevaistre. »

M. Lucien Dautresme, conseiller général de
notre canton, fut le candidat des républicains.
Il adressa cette circulaire aux électeurs :

« Chers concitoyens,

« Les comités républicains des cantons
« d'Elbeuf, Grand-Couronne et Boos m'ont
fait l'honneur de me désigner pour leur candidat à la députation. Il vous appartient de
ratifier ce choix par vos suffrages : je viens
vous les demander.

« Mes opinions politiques se résument en
trois mots : Je suis républicain.

« Je l'étais quand il y avait péril à l'être ;
c'est vous dire que vous n'avez à redouter de
moi ni palinodie, ni défaillance. Tel j'ai
toujours été, tel je demeurerai.

« Aujourd'hui, la République existe, et la
Constitution du 25 février 1875 en a remis la
garde au maréchal de Mac-Mahon. J'ai pleine
confiance dans la loyauté du président. Je
n'ai pas besoin d'ajouter qu'en cas de revision, je serai de ceux qui veulent améliorer
le principe des institutions actuelles et non
les détruire.

« La France est affamée de repos et de stabilité. Elle réclame un pouvoir souple et fort,
dégagé de toute préoccupation dynastique et
ennemi de toute violence, protégeant tous les
droits acquis sans faire obstacle aux aspira-

tions légitimes, et poursuivant enfin, avec modération, mais sans faiblesse, l'organisation de la démocratie dans l'ordre et dans la liberté.

« Ce gouvernement que veut le pays, c'est celui que je veux moi-même, et que je m'efforcerais d'établir si j'étais votre élu.

« Outre la politique générale, la Chambre des députés a aussi pour mission de statuer sur des questions d'intérêt local. Entré depuis quatre ans au Conseil général, j'ai déjà pu étudier celles qui vous touchent plus particulièrement et constater les besoins de vos localités.

« L'expérience que j'ai acquise, sous ce rapport, dans l'assemblée départementale, me donnera donc plus d'autorité pour accomplir cette partie essentielle du mandat que vous avez à confier.

« Maintenant, chers concitoyens, je vous ai exposé mes sentiments et mes vues, mon passé et mes tendances. A vous de vous prononcer. Etes-vous las des révolutions et des aventures ? Voulez-vous le calme à l'intérieur et la paix en dehors ? Choisissez des hommes résolus à maintenir la République.

« C'est à ce titre que je me présente devant vous, et, si vous m'accordez vos suffrages, personne, j'ose le dire, n'apportera à cette œuvre plus de zèle, de patriotisme et de sincérité.

« Lucien Dautresme,
« Ancien élève de l'Ecole Polytechnique,
Conseiller général du canton d'Elbeuf. »

La candidature de M. Dautresme, vivement soutenue par M. Charité, conseiller général du canton de Boos, par MM. Dulong, Laporte et Picard, conseillers d'arrondissement des trois cantons de la circonscription électorale, et par les comités républicains d'Elbeuf, Sotteville-lès-Rouen, Oissel et Petit-Quevilly, fit de rapides progrès, dont s'inquiétèrent les partisans de M. Sevaistre. Alors, quelques-uns de ceux-ci, se joignant à une dizaine de brouillons ayant précédemment combattu pour l'élection de M. Dautresme au Conseil général, mais devenus ses adversaires depuis, imaginèrent d'offrir la candidature à M. Emile Deschanel, le proscrit du 2 décembre, auquel ses conférences d'Elbeuf avaient créé une véritable popularité.

Le célèbre conférencier devina tout de suite le rôle que les coalisés voulaient lui faire jouer, et voici ce qu'il répondit aux avances qu'on lui avait faites :

« Paris, 8 février 1876.

« Messieurs ; je suis profondément touché de votre offre honorable, qui m'eût fourni l'occasion de répondre aux indignes attaques du parti réactionnaire et clérical à mon égard dans votre ville.

« Cependant, je crois devoir décliner cet honneur, pour deux raisons : la première, c'est que la circonscription d'Elbeuf a déjà un candidat républicain, et que je ne veux point diviser les voix du parti démocratique ; la seconde, c'est que, ayant accepté une candidature dans la circonscription de Courbevoie, je m'y consacre tout entier.

« Veuillez agréer, etc. — EM. DESCHANEL. »

Cette lettre, qui fut rendue publique, mit les conservateurs dans une situation quasi ridicule. Les monarchistes prirent alors le parti de faire paraître le *Journal d'Elbeuf* tous les jours, à partir du 16, et, pour renforcer sa rédaction, firent venir de Paris M. Henri Chabrillat, vaudevilliste et l'un des rédacteurs du *Figaro*.

D'un autre côté, *l'Industriel Elbeuvien*, s'étant rendu compte du mouvement qui poussait les masses vers la République démocratique, soutint la candidature de M Dautresme, qu'il avait si violemment combattue quelques années auparavant. *Le Journal de Rouen* l'appuya également. Quant au *Nouvelliste de Rouen*, un des lanceurs malheureux de la candidature du radical Deschanel, il patronna M Léon Sevaistre.

La lutte fut très vive, et les réunions publiques et privées fort animées. Le Comité démocratique chargea trois de ses membres, les citoyens Ch. Lemoine, Eugène Diot et A. Fortier, de rédiger une circulaire aux électeurs, laquelle, répandue dans toute la circonscription, produisit dans les campagnes un courant favorable à la candidature de M. Dautresme.

Le scrutin donna les résultats suivants :

	Inscrits	Dautresme	Sevaistre
CANTON D'ELBEUF :	—	—	—
Elbeuf............	4.863	2.372	1.136
Caudebec........	2.370	1.523	360
Cléon............	169	56	64
Freneuse........	172	46	76
La Londe........	497	225	167
Orival...........	472	275	107
St-Aubin........	649	313	189
St-Pierre........	1.022	473	360
Sotteville........	96	24	43
Tourville........	246	93	65
Totaux.......	10.556	5.399	2.567

	Inscrits	Dautresme	Sevaistre
CANTON DE BOOS :			
Boos	187	77	60
Amfreville-la-M..	358	225	42
Authieux	95	22	47
Belbeuf	169	68	59
Blosseville-Bons..	354	131	107
Fresne-le-Plan	100	17	55
Gouy	85	19	51
Mesnil-Esnard	336	117	118
Mesnil-Raoult....	129	42	67
Montmain	67	25	32
Neuville-Ch.-d'O.	348	50	203
N. D.-de-Franq...	144	79	27
Quévreville-la-P..	81	34	35
St-Aubin-Cellov..	136	47	70
St-Aubin-Epinay.	117	37	39
St-Pierre-de-Fr...	117	49	24
Ymare	55	26	21
Totaux	2.878	1.045	1.057
CANTON DE G^d-COURONNE :			
Grand-Couronne..	377	120	165
La Bouille	161	62	52
Grand-Quevilly...	372	143	89
Hautot-sur-Seine.	53	10	33
Moulineaux	68	24	27
Oissel	1.182	495	109
Petit-Couronne...	190	69	56
Petit-Quevilly....	1.000	590	160
Sahurs	178	50	57
St-Etienne-du-R..	660	316	102
St-Pierre-de-Man.	165	53	69
Sotteville-l-Rouen	2.592	1.696	233
Val-de-la-Haye....	99	45	36
Totaux	7.097	3.673	1.188
Totaux généraux .	30.536	10.114	4.812

Les deux autres circonscriptions de l'arrondissement de Rouen avaient aussi élu deux républicains : MM. Desseaux et Waddington, Les autres députés républicains élus dans la Seine-Inférieure étaient MM. Lanel et Thiessé. Les conservateurs élus étaient MM Lebourgeois, du Douet et Savoye. Il y avait trois ballottages.

Dans l'Eure, MM. Lepouzé, Papon et d'Osmoy, républicains ; Passy et Janvier de la Motte, conservateurs, avaient été élus ; ce dernier avait eu pour compétiteur MM. Paul Sevaistre, ancien député, et Join-Lambert. Il y avait ballottage, dans l'arrondissement de Louviers, entre MM. Arsène Meunier, républicain, Raoul Duval, bonapartiste, et Prétavoine, monarchiste; celui-ci se retira de la lutte.

Les républicains d'Elbeuf entreprirent alors d'aider au succès de M. Meunier et firent, en conséquence, entre le premier et le second tours, une active propagande dans plusieurs cantons de l'arrondissement de Louviers. Ils faillirent réussir, car M. Meunier obtint 7.476 voix, contre 7.666 à M. Raoul Duval, qui fut élu.

Dans la Seine-Inférieure, au ballottage, furent élus MM. Lecesne, républicain, Dubois et Anisson-Duperron, conservateurs.

Le 2 mars, on donna au théâtre la première représentation d'un *Voyage dans la Ruche*, revue locale, de M. Lomon, artiste de ce théâtre.

Des élections consulaires avaient eu lieu le 13 janvier précédent. MM. Charles Bucaille et Auguste Viot avaient été élus juges au Tribunal de commerce, et MM. Alphonse Bertrand et Jules Brunel, juges suppléants. Les nouveaux magistrats furent installés le 7 mars. Le 31 du même mois, on installa M. Emile-Albert Gasse, élu juge suppléant le 2 mars,

Le dimanche 12, des prières publiques furent dites dans l'église Saint-Jean, à l'occasion de l'ouverture de la session législative. Un certain nombre de notabilités y assistèrent.

Ce même jour, un ouragan tel qu'on ne se souvint d'en avoir jamais vu un plus violent, causa des dégâts très considérables à Elbeuf et aux environs. Entre autres accidents, on nota de nombreux vitraux brisés tant à l'église St-Jean qu'à celle de Caudebec, des cheminées industrielles, une maison et des murs renversés, une multitude d'arbres arrachés, une pluie générale d'ardoises et de vitres brisées. Cependant, aucun accident de personne n'eut lieu en ville, mais, dans les communes voisines, il y eut des blessés et même un mort à Cléon.

Quelques jours après, le Conseil municipal vota 3.000 fr. pour réparation des dégâts causés aux bâtiments municipaux par cette effroyable tempête, suivie d'un débordement de la Seine. Le Conseil vota un autre crédit de 1.000 fr. pour construction de passerelles dans les quartiers inondés.

Le jeudi 23 mars, à huit heures douze minutes du matin, une détonation formidable remplit de terreur tous ceux qui se trouvaient dans le quartier de la rue Saint-Jacques : c'était une des trois chaudières de la machine à vapeur de l'établissement de MM. Blin et Bloch qui venait de faire explosion.

Quatre hommes avaient été tués sur le coup : MM. Baptiste-Laurent Dupont, âgé de 59 ans ; François-Gustave Mauduit, 25 ans ; J.-B Lecoq, 49 ans, et Gustave Picard, 28 ans, tous quatre monteurs de chardon.

Deux chauffeurs, MM. Chrétien Christmann, 44 ans, père de trois enfants en bas âge, et Frédéric Haas, 42 ans, père de cinq enfants, furent retirés vivants ; mais succombèrent, l'un le jour même, l'autre le lendemain, à leurs horribles brûlures.

Inutile de vouloir dépeindre la douleur des habitants de notre ville. Ce fut un deuil général et profond, et l'inhumation des cinq premières victimes, le lendemain de la catastrophe, donna lieu à une manifestation publique sans précédent.

Toutes les autorités du canton assistèrent à ces funérailles, ainsi que deux compagnies du 74e de ligne. Au cimetière, M. Léon Sevaistre, maire, et M. Maurice Blin, au nom de la maison Blin et Bloch, prononcèrent chacun un discours qu'ils ne purent achever que difficilement, tant leur émotion était grande.

Avant de mourir, le malheureux Haas avait confessé que l'explosion était la conséquence de son imprudence. Ayant prié ses patrons de se rendre auprès de lui, il leur déclara qu'après avoir oublié d'alimenter la chaudière, et la voyant rougir, il avait ouvert le robinet d'eau froide. Il implora son pardon, en versant d'abondantes larmes, et rendit son dernier soupir après l'avoir obtenu.

La rue d'Orléans fut livrée au public le 26 mars et à partir de ce jour entretenue par la ville.

Mlle Maria Clémence Poussin, fille de M. Alexandre Poussin et sœur de Mmes Pierre et Emmanuel Pelletier, mourut le 30 mars. Ses héritiers donnèrent, en son nom, une somme de 10.000 fr à l'hospice de notre ville.

Le 9 avril, mourut subitement, à l'âge de 62 ans, M. Charles-Isidore Houllier, manufacturier et ancien banquier. Il avait été juge au Tribunal de commerce et membre du Conseil municipal.

Le même jour eut lieu, sur le Champ de Foire, la première revue d'appel des hommes de l'armée territoriale. On constata l'absence de 235 hommes. Les présents reçurent leur numéro matricule et des instructions pour le cas de mobilisation.

Le mercredi 12, on apprit la mort de M. Alexandre-Turney Stewart, décédé à New-York, où étaient situés ses immenses magasins, dans lesquels 2 000 ou 3.000 personnes étaient employées. Né en Irlande, en 1800, il était parti en Amérique à l'âge de vingt ans. Il laissait une fortune d'environ 500 millions de francs, gagnée dans le commerce ; la fabrique d'Elbeuf était un de ses fournisseurs.

Pendant la guerre franco-allemande de 1870-1871, M. Stewart avait envoyé au Havre 40.000 sacs de blé ou de farine pour secourir nos nationaux, et, après l'armistice, 4.100 sacs de farine aux populations de la région occupée par l'ennemi. Elbeuf, Caudebec et Saint Pierre avaient été compris dans la répartition de ce don princier pour 700 barils, ayant une valeur approximative de 30 000 fr. Les correspondants de M. Stewart, à Elbeuf, étaient MM. Laurent Démar, Flavigny frères, et Osmont et Lermuzeaux.

Mlle Augustine-Lucrèce Delaunay donna à l'hospice, par testament du 19 avril, une somme de 6 500 fr.

En ce même mois, le bureau de poste fut définitivement transféré place du Coq, dans l'ancien hôtel de ville.

Le mercredi 26 au matin, on apprit à El-

Année 1876 479

beuf que le feu avait détruit, pendant la nuit, le théâtre de Rouen, et qu'il y avait de nombreux morts et blessés. Une souscription publique en faveur des victimes fut ouverte à Elbeuf.

M. Laurent Demar ayant décliné l'offre de faire partie du jury à l'exposition de Philadelphie, la Chambre de commerce proposa M. Bellest fils qui accepta ; mais M. du Sommerand, sur le refus de M. Demar, avait déjà désigné, d'urgence, un autre industriel.

Dans un spectacle-concert donné au théâtre, le 13 mai, au profit des pauvres, deux artistes de la Comédie Française, Mme Provost-Poncin et M. Coquelin, remplirent divers rôles. Cette soirée et la loterie de bienfaisance organisée dans le même temps rapportèrent 7.000 fr.

Le conseil de fabrique de Saint-Etienne décida, les 14 et 19 mai, l'agrandissement de la sacristie de cette église. Le devis se montait à environ 10 000 fr.

Au Salon de 1876 figurèrent des œuvres de cinq de nos concitoyens ; MM. E.-M. Massé, Emile-Louis Minet, Eug.-Ern. Chrétien, Ch. Lizé et Mlle Blanche Defrémicourt.

Le 24 mai, M. Jules Simon de l'Académie, fit une conférence au théâtre. N'ayant accepté aucune rémunération, le Comité des conférences lui remit une médaille d'or, aux armes de la ville d'Elbeuf, portant une inscription commémorative au revers.

Il s'était formé un comité principalement composé de MM. Adolphe Fraenckel, président ; Victor Prinvault, secrétaire, et Monneaux, trésorier, pour l'envoi de délégués ouvriers à l'Exposition de Philadelphie. MM.

Victor Denis, Pierre Decoubet et Lesaint furent choisis comme délégués, mais ce dernier fut remplacé par M. Bouvier. Les délégués devaient faire un rapport suivant un questionnaire qu'on leur remettrait.

En juin, M. Mathorel fut nommé chirurgien en chef de l'hospice, en remplacement de M. Nicole, démissionnaire.

A la séance du 14 juin, M. Marchand, par un rapport au nom de la commission, proposa un projet de dénomination des rues du quartier Flavigny.

La rue prolongeant au-delà du Champ-de-Foire, celle de l'Hôtel-de-Ville, serait nommée rue de Guise ;

La rue prolongeant celle Henry serait appelée rue d'Alsace ;

La première rue transversale entre celles Marignan et des Traites prendrait pour nom rue de Lorraine.

La dernière rue transversale, parallèle à celle du Port, serait nommée rue Sainte-Marie.

Après une longue discussion, notamment en ce qui concernait la rue Sainte-Marie, les conclusions du rapport furent adoptées.

Le Conseil s'occupa ensuite d'une demande de subvention pour envoyer des délégués ouvriers à l'Exposition de Philadelphie.

M. Fraenckel demanda qu'une somme de 1.000 à 1.500 fr. fût votée en principe à cet effet.

M. Cavrel objecta qu'il ne voyait pas l'utilité de cette mission « On prépare aux futurs délégués, dit-il, un questionnaire qui ne comprend pas moins de 70 articles dont quelques uns sont des plus ardus. Comment feront-ils pour y répondre ? ».

M. Fraenckel répondit que les délégués feraient ce qu'ils pourraient ; mais il pensait que la dignité d'une cité comme Elbeuf exigeait qu'elle ne fît pas moins que d'autres villes.

M. Léon Sevaistre, maire, dit qu'il serait bon, d'abord, de connaître les délégués.

M. Picard vit là un moyen dilatoire. La Chambre des députés avait voté un subside sans connaître les délégués ; le Conseil municipal pouvait en faire autant ; il ne peut pas être question de personnalités, dit-il.

La discussion se prolongea entre MM. Lechêne, Gérin-Roze, Picard, Fraenckel et Sevaistre.

M. Maille avança que l'insistance de M. Picard pour faire jouer un rôle à l'administration lui paraissait suspecte et l'obligeait à sortir des bornes de la modération. Il exprima l'opinion que M. Picard avait, sans doute, pour objectif, de faire naître des animosités contre l'administration. « M. Picard, dit-il, vise à dégager sa propre responsabilité et celle du Conseil, pour laisser l'administration seule responsable des mesures à prendre, dans la pensée probable qu'elle arriverait peut-être ainsi à se rendre impopulaire ».

M. Picard protesta énergiquement contre ces paroles et dit que jamais on n'avait pu lui reprocher d'avoir créé des difficultés et des embarras à l'administration, et qu'il avait toujours respecté les personnalités. « Je regrette, dit-il, d'être obligé de faire cette observation à un membre de l'administration ».

M. Grivellé proposa de nommer, au sort, une commission qui discuterait le mérite et les aptitudes des délégués.

Cette proposition fut acceptée. Les noms de MM. Fraenckel, Durand, Marchand, Thézard et Picard sortirent de l'urne.

A la séance suivante, M. Fraenckel lut le rapport qu'il avait fait au nom de la commission ; il concluait au rejet de la subvention, parce que la souscription publique, à laquelle n'avaient pris part que 600 souscripteurs pour une somme de 1.156 fr. 95, indiquait l'indifférence du public dans l'envoi d'une délégation ouvrière à Philadelphie.

La discussion reprit entre MM. Picard, Prinvault, Rouland, Maille. Gérin-Roze, Lechêne, Cavrel, Quidet et Sevaistre, et se termina par une demande de vote par appel nominal que fit M. Victor Prinvault.

Votèrent contre la subvention : MM. Sevaistre. Maille, Wallet, Thézard, Potteau, Leseigneur, Cavrel, Fraenckel, Quidet, Marchand, Gérin-Roze et Grivellé ; total : 12 voix.

Votèrent pour, MM. Picard, Lechêne, Durand, Cavé. Pinchon, Ruby, Monneaux, Meyer, Rouland et Prinvault ; total : 10 voix.

Mais avant la clôture de la séance, M. Fraenckel demanda au Conseil de nommer une commission chargée de s'entendre avec la Chambre de commerce, la Société industrielle et le Conseil des prud'hommes, afin de trouver les voies et moyens pour envoyer une délégation ouvrière à Philadelphie.

Cette proposition fut renvoyée à la séance suivante ; mais il n'en fut plus question, au Conseil.

Un arrêté du préfet, daté du 23 juin, nomma secrétaire du Conseil des prud'hommes M. Avit-Jean-Baptiste-Achille Gournay, en remplacement de M. Jules Buquet, démissionnaire.

CHAPITRE XXVI
(Juillet-Décembre 1876)

Découvertes archéologiques. — Agrandissements de l'asile de vieillards. — Les Ecoles de filles — Amélioration de la Seine. — Mort de Mme Randoing ; sa donation. — Les Tramways. — Création de l'Orphelinat de garçons — Les délégués ouvriers a l'Exposition de Philadelphie ; le questionnaire. — L'industrie lainière elbeuvienne en 1876.

Le 4 juillet, le nouveau préfet, M. Limbourg, se rendit à la séance de la Chambre de commerce qu'il présida. La Chambre lui exposa la nécessité, pour notre industrie, d'obtenir 10 pour 100 de protection par les nouveaux traités de commerce. Le préfet promit d'écrire en ce sens au ministre de Commerce.

Le 8, en ouvrant des tranchées, rue de Thuit-Anger, dans le terrain municipal situé au bas du Mont-Duve, on trouva à une profondeur de 2 m. 80 à 3 m. divers vases ou urnes renfermant des os calcinés et divers objets remontant à l'époque gallo-romaine.

En 1822, M. Join-Lambert, propriétaire de ce terrain, y avait déjà recueilli des fibules, une douzaine de petites lampes, des fioles, des vases en terre, etc.

Le dimanche 15 juillet, l'*Hirondelle*, bateau-omnibus de Paris, passa devant Elbeuf ayant à son bord les membres du Conseil général de la Seine, les conseillers municipaux de Paris, des députés, des ingénieurs et des journalistes. Le but de cette excursion, qui se termina à Rouen, était de rechercher les améliorations qu'il y avait à apporter pour la navigation sur le fleuve

Le dimanche 23, MM. Edouard Lockroy, député, et Amouroux, membre de la commission du travail à Paris, firent une conférence au cirque de la rue Lefort, au profit des délégués ouvriers elbeuviens à l'exposition de Philadelphie.

Le 30, le cardinal de Bonnechose, archevêque de Rouen, bénit le tabernacle et l'autel de l'église de l'Immaculée-Conception.

Le soir de ce même jour, les habitants du quartier de la Croix-Féret fêtèrent l'inauguration des eaux du Mont Duve et l'érection d'une fontaine à la jonction des rues de l'Hospice, de Thuit Anger et de Bourgtheroulde.

Le dimanche 6 août, des régates, organisées par le Cercle nautique elbeuvien, attirèrent un très grand nombre de curieux sur les deux rives de la Seine. Elles comprenaient des courses à la voile, des courses à l'aviron, des courses de périssoires et une course aux canards. Le soir, entre les deux ponts, il y eut fête vénitienne, avec le concours des sociétés musicales, et feu d'artifice.

Le 9, la Chambre de commerce désigna MM. Maurice Blin et Constant Flavigny comme délégués au comité départemental d'admission à l'exposition universelle de 1878.

Le 22 août, le Bureau de bienfaisance

acheta, pour le prix de 60,100 francs la propriété de feu M. Claude Mignard, située rue Saint-Jean et contiguë à l'asile des vieillards, à l'effet d'agrandir cet établissement.

Le 23, l'archevêque bénit, à Rouen, le *Frigorifique*, navire construit pour le transport des viande d'Amérique en Europe. Plusieurs Elbeuviens étaient intéressés dans cette entreprise, qui ne réussit pas.

Le 30, à Rouen, mourut M. Jean-Baptiste-Marin Lesaas, docteur en médecine, ayant exercé à Elbeuf pendant de longues années.

Le 15 novembre, le Conseil municipal vota le transférement du marché aux fleurs sur la place établie au nord de l'église Saint-Jean.

Le même jour, après la lecture d'un rapport de M. Fraenckel sur les écoles congréganistes de filles, une longue discussion s'engagea. MM. Picard et Rouland proposèrent un contre-projet, qui fut repoussé, et le Conseil prit cette délibération :

« En considération de l'ouverture prochaine de l'école laïque, le Conseil décide de limiter à deux le nombre des écoles municipales de filles qui devront être dirigées par des congrégations.

« Ces écoles municipales et entièrement gratuites, rétribuées suivant le taux fixé par la loi, devront être tenues par deux congrégations différentes.

« Une de ces écoles sera confiée, comme précédemment, aux dames d'Ernemont; l'autre à une congrégation choisie par l'autorité compétente.

« L'immeuble de la rue Saint-Etienne, appartenant à la ville, servira de maison d'école sous la direction des dames d'Ernemont, l'administration étant invitée à faire toutes diligences pour trouver, dans la partie Est de la ville, une seconde école où puisse s'installer une autre congrégation.

« Transitoirement et en attendant le moment où le nouvel ordre de choses pourra fonctionner, le Conseil municipal laisse la direction de la seconde école aux dames d'Ernemont, sans toutefois que cela puisse excéder la durée d'un an.

« L'administration est chargée de l'exécution de la présente délibération, comme aussi de traiter pour un an avec la congrégation d'Ernemont pour le bail des locaux et pour les classes du soir ».

M. Beaudouin, démissionnaire, n'assistait pas à cette séance.

Le 16, M. Tabouelle, juge de paix, fut nommé en la même qualité dans le 5e canton de Rouen. M. Begenne-Lamothe, venant de Buchy, le remplaça à Elbeuf.

Vers ce même temps, M. Chauvin, commissaire central, fut nommé en la même qualité à Bordeaux. M. Pierre-Méry Méteil, venant du Havre, lui succéda.

Le sieur L..., facteur à la criée, fut révoqué le 18 septembre, pour s'être personnellement livré au commerce du poisson, contrairement au règlement. Le lendemain, M. Auguste Sourdives entra en fonctions comme facteur du marché à la criée.

Le 20, une commission spéciale fut nommée par le maire pour prononcer sur l'admission ou le renvoi des artistes, après leurs débuts au théâtre municipal.

A sa séance, de ce même jour, la Chambre de commerce fut convoquée une demi-heure avant l'introduction de deux délégués anglais, chargés d'étudier la question touchant le renouvellement des traités de commerce. L'assemblée décida de ne communiquer à ces deux commissaires que les tableaux produits à l'enquête parlementaire de 1870, établissant la comparaison du prix de revient d'un drap à Huddersfield et à Elbeuf.

Au sujet du désir, exprimé par ces deux délégués, de visiter quelques établissements de notre ville, M. Aubé, président, observa que c'était une affaire individuelle, à laquelle la Chambre ne pouvait prendre part sans s'exposer à mécontenter les industriels qui pensaient qu'il y aurait inconvénient à cette visite dans les circonstances du moment. En terminant, M. Aubé dit que la visite des Anglais avait pour but de chercher des arguments en faveur du renouvellement du traité de commerce ; que cette intention commandait la plus grande réserve. Les membres s'associèrent aux idées émises par leur président.

Les Anglais furent alors introduits et reçus avec courtoisie. Ils acceptèrent la copie des documents que la Chambre voulut bien leur remettre, n'insistèrent pas sur leur désir de visiter des fabriques et déclarèrent n'avoir d'autre intention que d'arriver au renouvellement du traité, suivant eux, utile aux deux pays.

M. Aubé leur tint alors ce discours : « La Chambre ne s'oppose pas plus à ce traité qu'elle ne le recherche ; mais elle tient à ce que le gouvernement français ne sorte pas du tarif proposé par le Conseil supérieur du commerce. Il n'est pas douteux, messieurs, que vous cherchez des armes justement pour combattre ce tarif; conséquemment, en apportant la plus grande réserve dans ses communications, notre Chambre est, pour ainsi dire, dans le cas de légitime défense. »

Les délégués anglais se retirèrent et quittèrent la ville le jour même. L'un de ces délégués était M. Wrigley, d'Hurddersfield.

L'Industriel Elbeuvien, ayant fait suivre le compte-rendu de cette visite de mots désobligeants pour la fabrique d'Elbeuf, la Chambre de commerce lui envoya une lettre rectificative.

Le 25 octobre, après lecture d'un rapport de son président, la Chambre de commerce émit cet avis :

« 1° Qu'un mouillage constant de 3 m. 20, dans le parcours de la Seine du Havre à Paris, présenterait des avantages importants à la batellerie et au commerce, en assurant une concurrence nécessaire au monopole du chemin de fer.

« 2° Qu'il est assez juste que toutes les localités du littoral qui sont appelées à en profiter contribuent à l'exécution du projet, dans la perspective de l'intérêt qu'elles peuvent y avoir.

« 3° Que, par contre, en considération des sacrifices qu'Elbeuf pourra s'imposer, des travaux provisoires, très promptement exécutés, assurent à son industrie un tirant d'eau de 2 mètres au moins, entre Conflans et Poses. »

Le jeudi 26, on transféra dans le caveau du monument du Mobile, près la Maison-Brulée, les corps des soldats tués dans les environs pendant la guerre de 1870-1871. La cérémonie fut présidée par l'amiral La Roncière le **Noury**.

Par décret en date du 4 novembre, M. Léon Compagnon, notaire, fut nommé suppléant du juge de paix, en remplacement de M. Alfred Grandin, démissionnaire.

Dans le courant du mois, on planta des arbres sur la place nouvellement créée, au nord de l'église Saint-Jean, qui devint le marché aux fleurs.

Mme veuve Camille Randoing, née Louise-Emma Delaunay, décédée à Paris, à l'âge de 68 ans, fut inhumée à Elbeuf le 14 novembre. Par testament, elle avait donné 50,000 francs pour la caisse de retraite des vieux ouvriers de la fabrique.

Sur une proposition faite précédemment par M. Victor Prinvault, le Conseil municipal prit la délibération suivante, le 20 novembre :

« Il sera placé un buste de la République, du modèle de Francia, grandeur moyenne, dans la salle des délibérations du Conseil municipal, ainsi que dans la salle des mariages.

« Il sera également placé un buste du modèle de Francia, petite grandeur, dans la première classe de chacune de nos écoles communales laïques et congréganistes de filles et de garçons.

« Le Conseil vote pour l'acquisition de ces bustes une somme de 270 francs... »

Le 21, la Chambre de commerce désigna M. Philippe Aubé, son président, pour faire partie du jury d'admission à l'Exposition de 1878.

M. de Ridder, ingénieur, donna, le 2 décembre, à la Chambre de commerce, une analyse de la demande de concession de tramways qu'il se proposait d'établir à Elbeuf.

La voie devait être d'un mètre; le service s'étendrait aux voyageurs et aux marchan-

dises ; la traction serait mécanique, par la vapeur. Le réseau comprendrait des lignes :
1º de Sotteville-lès-Rouen à Saint-Pierre-lès-Elbeuf ; 2º de la place du Calvaire à la gare de Saint-Aubin ; 3º de la gare de Saint-Aubin à la place du Coq, par les rues de Paris, Henry et Saint-Jean ; 4º de la place du Calvaire à l'embarcadère du bateau de Rouen, par les rues de la Barrière et Saint-Jean ; 5º de la place du Calvaire à la gare définitive du chemin de fer d'Orléans, par la rue Saint-Jacques ; 6º de la place du Calvaire à la gare de Pont-de-l'Arche, par Martot et Criquebeuf. La vitesse atteindrait de 13 à 14 kilomètres à l'heure. Des trains ouvriers seraient établis matin et soir, et quelle que soit la distance, à 10 centimes par place.

Les conférences elbeuviennes de novembre-décembre 1876 furent faites par MM. Félix Hément, Pascal Duprat, Frédéric Passy, L. Simonin, F. Sarcey, E. Deschanel.

Le 6 décembre, des bûcherons travaillant dans la partie du bois de Vallot appartenant à M. Baudouin aîné, à peu près dans l'axe de la rue Théodore-Chenevière actuelle, découvrirent l'atelier de monnayeur que l'on voit maintenant au musée de notre ville et dont nous avons parlé dans notre tome II, pages 445 et suivantes.

Le 21, le Conseil municipal discuta longuement sur le rapport de la commission concernant la création d'un orphelinat de garçons, au moyen de la donation de MM. Guillaume-Frédéric Olivier, manufacturier rue de la Bague, et Luc-André Suchetet, propriétaire, demeurant à Rouen, s'élevant à 231.644 francs. Aucune délibération ne fut prise ce jour-là.

Année 1876

Le 29, le maire promulgua un nouveau règlement relatif à la réorganisation de la compagnie de sapeurs-pompiers, adopté par le Conseil municipal le 28 novembre précédent

Une loi autorisa, le 30 décembre, la ville d'Elbeuf à emprunter 500.000 francs

Le même jour, le Conseil municipal accepta la donation faite à la ville, par M. Grandin de l'Eprevier, du passage Grandin, allant de la rue Patallier à la rue de la Bague.

Quand les délégués ouvriers étaient partis d'Elbeuf pour l'Exposition de Philadelphie, le comité leur avait remis le questionnaire suivant :

1. Quelle est l'opinion des exposants à Philadelphie sur l'exposition elle-même ?

2. Quel profit l'industrie lainière des Etats-Unis espère-t-elle retirer de cette exposition ?

3. Approximativement, à quels prix sont livrés à la consommation les draps et nouveautés de fabrication française ?

4. Quelles sont les causes des prix élevés auxquels sont vend s, aux Etats-Unis, les tissus de laine français ?

5. Quelle opinion ont les fabricants américains sur les tissus de laine français ?

6 En particulier, comment les fabricants américains apprécient-ils les produits d'Elbeuf, sous le rapport de la nouveauté, de la qualité, du prix, etc ?

7 Quelles opinions ont, sur ces mêmes étoffes, les négociants et consommateurs américains ?

8. Quels moyens faudrait-il employer pour développer, aux Etats-Unis, le goût des tissus français et particulièrement des genres elbeuviens, afin de trouver dans ce pays un plus

grand écoulement pour nos produits ?

9. Pourquoi l'Angleterre trouve-t-elle en Amérique un écoulement plus facile que la France ?

10. A quoi faut-il attribuer ce fait, que l'étranger fabrique quelquefois mieux, souvent à meilleur marché et presque toujours plus vite que nous ?

11. Que pensent les délégués sur les contrefaçons des tissus elbeuviens par les fabricants étrangers ?

12. En quoi l'industrie lainière américaine nous est-elle supérieure ?

13. Quelles sont, en général, les différences dans les moyens de fabrication employés aux Etats-Unis et ceux en usage à Elbeuf ?

14. L'Amérique pourrait-elle tenter avec succès l'importation de ses draperies en Europe ?

15. Parmi les produits exposés par les manufacturiers étrangers, s'en trouve-t-il dont la fabrication pourrait avoir des chances de succès à Elbeuf ? Rapporter des échantillons.

16. Quelles sont les laines généralement employées par les fabriques des Etats-Unis ?

17. Quel rôle jouent, dans la fabrique américaine, les laines renaissance ?

18. D'où proviennent les chiffons de draps et autres matières lainières employés pour effilochage ?

19. Les blousses sont-elles d'un usage répandu aux Etats-Unis ?

20. Quelle opinion ont les délégués sur l'exposition elbeuvienne à Philadelphie ?

21. Les autres tissus de laine français tranchent-ils d'une façon remarquable ceux de l'étranger ?

22. Que pensent les délégués sur la construction mécanique américaine?

23. Le chauffage des machines à vapeur présente-t-il, aux Etats-Unis, quelques particularités?

24 Comment procède-t-on, aux Etats-Unis, pour le dégraissage des laines?

25. Tire-t on parti du suint?

26. Comment se pratique l'épaillage chimique en Amérique?

27. Les Américains emploient-ils encore des machines pour l'échardonnage des laines?

28 Quelles sont les observations des délégués sur la teinture des produits exposés?

29. Comment et au moyen de quels produits se pratique l'ensimage des laines dans les fabriques de l'Union?

30 Les machines à louveter américaines présentent-elles quelques particularités?

31. Quelles sont les remarques des délégués au sujet du cardage des laines?

32. Quelles sont les observations des délégués sur les métiers à filer exposés et sur le filage de laine aux Etats-Unis?

33. Comment se fait le retordage des laines, aux Etats-Unis?

34. Quelles sont les machines préparatoires pour le tissage exposées?

35. Quelles sont les métiers à tisser mécaniques exposés à Philadelphie?

36. La manière de tisser des Américains présente-t-elle quelque particularité?

37. Quel est l'avis des délégués sur les métiers mécaniques en général, par rapport aux genres elbeuviens?

38. Parmi les métiers mécaniques exposés à Philadelphie, en est-il qui pourraient conve-

nir d'une manière spéciale aux étoffes nouveautés d'Elbeuf ?

39. Les métiers à la main sont-ils d'un usage répandu aux Etats-Unis ?

40. Quelles sont les mécaniques Jacquard exposées ?

41. Quels sont les perfectionnements aux métiers à tisser dont les délégués ont pu avoir connaissance pendant leur séjour aux Etats-Unis ?

42. Quelles sont les observations des délégués sur le dégraissage des étoffes aux Etats-Unis ?

43. Comment foule-t-on les étoffes de laine dans les fabriques américaines ?

44. Comment y procède-t on à l'épincetage et au rentrayage ?

45. Quelles sont les observations des délégués sur le garnissage ?

46. L'essorage, le séchage, le ramage présent-ils quelques particularités ?

47 Quelles sont les remarques des délégués sur les machines à tondre exposées et l'opération du tondage aux Etats-Unis ?

48. Quel rôle joue, aux Etats-Unis, le chardon métallique dans les apprêts ?

49. Quelles sont les machines à ratiner, onduler, tuiler, velouter, etc., figurant à l'exposition ?

50. Quelles sont les observations des délégués sur le pressage, le décatissage, etc. ?

51. Quels sont les appareils accessoires figurant à l'exposition de Philadelphie qui pourraient être utilement employés à Elbeuf ?

52. Comment l'industrie lainière anglaise était-elle représentée ?

53. Quelles sont les observations des délégués sur les produits belges ?

54. Même question pour les produits allemands.

55. Quelles sont les observations des délégués sur les tissus de laine exposés par l'Italie?

56. Même question pour l'Autriche.

57. Quelles sont les observations des délégués sur la Russie et ses produits lainiers?

58. Parmi les autres sections, quelles sont celles dont l'exposition en tissus de laine avait le plus de mérites?

59. Parmi les ouvriers employés dans la fabrication des fils et tissus de laine. aux Etats-Unis, quels sont les mieux rétribués?

60 Quels genres de travaux sont plus particulièrement faits aux pièces dans les fabriques américaines?

61. Beaucoup d'ouvriers étrangers sont-ils employés dans les fabriques de l'Union?

62. Quelle est la condition des ouvriers occupés dans les manufactures de laine aux Etats-Unis? Quels avantages ont-ils sur ceux de nos fabriques?

63. Les grèves sont-elles fréquentes et quelles en sont les causes?

64. Comment sont jugés les différends qui s'élèvent entre les patrons et les ouvriers?

65. Quelles sont les mœurs et les habitudes des ouvriers américains?

66 L'esprit de famille existe-t-il à un plus haut degré chez les ouvriers américains que chez nous?

67. Comment l'instruction est elle répartie aux Etats-Unis?

68. Que peuvent avoir de particulier les écoles industrielles et professionnelles aux Etats-Unis?

69. Quelles sont les conditions des femmes et des enfants dans les manufactures américaines ?

70 Que présentent de particulier les associations ouvrières aux Etats-Unis ?

71. Comment fonctionnent ces associations ouvrières ?

72. Quelles sont les institutions américaines qui pourraient être introduites chez nous ?

73. Existe-t-il, aux Etats-Unis, des maisons de banque ou de crédit populaires ?

74. Quelles sont les publications périodiques, traitant de la fabrication des fils et tissus de laine, les plus répandues aux Etats-Unis ?

75. Que pensent les Américains de l'Exposition universelle de Paris, en 1878 ?

Les réponses à ce long et minutieux questionnaire parurent en un volume de près de 400 pages, sous la signature Descoubet et Bouvier. Il portait pour titre : *Rapport sur l'Industrie lainière à l'Exposition de Philadelphie*. Le journal le *Jacquard* le reproduisit en entier, et l'*Industriel*, qui le qualifia de « vraiment remarquable», en publia plusieurs chapitres.

Parmi les produits elbeuviens exposés à Philadelphie, la Commission du Centenaire remarqua particulièrement les draps noirs et de couleurs de MM. E. Bellest et Cie et les draps de M. Decaux fils, pour équipages militaires. Ces deux maisons furent l'objet d'une distinction de la part du gouvernement des Etats-Unis.

Sous l'impression profonde cau ée par la suspension de paiements de la banque Leblond-Barette, qui avait marqué le premier

Année 1876

jour de l'année, et par la chute de plusieurs maisons importantes faisant le commerce de la draperie, les fabricants de notre place avaient montré beaucoup de prudence dans le développement de leur fabrication, ce qui n'empêcha pas les articles d'été et d'hiver de subir une baisse quand il fut question de les écouler.

Il n'était entré à Elbeuf, pour les besoins de la consommation annuelle, que 46.869 tonnes de charbon, soit 5.468 de moins que l'année précédente.

Le poids de la laine dégraissée à fond et employée fut évalué à 7.198.997 kilos, valant 41.764.182 francs.

La fabrication écoulée se chiffrait par 5.420.445 kilos qui, à raison de 15 fr. 94 le kilo, donnait une valeur de 86.401.893 francs à la totalité des draps vendus, pour une longueur de 8.885.970 mètres, au prix moyen de 9 fr. 25 le mètre.

Outre les causes locales, la diminution de la production fut aussi attribuée à l'introduction considérable de nouveautés anglaises en France.

En 1876, il y avait eu 706 naissances, 159 mariages, 698 décès.

Caudebec avait enregistré 368 naissances, 95 mariages et 298 décès.

A Saint-Pierre, on avait compté 92 naissances, 25 mariages et 74 décès

A Saint-Aubin, les naissances s'étaient chiffrées par 88, les mariages par 20 et les décès par 55.

Le recensement de la population, en 1876, accusa 21.656 habitants à Elbeuf, contre 22.596 en 1872, soit une différence en moins de 940.

A Caudebec, on compta 11.338 habitants, contre 10.715 en 1872.

A Saint-Pierre, 3.869, contre 3.864 en 1872.

A Saint Aubin, on avait compté 2.870 habitants, soit une augmentation de 286 sur le précédent recensement.

CHAPITRE XXVII
(Janvier-Août 1877)

Une nouvelle école laique. — Au tribunal de commerce. — Un syndicat de fabricants. — Détournements a la mairie. — Les tramways. — Fondation de l'Orphelinat de garçons. — Le Coup d'Etat du 16 mai. Les 363. — Ouverture de l'église luthérienne. — M. Revelle, candidat officiel.

Le 9 janvier 1877, les adhérents à l'Exposition universelle de 1878 se réunirent à l'hôtel-de-ville, sous la présidence de M. Ph. Aubé, président de la Chambre de commerce, membre du comité départemental et du comité d'admission à l'Exposition. Les futurs exposants présents étaient au nombre de 44.
Le 20, on procéda à l'installation de MM. Achille Cavrel, Laurent Démar, Henri Lebourgeois, secrétaire, et M. Emmanuel Pelletier, trésorier.
Dans le courant de janvier, le théâtre de la famille Gaillet, installé rue Mazagran donna plusieurs représentations de *René II* ou *Elbeuf et Caudebec en 1476*, ouvrage de peu de valeur, dont l'auteur était l'un des frères Gaillet.

Le Conseil municipal, dans sa séance du 24, autorisa l'administration à faire les tarvaux nécessaires à une propriété de M. Liorel, achetée par la ville, pour y établir une école laïque de filles. Cet immeuble était l'ancien cercle des commerçants, dont l'entrée était passage Dubuc. Quelque temps après, le Conseil vota un crédit de 93.250 francs pour cette acquisition.

Le 5 février, on fonda la société de « l'Enseignement démocratique ». Elle avait pour but la création d'un cabinet de lecture et l'ouverture d'une salle de conférences.

Au tirage au sort, le 6, 362 conscrits se présentèrent ; il y en avait 154 d'Elbeuf, 93 de Caudebec, 37 de Saint-Pierre, 30 de Saint-Aubin, et 17 d'Orival.

Le 7, à Paris, des délégués départementaux se réunirent, dans le but de la formation d'un comité inter-départemental pour l'achèvement des chemins de fer de la Seine-Inférie re, de l'Eure, de l'Eure-et-Loir et du Loiret. Parmi les présents on remarquait MM. Edouard Bellest, ancien président de la Société industrielle, et Léon Sevaistre, maire d'Elbeuf. Un comité d'action fut nommé : nos deux concitoyens en firent partie.

Par les élections consulaires des 14 décembre et 25 janvier précédents, M Achille Cavrel avait été nommé président du tribunal de commerce ; MM Ernest Flavigny et Charles Delarue élus juges, et MM. Albert Gasse et Victrice Léon juges suppléants. On les installa dans leurs fonctions le 16 février.

Du discours prononcé en cette séance par M. Pelletier, président sortant, il ressort que le tribunal avait inscrit 553 affaires nouvelles en 1875. — On avait déclaré 8 faillites en 1875 et 16 en 1876, au total 24, dont 9 se rapportant à l'industrie textile. — Les sociétés commerciales nouvelles se chiffraient par 43 en 1875 et par 31 en 1876. — Il y avait eu 9 dissolutions de sociétés en 1875 et 21 en 1876.

Dans ce même discours, M. Pelletier, s'adressant au nouveau président, fit allusion à la situation :

« Depuis votre départ, de graves événements financiers sont venus accabler notre place. Jointe à la crise commerciale que nous traversons, ils ont créé des situations difficiles ; certaines plaies sont profondes. Avec l'autorité que vous donne votre grande expérience des affaires et la confiance que vous inspirez à juste titre, vous calmerez les inquiétudes et rassurerez les intérêts engagés... Cette année, il n'y a pas eu de repos pour les membres du tribunal; tous ont été constamment de service, par suite des nombreuses procédures, nécessitées surtout par le naufrage de l'importante maison de banque dont nous avons parlé. M. Ernest Flavigny, auquel incombait la tâche ardue de diriger les débats de ces affaires, et ses deux collègues MM. Viot et Bertrand, ont fait preuve d'un discernement remarquable dans l'étude des questions délicates qui leur étaient soumises. Presque toutes sont allées en appel.. et tous les jugements qu'ils ont rendus ont été confirmés par la Cour ».

Le même jour, le tribunal de commerce prononça la faillite de la maison Leblond-Barette et fils ; mais six jours après, la cour d'appel mis ce jugement à néant.

Sur la proposition de M. Fraenckel, le conseil municipal, réuni le 19 février, vota 500 francs en faveur des ouvriers de Lyon, dont un grand nombre n'avaient plus de travail.

Ce même jour, le Conseil donna un avis favorable à une pétition des pêcheurs de la Seine, adressée aux municipalités des communes riveraines, de Martot aux Authieux, tendant à obtenir l'autorisation de pêcher pendant la nuit.

Dans la même séance, le Conseil protesta contre toute mesure qui aurait pour résultat de modifier le décret du 5 avril, déclarant d'utilité publique un chemin de fer de la limite de l'Eure à Rouen, et émit le vœu que le gouvernement n'autorisât pas la vente des lignes concédées entre Orléans et Rouen à deux compagnies différentes.

M. Laurent Demar, manufacturier, mourut le 19, à l'âge de 58 ans. Récompensé à toutes les expositions auxquelles il avait participé, il avait fait partie du jury à l'exposition de Vienne. Les nouveautés fabriquées par M. Démar avaient toujours joui de la plus grande faveur auprès du commerce de gros et des consommateurs, aussi furent-elles souvent copiées et contrefaites.

Le lendemain, mourut M. Mathieu-Constant Delalande, à l'âge de 88 ans. Le défunt, ancien manufacturier, avait rempli diverses fonctions publiques.

Le 1er mai, M. Perron-Derenève, directeur du théâtre, fit jouer *Rose et Bluet*, opérette en un acte, de M. Albert Lhomme, de Caudebec, musique de M. G. Bourné.

Le 6, le tribunal civil de Rouen donna gain

de cause à la ville d'Elbeuf dans un différend avec la Compagnie elbeuvienne d'éclairage par le gaz. La Compagnie fut condamnée à rembourser à la ville 71.522 francs, plus les intérêts de cette somme depuis un certain temps.

M. Charles Jobey, né à Elbeuf, mourut à Paris le 13 mars, à l'âge de 64 ans. Il avait rédigé la *Liberté*, de Rouen, et écrit plusieurs ouvrages intéressants, notamment *la Chasse et la Table*, et des romans, dont les sujets étaient d'Amérique, pays qu'il avait parcouru en chasseur. Il avait été l'un des collaborateurs les plus actifs de Furne, du marquis de Cherville, d'Alexandre Dumas et de Toussenel, dans *la Vie à la campagne*, et avait longtemps habité la Côte des Deux-Amants.

Le 15, dans une réunion de fabricants partisans de la fondation d'une chambre syndicale, on donna lecture des statuts, qui furent adoptés. Cette association avait pour but : « 1° de régulariser les rapports et de resserrer les liens de confraternité entre les producteurs et les intermédiaires ; 2° d'étudier toutes questions ou réformes susceptibles d'apporter une amélioration dans les relations commerciales de la place d'Elbeuf ; de créer un centre d'action et de surveillance pour arriver au but que se propose l'association. »

Cependant il se forma immédiatement deux groupes : l'un acceptant les statuts et le règlement tout de suite, l'autre ne s'engageant à faire partie de l'association qu'autant que le nombre des contractants atteindrait le chiffre de 40 — il n'était alors que de 30, les deux groupes réunis —, et que l'engagement n'aurait d'effet qu'à partir de la saison 1878-1879.

Quelques jours après, 42 maisons de fabrication ayant donné leur adhésion, le syndicat fut définitivement fondé.

Les conférenciers du commencement de 1877 furent MM. Albert Reville; L. Simonin; Vast, répétiteur au lycée Fontanes; Ad. Franck, de l'Institut; Emile Deschanel, Jules Favre, de l'Académie française. — En outre, M. Nadaud, député de la Seine, fit une conrence le 21 mars, au profit des ouvriers lyonnais.

Pendant le carnaval et à la mi-carême, il y eut des bals masqués au théâtre.

Le 21 mars, le Conseil municipal vota un crédit de 3.000 francs pour la construction d'un appareil de sauvetage, inventé par M. Dubosc, sapeur-pompier de notre ville.

Il vota également un crédit de 12.300 fr. pour l'exhaussement du quai entre le pont suspendu et la rue de Seine.

Dans la séance municipale tenue le 29, M. Sevaistre, maire, exposa au Conseil une réclamation de M. Levasseur, imprimeur, concernant un mémoire arriéré depuis 1859.

Sur chaque facture annuelle présentée par M. Levasseur, il avait été rayé, de son consentement, ce qui concernait l'impression des adjudications. Les sommes payées par les adjudicataires n'étaient point entrées dans la caisse de la ville, mais avaient été perçues par le sieur Léon K... alors secrétaire de la mairie, destitué et condamné depuis. A partir de 1859, il n'y avait pas eu d'apurement des comptes de l'imprimeur, lequel réclamait au Conseil une somme de 5.169 fr. 95.

La commission du budget, qui avait examiné cette réclamation, pensait que M. Levasseur, en ne demandant pas les sommes qui lui étaient dues et en tolérant cette suppression partielle, toujours la même, des frais d'adjudication, s'était rendu complice moral des détournements qui s'étaient produits depuis dix-huit ans. La commission avait refusé, en conséquence, de payer ces frais, s'élevant à 2.776 fr. 45, attendu qu'il était certain que si l'imprimeur eût adressé une réclamation au maire, l'éveil aurait été donné et la fraude découverte. Pour sa défense, M. Levasseur prétendit n'avoir jamais vérifié les mémoires qui lui avaient été soldés et avoir inscrit comme acomptes les sommes qu'il avait reçues; en un mot il arguait de sa bonne foi.

M. Maille, après cet exposé, observa que M. Levasseur avait été victime d'une grande simplicité de caractère « Il est possible, dit-il, qu'il n'ait jamais vérifié ses mandats de paiement, ceux-ci ayant été délivrés sur plusieurs crédits; il est néanmoins certain que les imprimés ont été faits et livrés et que M. Levasseur a été victime d'un adroit filou. »

M Quidet demanda si dans le procès du secrétaire général K ..; on n'avait pas trouvé la preuve de ces détournements.

M. Maille répondit que c'était par lui-même et par lui seul qu'ils avaient été commis.

M. Fraenckel dit que les comptes de tout commerçant devaient être apurés au moins tous les cinq ans, et que si M. Levasseur avait été victime de sa simplicité, ce n'était pas à la ville d'en supporter les conséquences.

M Wallet appuya l'opinion de M. Fraenckel, en observant qu'il était élémentaire, lorsqu'on éliminait tous les ans un article sur une facture, d'en demander la raison.

M. Sevaistre trouva également étrange la conduite de M. Levasseur.

La discussion se prolongea. Enfin, le maire demanda, avant de passer au vote, de séparer la première partie de la facture Levasseur « relative aux imprimés personnels, tels que cartes de visite, bulletins de vote, et qui sont dus, dit-il, par les personnes qui les ont commandés », ce que le Conseil adopta.

Ensuite, l'assemblée refusa de payer les imprimés pour frais d'adjudication faits depuis.

Ce même jour, le Conseil municipal discuta sur l'installation de tramways à Elbeuf et, à l'unanimité, approuva le cahier des charges de la concession sollicitée par la ville la classification des marchandises à transporter par les cars, le mémoire descriptif et explicatif concernant l'établissement de plusieurs lignes, les plans de ces lignes, le traité de rétrocession passé entre la ville et M. de Ridder, par lequel ce dernier s'obligeait à verser à la Caisse des dépôts et consignations, dans les huit jours qui suivraient, un cautionnement de 100 000 francs ; toutes ces pièces signées *ne varietur* par le maire d'Elbeuf et le rétrocessionnaire.

L'ouverture du marché aux fleurs, entre l'église Saint-Jean et la rue Berthelot, date du samedi 7 avril 1877.

Le surlendemain 9, on ouvrit l'école laïque de filles dans les bâtiments de l'ancien cercle des commerçants, passage Dubuc.

Le Conseil municipal, réuni de nouveau le 15 avril, discuta sur les clauses de la donation faite par MM. Frédéric Olivier et Suchetet d'un orphelinat de garçons. Malgré l'importance de cette donation, qui se montait à 228.542 francs, plusieurs membres la combattirent à cause de certaines conditions religieuses exposées par les donateurs. Après une discussion, dont le compte-rendu s'étend sur 46 pages du registre des procès-verbaux, on vota par appel nominal.

Votèrent pour l'acceptation : MM. Sevaistre, Maille, Vallet, Thézard, Potteau, Courel, Quidet, Ruby, Marchand, Gérin-Roze et Grivellé ; total 11 ;

Votèrent contre MM. Picard, Durand, Pinchon, Monneaux, Rouland et Prinvault ; total 5.

L'*Industriel* ayant publié le compte rendu de cette séance, M. Louis Olivier adressa à ce journal, le 19 du mois suivant, une lettre dont voici les principaux passages :

« ... Plusieurs de nos édiles ont cru voir dans certaines clauses de l'acte de la donation des tendances intolérantes et cléricales.

« Appelé à faire partie du conseil d'administration de l'orphelinat, je dois protester hautement contre ces accusations et dire que je voterai constamment en faveur de la liberté de conscience et dans le sens du libéralisme auquel je suis et demeurerai toujours sérieusement attaché.

« J'estime qu'il faut combattre avec une égale fermeté ceux qui prétendent imposer autrement que par la persuasion les convictions religieuses, et ceux qui, comptant sur la « piperie des mots » veulent repousser et opprimer la religion au nom de la liberté de conscience. Les uns, sous le masque de la religion, n'ont d'autre but que d'arriver à la domination politique et à la conquête de la société civile ; les autres, pour détruire toute religion, affectent de la confondre avec les pratiques idiotes et les doctrines coupables des ultramontains.

« Si, contrairement à mes espérances, l'une ou l'autre de ces deux formes de l'hypocrisie apparaissait au sein du conseil d'administration ou chez les directeurs de l'orphelinat, je déclare qu'aucune question de personnalité ne m'empêcherait de la flétrir et de la repousser.

« Je crois de mon devoir de dire bien haut ma pensée, au moment où les craintes dont plusieurs conseillers municipaux ont eu, à mon avis, grand tort de se prévaloir pour refuser la donation de MM. Olivier et Suchetet, semblent être légitimées par la consécration officielle que viennent de recevoir les idées politiques et prétendues religieuses de M. le comte Albert de Mun et de son honorable collègue des cercles catholiques M. le comte Albert de Germiny.. » — L'allusion contenue dans ces derniers mots fut très remarquée.

Un décret daté du 23 avril portait les nominations suivantes dans la compagnie des sapeurs-pompiers de notre ville : Léon Quidet, capitaine ; Antoine Joinnel, lieutenant ; Arthur Lorette, sous-lieutenant ; Amable Petel, sous-lieutenant ; Arthur Mathorel, chirurgien, aide-major.

Le spectacle-concert du dimanche 6 mai eut un succès exceptionnel à cause de la réputation et de la valeur des artistes qui y donnèrent leur concours, et parmi lesquels nous citerons MM. Coquelin aîné et cadet, et Mlle Baretta, tous trois de la Comédie Française. — Ce concert et la loterie de bienfaisance laissèrent un bénéfice net de 7.200 fr.

La question des tarifs douaniers occupait alors de nombreux esprits. M. Lucien Dautresme, député, se rendit souvent aux séances de la Chambre de commerce. Il s'y trouvait, le 12 mai, quand M. Aubé, président rendit compte des démarches qu'il avait faites auprès du Ministre du Commerce et du Directeur général des Douanes, en compagnie de MM. Cunin-Gridaine, de Sedan, Poitevin, de Louviers, Dautresme, Flavigny et Blin.

Le 14, la Chambre syndicale de la draperie de Paris, pour répondre aux efforts de la Chambre syndicale d'Elbeuf, résolut de ne commissionner qu'à ceux des fabricants de notre ville et de Louviers ayant pris l'engagement de ne couper que par douze mètres au moins, et de préférence à ceux ne livrant que des pièces entières. La Chambre de Paris promit, en outre, de favoriser les fabricants qui ne remettraient d'échantillons que sur commissions fermes.

La date du 16 mai 1877 est une de celles qui font époque dans l'histoire de la troisième République, et comme notre ville prit une part très active dans le double mouvement politique qui se produisit alors, nous nous trouvons en quelque sorte obligé de rappeler les origines du conflit.

Au mois de septembre précédent, le maréchal de Mac-Mahon, président de la République, s'était adressé à M. Jules Simon pour former un nouveau ministère ; ce choix semblait donner satisfaction à la majorité des électeurs français, lesquels réclamaient une politique plus libérale. A la suite de la nomination du nouveau ministère, l'agitation, qui régnait depuis plus d'un an dans le pays, se calma aussitôt.

Cela ne faisait pas le compte des anciens partis monarchistes. Les anti républicains firent circuler une pétition en faveur du rétablissement du pouvoir temporel du pape, au risque d'amener une rupture avec l'Italie et par suite avec l'Allemagne, son alliée.

En présence de ce danger, la Chambre des députés, par un ordre du jour très ferme, invita le gouvernement à réprimer ce mouvement. M. Jules Simon accepta cet ordre du jour au nom du gouvernement. C'était une défaite pour le parti clérical ; il s'en vengea en poussant le maréchal à changer de ministère. M. de Mac Mahon céda.

Le 16 mai donc, le maréchal-président écrivit une lettre au président du Conseil, dans laquelle il mettait en doute que le ministère eût conservé sur la Chambre l'influence nécessaire pour faire prévaloir ses vues. »

Le ministère donna sa démission et fut remplacé par un cabinet représentant la politique de combat à outrance contre les républicains et la République, sous la présidence du duc de Broglie.

La Chambre des députés et la gauche du Sénat protestèrent. Le 18 mai, le ministère leur signifia un décret de prorogation pour un mois. On sait que la Chambre répondit en publiant un manifeste portant la signature de 363 députés, dans lequel elle déclarait l'acte du 16 mai illégal, inconstitutionnel et injuste.

M. Sevaistre, maire, procéda, le 23 mai, à l'installation de MM. Ernest Bouchet et Eugène Hennebert, élus membres de la Chambre de commerce, en remplacement de MM. Prieur, démissionnaire, et Démar, décédé.

Le 12 juin, le ministre des Travaux publics, agissant pour le compte de l'Etat, racheta la ligne d'Orléans à Rouen, section de la limite de l'Eure à Rouen, par Elbeuf.

Depuis le 16 mai, le gouvernement réactionnaire et clérical du duc de Broglie n'était pas resté inactif ; il avait changé une multitude de préfets, sous-préfets, secrétaires généraux et maires. Le droit de réunion, la liberté de la presse, tout était suspendu. Dès le lendemain du 16 mai, des perquisitions, suivies d'arrestations temporaires, avaient été opérées, à Elbeuf, comme ailleurs, et des dépêches et des imprimés avaient été saisis à l'imprimerie républicaine de notre ville.

Le 16 juin, le duc de Broglie apporta au Sénat un message du Président Mac-Mahon demandant la dissolution de la Chambre des députés. Celle-ci, à la suite d'un discours de Gambetta, vota par 363 voix un ordre du jour contre « le ministère des curés », déclarant que le cabinet « était un danger pour l'ordre et pour la paix, en même temps qu'une cause de troubles pour les affaires et les intérêts ». 149 sénateurs votèrent la dissolution. Le décret qui la rendait exécutoire fut signé le 25 juin. Les élections étaient fixées au 14 octobre.

Un service météorologique fut inauguré le 1er juillet, par un baromètre apposé sur la façade de l'hôtel-de-ville ; quelques jours après, on y joignit un bulletin journalier de l'Observatoire de Paris.

On signait à Elbeuf, depuis quelques jours, une pétition au Président de la République, ayant pour objet de porter le gouvernement à n'admettre aucune réduction sur les tarifs de douane. Cette pétition émanait de Rouen et fut soumise à tous les commerçants et industriels de Normandie.

Le 16 juillet, un service de voitures fut établi d'Elbeuf à Criquebeuf-sur-Seine, où l'on inaugurait le culte de Notre-Dame de Lourdes.

Par décret en date du 19, M. Lefebvre, juge de paix à Fécamp, fut nommé à Elbeuf, en remplacement de M. Bégenne-Lamotte.

Le 22, on inaugura l'église évangélique luthérienne dite de la Confession d'Augsbourg, rue Saint-Jacques prolongée. Le culte fut d'abord célébré en allemand, pour la commodité des fidèles, presque tous Alsaciens, venus à Elbeuf après la guerre franco-allemande. Cette seconde église protestante fut desservie par M. E. Rœrich, pasteur.

Le 25, un décret nomma M. Charles-Emmanuel Gallian, commissaire de police à Elbeuf, aux mêmes fonctions au Havre. M. Prudent, commissaire à Caudebec, lui succéda à Elbeuf, et M. Alexis-Léopold Chauvin, venant de Versailles, remplaça M. Prudent à Caudebec

Le 31 juillet, la commission administrative de l'hospice accepta un legs de 10.000 francs fait à cet établissement par feu M. Edmond Debroche. Ce bienfaiteur avait également fait don d'une somme de 5 000 francs au Bureau de bienfaisance.

Au commencement d'août, on apprit que le préfet venait de suspendre pour deux mois M. Doubet, maire de Saint-Pierre-les-Elbeuf, et MM. Victor Denis et Fromont, adjoints, et que le Conseil municipal de la même commune était remplacé, également pour deux mois, par une commission municipale exclusivement composée de conservateurs dévoués au gouvernement de Broglie. Les maires et adjoints nouveaux furent MM. Adolphe Broussais, Victor Girard et Guillaume Dubosc.

Cette double suspension fut portée à six mois.

Le 13 août, sur une proposition de M. Rouland, le Conseil municipal vota 200 francs pour contribuer à l'érection d'un monument à Dupont de l'Eure, au Neubourg.

Le même jour, M. Pinchon demanda à M. Sevaistre, maire, pourquoi le *Bulletin des communes*, devenu un pamphlet politique, était affiché à l'hôtel de ville.

Le maire répondit que c'était là une question politique qu'il était interdit au Conseil municipal d'aborder.

Ce même jour encore, le Conseil décida d'acheter le matériel scolaire appartenant aux religieuses d'Ernemont et resté dans l'école de filles de la rue Saint-Etienne, qui allait devenir école laïque.

Il vota une concession perpétuelle pour Mlle Anasthasie Pesquet, en religion sœur Sainte-Philomène, qui avait passé trente-deux ans dans l'instruction primaire à Elbeuf, dont dix-huit à l'école Saint-Etienne et quatorze comme supérieure à l'école de l'Immaculée-Conception.

Le même jour, un train parti d'Elbeuf-Saint-Aubin pour Rouen-Saint-Sever alla tamponner, près de cette dernière ville, un train de marchandises.

Il y eut cinq blessés, dont quatre d'Elbeuf et de Saint-Aubin. La nouvelle de cet accident, grossie considérablement, avait, un instant, jeté un émoi général dans notre ville.

On sait que de nouvelles élections législatives devaient avoir lieu. MM. L. Sevaistre, E Turgis et H. Quesné avaient été successivement sollicités par le préfet pour accepter la candidature à la prochaine élection législative, contre M. L. Dautresme ; mais, n'ayant aucun doute sur le sort réservé au candidat qui recevrait l'estampille officielle, ils avaient, l'un après l'autre, décliné l'offre préfectorale.

Alors, le préfet eut l'idée de s'adresser à M. Revelle, avocat de Rouen, originaire d'Elbeuf, où son père avait exercé la médecine. M. Revelle accepta, et sa candidature fut annoncée le 24 août.

Depuis l'ouverture de la période électorale, la principale occupation du ministère de Broglie avait été de placer ses partisans dans tous les postes et emplois publics, et de manœuvrer, par n'importe quel moyen, même en vue de fausser le suffrage universel, pour obtenir une majorité.

Dans notre département, on supprima plusieurs Ligues de l'enseignement, et la vente de certains journaux fut interdite sur la voie publique. Mais, à Elbeuf, le Comité démocratique se procura un très grand nombre de feuilles républicaines, qui, journellement, furent envoyées par la poste aux électeurs. Le parti conservateur usa du même moyen et, vers la fin de la période électorale, les facteurs se trouvèrent tellement surchargés qu'on dût leur donner des aides.

Un arrêté municipal, du 21 août, modifia les deux circonscriptions de la ville au point de vue de la police.

M. Lucien-Laurent Cosse, manufacturier, mourut le 28, à l'âge de 59 ans, au château de la Villette, à Caudebec. Il avait rempli plusieurs fonctions publiques.

Une réunion privée de 375 conservateurs eut lieu le 29 août, sur une convocation de M Pierre Pelletier. M. Revelle y reçut l'investiture officielle et un comité fut nommé pour diriger la campagne électorale contre M. Lucien Dautresme.

Dans la lutte des républicains contre les monarchistes coalisés, *l'Industriel* et le *Journal de Rouen* combattirent pour les premiers ; les seconds étaient soutenus par le *Journal d'Elbeuf* et le *Nouvelliste de Rouen*.

CHAPITRE XXVIII

(Septembre-Décembre 1877)

Mort de M. Thiers ; incidents au Conseil municipal. — La période électorale ; agitation générale. — L'élection législative du 14 octobre ; M. Lucien Dautresme est réélu. — Les comités. — Le temple de la rue Constantine. — Election au Conseil général. — La question de l'hotel-de-ville. — Pétition au Président de la République ; les délégués elbeuviens sont éconduits. — Le téléphone a Elbeuf. — Statistique industrielle.

On sait que M. Adolphe Thiers, ancien président de la République, mourut le 3 septembre 1877, à six heures du soir. La nouvelle de cet événement ne parvint à Elbeuf que le lendemain matin, par les journaux.

Alors, quelques citoyens arborèrent le drapeau tricolore, cravaté de noir. Le maire et la police d'Elbeuf, voyant là un mouvement anti-gouvernemental, appelèrent à l'hôtel de ville les auteurs de cette manifestation. Après une longue attente et des télégrammes échangés avec la préfecture, M. Sevaistre invita les manifestants à se retirer, sans leur donner d'explication sur le motif de la convocation qui leur avait été adressée. On sait aussi que le gouvernement décida que les funérailles de l'illustre homme d'Etat seraient faites aux frais de la nation, mais que la famille s'y opposa, voulant régler elle-même l'ordre de la cérémonie funèbre.

A la séance municipale qui suivit, M. Pinchon demanda la parole et dit :

« Depuis la dernière séance du Conseil, un grand et douloureux événement s'est produit, qui a profondément attristé tous les cœurs patriotes ; M. Thiers est mort ; la France a perdu en lui un grand citoyen.

« Je propose au Conseil de s'associer au deuil que cette mort cause dans le pays ; de consigner ce témoignage de reconnaissance et de regrets au procès-verbal de ce jour, et d'en transmettre l'expression à Mme Thiers. »

M. Sevaistre, maire, observa que la loi ne permettait pas au Conseil municipal de faire des propositions en dehors des séances ordinaires.

M. Pinchon répondit que sa proposition n'avait aucun caractère politique ; que, d'ailleurs, nombre de conseils municipaux avaient déjà exprimé leurs sentiments dans le même sens.

M. Sevaistre répliqua : « Si d'autres conseils municipaux sont sortis de la légalité, ce n'est pas une raison pour que le Conseil d'Elbeuf fasse de même »

Les vingt membres composant alors le Conseil municipal, à l'exception de MM. Léon

Sevaistre, maire, et E. Maille, adjoint, firent parvenir à Mme Thiers l'adresse suivante :

« Les soussignés, membres du Conseil municipal de la ville d'Elbeuf, en présence du deuil qui vient de vous frapper, vous adressent, Madame, l'expression de leur respectueuse sympathie.

« La mort du grand historien, de l'illustre homme d'Etat, du grand patriote, est un deuil national, et la France ressent profondément la perte du libérateur du territoire, fondateur de la République.

« Les soussignés vous prient, Madame, d'agréer l'expression de leurs sentiments les plus respectueux. »

Suivaient les signatures de MM. Thézard, Picard, Potteau, Leseigneur, Cavrel, Fraenckel, Quidet, Durand, Cavé, Pinchon, Wallet, Ruby, Monneaux, Meyer, Marchand, Rouland, Gérin-Roze, Prinvault, Grivellé, Lechêne.

A la séance suivante, M. Pinchon prit de nouveau la parole et s'exprima ainsi :

« Il n'est plus opportun de renouveler la proposition que j'ai faite à la dernière séance, presque tous les membres du Conseil ayant cru devoir y suppléer par une adresse collective à Mme Thiers ; mais nous sommes aujourd'hui en session ordinaire et libre de produire des propositions d'initiative. En conséquence, je demande qu'en mémoire du grand citoyen et pour en perpétuer le souvenir, le Conseil décide de donner le nom d'Adolphe Thiers à une rue ou à une place publique d'Elbeuf. »

Le maire répondit que les noms à donner aux voies publiques étaient du ressort de l'administration municipale et que le Conseil n'avait point voix délibérative pour cet objet; que le Conseil, il était vrai, avait été une fois consulté sur les dénominations à donner aux rues ouvertes dans les terrains Lizé et Flavigny, mais que c'était à tort qu'il avait été saisi de cette question.

M. Pinchon répliqua que la demande était basée sur ce précédent; mais puisque le maire prétendait que le Conseil n'avait point qualité pour donner des noms aux rues, il transformait sa demande en un vœu, et dit qu'il comptait sur l'appui de ses collègues.

M. Sevaistre ne put que mettre aux voix cette nouvelle proposition, que le Conseil adopta.

Le 13 septembre, on apprit que, la veille, M. Gambetta, très populaire à Elbeuf comme dans toute la France, du reste, avait été condamné par la 10e Chambre correctionnelle de Paris à trois mois de prison et 2.000 francs d'amende, pour des articles publiés dans la *République Française*.

Cette nouvelle ne fit qu'exciter davantage, dans notre ville, l'opinion publique contre le maréchal de Mac-Mahon et son ministère.

Un arrêté du maire, daté du 15, réglementa le service du secrétaire général de la mairie.

M. Sevaistre communiqua au Conseil municipal, le 21 septembre, une lettre du directeur de la Compagnie du *Frigorifique*, annonçant qu'un dépôt de viandes importées d'Amérique serait établi à Elbeuf lorsque l'essai aurait réussi ailleurs.

Une réunion privée, présidée par M. Lucas, manufacturier à Caudebec, eut lieu le mardi 25 septembre. On y acclama la candidature de M. Emmanuel Revelle, candidat officiel de la préfecture et du gouvernement. Dans cette réunion, M. Revelle, qui n'avait pas publié de programme, prononça ces paroles, destinées à en tenir lieu :

« Messieurs, je suis libéral, mais pas à la façon de ceux qui veulent la liberté pour eux et non pas pour les autres ; je veux la liberté pour tous, mais je repousse la licence.

« Je veux le maintien de la Constitution républicaine, à la condition qu'elle sauvegarde les intérêts sacrés de la famille, de la religion et de la propriété.

« Enfin, je veux la protection pour l'industrie, et je suis l'ennemi du libre échange, car le libre échange amènerait l'envahissement des produits étrangers et, en fermant les établissements industriels, réduirait au chômage et à la misère des milliers d'ouvriers.

« Je ne viens pas, Messieurs, vous dicter vos suffrages, ni m'imposer à vous ; j'ai voulu seulement vous dire ce que je suis, ce que je ferai. A vous de juger en connaissance de cause »

M. Th. Fréret, ancien rédacteur à *l'Industrie*, avait été le principal organisateur de cette réunion, dans laquelle, suivant le *Journal d'Elbeuf*, les 1.200 personnes présentes avaient accueilli, par d'unanimes applaudissements la proposition la candidature Revelle. Il faut croire que presque tous les électeurs d'Elbeuf et de Caudebec qui en étaient partisans se trouvaient là, car, au dépouillement du scrutin, on constata que les deux villes réunies n'avaient donné que 1.332 voix au candidat officiel.

A partir de septembre, la campagne élec-

M. Lucien Dautresme

torale fut menée, des deux côtés, avec un acharnement inouï ; mais il serait trop long d'entrer dans des détails. Disons seulement que les membres du Comité démocratique, presque complètement composé d'ouvriers, se multiplièrent pour faire de la propagande en faveur de M. Lucien Dautresme, dont la réélection était généralement considérée comme certaine, malgré la pression administrative qui s'exerçait en tous sens et sur tous les points.

Quant au commerce, il était alors dans un marasme complet. On ne s'occupait plus d'affaires : toute l'attention était concentrée sur la politique.

Le vendredi 12 octobre, une nouvelle réunion privée organisée pour soutenir la candidature de M. Revelle, eut lieu à Saint-Pierre-les-Elbeuf Suivant le *Journal d'Elbeuf*, plus de 800 personnes y assistèrent et applaudirent le candidat de la coalition monarchique On verra bientôt que cette commune ne donna que 419 voix à M. Revelle.

Ce même jour, la 9e chambre correctionnelle de la Seine condamna le chef de file des 363, M. Gambetta, à trois nouveaux mois de prison et à 4.000 francs d'amende, pour offenses au maréchal de Mac-Mahon, dans son discours de Lille

Enfin, arriva le 14 octobre, jour fixé pour l'élection de la nouvelle Chambre des députés Voici ce que fut le résultat du scrutin dans la 2e circonscription de Rouen ; les totaux des additions ne sont pas toujours exacts, mais ne sachant où se trouvent les erreurs nous donnons les chiffres tels que les journaux locaux les publièrent :

	Votants	Dautresme	Sevaistre
CANTON D'ELBEUF :			
Elbeuf	3.942	2.565	944
Caudebec	2.065	1.575	388
Orival	380	259	81
St-Aubin	581	389	195
Cléon	140	83	57
La Londe	482	282	195
Tourville	205	106	85
St-Pierre	916	412	412
Freneuse	143	55	71
Sotteville	71	31	40
Totaux	8.925	5.783	2.468
CANTON DE BOOS :			
Amfreville-la-M	312	268	40
N. D.-de-Franq	124	100	24
St-Pierre-de-Fr	89	61	28
Mesnil-Esnard	286	193	93
St-Aubin-Epinay	89	56	32
Belbeuf	159	92	39
Boos	160	94	65
Blosseville-Bons	305	173	131
Ymare	54	29	24
Montmain	64	34	30
Quévreville la-P	71	32	38
Mesnil-Raoult	119	48	71
St-Aubin-Cellov	112	40	72
Authieux	82	27	55
Gouy	74	18	56
Fresne-le-Plan	75	14	60
Neuville-Ch.-d'O	292	50	242
Totaux	2.237	1.329	1.110
CANTON DE G^d-COURONNE :			
Sotteville-l-Rouen	2.127	1.884	283
Oissel	773	647	125
Petit Quevilly	910	749	161
St-Etienne-du-R	510	384	126
Grand-Quevilly	300	204	95
La Bouille	128	85	43

	Votants	Dautresme	Sevaistre
Val-de-la-Haye	93	54	38
Moulineaux	64	37	27
Petit-Couronne	139	77	61
St-Pierre-de-Man...	145	61	81
Sahurs	138	46	90
Grand-Couronne	333	107	227
Hautot-sur-Seine..	45	6	39
Totaux	5.535	4.341	1.356
Totaux généraux...	17.083	12.084	4.951

Dans la période électorale qui avait précédé le 14 octobre, la bourgeoisie libérale elbeuvienne avait, pour la première fois, pris ouvertement parti pour la République.

On savait que beaucoup de jeunes manufacturiers et négociants de notre ville étaient hostiles au ministère de Broglie-Fourtou, et aucun n'avait été surpris lorsqu'ils avaient offert leur concours moral et financier au Comité démocratique. Ainsi réunis, les bourgeois libéraux et les ouvriers républicains avaient contribué à la victoire.

Cette alliance, qui eut des avantages immédiats pour le parti républicain, eut, plus tard, des inconvénients. D'abord le Comité démocratique disparut, pour faire place au nouveau Comité de l'Union républicaine, composé de bourgeois et d'ouvriers ; puis la désagrégation survint, par suite de la quasi-expulsion du Comité de l'élément radical. Enfin, plus tard encore, le Comité de l'Union républicaine, tout en gardant sa dénomination, redevint radical, la bourgeoisie l'ayant abandonné. Aujourd'hui, il existe même deux Comités de l'Union républicaine, dont les principes ont toujours été les mêmes au fond, mais qui ont différé parfois sur des questions de personnes. Cependant, dans les grandes occasions, comme l'élection législative de 1902, par exemple, les deux comités fusionnèrent.

Les élections ne modifièrent point la représentation de la Seine-Inférieure : six républicains : MM. Desseaux, Dautresme, Waddington, Thiessé, Le Cesne et Lanel, avaient été réélus, et cinq monarchistes également, MM. Dubois, du Douet, Savoye, Anisson-Duperron et Le Bourgeois.

Dans l'Eure, avaient été élus MM. Papon, Lepouzé, d'Osmoy et Develle républicains ; Passy et Janvier de la Motte, monarchistes ; M. Raoul Duval « était resté sur le carreau », suivant l'expression du *Journal d'Elbeuf*, qui, après la lutte, le déclara avoir été un mauvais choix. Candidat dans l'arrondissement de Louviers, il n'avait obtenu que 7.895 voix, contre 8.250 à M. Develle. Quant au comte d'Osmoy, l'un des 363 et candidat républicain dans l'arrondissement de Pont-Audemer, il avait réuni 9.047 voix contre 5 023 à M. Hébert, candidat officiel, et 3.514 à M. Tourangin, ancien préfet de l'Eure, candidat bonapartiste. A noter que les imprimeries de l'arrondissement avaient refusé leurs presses à M. d'Osmoy ; mais un imprimeur républicain d'Elbeuf l'ayant appris et, quoique surchargé de travail, il lui offrit de le tirer d'embarras ; ce que M. d'Osmoy accepta avec reconnaissance.

La période électorale terminée, tout rentra dans le calme, mais les affaires se ressentirent encore de la commotion politique que la France venait de subir.

Le 31 octobre, le maire donna connaissance au Conseil d'une lettre du préfet concernant un crédit de 2.500 francs demandé pour travaux de réparation au temple protestant de la rue Constantine, et dit que, comme ce temple n'appartenait pas à la ville, il avait demandé que les communes habitées par des protestants faisant partie de la communauté d'Elbeuf fussent appelées à participer à la dépense ; le département y contribuerait pour 600 francs.

M. Rouland observa que non seulement le temple n'était pas un édifice communal, mais encore que le nombre d'habitants d'Elbeuf pratiquant le culte réformé était fort restreint ; la ville comptait un bien plus grand nombre de luthériens, qui s'étaient vu refuser l'usage du temple pour l'exercice de leur culte.

« Pareille intolérance de la part des protestants réformés et de leur chef ajouta M Rouland. n'est pas faite pour plaider en leur faveur. Les israélites et les protestants de la confession d'Augsbourg, qui paient de leurs deniers les frais de leur culte, seraient donc également autorisés à demander des subsides à la caisse municipale. »

M. Rouland conclut en disant qu'il refuserait de voter tout crédit destiné à l'exercice d'un culte.

Néanmoins, le mois suivant, le Conseil vota une somme de 1.000 francs pour travaux au temple de la rue Constantine.

Les électeurs furent de nouveau convoqués, le 4 novembre. Il s'agissait, cette fois, de nommer un représentant du canton d'Elbeuf au Conseil général, le mandat de M. Lucien Dautresme étant expiré.

M. Dautresme n'était pas partisan du cumul des fonctions publiques et, à plusieurs reprises, il avait déclaré qu'il ne se représenterait pas comme candidat à l'assemblée départementale. Le Comité démocratique avait approuvé cette décision, et offert la candidature à M. Désiré Picard, greffier de paix, conseiller d'arrondissement; mais celui-ci ne voulut point établir de programme et seulement se présenter comme républicain. Le Comité et M. Picard ne s'étant point entendus, M. Dautresme fut prié de demander aux électeurs le renouvellement de son mandat de conseiller général ; il accepta, mais à la condition que le Comité ne trouverait pas mal qu'il démissionnât lorsqu'une candidature républicaine ayant chance de succès se présenterait.

L'Industriel soutint encore la candidature de M. Lucien Dautresme. Quant au *Journal d'Elbeuf*, son parti n'ayant pu trouver de candidat, il conseilla l'abstention ou le vote par bulletin blanc. Il y avait 11.165 inscrits dans tout le canton ; le résultat de l'élection fut celui-ci :

	Votants	Dautresme	Bulletins blancs et voix perdues
Elbeuf	3.095	2.568	328
Caudebec	1.657	1.575	82
Cléon	82	72	10
Freneuse	67	55	12
La Londe	251	229	22
Orival	283	259	24
Saint-Aubin	380	343	37
Saint-Pierre	510	412	98
Sotteville	47	38	9
Tourville	123	106	17
Totaux	6.495	5.657	639

Le cardinal de Bonnechose vint à Elbeuf le 4 novembre et en repartit le 10, après avoir administré la confirmation dans les trois églises de notre ville et dans celle de Caudebec.

On sait que le Parlement se réunit le 7 novembre, et que la Chambre, immédiatement, vota la constitution d'une commission d'enquête parlementaire sur les actes du ministère du 16 mai. Le cabinet de Broglie-Fourtou se retira le 21 et fut remplacé par le ministère Rochebouët, qui ne dura que trois semaines et auquel succéda, enfin, un cabinet libéral présidé par M. Dufaure. Ainsi que l'avait prédit Gambetta, le maréchal de Mac-Mahon, s'étant obstiné dans son : « J'y suis, j'y reste » et n'ayant pas voulu se démettre, dut se soumettre à la volonté du pays.

Le 22 novembre M. Sevaistre, maire d'Elbeuf, rappela au Conseil municipal que, depuis 1872 une instance était pendante au Conseil de préfecture entre la ville d'Elbeuf et les héritiers Anger, architecte, et M. Liorel, entrepreneur, dans le but d'obtenir une indemnité pour les malfaçons et les vices de construction de l'hôtel de ville

Un rapport d'experts, du 26 octobre 1874, avait conclu : 1° à la réfection ou consolidation des parties défectueuses ; 2° au paiement par les héritiers Anger et par M. Liorel d'une somme représentant la dépréciation de l'immeuble. Ces conclusions, qui portaient sur des sommes considérables (environ 300.000 fr.) avaient servi de base à la demande d'indemnité de la ville d'Elbeuf.

Les choses en étaient là, lorsque M. Sevaistre s'aboucha avec M. Liorel, pour conclure une transaction.

Par cette transaction, M. Liorel s'engageait à verser entre les mains du receveur municipal, dans les trois mois de l'approbation de la convention par le Conseil municipal et l'autorité supérieure, une somme de 80.000 francs. Il s'engageait, en outre, à contribuer au paiement des frais et dépens du procès engagé pour une somme de 5.500 francs, représentant approximativement la moitié des frais de procédure. Tous les autres frais, pour vérification de mémoires et réception de travaux, seraient supportés par la ville.

Moyennant le paiement de ces deux sommes M. Liorel devait être exonéré de toute responsabilité de n'importe quelle nature, même de celles découlant de l'article 1792 du Code civil. M. Liorel conserverait son recours contre la succession Anger.

Après discussion, le Conseil vota 1.508 fr. pour l'amélioration de la rampe d'accès à l'église Saint-Etienne.

Cette séance fut la dernière de celles présidées par M. Léon Sevaistre.

A la séance de la Chambre de commerce, tenue le 28 novembre, le président appela l'attention des membres sur la commission d'enquête industrielle que venait de nommer le Sénat, et demanda qu'une commission fût désignée pour répondre à cette enquête.

M. Lebourgeois prit alors la parole et observa qu'il serait bon, avant de nommer cette commission, de savoir quel était le but de l'enquête. « Si, dit-il, cette enquête est politique si elle n'a pour objet que de vouloir prouver que le 16 mai est seul la cause de la crise industrielle actuelle, au lieu d'être utile à l'industrie, elle ne peut que lui nuire. Le

16 mai a certainement amené un surcroit de malaise, mais le libre échange est et sera toujours pour Elbeuf la grande cause de ses souffrances ».

La Chambre nomma membres de la commission chargée de répondre à l'enquête, MM. Ph. Aubé, Flavigny, Lebourgeois, Pelletier, Maurice Blin et Paul Pion.

Quelques jours après, le président d'abord, et les membres de la Chambre de commerce ensuite, refusèrent de s'associer à une manifestation du commerce de Paris auprès de M. de Mac-Mahon, président de la République, cette manifestation paraissant devoir présenter un caractère politique.

Le 1er décembre, une pétition signée de 122 industriels et commerçants de notre ville fut adressée au maréchal de Mac-Mahon. Elle était ainsi conçue :

« Monsieur le Président de la République,

« L'industrie et le commerce elbeuviens traversent une crise douloureuse.

« Sensible déjà à la fin du premier trimestre de cette année, le malaise dont nous souffrons a pu être attribué d'abord aux complications de la politique européenne et à la guerre qui s'en est suivie. Mais, depuis, il n'a fait que s'accentuer et il est aujourd'hui à l'état aigu.

« Or, notre expérience personnelle, aussi bien que les relations nombreuses que nous entretenons dans toutes les parties de la France, nous autorisent à affirmer qu'il est dû surtout à l'état d'incertitude, de crainte et d'insécurité où se trouve le pays depuis plusieurs mois.

« Usant de la prérogative que vous tenez de la Constitution, vous avez cru devoir, Monsieur le Président, faire appel au pays. Nous attendions avec impatience son verdict, espérant que la réponse, quelle qu'elle fût, marquerait le terme de la crise, en apportant une solution devant laquelle tous auraient le devoir de s'incliner

« Notre espoir a été déçu, et, dans ces dernières semaines, nous avons vu la situation s'aggravant chaque jour. Et, permettez-nous d'insister sur ce point, ce ne sont pas nos intérêts seuls qui se trouvent compromis ; autour de nous, près de nous, sont groupés de nombreux collaborateurs, employés et ouvriers de toutes sortes, exposés au chômage, et, pour un grand nombre, à la gêne et à la misère.

« Hommes de paix, de concorde et de travail, écartant tout esprit de parti, et n'ayant d'autres préoccupations que celles de l'intérêt général et de la dignité de notre pays, nous avons considéré comme un devoir de porter jusqu'à vous la libre et franche expression de la vérité, et de vous faire connaître, en même temps, ce que nous croyons être le seul remède au mal que nous venons de signaler.

« Nous pensons, Monsieur le Président de la République, qu'il vous appartient de mettre un terme à cette cruelle et dangereuse situation, et de faire disparaître la menace redoutable d'un conflit prolongé entre les pouvoirs de l'Etat, en donnant une satisfaction complète et sincère au vœu si hautement et si nettement exprimé aux dernières élections, par la grande majorité de nos concitoyens.

« Vous pouvez ainsi, et seulement ainsi, c'est du moins notre conviction profonde, assurer à notre cher pays le calme et la sécurité, dont il a tant besoin, pour continuer, laborieux et recueilli, son œuvre de progrès et de civilisation.

« Vous pouvez, à la veille du grand concours international de 1878, en rendant à la France la confiance en elle-même, lui permettre d'offrir à ses hôtes une hospitalité vraiment digne et à l'abri de toute appréhension.

« Vous le pouvez, Monsieur le Président, et nous gardons l'espoir qu'obéissant aux seules inspirations de votre patriotisme, vous le voudrez aussi.

« Recevez, Monsieur le Président... » etc.

Cette pétition fut désapprouvée par les conservateurs, et le *Journal d'Elbeuf* déclara que les pétitionnaires eussent été mieux inspirés en adressant leurs doléances à la Chambre des députés, qui pouvait mettre fin à la crise en votant le budget.

La pétition fut portée à la présidence de la République par MM. Victor Prinvault et Morel Beer fils aîné. M. de Mac Mahon fit éconduire les délégués de l'industrie elbeuvienne par un huissier. Cette impolitesse fut vivement commentée à Elbeuf et à Paris.

Le 18, le feu se déclara, vers sept heures et demie du soir, dans une sécherie, au bas de la rue de l'Hospice, occupée par M. Lefebvre. Deux ouvriers furent gravement atteints par les flammes. Les pertes matérielles s'élevèrent à environ 50.000 francs.

La nouvelle de cet incendie fut transmise aux journaux de Rouen par téléphone. Voici comment :

M. Gouault, ingénieur à Rouen, faisait précisément, ce soir-là, dans le local de la Société industrielle, une conférence sur le téléphone, au moyen des appareils que possédait M. Poussin. Or, grâce à l'obligeance de l'inspecteur des lignes de télégraphe, la guérite télégraphique de la place Saint Sever à Rouen fut mise en communication avec la Société industrielle, et une conversation put ainsi s'engager entre les deux postes.

C'était la première fois, en France, qu'une conférence sur le téléphone était accompagnée d'expériences vraiment pratiques.

Le 23, mourut M. Louis-Denis Prieur, à l'âge de 70 ans. Le défunt avait fondé un très important établissement de banque, avec succursale à Paris, qui, pendant quarante ans, avait rendu de grands services à l'industrie de notre ville. M. Prieur avait également rempli diverses fonctions publiques.

Du 24 décembre 1877, date pour Elbeuf, une coutume, venue d'Alsace et qui s'est propagée chez nous par la suite. Nous voulons parler de l'établissement et ensuite du dépouillement par des enfants d'un arbre de Noël. Le premier avait été élevé, par les soins de M. Roehrich, pasteur, dans le temple luthérien de la rue Saint-Jacques prolongée. Ce fut un événement dans une partie de la ville.

Suit le tableau des principales industries du canton en 1877 (Elbeuf, Caudebec, Saint-Pierre, Orival et Saint-Aubin) :

	Elbeuf	Autres communes
Apprêteurs de draps............	28	3
Batteurs et trieurs de laines....	6	2
Fabricant de cardes............	1	1

Colleurs de chaînes..............	3	21
Décatisseurs...................	13	0
Marchands de déchets..........	11	14
Dessinateurs pour la fabrique..	4	0
Epaillage chimique..............	2	0
Fabricants de draps............	145	32
Filateurs......................	7	13
Lamiers-rôtiers................	10	7
Loueurs de force motrice.......	19	3
Monteurs de métiers...........	1	0
Retordeurs de fils..............	27	8
Fabricants de savons...........	1	2
Etablissements de séchage......	5	1
Teinturiers....................	10	7
Foulonnier....................	0	1

L'entrée des charbons, en 1877, fut encore inférieure à celle de l'année précédente et ne se chiffra que par 44.773 tonnes, dont 33 232 d'Angleterre.

La fabrication avait été assez active pendant les premiers mois ; elle s'était ralentie à la suite des événements politiques de l'intérieur et de la guerre d'Orient, et des stocks s'étaient formés en magasin, au grand détriment de la fabrique.

Par suite de la hausse du prix des laines, il avait été employé une quantité considérable de blouses et de déchets. La totalité des matières premières utilisées dans l'année se chiffrait par 7.114.090 kilos, du prix moyen de 5 fr. 32.

Le poids des tissus fabriqués et vendus fut évalué à 5.052.621 kilos qui, au prix moyen de 15 fr. 49 le kilo, donnait une somme de 78.265 099 francs, soit une diminution de 8 136.794 francs sur l'année précédente. Le prix moyen du mètre, en 1877, fut évalué à 9 francs 45, et la longueur des étoffes à

8.282.980 mètres, soit 602.990 mètres de moins qu'en 1876.

En 1877, on compta à Elbeuf, 233 naissances, 173 mariages et 197 décès.

A Caudebec, 346 naissances, 85 mariages et 297 décès.

A Saint-Pierre, 94 naissances, 11 mariages et 84 décès.

A Saint-Aubin, 58 naissances, 16 mariages et 72 décès.

Année 1878 535

CHAPITRE XXIX

(1878)

Election municipale. — Mort de M. Mathieu Bourdon. — Tremblement de terre — M. Jules Doublet, 28ᵉ maire d'Elbeuf. — Les traités de commerce; questionnaire; réunion publique ouvrière. — Les processions. — L'Exposition universelle; envoi d'ouvriers; la liste des récompenses. — Le viaduc de l'Hospice. — La société de tir. — Encore les tramways. — Nombreuses conférences. — Les affaires sur place.

Aux élections municipales du 6 janvier 1878, le parti conservateur ne présenta pas de liste ; il n'y en eut donc qu'une, et tous les candidats furent élus, sans ballottage. Le scrutin donna les résultats suivants :

Inscrits 5.177 ; votants 2.690 ; majorité absolue 1 346.

Obtinrent :

	Voix
MM	
Jules Doublet, manufacturier	2.462
Charles Auzoux, quincaillier	2.456

Beaudouin ainé rentier	2.440
Victor Prinvault, manufacturier	2.437
Docteur Meyer	2.387
Jules Descoubet, décatisseur	2.384
Alexandre Pion, manufacturier	2.380
Victor Cavé, négociant en draperies	2.362
Monneaux, manufacturier	2.357
Adolphe Fraenckel, manufacturier	2.348
Georges Laignel, manufacturier	2.329
Arthur Hulme, manufacturier	2.324
Emile Martin fils, teinturier,	2.313
Deschamps, employé des Ponts et Chaus.	2.309
E. Lechêne, menuisier-mécanicien	2.308
Emile Patin, manufacturier	2.295
Jules Rouland, pharmacien	2.288
Emile Beer, manufacturier	2.256
Langlois, bourrelier-sellier	2.227
Salomon Schuhl, négociant	2.226
Fiquet, horloger-bijoutier	2.225
Désiré Picard, greffier de paix	2.217
Lehec, ouvrier menuisier, prud'homme.	2.194
Malfilâtre, ouvrier tisserand	2.139
Thézard, négociant en draperie	2.131
Lelong fils, marbrier	1.999
Léon Quidet, constructeur-mécanicien	1.983

De ces vingt-sept conseillers municipaux, cinq étaient considérés comme conservateurs, dix républicains modérés et douze radicaux ou réputés tels.

M. Begenne-Lamotte, juge de paix à Elbeuf avant le 16 mai, fut renommé à ce même poste par décret du 9 janvier, en remplacement de M. Lefebvre, nommé à Pont-Audemer.

A la première séance municipale, M. Doublet donna lecture du résultat des élections et déclara les élus installés dans leurs fonctions.

Il donna lecture ensuite d'un arrêté préfectoral, daté du 19 janvier, le nommant maire provisoire, et nommant également adjoints provisoires MM. Auzoux et Beaudouin aîné.

Le 27, mourut M. Pierre-Mathieu Bourdon, né à Elbeuf le 30 novembre 1790. Le défunt avait été conseiller municipal, maire provisoire, puis maire titulaire. Il était chevalier de la Légion d'honneur depuis 1864. Elu député en 1849, en remplacement de M. Victor Grandin, il était rentré dans la vie privée en 1851. Il avait également été président de la Chambre consultative, puis de la Chambre de commerce, et avait rempli diverses autres fonctions publiques.

M. Mathieu Bourdon aimait beaucoup sa ville natale et s'intéressait à son passé ; il a laissé plusieurs notes et mémoires que nous avons utilisés pour la composition de la présente *Histoire d'Elbeuf*, dont le premier, avec M. Parfait Maille, il nous avait donné l'idée.

Le lendemain 28, un peu après midi, un tremblement de terre se fit sentir à Elbeuf ; il ne dura que quelques instants, mais assez longtemps pour impressionner nombre de personnes.

La secousse fut surtout sensible à l'hôtel-de ville, au Cercle des commerçants, rue Henry, où la vaisselle fut renversée, rues du Cours, Saint-Amand, Dautresme et à Caudebec.

On sut, le lendemain, que le même phénomène avait été observé à Rouen.

Vers ce même temps, M. Auguste Houzeau, d'Elbeuf, reçut, de l'Institut de France, le grand prix Jecker de 10.000 francs, pour l'ensemble de ses études et mémoires sur l'ozone. M. Mallet, également d'Elbeuf, ancien élève de l'Ecole centrale, dont il était sorti ingénieur civil, fut aussi lauréat de l'Institut et obtint le prix Fourneyron, pour ses travaux sur les machines à vapeur.

Le 29 janvier, il fut procédé au tirage au sort des conscrits du canton. Ils étaient au nombre de 323, dont 142 d'Elbeuf, 90 de Caudebec, 28 de Saint-Pierre, 18 de Saint-Aubin, 16 d'Orival et 16 de La Londe.

Au commencement de février, les délégués de la Chambre de commerce d'Elbeuf déposèrent à l'enquête faite par le Sénat sur les causes des souffrances du commerce et de l'industrie.

Ils représentèrent qu'il y avait deux sortes de causes, les premières accidentelles : douceur exceptionnelle de la température pendant les hivers des années 1876-77-78, et instabilité de l'état politique de la France depuis 1870. Mais la grande cause, celle qui dominait toutes les autres, était le régime économique de la France, qui permettait aux produits étrangers d'inonder notre pays. Comme conclusions, les délégués elbeuviens déposèrent celles-ci :

« 1° Ajournement de toutes négociations et de toutes ratifications de traités de commerce, jusqu'à ce qu'il ait été procédé à une enquête approfondie sur la situation de l'industrie française.

« 2° Adoption, à la suite de cette enquête et avant la conclusion de tous traités de commerce, d'un tarif général sagement compensateur, basé sur les droits spécifiques et non à la valeur. »

Le cirque milanais Priami et Pierantoni avait donné une série de représentations fructueuses à Elbeuf en décembre précédent et était ensuite allé à Calais. Le soir du 3 février, étant dans cette dernière ville, une panique s'empara des spectateurs, dans laquelle dix personnes furent tuées et une grande quantité d'autres blessées. Cet événement causa une certaine émotion dans notre ville, où la foule s'était portée en masses compactes aux représentations données par ce cirque.

Le dimanche 17, M. Edouard Lockroy, député des Bouches-du-Rhône, fit une conférence au théâtre, au bénéfice de la Bibliothèque démocratique.

Le 18 février, M. Doublet ouvrit la réunion du nouveau Conseil municipal par ces quelques paroles :

« Messieurs les conseillers : appelé, comme maire provisoire, à vous présider, je réclame, pour mes adjoints et pour moi votre bienveillante indulgence. Nous comptons tous sur le concours amical de chacun pour faciliter notre tâche.

« Nous ferons tout ce qui dépendra de nous et de nos forces pour vous aider dans nos travaux. Pour moi personnellement, j'essaierai de faire oublier mon inexpérience par l'impartialité que j'aurai dans la direction des débats.

« Suivant la lettre de M. le Préfet, je déclare ouverte la session de février. »

Dans cette séance, M. Doublet appela l'attention du Conseil sur les efforts tentés par la Chambre de commerce, pour obtenir la revision des traités de commerce avec l'Angleterre, dans un sens favorable à l'industrie de notre ville.

Le Conseil prit la délibération suivante :

« ... Considérant que, depuis les traités de commerce avec l'Angleterre, la ville d'Elbeuf s'est vue gravement atteinte dans ses intérêts.

« Considérant que la guerre de 1870-1871, en faisant peser de lourdes charges sur l'industrie, a encore aggravé cette situation.

« Considérant que, d'après les travaux des Chambres de commerce et principalement de celle de notre ville, la crise dont les centres producteurs de draps ont à souffrir tient surtout aux tarifs existants, qui ne sont pas suffisamment compensateurs.

« Par ces motifs, le Conseil déclare s'associer aux réclamations qui ont été adressées, à diverses reprises, par la Chambre de commerce à l'administration supérieure, et prie cette dernière de vouloir bien prendre en considération un vœu, de la réalisation duquel dépend, dans l'avenir, la prospérité de la ville d'Elbeuf. »

Vers la fin du mois, on changea le nom de la rue de l'Hôtel-de-ville en celui de Adolphe-Thiers.

Le 1er mars, parut pour la première fois le journal *le Petit Rouennais*, fondé par MM. Lucien Dautresme, Waddington et Besselièvre. Par la suite, ces deux derniers se retirèrent, et M. David Dautresme dirigea le journal.

Des élections consulaires avaient eu pour résultat, le 27 février précédent, la nomination au Tribunal de commerce de MM. Alphonse Bertrand, Emile-Albert Gasse et Victrice-Zacharie Lion comme juges, et celle de MM. Louis Dominique James, Jules Delaquèze, Désiré Peinte et Armand-Désiré Chedville comme juges suppléants. Ils furent installés le 15 mars.

Le lendemain 16, M. Alfred Vy donna sa démission de médecin en chef de l'hospice. La commission administrative le nomma médecin en chef honoraire, en raison des services qu'il avait rendus à l'établissement depuis vingt ans.

Le 21, on installa le Comité d'instruction primaire du canton, nouvellement organisé. Il était composé de MM. J Doublet, maire, Hector Suchetet, maire de Caudebec, l'abbé Bovin, curé de Saint-Etienne, Picard, conseiller d'arrondissement, Monchâtre, pasteur protestant, Emmanuel Pelletier, de Boissieu. Henri Bellest fils, Paul Pion, A. Chelville et Ropiquet.

Le 24 M. Talandier, député de la Seine, fit une conférence au théâtre, au profit de l'œuvre populaire de l'enseignement démocratique.

Il y avait eu deux bals de bienfaisance pendant l'hiver, dont le produit, 4.000 francs, fut réparti entre les divers établissements charitables de notre ville.

Le lundi 25 mars, une délégation du Conseil municipal et de la Chambre de commerce, composée de MM. J. Doublet, A. Hulme, D. Picard, M. Blin, E. Bouchet et Hennebert fut reçue par M. de Freycidet, ministre des travaux publics.

La démarche avait pour objet la demande de classement en première ligne de l'achèvement de la section terminale d'Elbeuf à Rouen, du chemin de fer d'Orléans à Rouen.

Le 29 mars, le Conseil municipal vota le prolongement de la rue Clémentine jusqu'a la rue de la Barrière.

Le 7 avril. M. Taillet, avocat à Rouen, président du Comité politique qui portait son nom, fit une conférence au Cercle catholique de notre ville.

M. J. Doublet avait longtemps hésité à accepter les fonctions de maire ; mais ses amis finirent par l'y décider. En conséquence, un décret du 9 avril le nomma maire d'Elbeuf ; MM. Charles Auzoux et Pierre-Jean Baptiste Beaudouin aîné furent nommés adjoints.

Vers ce temps, une loi portant amélioration de la Seine entre Rouen et Paris fut promulguée.

Le 16 avril, M. Barodet, député de la Seine, fit au théâtre une conférence sur Jacquard, au profit de la Bibliothèque populaire cantonale.

Un questionnaire de la commission d'enquête à la Chambre des députés avait été envoyé à notre Chambre de commerce. Nous croyons utile de reproduire ce document et les réponses que l'on y fit.

D. — Que pensez-vous des droits proposés par le nouveau tarif pour les articles qui vous concernent ?

Ces droits vous semblent-ils suffisants ?

Pourraient-ils être abaissés sans inconvénient et dans quelles limites ?

R. — Si les droits proposés, majorés de 24 pour 100, devaient être un minimum au-dessous duquel aucun traité ne pourrait les faire descendre, malgré les circonstances difficiles dans lesquelles se débat l'industrie drapière, la Chambre de commerce d'Elbeuf les regarderait comme acceptables.

D. — Que pensez-vous de la substitution des droits spécifiques aux droits *ad valorem* ?

R. — Les fraudes inévitables pratiquées depuis 1860 dans les déclarations à la douane ont rendu indispensables la substitution des droits spécifiques aux droits *ad valorem*; la Chambre repousse donc ce mode de perception dans le nouveau tarif général.

D. — Que pensez-vous des surtaxes d'autrefois maintenues par l'article 2 du projet de loi ?

R. — Le marché de laines du Havre, si important pour l'approvisionnement de la ville d'Elbeuf, ne pourrait se soutenir sans la surtaxe d'autrefois ; la Chambre de commerce est d'avis qu'elle doit être maintenue.

D. — Etes-vous partisans du renouvellement des traités de commerce ?

R. — Dans l'état de crise où se trouve le monde commercial, la Chambre regarde comme dangereux d'engager la France dans les liens de nouveaux traités de commerce ; elle est extrêmement opposée à leur renouvellement.

Des traités de commerce ne pourraient rendre la vie à nos exportations.

Tous les Etats producteurs, l'Angleterre surtout, souffrent d'un excès de production ; ils ne peuvent chercher dans un traité de commerce qu'un remède à leur mal. L'industrie du monde traverse une crise dont on peut mesurer les conséquences ; c'est une révolution économique qui n'a pas encore dit son dernier mot, et contre laquelle la France doit avant tout se prémunir.

D — Que pensez-vous de la clause de « la nation la plus favorisée » ?

R. — La clause de « la nation la plus favorisée », introduite dans tous les traités leur enlève leur valeur au point de vue de la fixité, et leur caractère au point de vue des compensations et de leur réciprocité ; la Chambre la repousse.

D. — Que pensez-vous des admissions temporaires ?

R. — L'industrie de la circonscription d'Elbeuf n'a pas d'intérêt direct dans les admissions temporaires; néanmoins la Chambre de commerce les a toujours co sidérées comme plus nuisibles qu'utiles à l'ensemble des industries.

Le 1er mai, à l'occasion de l'ouverture de lE'xposition universelle de Paris, à laquelle cinquante industriels d'Elbeuf prenaient part, un grand nombre de drapeaux furent arborés en ville. Le soir, on illumina l'hôtel-de-ville, et « l'Harmonie elbeuvienne », après une promenade aux lanternes, donna un concert dans le jardin public. A Caudebec il y eut également des illuminations et un concert, qui at tirèrent beaucoup de monde.

Le 8, le *Frigorifique*, se rendant à l'Exposition de Paris, passa devant notre ville. M. Charles Tellier, inventeur du procédé de conservation des viandes, avait fait disposer la cale pour que l'on pût voir, à travers d'une glace sans tain, les viandes dans le froid.

Un arrêté du maire du 15 mai accorda une indemni é de 500 francs au secrétaire de la mairie, pour la mise en ordre et l'entretien des archives communales.

Le 16, on mit en adjudication les travaux d'agrandissement de l'école de garçons, rue Tournante.

Le soir de ce même jour, une grande réunion d'ouvriers de la fabrique d'Elbeuf eut lieu au cirque de la rue Lefort, sous la présidence de M. Georges Beer, manufacturier, assisté de MM. Ch. Lemoine et Monfray, ouvriers, et avec le concours de M. Lucien Dautresme, député. L'assemblée adopta la pétition dont le texte suit :

« Les ouvriers soussignés,

« Considérant que, par suite de la crise commerciale résultant de l'introduction sur nos marchés des produits étrangers, les produits français ne trouvent plus de débouchés et s'accumulent dans les magasins.

« Considérant que les salaires actuels des ouvriers sont à peine suffisants pour subvenir à leurs besoins, et que déjà un certain nombre d'ateliers sont fermés

« Considérant qu'il importe avant tout de protéger le travail national ; que ce chômage forcé aura pour conséquence, avec la ruine des industriels, la ruine d'un grand nombre de familles ;

« Ont l'honneur de prier MM. les membres de la Chambre des députés d'adopter les mesures les plus énergiques et les plus promptes pour faire cesser, dans la mesure du possible, un état de choses si préjudiciable aux intérêts des ouvriers, qui n'ont d'autre ressource que leur travail. »

Le Conseil municipal nomma une commission, le 28 mai, pour s'occuper de la création d'un square rue Petou.

Ce même jour, M. Lehec demanda l'interdiction des processions sur la voie publique ; il s'appuyait sur l'article 45 du 18 germinal an X, stipulant qu'aucune cérémonie religieuse ne pouvait avoir lieu hors des édifices consacrés au culte catholique dans les villes où il y avait des temples destinés à des cultes différents.

En réponse, M. Doublet fit cette déclaration : « Je suivrai les errements les plus libéraux de mes prédécesseurs ; la marche et le trajet des processions ne seront plus affichés ; les agents de police n'y figureront que pour la sécurité des uns et des autres, mais les processions auront lieu comme d'habitude. »

L'ordre du jour suivant fut voté à la presque unanimité : « Le Conseil, accueillant avec confiance les déclarations de M. le Maire, et persuadé qu'il prendra toutes les mesures nécessaires pour assurer la libre circulation de la voie publique, passe à l'ordre du jour. »

Le dimanche 2 juin, sur la place de l'Hôtel-de ville, on fit l'expérience d'une échelle de sauvetage, inventée par M. Emile Dubosc, sergent de notre compagnie de pompiers.

Le 4, le maire mit, au nom de la ville, à la disposition des troupes de la garnison, un terrain de 2.864 mètres situé au-dessus de l'entrée du cimetière Saint-Etienne, pour l'exercice des soldats aux travaux de campagne.

Elbeuf avait été classé parmi les villes françaises ayant droit à la fondation de M. Boucher de Perthes.

Dans le courant de ce mois, le tribunal civil d'Abbeville rendit son jugement dans une affaire entre la ville d'Elbeuf et les héritiers du fondateur. Ceux-ci furent condamnés à payer à notre ville une somme de 10 000 francs, avec intérêts de droit. — La rente de cette somme fut employée à donner un prix annuel.

Il y eut fête à Elbeuf, le 30 juin, pour célébrer le succès de l'Exposition universelle de Paris. Presque toutes les maisons furent décorées de drapeaux, de beaucoup de guirlandes, de feuillages et de fleurs. Le soir, l'illumination fut générale. Il y eut concert par « l'Harmonie » au jardin de l'hôtel de ville ; il fut suivi d'une retraite aux flambeaux qui dura jusqu'après minuit.

Vers le 7 juillet, mourut Mlle Marie-Félicité Louvet, directrice de l'orphelinat de la Providence, à l'âge de soixante-trois ans. Elle était nièce de Mlle Céleste Louvet, qui avait succédé à Mlle Bertaut.

La première séance expérimentale du phonographe à Elbeuf eut lieu le 9 juillet, à l'hôtel de ville.

Le 18, on appropria la cour intérieure de l'hôtel de ville en salle de concert, dans laquelle des « Chanteurs béarnais » donnèrent une soirée, avec le concours de « l'Harmonie elbeuvienne ».

Sur une demande de plusieurs syndicats, il avait été question, au Conseil municipal, d'envoyer des ouvriers et des instituteurs adjoints à l'Exposition universelle de Paris. Le 24 juillet, M. Victor Prinvault fit la proposition suivante :

« Messieurs; je pense que c'est pour le Conseil municipal un devoir de répondre de la façon la plus large et la plus généreuse à la demande du syndicat des travailleurs.

« Que veulent-ils, en somme ? Développer leur intelligence et leurs connaissances par l'étude attentive des systèmes que le monde entier vient leur offrir pour la comparaison de leur mode de travail et de celui des autres nations.

« Chaque travailleur qui va partir à Paris est tous les jours, dans notre ville, placé en face d'un détail ou d'un mécanisme spécial de notre industrie. Chacun est, pour ainsi dire, identifié à sa spécialité ; le moindre changement dans la forme, dans la marche de la machine dont il se sert journellement, lui sautera aux yeux d'une façon souvent beaucoup plus sûre qu'à ceux d'un ingénieur, qui se laissera plutôt séduire par l'ensemble que par les détails. A leur retour, la somme de ces détails, de ces idées nouvelles, pourra devenir la source de modifications heureuses et indispensables à Elbeuf pour le tenir à la tête de la fabrication.

« Du reste, dans une ville comme la nôtre, ne sommes-nous pas tous solidaires? Dans l'immense fabrique qui constitue la ville d'Elbeuf, n'est-ce pas cette multitude d'intelligences, mises en mouvement par le travail, depuis l'ouvrier le plus petit jusqu'au patron le plus considérable, qui assurent le succès de l'ensemble industriel ?

« Quelle est la personne, dans une ville industrielle comme Elbeuf, quand elle se trouve en présence des ouvriers intelligents, pour lesquels le seul souci est de s'élever, le seul amour celui de leur métier, qui ne soit prête à donner des deux mains pour les aider, pour les encourager dans leurs efforts ?

« Le nom de ces hommes célèbres qui, partis simples ouvriers ont fondé les industries les plus merveilleuses, ceux des Jacquard, des Stephenson, passent devant les yeux de tel ouvrier, et leur souvenir vient leur imposer le devoir d'aplanir, par tous les moyens possibles, la route à leurs successeurs, et, ce faisant, d'accomplir l'œuvre la plus honnête, et la plus patriotique que je connaisse... »

M. Prinvault conclut en demandant le vote d'un crédit de 900 francs, à repartir ainsi : 300 francs en faveur des délégués à Paris du Syndicat des travailleurs du rayon d'Elbeuf,

300 francs en faveur des trois prud'hommes ouvriers, et 300 francs pour les instituteurs adjoints des écoles laïques de garçons. — Ces conclusions furent adoptées.

Ce même jour, M Doublet fit au Conseil l'exposé suivant concernant la construction de la ligne d'Elbeuf à Rouen :

« Messieurs ; l'administration ayant appris que le Gouvernement, possesseur aujourd'hui par rachat de la ligne d'Orléans à Rouen, section de la Seine-Inférieure, allait entreprendre de suite la construction de cette ligne, s'est tout d'abord inquiété du tracé que l'ingénieur en chef semblait avoir choisi.

« Le moment nous paraît donc opportun de vous soumettre notre opinion comme maire d'Elbeuf et comme président de la commission administrative de l'Hospice.

« Sans nous préoccuper de la traversée des roches d'Orival, contre laquelle les intéressés se sont toujours énergiquement prononcés, nous devons préciser devant vous les graves inconvénients qu'entraînerait le tracé ancien, si aucune modification ne venait à être faite.

« D'après ce tracé, un immense viaduc de 200 mètres de longueur, de 18 mètres de hauteur, franchirait notre hospice civil. Il est hors de doute que le passage répété des trains produira un bruit assourdissant préjudiciable à la prompte guérison des malades de notre asile hospitalier, s'il n'amène pas encore des conséquences plus terribles.

« Le viaduc apporterait en plus une gêne considérable dans la libre jouissance du verger, en en diminuant considérablement la superficie, déjà à peine suffisante dans l'état actuel.

« Il faudrait renoncer non seulement à l'agrandissement de l'hospice, qui ne possède ni gésine, ni salles spéciales pour les enfants malades, mais on serait probablement obligé d'évacuer l'établissement, si les résultats que nous craignons pour nos pauvres se réalisaient.

« Poser cette question de notre hospice civil devant les ressources budgétaires de la ville d'Elbeuf, c'est la résoudre, et c'est pour le prouver que le Conseil municipal, ainsi que l'administration, doivent dégager leur responsabilité pour l'avenir... »

Le Conseil prit une délibération protestant énergiquement contre tout tracé de la ligne d'Orléans à Rouen qui amènerait la création d'un viaduc sur l'hospice et qui passerait sur les roches d'Orival.

Quelque temps après, une convention intervint entre l'Etat et la ville. Il fut convenu que le tracé serait reculé vers le sud, de façon que l'axe de la ligne fût par tout distancé de 20 mèires au moins du bâtiment principal de l'hospice, consacré aux vieillards et incurables, et que le viaduc serait construit en maçonnerie.

La fondation de la Société de tir du 22e régiment d'infanterie territoriale remonte au 31 juillet 1878, date de l'élaboration de ses statuts, qui furent approuvés par le général C. Jolivet, alors commandant provisoire du 3º corps d'armée.

Le Conseil d'administration était composé de MM. le lieutenant colonel P. Champy, président ; le chef de bataillon V. Barrau, vice-président ; le sous-lieutenant Cardier, trésorier ; le sous-lieutenant O. Mabire, officier de détail; le lieutenant F. Hellouin, officier de tir; le capitaine Bouvier-Bangillon, le sous-lieutenant E. Bloch, le sous-lieutenant H. Blanchet, membres. Le premier tir de la Société eut lieu le 27 octobre suivant, au stand de la garnison, situé dans la forêt de Bord.

Une revue générale de la compagnie et du matériel des sapeurs-pompiers fut passée, le dimanche 4 août, par l'administration municipale. M. Léon Quidet, capitaine, avait fait appel aux industriels possesseurs de pompes à incendie, et dix-huit de celles ci se joignirent, sur la place de l'Hôtel-de ville, aux vingt deux de la compagnie. Cette revue avait attiré une foule considérable.

Le 27 août, le Conseil municipal délégua M. J. Doublet, maire, et MM. Fraenckel et Schuhl pour assister à la manifestation patriotique organisée à Paris, le 3 septembre, à l'occasion de l'anniversaire de la mort de M. Thiers.

Le 13 septembre, M. Doublet, maire, prit un arrêté réglementant l'exercice des professions de commissionnaire, crocheteur, portefaix, déchargeur, etc.

Le 22, on inaugura, par un grand concert, le Cercle catholique de la rue du Neubourg.

M. Jules Leseigneur, négociant en draperies, ancien commandant de la garde nationale et ancien conseiller municipal, mourut le 27, âgé seulement de 48 ans.

A cette époque, bien que le tracé dut recevoir dans certaines sections quelques modifications, on travaillait à la ligne de chemin de fer entre Elbeuf et Rouen, rachetée par l'Etat à la Compagnie d'Orléans à Rouen, alors en faillite. Le tunnel de la Maredotte, près de

Moulineaux, était en voie de percement, sous la direction de M. Partiot, ingénieur en chef de la ligne.

A partir du 6 octobre, les bureaux de la Caisse d'épargne furent établis à la mairie.

Ce même jour, eut lieu une exposition d'horticulture, dans la cour et le jardin de l'hôtel de ville.

Le 8, M. J.-L de Lanessan, professeur agrégé à la Faculté de médecine de Paris, fit une conférence au théâtre, au profit de la Société de l'enseignement démocratique.

En ce même temps, l'Orphelinat de garçons, fondé par MM. Olivier et Suchetet, fut confié à des sœurs de la congrégation de Saint-Charles de Nancy ; il était placé sous la surveillance d'un conseil d'administration, composé de membres du Conseil municipal, des fondateurs et de plusieurs personnes choisies par ceux-ci.

Dans sa séance du 15 octobre, le Conseil municipal adopta diverses modifications au projet de création de tramways.

A la suite d'une explication sur une question de voirie, M. Picard et M. Doublet proposèrent au Conseil de se prononcer sur ce point :

« Le Conseil, dans les circonstances présentes et devant les explications de M. le maire, persiste-t-il à maintenir le vote du 29 mars, décidant l'ouverture de la rue Clémentine jusqu'à la rue de la Barrière et autorisant l'achat des terrains nécessaires, soit à l'amiable, soit par voie d'expropriation?

Votèrent *oui*, MM. Doublet, Beaudouin, Descoubet, Pion, Martin, Deschamps, Picard, Thézard et Quidet, au total 9 voix.

Votèrent *non*, MM. Meyer, Cavé, Fraenckel, Lechêne, Rouland, Beer, Langlois, Schuhl, Fiquet, Malfilatre et Lelong, au total 11 voix.

Mais à la séance suivante, on trouva le moyen de concilier tout le monde et le projet fut voté définitivement.

La distribution des récompenses aux exposants à Paris eut lieu le 21 octobre.

M. Maurice Blin, de la maison Blin et Bloch, membre du jury, exposant hors concours, fut nommé chevalier dans l'ordre de la Légion d'honneur.

Médailles d'or. — E Bellest et Cie. — Canivet, Tallon et Cie. — Constant Flavigny. — Lanne fils aîné et Pion. — Legrix père, fils et Maurel. — A. Lemonnier. — Prinvault frères.

Médailles d'argent. — Société industrielle. — Berjonneau-Demar. — A. Cottereau. — Ph. Decaux fils. — Fleury-Desmares et Canthelou. — L. Fouchet père, fils et Hulme. — Fraenckel-Blin. — Franchet, Puget et Cie. — Gasse frères. — Happey et Picard. — Houllier fils. — Lécallier fils. — Letellier, Beaucousin et Cie. — L. Anest apprêteur. — V. Lion. — E. Mortreuil. — E. Nivert et E. Boulet. — Olivier et Brunel. — Olivier frères. - C. Philippe. — H. Quidet. - Simon et Bailhache.

Médailles de bronze. — G. Bioche. — J. Bisson-Savreux. — S. Bloch. — Bunel et Cerfon — E. Chefdeville. — P. Desbois. — E. Dudouis. -- F. Ferrant. — H. Gérin-Roze. — Heullant, Pietzsch et Cie. G. Laignel. — H. Leclerc. — Martin et Detchemendy. — Mélet et Laîné jeune. — L. Anest. — Réné et Mesnil. — Roze et Lequesne. - Simon fils aîné. — Leprince, mécanicien.

Collaborateurs. — *Médailles d'argent.* — E. Adeline, directeur de la maison C. Flavigny. — A. Alavoine, monteur de la maison Patin et Leblois. — G. Bachelet, directeur de la maison Legrix père, fils et Maurel. — Mme Sément, contre-maîtresse de la maison Lanne fils aîné et Pion. — G. L. Turpin monteur de la maison Prinvault frères.

Médailles de bronze — V. Bourges, monteur de la maison Berjonneau-Demar. — A. Duval, monteur de la maison Legrix père, fils et Maurel — C. Gontier, monteur de la maison Fleury-Desmares et Canthelou. — Mme Groult, contre-maîtresse de la maison Lanne fils aîné et Pion. — J.-P. Gruel, contre-maître de la maison E. Nivert et E. Boulet. — Hébert, directeur de la maison Gasse frères. — A. Lecoq, monteur de la maison Bunel et Cerfon. — Veuve Tanquereuil, née Labbé, ouvrière de la maison Simon et Bailhache.

Mentions honorables. — J. Rivette, tisserand. — L. Caplet, contre-maître de la maison H. Leclerc. — A. Pointel, ouvrier apprêteur de la maison P. Desbois. — Soret, mention honorable.

Le 14 novembre eut lieu l'inhumation de Mlle Henriette-Fanny-Esther Capplet, décédée dans sa 79e année, à Saint-Aubin. Mlle Capplet était surtout connue par sa bienfaisance, et sa mort fut vivement regrettée. Par son testament, elle avait légué 25.000 francs à divers établissements de bienfaisance de notre ville.

Le mardi 19, M. Jules Simon fit une conférence au théâtre, au profit de la société de secours mutuels des tisserands d'Elbeuf, dite de Saint-Roch.

M. Alfred Naquet, député du Vaucluse, parla sur le divorce, dans une conférence qu'il fit à Caudebec, le 24, au profit de la Société cantonale de l'enseignement démocratique.

Le Conseil municipal décida le 26, qu'une allée de marronniers serait plantée dans la partie est du jardin de l'hôtel de-ville — C'est aujourd'hui un lieu de promenade fort agréable en été.

Les orateurs qui firent les conférences ordinaires au théâtre à l'automne de cette année furent MM. Emile Deschanel, député (deux conférences), A Franck, de l'Institut, Coquelin aîné, de la Comédie-Française, L. Simonin, ingénieur des mines, H. de la Pommeraye, professeur de littérature dramatique au Conservatoire.

Le dimanche 1er décembre, à l'hôtel de ville, M. E. Lambert-Thiboust jeune, frère du dramaturge, fit une conférence expérimentative sur le phonographe, le téléphone et le microphone.

Du 2 au 7, le P. Boulanger, prieur des Dominicains d'Amiens, fit chaque soir, dans l'église Saint-Jean, des conférences religieuses pour les hommes.

Le 18 décembre, le Conseil municipal approuva les statuts de la Caisse des retraites pour les sapeurs-pompiers de notre ville.

Un grand concours musical ayant été décidé pour l'année suivante et une somme de 15.000 francs ayant été votée à cet effet par le Conseil municipal, augmentée d'une souscription publique importante, le maire adressa le 20, à toutes les sociétés musicales de France, d'Alsace-Lorraine, de Suisse et de

Belgique, une lettre les invitant à ce concours, qui aurait lieu le 8 juin, et les informant que des premiers prix consistant en 1.500 francs espèces et une couronne de vermeil, et des seconds prix composés de 500 fr. et une palme de vermeil, seraient décernés aux orphéons et harmonies, que le premier prix pour les fanfares serait de 800 francs et une palme de vermeil. De nombreuses acceptations arrivèrent bientôt.

Le 24, on procéda à l'installation de M. Achille Cavrel, élu président du Tribunal de commerce vingt jours auparavant, à celle de MM. Charles Delarue et Jules Lécallier, élus juges, et à celle de MM. Dominique James et Désiré Peinte, nommés suppléants le même jour.

Le Tribunal avait inscrit 565 affaires nouvelles en 1877 et 492 pendant les onze premiers mois de 1878. Les faillites avaient été au nombre de 20 en 1877 et de 12 en 1878, au total 32, dont 14 relatives à l'industrie textile et 3 de banquiers. Les formations de sociétés s'étaient chiffrées par 29 en 1877 et 26 en 1878. Il y avait eu 16 dissolutions en 1877 et 14 en 1878.

M. A. Pinchon, professeur de chimie à la Société industrielle, avait été chargé d'un rapport sur l'Exposition au point de vue de l'industrie de notre ville. Son travail fut imprimé en 1880.

Stimulés par la perspective de l'Exposition universelle et encouragés par l'écoulement, à un extrême bas prix il est vrai, des stocks considérables de l'année précédente, les manufacturiers elbeuviens avaient déployé beaucoup d'activité dans leur fabrication dès le commencement de 1878. La vente n'avait été favorable qu'aux articles nouveautés à bas prix, dont la demande croissait notablement ; quant aux nouveautés fines, elles avaient été délaissées, de même que les unis fins.

La consommation des houilles s'était relevée à 48.326 tonnes, dont 37.253 venues d'Angleterre

La fabrique avait employé 7.765.476 kilos de laines dégraissées à fonds qui, au prix moyen de 5 fr. 31 le kilo, donnèrent la somme de 41.234.677 francs. En plus de ces matières figuraient 144.000 kilos de coton, 50.000 kilos de laine peignée et 50.000 kilos de fils communs cardés

Il avait été fabriqué 5.602.105 kilos de draps et nouveautés valant, à raison de 15 fr. 35 le kilo, 85.992.211 francs. C'était une augmentation de 7.717.111 francs sur le chiffre de 1877. Quant à la longueur des étoffes fabriquées et vendues, on l'estima à 9.183.852 mètres, soit 900.872 mètres de plus que l'an précédent. Le prix moyen du mètre fut évalué à 9 fr. 36.

Le 31 décembre, M. Cahen, commissaire de police à Elbeuf, fut nommé à Evreux. Le même jour, M. Oudin, commissaire de police à Digne, passa à Elbeuf.

On avait enregistré, pendant l'année 1878 :

A Elbeuf, 619 naissances, 157 mariages, 648 décès.

A Caudebec, 351 naissances, 93 mariages, 264 décès.

A Saint-Pierre, 86 naissances, 21 mariages, 68 décès, 5 morts nés.

CHAPITRE XXX
(1879)

M. Jules Grévy, président de la République. — A propos du renouvellement des tarifs d'octroi. — Manifestations protectionnistes. — Concours international de musique ; belles fêtes. — Consolidation de l'hotel de ville. — Démissions au bureau de bienfaisance. — Froids extraordinaires ; mesures philanthropiques.

Le budget primitif de l'année 1877 était ainsi établi :

Recettes ordinaires . . . 522.155 } 879.855 fr.
Recettes extraordinaires. 357.700 }

Dépenses ordinaires. . . 537.526 } 1.021.858 fr.
— extraordinaires 484.332 }

Soit avec un déficit de 142.003 francs, que l'on couvrit avec l'excédent de l'emprunt de 700.000 francs s'élevant à 142.080 francs.

Le budget du Bureau de bienfaisance, pour le même exercice, était fixé en recettes et en dépenses à 52.067 francs.

Celui de l'hospice prévoyait 77.400 francs de dépenses et 77.407 francs de recettes.

Le 8 janvier, on procéda à l'installation de MM Ph. Aubé, Ch. Flavigny, A. Mary et F. Lanne fils aîné, élus membres de la Chambre de commerce, dont le bureau fut ainsi composé : MM. Aubé, président, Lebourgeois, secrétaire, E. Pelletier, trésorier. Dans cette même séance, la Chambre rédigea une lettre à à M. Jules Ferry, président de la commission du tarif général des douanes, à l'effet d'obtenir que ce tarif général fût un minimum.

Vers cette date, la Seine subit une crise qui, en beaucoup de points, la fit sortir de son lit. Le 11, tout péril était conjuré.

Il y avait eu des élections sénatoriales le 5 qui avaient enfin donné une majorité républicaine au Sénat. Le jour de l'ouverture du Parlement, le 14, beaucoup de maisons particulières de notre ville arborèrent le drapeau tricolore.

Il y eut, le 22, au Conseil municipal, une assez vive discussion entre M. Lechêne et ses collègues, au sujet des droits d'octroi sur les huiles.

Pour être affranchi de l'impôt de 10 francs par 100 kilos envers l'Etat sur les huiles minérales, le Conseil décida de doubler la taxe sur ces mêmes huiles à partir du 1er février suivant, et que la moitié des produits, soit 12.000 francs, serait versée dans la Caisse de l'Etat, conformément à la loi du 22 décembre 1878.

Du 22 au 24, on procéda à l'enquête sur le projet de prolongement de la rue Clémentine (actuellement rue Théodore-Chennevière) entre les rues de la Bague et de la Barrière.

Pendant la nuit du 22 au 23, la carrière souterraine dite Saint-Cyr s'effondra subitement avec un fracas épouvantable.

Le 26, M. Alfred Naquet, député de Vaucluse, fit une conférence, à Elbeuf, sur le divorce.

Au tirage au sort, le 28, on compta 344 conscrits, dont 148 d'Elbeuf, 103 de Caudebec, 38 de Saint-Pierre, 20 de Saint-Aubin, 11 d'Orival et 8 de La Londe.

Le 30, le parti républicain de notre région apprit, avec une vive satisfaction, la démission du maréchal de Mac-Mahon et l'élection de M. Jules Grévy à la présidence de la République. On arbora de nouveau les couleurs nationales.

Une série de conférences organisées par le Comité, eurent pour orateurs M. Ch. Quentin, Mlle Marie Dumas, MM. F. Sarcey et Fontanès. Le mois suivant, on entendit M. Coquelin aîné.

Le 12 février, la Société industrielle composa ainsi son bureau : MM. Pelletier aîné, président ; Léon Quidet, vice-président ; Chedville, secrétaire ; Cavrel fils, bibliothécaire-archiviste.

Le 5 mars, dans une lettre adressée par M. Doublet, obligé de garder la chambre, à M. Auzoux, premier adjoint, il pria celui ci de l'excuser auprès du Conseil municipal qui devait se réunir le lendemain. Cette lettre se terminait ainsi :

« ... Depuis notre dernière réunion municipale de grands événements ont eu lieu. Quoiqu'ils soient déjà éloignés de nous et connus de tous, il m'a semblé qu'il était de mon devoir de les rappeler ici.

« Le 30 janvier, le maréchal de Mac-Mahon donnait sa démission de président de la République et, quelques heures après, les deux Chambres réunies en Congrès nommaient et proclamaient, dans cette séance mémorable, M. Jules Grévy président de la République.

« Cette nomination est l'affermissement naturel de nos institutions et le triomphe pacifique de la cause à laquelle nous sommes tous dévoués. Je crois donc être l'interprète du Conseil et de toute l'administration en admirant le calme, plein de dignité et de grandeur, avec lequel cette translation de pouvoirs s'est faite, et en saluant le nom, estimé par tous et sympathique à tous, de M. Jules Grévy, président de la République française...

« Le Maire, J. DOUBLET.

Le lendemain 6, à propos du renouvellement du tarif d'octroi, M. Quidet prononça, devant ses collègues du Conseil municipal, un discours dont nous avons relevé quelques passages :

« ... Des droits d'octroi ont été créés dans des villes qui n'en avaient pas encore, et ils ont suivi une marche ascensionnelle et progressive dans celles qui, depuis longtemps, les avaient établis. Aujourd'hui, ils atteignent partout des proportions considérables.

« Cet état de choses est dû, en partie, au désir exagéré dont les municipalités ont été prises, spontanément et sans mesure, de faire des embellissements ou de grands travaux d'une utilité quelquefois discutable.

« Elles étaient encouragées dans cette voie pleine de périls qu'elles avaient sous les yeux, par l'approbation donnée, après un examen superficiel et trop souvent de pure forme, à tous les projets qu'elles soumettaient à l'autorité supérieure.

« Chacun a voulu attacher son nom à une grande œuvre quelconque, utile ou non, malgré l'avis contraire des minorités, et comme les ressources étaient insuffisantes pour y faire face, on n'a pas craint d'engager l'avenir pour une longue période. On a fait de grands emprunts, établi des taxes, des surtaxes additionnelles, etc. ; en un mot, on a escompté la prospérité future du pays, comme si elle avait fait élection de domicile à perpétuité, sans trop se préoccuper s'il en pourrait être autrement, ce qui est fatalement arrivé.

« On a légué aux générations futures de grandes choses dont nous ne voulons pas contester le mérite ; mais on leur a laissé de grandes charges, avec le soin de faire la liquidation de nombreux travaux entrepris sciemment, pour la plupart, avec des prévisions insuffisantes, qui ont donné et donnent encore lieu à de nombreux mécomptes.

« En matière d'administration municipale, on s'est trop souvent départi des principes qui font autorité dans la bonne gestion des affaires privées ; on a engagé toutes les ressources présentes et futures à l'exécution de travaux étudiés d'une façon souvent sommaire, sans se réserver aucun moyen de parer à des éventualités qu'on doit toujours prévoir, surtout lorsqu'il s'agit d'affaires publiques. Aussi, quand l'heure des difficultés a sonné, il a fallu recourir de nouveau à l'expédient des emprunts, ou bien se résigner à n'exécuter que partie du programme arrêté, faute de fonds disponibles pour le continuer.

« En général, ce n'était plus les mêmes administrations qui avaient lancé ces grandes œuvres, qualifiées indistinctement de travaux d'utilité publique, qui étaient chargées d'en opérer la liquidation, et il en est peu qui en acceptent la responsabilité, de telle sorte qu'à ceux-là revient tout l'honneur de les avoir lancées et patronnées et à leurs successeurs, condamnés fatalement à l'inaction faute de ressources, reste le rôle ingrat de les terminer en créant des charges nouvelles pour en effectuer le paiement.

« Il y a loin de là à un acheminement à la suppression des droits d'octroi, si souvent demandée.

« Elbeuf, qui a toutes les aspirations des grandes villes, sans en avoir les ressources, et qui a beaucoup à faire pour les imiter, n'a pas su résister à l'entraînement général... »

Après d'autres considérations, M. Quidet passa en revue les dettes de la ville et les dépenses obligatoires qu'elle devait faire à court délai. Dans l'énumération que l'orateur en fit il cita :

« Un capital de 96.000 francs représentant le prix d'acquisition de l'ancien hôtel de ville et de l'auberge dite du Coq. Depuis 1779, la ville sert l'intérêt de cette somme à divers et inscrit de ce chef à son budget une rente annuelle de 4.462 fr. 97... Il nous paraîtrait d'une bonne administration, après un siècle, de rembourser cette somme...

« La ville aura à supporter la dépense, dans un délai aussi court que possible, de la réparation et la consolidation de l'hôtel de ville, en vue desquelles une somme de 25.000 francs a été inscrite cette année au budget. C'est un chiffre bien insuffisant, puisque les dépenses, d'après les évaluations des hommes compétents, devront s'élever à 80.000 ou 100.000 fr..»

Dans cette même séance, le Conseil décida l'installation du bureau du télégraphe dans l'ancien hôtel de ville.

Le vendredi 7 mars, vers neuf heures du soir, le feu se déclara dans l'établissement de M. Bélisaire Lequesne, fabricant, rue Constantine ; les pertes se chiffrèrent par plus de 80.000 fr.

A la séance municipale du 13, M. Descoubet déposa son rapport sur un projet d'emprunt de trois millions, et demanda la nomination d'une commission pour examiner ce projet. Furent désignés : MM. Descoubet, Fraenckel, Schuhl, Cavé et Patin.

Ce même jour, le Conseil fut saisi d'un projet de diverses constructions au Bureau de bienfaisance.

Le 17, le Conseil discuta sur le tarif d'octroi. M. Rouland s'éleva contre toute augmentation et l'établissement de nouvelles taxes. MM. Lechêne et Descoubet parlèrent dans le même sens ; mais la majorité avait son siège fait, et les conclusions du rapport de M. Quidet furent votées par 16 voix contre 7 : *Pour* : MM. Auzoux, Beaudouin, Meyer, Cavé, Fraenckel, Laignel, Hulme, Martin, Deschamps, Patin, Beer, Langlois, Schuhl, Picard, Thézard, Quidet. — *Contre* : MM. Descoubet, Lechêne, Rouland, Fiquet, Lehec, Malfilâtre, Lelong.

Le 4 avril, le maire prit un arrêté concernant les opérations relatives au logement et au cantonnement des troupes. — Un second arrêté, daté du même jour, concernait la vente du lait.

Un théâtre avait été ouvert dans la salle du Prado : six artistes de la troupe de M. Perron, ancien directeur du théâtre d'Elbeuf, y donnèrent une soirée d'inauguration le 5 du même mois.

La Chambre de commerce de notre ville se fit représenter par son bureau à une réunion de vingt sept Chambres de commerce protectionnistes qui se tint à Rouen, le 18, sous la présidence de M. Pouyer-Quertier, et à laquelle assistèrent des sénateurs et députés de la région normande. Il y fut donné lecture de diverses protestations contre les dires des libre-échangistes et demandé des tarifs généraux de douane.

A la session d'avril, au Conseil général, il fut parlé de l'asphaltage de la rue de la Barrière devant le théâtre, et du rachat du pont suspendu d'Elbeuf.

Vers ce temps, M. Dupoux-Hilaire, directeur du Théâtre-Lafayette de Rouen, fut appelé à la direction du théâtre de notre ville, pour la saison 1879-1880.

La Caisse d'épargne fut ouverte le jeudi, en outre du dimanche, à partir du 1er mai.

Ce même jour, il y eut à Paris une grande manifestation organisée par 61 Chambres de commerce protectionnistes ; celle d'Elbeuf y comptait neuf de ses membres.

Après cette réunion, M. Ph. Aubé entretint les Chambres de commerce ou consultatives de Carcassonne, Castres, Vienne, Lodève, Louviers, Mazamet, Vire, Sedan et Saint-Pons, des droits compensateurs nécessaires à l'existence de l'industrie drapière française, et leur remontra l'utilité qu'il y avait à agir de concert vis-à-vis du gouvernement. Il fut entendu que les Chambres drapières demanderaient un droit de douane de 15 pour 100, majoré de 24 pour 100 dans le tarif général, pour les tissus de laine. Ces 24 pour 100 représentaient les nouvelles charges imposées à l'industrie depuis la guerre.

Le 5, la Chambre de commerce rédigea l'appel suivant :

« La Chambre fait appel à tous les négociants et industriels de sa circonscription, à tous les propriétaires, à ceux qui s'intéressent à notre travail national.

« Le moment est décisif. Elbeuf, plus que tout autre centre industriel, est gravement menacé par les traités de commerce et la funeste théorie du libre échange. L'industrie, la fortune publique, la propriété, sont déjà compromises.

« Les Anglais disposent contre nous de sommes considérables *Le Cobden Club* distribue en France plus de trois millions pour tromper l'opinion publique et acheter, au profit de l'Angleterre, le marché français.

« Pour répondre à ces attaques, un Comité s'est fondé à Paris, sous le nom d'« Association de l'Industrie française ». Déjà, de nombreuses souscriptions patriotiques lui ont été adressées. Elles ne suffisent pas.

« Elbeuf ne voudra pas rester en arrière. La Chambre de commerce espère que tous les industriels, que tous ceux qui sont soucieux des l'intérêts du travail national, ne refuseront pas leur concours... »

Quelques jours après, grâce à la souscription qui fut ouverte, la Chambre de commerce envoya 8.000 francs à l'Association de l'Industrie française.

Année 1879

Le 13, mourut M. Maurice Blin, chevalier de la légion d'honneur, principal chef de la maison Blin et Bloch ; il était âgé de 54 ans. Son décès fut vivement regretté.

Vers ce temps, une délégation d'ouvriers d'Elbeuf, de Bolbec et de Lillebonne se rendit auprès du président de la République, pour lui exposer les souffrances des industries de la laine et du coton. Les délégués elbeuviens étaient MM. Hardouin, Champin, Bouvier, tisseurs, membres du Conseil des Prud'hommes, et M. Monfray, également tisseur.

Par arrêté municipal en date du 23, la rue Clémentine et son prolongement reçurent le nom de Théodore-Chennevière.

Le Conseil municipal vota, le 21, une surtaxe de 7 fr. par hectolitre d'alcool, devant produire environ 100.000 fr., pour être employée ainsi :

50.000 francs à l'établissement ou le raccordement de rues aboutissant au chemin de fer d'Orléans à Rouen, et à la réfection des tombes à déplacer au cimetière Saint-Jean par suite du tracé de la voie ferrée ;

25.000 fr. à l'ouverture de la rue Salvandy et à la reconstruction des bâtiments de la crèche ;

Et 25.000 fr. à l'achèvement des écoles primaires rue Tournante.

Le 27, l'assemblée municipale adopta les plans et devis dressés pour l'achèvement de l'école de garçons de la rue Tournante.

Le maire fit l'exposé d'un projet de convention entre la ville et l'Etat, pour le raccordement des voies de communication aboutissant à la gare du chemin de fer d'Orléans à Rouen. Le Conseil donna son approbation.

Les travaux de percement du tunnel sous la côte Saint-Auct et le cimetière St-Etienne commencèrent dans les premiers jours de juin.

Il y eut, à Elbeuf, de grandes et belles fêtes, du samedi 7 au lundi 9 juin, à l'occasion d'un concours international de musique auquel, annonçait le programme, 100 sociétés françaises, belges et suisses, composées de 3.200 exécutants, devaient prendre part, sous la présidence de M. Ambroise Thomas, de l'Institut, et avec un jury composé de très nombreuses notabilités musicales. Il y eut, en même temps, une exposition d'horticulture.

Le conservateur des forêts avait mis à la disposition du maire d'Elbeuf, pour la décoration de la ville, 5.000 sapins à prendre dans la forêt de Bord. Ces arbres avaient été livrés au public au prix de 5 à 15 fr. le cent, suivant leur grosseur.

Pendant la semaine qui précéda ces fêtes, dont on conserve encore la mémoire, une activité extraordinaire régna sur tous les points de la ville, y compris la place du Champ-de-Foire. Toutes les façades de maisons étaient couvertes de feuillages, de fleurs, de guirlandes multicolores, d'où flottaient le drapeau national et des oriflammes à des milliers d'exemplaires, et d'autres aux couleurs belges et suisses. Les lanternes vénitiennes, de toutes formes, étaient en nombre inimaginable.

Il avait été élevé deux portes mauresques monumentales sur le Cours ; une porte dite d'Alsace-Lorraine au haut de la rue Saint-Jacques, sur l'emplacement de la future gare ; rue de la Justice, une autre porte avec attributs militaires ; un portique place de la Poissonnerie, etc.

Le Viaduc et l'entrée du Tunnel de la Côte Saint-Auct

La fête commença le samedi soir par plusieurs retraites aux flambeaux. Le lendemain, les étrangers arrivèrent par flots ; on estima leur nombre à plus de 60.000. A elle seule, la gare de Saint-Aubin reçut 45.516 voyageurs. Les sociétés de musique venues de Belgique, de Suisse et des points éloignés de la France étaient dans nos murs depuis la veille.

Après le déjeuner des membres du jury, commença le défilé des sociétés, précédées de gendarmes à cheval et d'un piquet du 74e de ligne. Le concours d'honneur eut lieu à quatre heures ; mais la distribution des prix ne commença qu'à sept heures, sur la place du Champ-de Foire, superbement décorée. Nous ne citerons que les prix remportés au concours d'honneur :

Harmonies : Harmonie d'Ezy, couronne de vermeil et 1.500 fr. ; Société musicale d'Yvetot, palme de vermeil et 500 fr.

Fanfares : Union instrumentale Genèvoise (Suisse), couronne de vermeil et 800 fr. ; Union musicale de Saint-Denis, palme de vermeil et 300 fr.

Orphéons : Lyre Havraise, palme de vermeil et 500 fr. ; Orphéonistes d'Amiens, médaille de vermeil et 500 fr.

Les autres sociétés les plus méritantes ou les plus remarquées étaient : l'Union ouvrière de Roubaix, l'Union chorale de Rouen, la Fanfare Gravillaise, la Fanfare de Chimay (Belgique).

Un banquet de 120 couverts réunit de nouveau le jury et les notabilités. M. Dautresme, M. Doublet, le préfet et d'autres notabilités de notre région y prononcèrent des discours de circonstance.

La nuit venue, la ville entière se trouva inondée de lumière, et la foule était tellement compacte dans nos rues que l'on ne pouvait avancer qu'à petits pas Le cortège d'une nouvelle retraite aux flambeaux, qui eut lieu ce soir-là, eut toutes les peines du monde à se frayer un passage. Ajoutons que le temps était splendide et l'entrain général.

Le lendemain lundi, il y eut des jeux publics et une ascension en ballon. L'aéronaute et son compagnon, partis à six heures et demie, atterrirent près de Saint-Léger-du-Bourg-Denis.

Une splendide fête vénitienne sur la Seine termina la journée Cette partie du programme eut un succès indescriptible

Le jeudi suivant, pour fermer l'exposition horticole, il y eut un concert au jardin de l'hôtel de ville, fort bien illuminé et décoré, et l'on tira un feu d'artifice, suivi d'une dernière retraite aux flambeaux.

A titre de renseignement pour le cas où une nouvelle fête de ce genre serait projetée plus tard, nous croyons utile de publier le tableau des recettes et des dépenses relatives au concours musical et à l'exposition horticole :

Recettes :

Souscription publique..............	15.507.30
Valeur des prix offerts (49 palmes, couronnes et médailles).........	3.712.00
Fonds votés par le Conseil municipal	15.000.00
Cartes de circulation...............	2.890.00
Souscription au banquet (53 à 25 fr.)	1.325.00
Entrées aux divers concours........	2.679.50
Entrées aux jeux et fête vénitienne.	1.362.00
Vente des programmes.............	210.20
Divers.............................	240.55
Ensemble......	42.926.55

Année 1879

Dépenses :

Jury............................	4.853.05
Morceaux imposés (comp⁰˙ et gravure)	2.033.05
Frais de publicité et de bureau.....	3.742.95
Prix décernés....................	11.047.00
Exposition d'horticulture..........	1.000.00
Retraite aux flambeaux............	1.122.20
Fête vénitienne...................	1.670.00
Feu d'artifice....................	1.900.00
Décoration des rues, lieux de concours, etc......................	6.230.20
Divers...........................	2.323.25
Ensemble.....	35.921.70
Ce qui laissa un excédent de recettes de........................ fr.	7.004.85

somme qui fut remise au Conseil municipal, en déduction des 15.000 fr. qu'il avait votés.

La Chambre de commerce protesta, le 11 juin, contre un projet de loi, présenté par le ministre du Commerce, ayant pour but de proroger de six mois, à partir du jour de l'homologation du nouveau tarif de douane, les conventions commerciales liant la France avec des puissances étrangères jusqu'au 31 décembre de cette année 1879.

La 22ᵉ assemblée générale annuelle de l'Association des médecins de la Seine-Inférieure se tint à Elbeuf, le 14 du même mois, sous la présidence de M. Alfred Vy, vice-président.

La manifestation patriotique annuelle au monument du Mobile eût cette année-là, le 22 juin, une importance exceptionnelle par le nombre des Sociétés et la foule qu'elle attira.

Dans la nuit du 25 au jeudi 26 du même mois, vers une heure et demie du matin, le feu prit à un grand bâtiment de filature faisant partie de l'établissement de M. Philippe

Decaux, rue Notre-Dame, et se propagea, d'un bout, aux bâtiments en façade dans cette rue, et, de l'autre aux constructions en alignement sur l'ancienne rue de la Brigaudière. Les pertes occasionnées par ce sinistre furent évaluées à environ 400.000 fr.

Une curiosité de l'état-civil : Le 30, l'adjoint au maire procéda au mariage de Mme veuve Berthe, née Joséphine Labé, avec M. Louis-Narcisse Crétin, né à Paris, le 30 novembre 1821, veuf six fois. Ses six premières femmes se nommaient Piédeleu, Halle-Halle, Seigneur, Tierce, Leduc, Davoult.

M. le docteur Meyer, membre et secrétaire du conseil municipal, mourut à Strasbourg, vers le commencement de juillet ; il n'était âgé que de 32 ans.

Le 10, les bonapartistes d'Elbeuf et de la région firent dire une messe, en l'église de Caudebec, pour le repos de l'âme du ci-devant prince impérial, tué par les Zoulous au Sud-Afrique. 300 personnes environ assistèrent à cette cérémonie.

Le jeudi 17, notre population fut vivement impressionnée par le récit d'un drame qui s'était déroulé, pendant la nuit précédente, dans un établissement industriel situé entre les rues du Cours et de Caudebec.

Deux agents de police, accompagnés de plusieurs personnes armées de fusils, avaient fait le siège d'un malfaiteur qui s'était introduit dans cet établissement. Des coups de revolver avaient, disait on, été tirés par cet individu et d'autres par les assiégeants. Quand on avait découvert le malfaiteur, caché derrière un tas de balles de laine, ce n'était plus qu'un cadavre. On établit bientôt son identité : c'était un

Année 1879

nommé Arthur-Alphonse Coiffin, né à Elbeuf, le 9 juin 1856.

Le 30, les fabricants de draps reçurent copie de la résolution suivante :

« La Chambre syndicale elbeuvienne de la draperie a été saisie des réformes réclamées par l'industrie drapière, notamment au sujet des conditions de vente : elle est disposée à prendre telles mesures qui seront jugées nécessaires pour sauvegarder la Fabrique, mais pense qu'il faut avant tout s'unir, et inviter les partisans de sages réformes à lui envoyer sans retard leur adhésion.

« La Chambre syndicale voudrait secouer l'apathie des industriels qui se plaignent sans rien faire pour guérir leur mal ; elle espère qu'une première expérience a été suffisante pour démontrer que rien n'est possible sans union, et attend que le nombre de ses membres soit devenu assez important pour adopter des mesures qui puissent avoir un caractère utile et durable.

« Les adhésions sont reçues chez les membres du bureau : MM. Ad. Mary, Philogène Olivier, F. Lanne fils aîné et A. Pion, Morel-Beer fils aîné, Houllier fils.

« Le président de la Chambre syndicale :
« Ad. Mary ».

Le 5 août, le Tribunal correctionnel de Rouen rendit son jugement sur une affaire en détournements de laine, qui avait causé de nombreux commentaires à Elbeuf.— La Cour d'appel mit à néant la condamnation prononcée par les juges de première instance.

Le 5 août également, le Conseil municipal vota la création d'un gymnase à la caserne.

La Commission d'hygiène du canton d'Elbeuf réunie en août étudia, au point de vue sanitaire, la question d'une distribution d'eau en ville, au moyen de la source du Mont-Duve qui, d'après l'architecte municipal, débitait 41 litres 6 par seconde, soit 3.594 mètres cubes par jour, après une saison pluvieuse, il est vrai, mais qui pouvait certainement fournir un minimum de 1.500 m. c. journellement, quantité plus que suffisante pour assurer 25 litres par jour à chaque habitant et 1.000 m. c. pour le lavage des ruisseaux.

Le 24, le Conseil général émit le vœu qu'une ligne de raccordement fût établie, dans la forêt de la Londe, pour raccorder la ligne de l'Etat à celle de Serquigny, et qu'il fût construit une ligne entre Elbeuf et le Neubourg.

Voici quelques extraits d'un rapport présenté par M. Quidet au Conseil municipal, le 19 septembre :

« Messieurs ; s'il est une question que nous aurions pu croire ne jamais traiter pendant la durée de notre mandat de conseiller municipal, c'est assurément celle des consolidations de l'hôtel de ville...

« En effet, l'hôtel de ville est neuf, achevé depuis dix ans à peine ; il a été édifié à grands frais et d'une façon luxueuse ; or, s'il avait été construit dans de bonnes conditions et suivant les règles de l'art, nous aurions dû en jouir pendant de longues années sans avoir à nous en préoccuper.

« Malheureusement, il n'en est pas ainsi ; l'étude de ce monument a été confiée à un architecte imprévoyant ou inhabile, choisi arbitrairement ; l'examen des plans qu'il avait dressés a été faite par des personnes n'ayant pas la compétence nécessaire, et leur exécution, mal dirigée, a déjà suscité de sérieux embarras aux administrations qui se sont succédées, à cause des avaries nombreuses et compromettantes qui se sont manifestées au cours des travaux et depuis leur achèvement.

« Personne n'ignore que l'hôtel de ville a été édifié sur un mauvais sol, insuffisamment étudié, et que les fondations ne présentent pas la résistance nécessaire pour supporter un pareil monument.

« Cette imprévoyance capitale est sans excuse plausible, car le voisinage de la Seine commandait impérieusement de prendre toutes les précautions usitées en pareil cas, plutôt même de les exagérer, pour obtenir un surcroit de résistance...

« On avait une telle hâte de se mettre à l'œuvre que rien de tout cela n'a été fait.. Les conséquences de cette lourde faute sont désastreuses, et il n'est pas un particulier, en pareil cas, qui puisse résister à l'entretien d'un bâtiment semblable sans courir à la ruine, ou sans chercher à s'en défaire au prix de grands sacrifices. .

« L'hôtel de ville doit conserver sa destination, coûte que coûte, de telle sorte qu'après avoir engagé les finances municipales pendant une longue période pour sa construction, nous sommes appelés à être contraints d'y consacrer chaque année de grosses sommes pour le consolider et le rendre habitable.

« Quand cette œuvre de réparation sera terminée, nos descendants, qui en auront la jouissance, ignoreront peut-être tous les sacrifices qu'elle aura coûtés ; mais, s'ils veulent s'en rendre compte, ils verront que, pendant près de vingt années, l'argent englouti dans la construction, la consolidation ou la réfection de l'hôtel de ville aura paralysé et ajourné à longue échéance des travaux et des améliorations plus urgentes assurément ; c'est un monument qui sera chèrement acheté : puissent-ils profiter de cette dure leçon, dont nous sommes les victimes et non les artisans.

« Nous n'entreprendrons pas, Messieurs, de vous exposer tout ce qu'il faudra faire ou refaire.. pour remettre ce monument dans des conditions à peu près acceptables, si tant est qu'on y puisse jamais parvenir. Tous les jours de nouveaux défauts se manifestent et se révèlent dans toutes les parties de l'édifice ; mais il nous faut tout d'abord et sans délai pourvoir aux consolidations les plus urgentes : c'est ce qui fera l'objet de ce premier rapport.»

M Quidet examine d'abord les caves :

« Quand on parcourt les sous-sols de cette immense construction, si prétentieuse au dehors, on sort le cœur véritablement navré de tous les désordres qui s'y sont produits en si peu de temps. Partout on constate que le bâtiment a foulé dans des proportions souvent inquiétantes, résultant des inégalités de résistance du sol, ce qui produit des ruptures et des écrasements ».

Le rapporteur proposa le remblai de ces caves et divers travaux de consolidation.

Il passa aux sept calorifères, établis au-dessous du niveau des grosses eaux ; il demanda leur suppression et la construction de deux autres.

Le Conseil vota les conclusions du rapport et, vu l'urgence, décida que ces premiers travaux seraient immédiatement commencés.

Pendant la nuit du 24 au jeudi 25 septembre, l'usine de M. Perré, stéarinier à Saint-Aubin, fut en partie détruite par un incendie. Les pertes s'élevèrent à environ 500.000 fr.

Au commencement d'octobre, on apprit que le ministre des Travaux publics avait approuvé la construction d'une deuxième voie sur la ligne d'Oissel à Serquigny.

Une école enfantine fut ouverte, le 6, dans les locaux de l'Ecole laïque de filles, rue de Seine

Le jeudi 9, vers 4 heures du matin, le feu se déclara rue de la République, dans un bâtiment occupé par M. Coyette, retordeur, et Bottier et Grémont, apprêteurs. On évalua les dommages à près de 100.000 fr.

On crut pendant quelque temps que la question des tramways allait enfin avoir une solution. En effet, le projet fut soumis à l'enquête, par arrêté préfectoral, à partir du 11. La commission était composée de MM. Lucien Dautresme, député, président ; Laporte, conseiller général de Grand-Couronne ; D. Picard, conseiller d'arrondissement ; J. Doublet, maire ; Ph. Aubé, président de la Chambre de commerce ; Hardouin, maire de Caudebec ; Ed. Turgis, maire d'Oissel.

M. Henri Julien Dreyfus, avocat fut admis provisoirement, le 15 du même mois, comme agréé au Tribunal de commerce, et définitivement quinze jours après, en remplacement de M. Ricard, démissionnaire en sa faveur.

Le 15 octobre également, la Chambre de commerce protesta contre la composition du nouveau Conseil du Commerce, dans lequel le gouvernement avait introduit une majorité libre échangiste. — M. Philippe Aubé, d'Elbeuf, avait également été nommé, mais il désespérait que ses efforts et ceux des autres protectionnistes pussent faire triompher la cause de l'industrie nationale.

Quelques jours après, la Chambre émit un avis favorable sur la création de tramways à Elbeuf, avec quelques modifications dans le réseau.

Le 28, le conseil municipal refusa de donner un avis favorable à un projet d'agrandissement, rue Saint-Jean, de l'Asile des vieillards, présenté par la commission administrative du Bureau de bienfaisance.

Vers cette date mourut, à l'âge de 43 ans seulement, M. Théophile Fréret, ancien fabricant à Caudebec, l'un des premiers rédacteurs de *l'Industriel Elbeuvien*. Pendant la guerre, il avait été officier-payeur du 3e bataillon de mobilisés de la Seine Inférieure.

M. Claude-François Chapuis, receveur des postes, mourut le 5 novembre, à l'âge de 52 ans. — Nous avons dit combien M. Chapuis avait montré d'intelligence et de dévouement pendant la guerre de 1870-1871.

Le lendemain 6, mourut M. Amable Bovin, curé de Saint-Etienne depuis vingt-huit ans. Il était chanoine honoraire de la métropole.

Dans sa séance du 13, le conseil municipal adopta une transaction entre la Ville et la Compagnie du gaz, qui mit fin à des procès engagés. Un des articles portait que le prix du gaz serait abaissé à 29 centimes le mètre cube, à dater du 1er mars 1880

M. de Beaune, receveur des postes et télégraphes à Dieppe, fut nommé au même emploi à Elbeuf, vers le 15 de ce mois de novembre, pour succéder à M. Chapuis, décédé.

M. Victor-Marie Papavoine, ancien commandant de la garde na'ionale, chevalier de la Légion d'honneur, mourut le 20, à l'âge de 61 ans. — Par testament, il avait légué sa bibliothèque à la ville, 1.000 fr. à l'asile Saint-Jean, 1.000 fr. à la crèche Saint-Jean, 8.500 fr. à l'hospice et 2.000 fr. au Bureau de bienfaisance.

Le 22, MM. E. Groult, Constant Flavigny, P. Cabourg, F. Lefebvre et P. Pelletier donnèrent leur démission de membres de la Commission administrative du Bureau de bienfaisance. Cette démission, dirent-ils, était motivée par « un inqualifiable article inséré dans *l'Industriel E beuvien* »

Ce journal, dans son numéro du 26, répondit à la démission par un autre article duquel nous détachons quelques passages :

« La presse réactionnaire fait depuis quelque temps une campagne que nous trouvons blâmable et qu'elle ose désigner sous le nom de « grève de la charité ».

« Nous avons cru devoir réagir contre cette conspiration et dissuader nos concitoyens d'entrer dans cette ligue, que nous nous sommes permis d'appeler criminelle : c'était notre droit et notre devoir, suivant notre conscience.

« Nous avons même exprimé l'opinion qu'il ne se trouverait personne à Elbeuf pour approuver ou prendre part à cette manifestation absurde et dangereuse. Avons-nous insulté quelqu'un en exprimant cette idée ?

« Enfin, nous avons invité nos concitoyens opulents à ouvrir largement les mains pour l'aumône, en les mettant en garde contre l'esprit étroit de la rancune politique et la propension à l'intolérance en matière religieuse..»

Le 27 novembre, mourut Mme veuve Bellec, née Mélanie-Adèle Loiselet. âgée de 79 ans, belle-mère du docteur Alfred Vy. Par testament, elle légua : à l'hospice civil d'Elbeuf un immeuble sis rues Royale et du Marché, sous quelques conditions ; à la Ville, une somme de 20.000 fr. ; à la Compagnie de Pompiers, dont son mari avait été le capitaine, une somme de 5.000 fr. ; à l'orphelinat de la Providence, pareille somme de 5.000 fr. ; à l'Association médicale de la Seine-Inférieure, dont M. Alfred Vy était le président, également 5 000 fr.

Le froid devint très vif à partir du commencement de décembre ; la neige couvrit bientôt le sol d'une couche épaisse et des tempêtes l'amoncelèrent en énormes tas en certains endroits. La nuit la plus froide fut celle du 8 au 9 : le thermomètre descendit à Elbeuf jusqu'à — 21° ; le matin du 9 il marquait encore — 17°, et à midi — 11°. Dans le Roumois et au Pavillon, on avait relevé — 25° et même — 27°. Nul n'avait souvenance d'une température aussi rigoureuse. Il va sans dire que toute la surface de la Seine fut promptement gelée.

M. Jules Buquet, rédacteur de *l'Industriel*, mourut presque subitement le 12 au soir, probablement du froid qu'il avait éprouvé en se rendant à son journal. Il n'était âgé que de 47 ans.

Le temps se mit au doux le 14 ; la Seine dégela en face d'Elbeuf ; mais pendant la nuit du 15 au 16, le froid reprit avec une nouvelle intensité, et le thermomètre redescendit à — 17° ; le matin de ce dernier jour, il marquait encore — 15°.

Des souscriptions publiques furent organisées pour venir en aide aux malheureux et l'on créa des Fourneaux économiques, dont les membres fondateurs s'engagèrent à verser chacun 30 fr. par mois pendant un trimestre.

Le mauvais temps obligea la Compagnie de l'Ouest à fermer ses gares pour réception des marchandises par petite vitesse, autres que les denrées alimentaires et combustibles ; elle supprima également plusieurs trains de voyageurs.

Les élections à la Chambre de Commerce, du 18 décembre, donnèrent les résultats suivants : M. P. Desplanques, élu en remplacement de M. Ph. Aubé, démissionnaire ; M. Louis Fraenckel, élu en remplacement de M. Blin, décédé.

Le 26, M. Doublet procéda à l'installation de la nouvelle Commission administrative, du Bureau de Bienfaisance composée de MM. Amable Beaudouin, Edouard Blay, Lafosse père, A. Lecorneur, Victor Cavé et Hulme.

A la séance tenue par le conseil municipal, le 29 décembre, M. Doublet, maire, donna lecture d'un rapport sur la bienfaisance publique. En voici quelques extraits :

« Depuis notre dernière séance, votre administration, détournée de ses travaux ordinaires, a dû se préoccuper d'assurer à la population sans travail, souffrant du froid et de la misère, des moyens d'existence.

« Elle a été suivie dans cette voie charitable par la ville entière, et je viens exposer à votre assemblée le résultat de ce qui a été fait jusqu'ici.

« Notre premier soin, après l'accalmie qui a succédé à la chute des neiges, a été d'employer les ouvriers sans travail à déblayer le mieux possible les rues de la ville. Cet atelier provisoire, qui a fonctionné jusqu'au 27 décembre, a occupé jusqu'à 250 travailleurs ; le nombre des journées faites s'est élevé à 2.624.

« ... Je puis donc avec vous reconnaître l'esprit charitable de notre ville et apprécier le concours bienveillant de l'administration supérieure en récapitulant toutes les ressources employées en travaux de bienfaisance, en distributions de charité, en souscriptions et en aumônes remises dans les mains du maire.

« En voici les chiffres :

Crédit demandé pour chauffoirs et fourneaux économiques........	3.500 fr.
Crédit municipal. — Distribution à la mairie (avec le complément que j'ai l'honneur de demander).	7.928 »
Atelier de charité...............	4.250 »
Crédit mis à la disposition de l'Administration par le Gouvernement	5.000 »
Crédit mis à la disposition de l'Administration pour travaux vicinaux......................	3.000 »
Estimation de sommes destinées au Bureau de bienfaisance........	22.150 »
Fonds employés ou à employer au Bureau de bienfaisance en secours extraordinaires..........	12.450 »
Souscriptions minima des Fourneaux économiques à ce jour...	22.000 »
Total..........	80.278 fr.

« Vous pouvez apprécier, Messieurs, la tâche qui incombait à votre administration. Elle a dû se mettre à la hauteur de la bienfaisance publique. Si elle n'a pu secourir toutes les misères, elle croit du moins avoir fait tout ce qu'elle pouvait, avec le concours de la population, pour y apporter de notables adoucissements... »

Un bal de bienfaisance, qui eut lieu vers la fin de l'année, donna un produit net de 4.100 fr.

L'amélioration qui s'était produite en 1878 pour l'industrie elbeuvienne s'était arrêtée dès le commencement de 1879 et à partir de ce moment, la fabrication diminua constamment pendant une longue série d'années.

La consommation du charbon s'était cependant encore chiffrée par 48.048 tonnes, dont 37.046 de houilles anglaises, en diminution de 278 tonnes seulement sur 1878.

Les salaires, notamment pour le tissage, avaient baissé, surtout à cause du chômage qui s'était produit : les ouvriers, en général, ayant préféré subir une diminution que de ne pas travailler.

La valeur moyenne de la matière première employée pendant l'année avait été de 5 fr. 10 le kil. pour 13.105 317 kil., dont 156.000 kil. de coton, 100.000 kil. de fils de laine peignée et 75.000 kil. de fils cardés communs.

Le poids net des tissus sortis d'Elbeuf en 1879 avait été de 5.244.194 kil , valant en moyenne 15 fr. 22 le kil., et, pour la totalité, 79 816.632 fr., soit une diminution de six millions 175.579 fr. sur 1878.

La longueur de la production fut évaluée à 8 597.03 mètres qui, à 9 fr. 28 le mètre, représentait une somme à peu près égale à celle ressortant du calcul par les poids. La diminution sur l'année précédente était donc de 586.813 mètres.

Pendant l'année 1879, on avait enregistré :

A Elbeuf, 669 naissances, 166 mariages, 722 décès.

A Caudebec, 347 naissances, 80 mariages, 277 décès.

A Saint-Pierre, 94 naissances, 23 mariages, 96 décès, 4 morts-nés.

FIN DU TOME XI

TABLE DES GRAVURES

DU TOME XI

1. Le nouvel Hôtel de Ville. . . . . au titre
2. La Saussaye, vue prise de la Pelouse p. 70
3. Le Pont suspendu, détruit. . . . p. 213
4. Le Pont tubulaire, après sa destruction. . . . . p. 214
5. La Roche du Pignon. . . . . . . p. 215
6. Château du Pavillon. . . . . . . p. 272
7. Le Pont d'Orival, en janvier 1871. p. 320
8. Monument Victor Grandin. . . . p. 339
9. Orival et son pont reconstruit. . . p. 368
10. Les quais et le pont tubulaire rétabli. . . . . p. 377
11. Monument du Mobile. . . . . . p. 400
12. La Roche Noire . . . . p. 456
13. M. Lucien Dautresme. . . . . . p. 521
14. Le Viaduc et l'entrée du tunnel de la côte Saint-Auct. . . . . . . p. 568

NOTA. — *Cette table servira d'avis au relieur.*

TABLE DES MATIÈRES

DU TOME XI

I. (1866). — Série d'incendies ; graves accidents de personnes. — La criée au poisson. — Procès industriels. — Les rues Félix-Gariel et du Sud. — Décès de MM. Augustin Poussin et Mathieu Sevaistre. — Travaux de voirie. — Statistique industrielle et commerciale. — Les conditions de vente sur la place d'Elbeuf . . . p. 1

II. (1867). — L'incendie du 3 février ; les compagnies suspendent les assurances contre le feu. Construction de l'hôtel de ville ; premier mécompte. — Attentat contre l'empereur de Russie ; adresse. — L'Exposition universelle de Paris ; note sur l'industrie elbeuvienne ; les récompenses; Elbeuf sacrifié. — Pose de la première pierre de l'hôtel de ville — Lettre des fabricants au ministre du Commerce . . . . p. 16

III. (1868). — Faits divers. — Conférences ; MM. Bachelet, Gustave Lambert. — Nouveaux incendies ; mesures préventives. — Les Elbeuviens au Salon. — Le chemin de fer d'Elbeuf à Evreux ; M. Pouyer-Quertier. — La rue Jacquard. — Question de préséance. — Les ouvriers et la Chambre de commerce. — Reprise des affaires industrielles. . . . . p. 40

IV. (1869). — Le chemin de fer d'Orléans ; projet de raccordement à Saint-Aubin ; opposition d'Elbeuf. — Projet de collège communal. — Elections législatives ; MM. Quesné et Manchon. — Le pont suspendu ; offre d'achat par la ville. — Les fêtes de la Saussaye et de Caudebec. — L'Exposition d'Altona. — Mort de M Alex. Poussin ; ses libéralités . . . . p. 54

Table des Matières

V. (Janvier-Juillet 1870). — Le chemin de fer d'Orléans à Rouen; enfin !... — Nouvelles dépenses pour l'hôtel de ville. — Le plébiscite ; un comité plébiscitaire elbeuvien. — L'incendie du 8 mai ; trois millions de pertes. — « L'Industriel Elbeuvien ». — Elections aux Conseils général et d'arrondissement. — L'enquête sur le régime économique. — Déclaration de guerre à la Prusse. — Course de taureaux à Elbeuf . . . . . . p. 78

VI. (Du 1er août au 4 septembre 1870). — Un concert patriotique. — Elections municipales. — La garde mobile ; le bataillon d'Elbeuf. — Création d'ambulances. — Les désastres de l'armée française. — Sedan ; reddition de l'empereur et de l'armée. — A Paris ; déchéance de Napoléon ; proclamation de la République. — Le Gouvernement de la Défense nationale. — Formation de compagnies de volontaires elbeuviens ; les « Souliers crottés » et les « Bottes vernies » . . p. 94

VII. (Du 5 au 30 septembre 1870). — Administration municipale provisoire. — Démission du commandant Papavoine — Demandes d'armes et de munitions. — Arrivée à Elbeuf de militaires blessés. — Singulières propositions de défense. — Le général Estancelin. — Souscriptions et vote de fonds. — Une réunion au cirque. — Elections générales dans la garde nationale ; M. Leseigneur nommé commandant. — Paris est investi. — Travaux publics. — Les francs-tireurs d'Elbeuf à Vernon. — Arrivée des mobiles des Landes. . . . . p. 108

VIII. (Octobre 1870). — Création d'une monnaie fiduciaire ; le Comptoir de la main-d'œuvre. — Progrès des armées ennemies ; mobilisation générale. — Faits de guerre. — Elbeuf achète des canons. — Les compagnies de francs-tireurs elbeuviens ; deux embuscades près d'Ecouis. — La garde nationale en campagne. — Les mobilisés. — Affaires municipales. — La reddition de Metz. — Proclamation de Gambetta. . . p. 128

IX. (Novembre 1870). — Offrande de quatre canons à la ville d'Elbeuf. — Election des gradés dans la garde mobilisée. — La batterie d'artillerie d'Elbeuf ; tir d'essai à Saint-Etienne du-Rouvray. — Les préparatifs de résistance continuent. — Fourniture de draps pour les troupes — Mouvements en avant des francs-tireurs, de la garde nationale et des mobilisés. — Affaires diverses. . . . . p. 157

X. (Du 1ᵉʳ au 8 décembre 1870) — Les Elbeuviens en campagne. — La marche de l'ennemi. — Rouen veut capituler. — Les gardes nationaux à Clères. — Faits d'armes des francs-tireurs d'Elbeuf. — Le combat de Buchy — Retraite en débandade sur Rouen, Bourg-Achard et Honfleur. — L'ennemi entre à Rouen. — Elbeuf décide sa soumission. — A la Chambre de commerce. — Arrivée d'une armée ennemie. — Les Allemands inaugurent le nouvel hôtel de ville . . . . . p. 174

XI. (Du 9 au 24 décembre 1870). — L'ennemi quitte momentanément Elbenf. — Faits de guerre. — Nouveaux exploits des francs-tireurs elbeuviens. — Réquisitions et violences des Allemands. — La circulation est interdite ; Elbeuf manque de vivres. — Destruction des deux ponts de St-Aubin — L'ennemi fortifie la presqu'île de Couronne. — La compagnie Stévenin au combat de Bolbec . . . . p. 198

XII. (Du 25 au 31 décembre 1870). — Nouvelle tentative sur le pont d'Orival. — Deux coups de feu sur les Prussiens ; Elbeuf condamné à 20.000 fr d'amende. — L'armée française de l'Eure marche en avant ; le genéral Roy. — Les combats du Pavillon et d'Orival ; les mobilisés d'Elbeuf prennent part à l'action. — Destruction du pont d'Orival. — Les combats du Château-Robert et de Moulineaux — L'industrie et le commerce pendant l'année 1870. . . . . p. 219

XIII. (Du 1ᵉʳ au 12 janvier 1871). — Les Eclaireurs de Normandie. — Fusillades à Caudebec et à Saint-Pierre. — Les Allemands marchent sur Moulineaux. — Combats d'Orival, du Château-Robert, de la Maison-Brûlée, de la Londe et de Bourgtheroulde. — Le général Roy. — Nouvelle évacuation d'Elbeuf par nos troupes. — Retour de l'ennemi. — Nos mobiles sous Paris. — Les autorités d'Elbeuf et le préfet prussien . p. 247

XIV. (Du 13 au 31 janvier 1871). — Départ des Prussiens pour La Londe; leurs réquisitions à Elbeuf. — Les francs-tireurs aux environs de Bolbec. — La question des subsistances. — Retour des Allemands. — Réponse de la municipalité d'Elbeuf à la ville de Caudebec. — Pénurie de charbons — Réquisition prussienne de 6.000 pantalons. — L'armistice. — Le service des postes pendant la guerre. . . . . p. 267

XV. (Février 1871). — Les journaux locaux reprennent leur publication — Les élections à l'Assemblée nationale ; M. Buée élu député. — Sépultures allemandes. — Les Prussiens perçoivent les impôts. — Une contribution de guerre de plus d'un million; opposition du Conseil municipal — M. Thiers, chef du pouvoir exécutif. — Nouvelles réquisitions allemandes. — Autre emprunt municipal. — Pfuel, préfet prussien, vient à Elbeuf. — Signature de la paix. p. 282

XVI. (Mars 1871). — M. Buée à Bordeaux. — Mort de M. Lefort-Henry. — Rentrée des francs-tireurs, des mobiles, des mobilisés et des canonniers elbeuviens. — Evacuation d'Elbeuf par les Allemands — Reprise du service du chemin de fer. — La Commune de Paris ; déclarations de la Chambre de commerce et du Conseil municipal. . . . . p. 298

XVII. (Avril-Juillet 1871). — L'envoi Steward, de New-York. — Faits divers. — Arrestations politiques. — Elections au Conseil municipal. — Les incendies de la Commune ; belle conduite des pompiers d'Elbeuf. — Projet d'impôt sur les laines ; une lettre à M. Thiers. — Elections législatives. — Rétablissement du pont suspendu . . . . p. 317

XVIII. (Août-Décembre 1871). — Projet de passerelle sur la Seine. — Elections aux Conseils général et d'arrondissement — La fourniture des 6 0 0 pantalons aux Allemands. — Condamnations politiques.— Le chemin de fer d'Orléans à Rouen. — Dissolution de la garde nationale.— L'industrie à Elbeuf en 1871 ; statistique. p. 337

XIX, (Janvier-Juin 1872). — Conférences au Théâtre. — Toujours l'impôt sur les laines. — Les malfaçons de l'hôtel de ville.— La libération du territoire. — Projet d'écoles de filles repoussé. — M. Félizet et le Puchot, — Question de chemins de fer. — Au Tribunal de commerce. — A la Chambre de commerce. — Agrandissement de l'église Saint-Jean. . . . . p. 355

XX (Juillet-Décembre 1872.) — L'emprunt de trois milliards. — Remboursement de la souscription nationale. — Projet d'un hôpital d'enfants et d'agrandissement de l'asile des vieillards. — Le pont tubulaire est rétabli. — A l'église St-Jean — Adresse à M. Thiers — Statistiques diverses . . . . p. 372

XXI. (Janvier-Juin 1873). — L'épaillage chimique. — Ambassades japonaises à Elbeuf. — Toujours le chemin de fer d'Orléans à Rouen. — Les écoles protestantes. — Appropriation de l'ancien hôtel de ville. — Chute de M. Thiers ; le maréchal de Mac-Mahon. — Catastrophe rue de Bourgtheroulde ; quatre morts, six blessés. — Inauguration du « Mobile » de la Maison-Brûlée. . . . . p 387

XXII. (Juillet-Décembre 1873). — Médaille décernée à la Compagnie des pompiers. — Les Elbeuviens à l'Exposition de Vienne — L'emplacement de la nouvelle gare ; délibération à ce sujet. — Election législative — Le projet d'asile pour les vieillards — Création d'un nouveau

quartier vers la Cerisaie. — La fabrique d'Elbeuf
en 1873. . . . . p. 403

XXIII. (Année 1874). — « Le Jacquard ». —
On reparle des tramways. — Arrêts suprêmes.
— La gare d'Elbeuf-ville. — Ouverture du jardin
de l'hôtel de ville. — Inauguration de l'eglise
Saint-Jean agrandie; son dégagement.— Election
au Conseil d'arrondissement. — A la Chambre
de commerce. — M. Buée, maire, se retire. —
Elections municipales. . . . . p. 419

XXIV. (Année 1875). — M. Léon Sevaistre, 27e
maire d'Elbeuf ; son discours d'installation. —
Un projet de raccordement de chemin de fer. —
Délégation cantonale.— Les traités de commerce.
— Incendie de l'église de la Saussaye. — Les
inondations du Midi et du Calvados ; souscription
à Elbeuf. — Les fêtes du Concours agricole. —
Emprunt de 500.000 fr. — Fondation de l'Orphelinat de garçons. . . . . p 439

XXV. (Janvier-Juin 1876). — Une catastrophe
financière — La sentence du bailli. — Les délégués sénatoriaux. — Elections sénatoriales —
Points noirs industriels.— Elections législatives ;
vive campagne électorale ; M. L. Dautresme est
élu député. — Terrible ouragan. — Explosion
d'une chaudière ; six morts. — Nécrologie. —
L'Exposition de Philadelphie. — Les rues nouvelles. . . . . p. 463

XXVI (Juillet-Décembre 1876).— Découvertes
archéologiques — Ag andissement de l'asile des
vieillards.— Les écoles de filles.— Amélioration
de la Seine. — Mort de Mme Randoing ; sa donation. — Les Tramways — Création de l'Orphelinat de garçons — Les délégués ouvriers à
l'Exposition de Philadelphie ; le questionnaire.
— L'industrie lainière elbeuvienne en 1876. p. 483

XXVII. (Janvier-Août 1877) — Une nouvelle
école laïque. — Au tribunal de commerce. — Un
syndicat de fabricants. — Détournements à la
mairie. — Les tramways. — Fondation de l'Or-

phelinat de garçons. — Le coup d'Etat du 16 mai ; les 363.— Ouverture de l'église luthérienne. — M. Revelle, candidat officiel. . . . . p. 499

XXVIII. (Septembre Décembre 1877). — Mort de M. Thiers ; incidents au Conseil municipal. — La période électorale ; agitation générale. — L'élection législative du 14 octobre ; M. Lucien Dautresme est réélu. — Les comités — Le temple de la rue Constantine. — Election au Conseil général. — La question de l'hôtel de ville —. Pétition au Président de la République ; les délégués elbeuviens sont éconduits. — Le téléphone à Elbeuf. — Statistique industrielle. . . p. 516

XXIX. (1878 — Election municipale — Mort de M. Mathieu Bourdon.— Tremblement de terre. — M. Jules Doublet, 28ᵉ maire d'Elbeuf. — Les traités de commerce ; questionnaire ; réunion publique ouvrière. — Les processions — L'Exposition universelle ; envoi d ouvriers ; la liste des récompenses. — Le viaduc de l'Hospice. — La société de tir. — Encore les tramways. — Nombreuses conférences.—Les affaires sur place, p 535

XXX. (1879). — M. Jules Grévy, président de la République. — A propos du renouvellement des tarifs d'octroi. — Manifestations protectionnistes. — Concours international de musique ; belles fêtes. — Consolidation de l'hôtel de ville. — Démissions au Bureau de bienfaisance. — Froids extraordinaires ; mesures philanthropiques. . . . . p. 558

Table des gravures. . . . . p. 585

FIN DE LA TABLE

Elbeuf. — Imprimerie H. SAINT-DENIS.

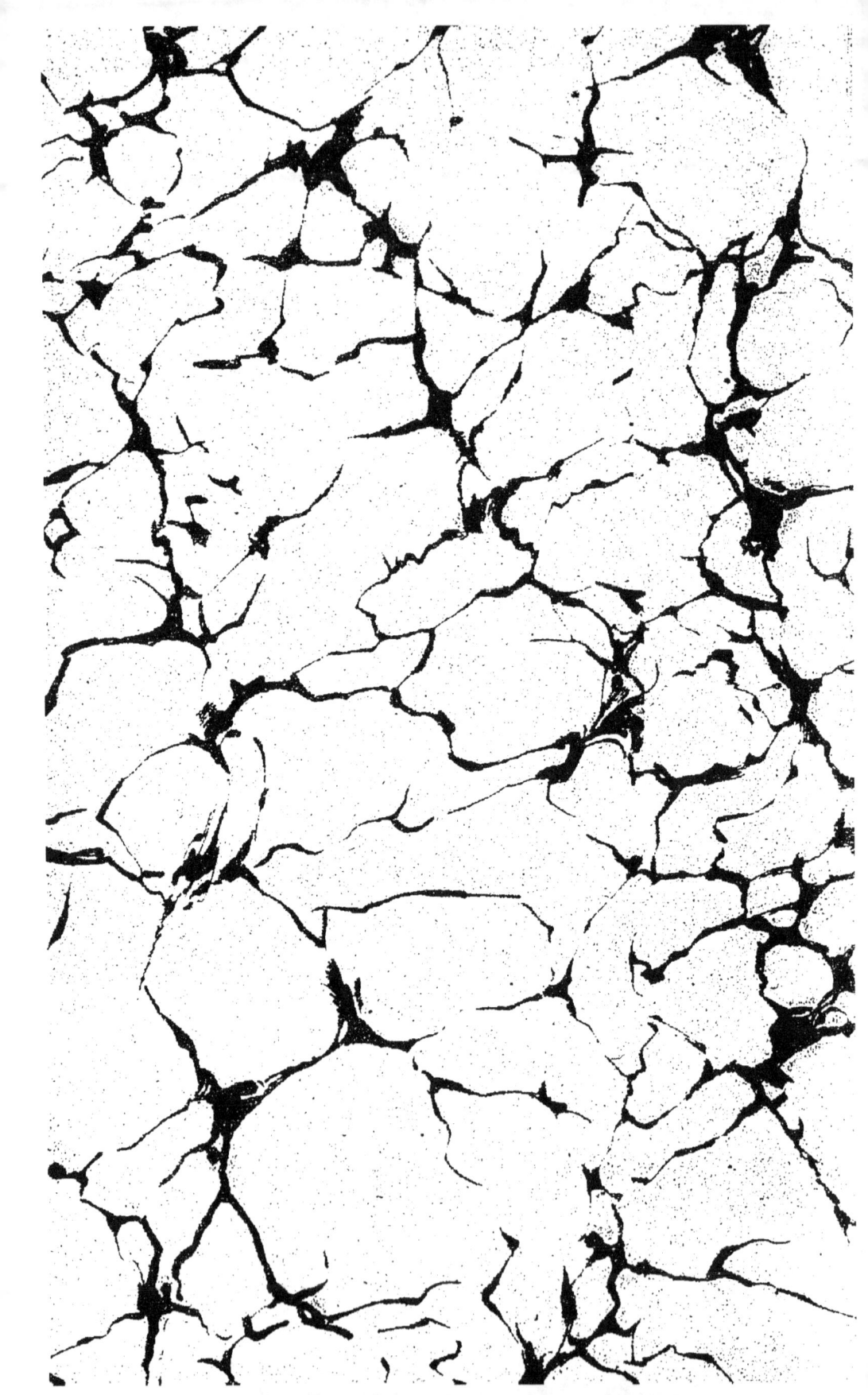

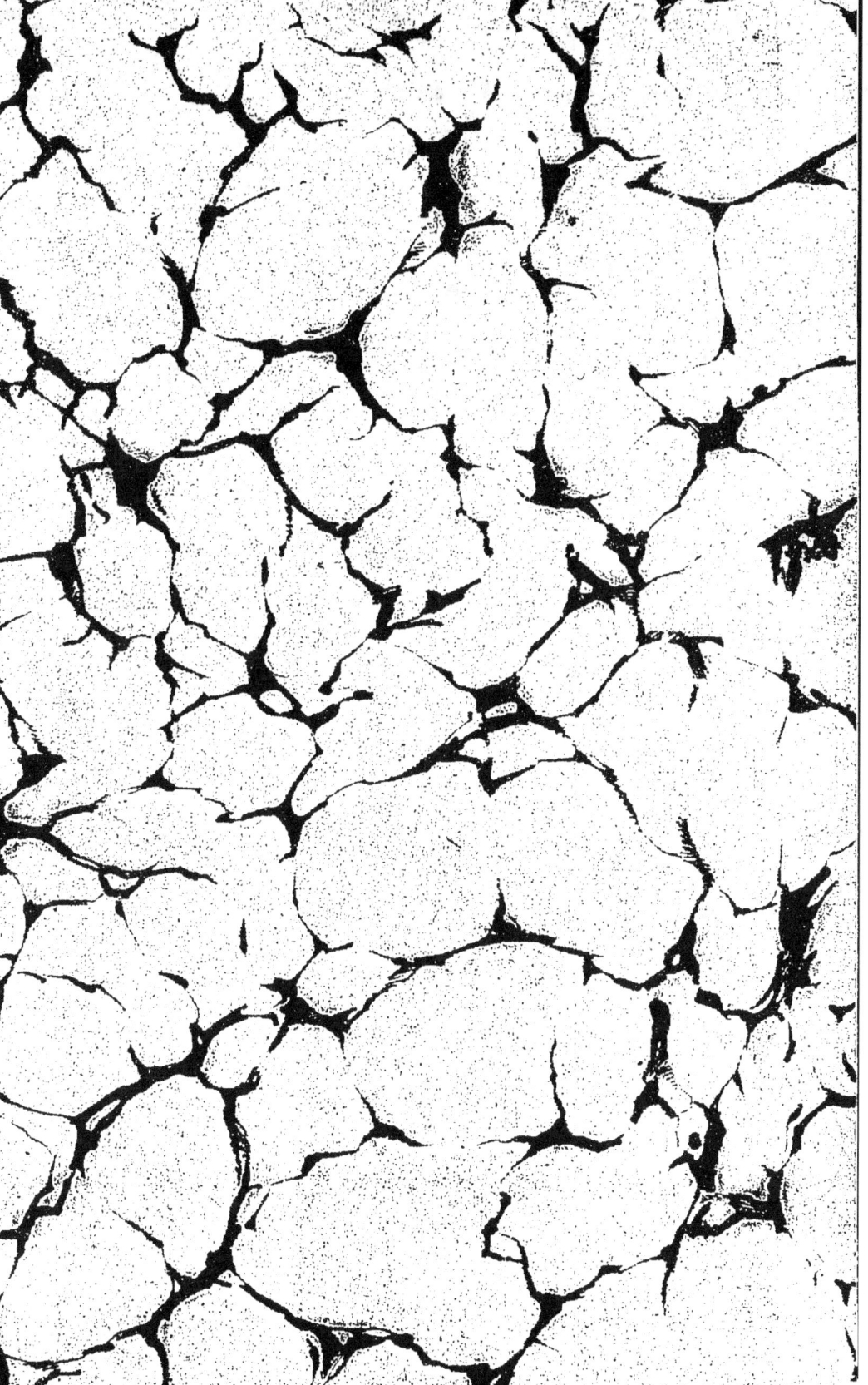